영단어 자동 연상암기법

영단어 자동 연상암기법

읽기만 해도 자동으로 기억되는 영단어 암기의 기적

| 이충호 지음 |

VOL 1.
필수단어 편
(Essential Vocabulary)

BEYOND
A·L·L

기억은 기술이다

★ ★ ★

　많은 시간을 들여 어떤 단어를 암기했다 하더라도 시간이 지나면서 기억된 것은 잊히게 된다. 일정 주기로 반복되지 않은 정보는 다른 정보가 머리에 밀려들어오면서 자연스럽게 기억 밖으로 밀려나게 된다. 단어를 눈으로 암기하든, 소리 또는 글로 써서 암기하든 시간이 지나면서 망각이라는 자연스런 과정을 거치게 된다. 이른바 망각곡선이란 것이 그 사실을 증명해준다. 기억을 유지하는 유일한 방법은 습득된 단어를 수없이 반복하여 사용하는 것이다. 그러나 한 시간에도 수백의, 때로는 수천 개의 새로운 정보를 받아들여야 하는 학습자의 입장에서 어떤 단어를 주기적으로 반복한다는 것은 특별한 경우가 아니면 사실상 불가능하다. 때문에 누구나 할 것 없이 사람들은 아무리 단어를 암기해놓아도 오래 기억되지 않는다고 말한다.

　한마디로 그것은 머리에 입력한 정보를 잡아두는 장치가 없기 때문이다.

　모래알과 같은 수천 개의 단어를 머리에 기억한다는 것은 엄청난 노력과 시간이 소요된다. 단어를 기억하려는 많은 노력의 과정을 거쳤다 하더라도 그것이 기억에 남아 있지 않다면 헛된 노력이 되고 만다. 그것이 인간의 한계다. 인간의 한계, 기억의 능력 그 한계를 극복하게 해주는 것이 기억의 기술이다. 기억의 기술 없이 많은 정보를 무리하게 기억하려고 달려드는 것은 어쩌면 무모한 일인지 모른다. 기억의 문제는 두뇌의 명석함의 문제가 아니라 방법의 문제, 기억 기술의 문제란 것이 수많

★ ★ ★

은 두뇌 과학자들의 한결같은 말이다.

단편적으로 암기된 단어는 허공에 떠 있는 깃털과 같다. 반복하지 않으면 시간이 지나면서 어디론가 흘러가 버린다. 그래서 우리의 기억에 남아 있지 않는다. 연상은 상징이며, 이미 우리가 기억하고 있는 것의 상징을 통해 새로운 개념을 기억 속에 단단히 묶어두는 두뇌의 작용이다. 상징성을 가진 매체를 통해 자동적으로 기억되어 모국어와 같은 수준에서 언어를 구사할 수 있게 해주는 놀라운 것이 기억의 기술이다.

온 나라가 영어의 열풍 속에서 들썩이고 있는데도 정작 그 성과는 미미하다. 수없이 많은 영어 교재가 날마다 쏟아져 나오고 있지만, 영어 학습에 획기적인 방법을 제시하는 책은 없다. 그래서 이 책을 썼다. 고등학교와 대학, 그리고 대학원에서 유학과 국가고시, TOEIC, NCS, TOEFL SAT, 승진시험에 이르기까지 영어를 공부하는 사람들에게 기본 단어에서 고급 어휘에 이르기까지 영어단어 암기의 획기적인 방법을 제공하여 영단어 암기의 고통에서 해방시켜 주는 것이 이 책이 지향하는 바이다.

중국 양나라의 주흥사(周興嗣)가 하룻밤에 천자문을 썼다는데 하룻밤에 천 개의 단어를 암기할 수 있는 방법이 없을까? 그 물음에서 출발한 것이 바로 영어단어 연상 암기법이다. 하룻밤에 1,000개의 단어를 암기하고도 잊히지 않는 비법을 제시해주는

★ ★ ★

것이 이 책이 추구하는 진정한 목표다.

인간의 기억을 연구하는 많은 전문가가 인간의 기억 방법 중 가장 탁월한 방법이 연상(association) 기억법이라고 말한다. 외국어를 배우는 데 가장 어려운 점은 어휘의 습득이다. 방대한 외국어의 어휘를 단시간에 암기한다는 것은 인간의 능력으론 불가능하다. 외국어를 배우는 가장 큰 어려움이 거기에 있다.

이러한 어려움을 극복해 주는 어휘 암기 방법이 연상암기법이다. 연상암기법은 새로운 것을 암기하는 것이 아니라 이미 자신이 알고 있는 사실이나 개념에 어휘를 연상시키는 것이기 때문에 읽기만 해도 기억되고, 기억된 단어는 잊히지 않는 놀라운 마력을 가지고 있다. 그뿐만 아니라 한번 암기된 단어는 영어에서 우리말로, 우리말에서 영어로 상호 연상되기 때문에 어휘 구사 능력을 획기적으로 높여 영어의 유창성을 확보해주게 된다.

방법과 기술을 모르는 노력은 귀중한 시간의 낭비며 자칫 무모한 것이 될 수 있다.

외국어 어휘를 모국어 수준 정도로 암기시켜 주는 것은 연상을 통한 기억법밖에 없다고 필자는 단언한다. 연상을 통해 기억된 것은 거의 영구적이며 모국어 같은 이치에서 기억되어 저장되기 때문에 영어를 모국어처럼 구사할 수 있는 바탕이 된다.

혹자는 우리말의 음운을 이용한 단어의 연상암기법이 영어 발음에 나쁜 영향을 주

★　★　★

는 것이 아닐까 생각할지도 모른다. 그것은 크게 잘못된 생각이다. 연상은 상징이다.
우리말 음운은 영어 음운과 비슷한 우리말의 음운을 연상의 매체로 이용할 뿐이지
그 자체가 그 단어의 음운은 아니기 때문이다. 새를 보고 비행기를 연상하게 될 때
새는 하나의 상징이며 비행기를 연상하게 되는 매체이지 비행기를 새라고 발음하는
사람은 아무도 없다는 것이 그것을 증명해 준다. 가령 비틀거리며 기어가는 것은 딱
정벌레다. 딱정벌레는 비틀거리며 기어간다. 이 두 가지 경우 어느 것이든 우리는 우
리말의 비틀거린다는 음운의 상징을 통해 'beetle'이라는 단어를 자동적으로 연상하
게 되는 것이다. 우리말의 상징적 음운이 정확한 영어 발음을 연상하도록 도와주는
역할을 하게 된다.

'기억은 기술이다'라는 확실한 믿음으로, 많은 사람들의 영어 학습에 획기적인 계
기가 되기를 바라는 충심에서 참으로 많은 시간과 노력을 바쳐 이 책을 썼다. 이 책
으로 공부하는 사람들의 성공을 빈다. 그리고 그 성공을 믿는다.

2019년 1월
저자 이충호

Contents

Part 1. Essential Vocabulary 필수 단어

Part 2.

Theme Vocabulary
주제별 단어

Part 3.

Intensive Vocabulary

심화 단어

필수 단어
Essential Voca

compete
[kəmpíːt]

ⓥ 경쟁하다, 겨루다 (with)

연상 com(컴퓨터)와 Pete(피터)(→컴피ː트) 팬이 경쟁하다.

예문 We **compete** with other countries in trade.
우리는 무역에서 다른 나라와 경쟁하다.

파생 Competitive a. 경쟁의 competition n. 경쟁

---

impress
[imprés]

ⓥ 인상을 주다, 감명을 주다

연상 사랑하는 임(im)이 프레스(press;압축 기계)(→임프레스) 앞에서 일하는 모습이 좋은 인상을 주더군!

예문 He **impressed** me as sincere.
그는 나에게 성실한 인상을 주었다.

파생 impressive a. 인상적인 impression n. 인상, 감명

---

murmur
[mə́ːrməːr]

ⓥ 소곤거리다, 속삭이다; 투덜거리다; 살랑거리다
ⓝ 속삭임; 살랑거리는 소리; 불평의 소리

연상 벤치에 앉은 연인들이 "뭐, 뭐"(→머ː머)하면서 소곤거리고 있네.

예문 He turned and **murmured** something to the professor.
그는 교수 쪽으로 돌아보며 뭔가를 속삭였다.

---

utter
[ʌ́tər]

ⓥ 입 밖에 소리로 내다; 말하다   ⓐ 전적인, 완전한 (complete)

연상 말(語)이 터져 나오는, 즉 어(語) 터져(→어터) 나오는 것이 말 하는 것, 입 밖에 소리를 내는 것이다.

예문 He **uttered** his thoughts.
그는 자기 생각을 말했다.

예문 She is an **utter** stranger to me.
그녀는 전혀 모르는 사람이다.

파생 utterance n. 입 밖에 내기, 발성

---

convert
[kənvə́ːrt]

ⓥ 전환시키다, 바꾸다; 개종시키다

연상 나는 그 사람을 나의 큰(con) 벗(vert)(→컨버엇)으로 전환시켰다.

예문 Coal can be **converted** to gas.
석탄은 가스로 전환할 수 있다.

파생 conversion n. 변환, 전환, 호환; 개종 convertible a. 바꿀 수 있는

imply
[implái]

v. 암시하다(suggest); 의미하다(mean)

연상 달걀로 임(im)에게 프라이(fry)(→임플라이)를 해주는 것은 무엇을 암시하는 걸까?

예문 The statement logically **implies** a certain conclusion.
그 말은 논리적으로 어떤 결론을 암시하고 있다.

파생 implication n. 함축; 암시; 관련 implicit a. 은연중의, 언외에 함축된; 무조건의

---

emerge
[imə́:rdʒ]

v. 물에서 나오다; 나타나다; (사실 따위가) 드러나다

연상 갑자기 무엇이 물에서 나오면 누구나 '이(e) 뭐지(merge)(→이머;즤)?'라고 말한다.

예문 The sun soon **emerged** from behind the cloud.
해는 구름 뒤에서 곧 나타났다.

---

ignore
[ignɔ́:r]

v. 무시하다 (disregard, neglect)

연상 그녀는 '이거(ig), 노(nore)'(→이그노:)하면서 내말을 무시했다.

예문 The judge chose to **ignore** the views of the doctors.
판사는 의사들의 견해를 무시하기로 선택했다.

파생 ignorance 무지 ignorant 무지한, 모르는

---

extend
[iksténd]

v. 넓히다; 뻗다; (범위 등이) ~에 이르다

연상 친구 익서는 ten(10)를 더(→익스텐드)해서 수적 범위를 넓혔다.

예문 Next year we will greatly **extend** the range of goods that we sell.
내년에 우리가 판매할 상품의 범위를 넓히게 될 것이다.

파생 extensive a. 광대한 extension n. 연장, 확대
extent n. 넓이; 정도; 범위

---

comply
[kəmplái]

v. (요구. 규칙 등에)응하다. 따르다

연상 com(컴퓨터)는 달걀을 프라이(→컴프라이) 방법을 가르쳐 달라는 요구에 응한다

예문 We must **comply** with the law.
우리는 법을 잘 지켜야 한다.

파생 Compliance n. (요구 등에)응함, 순종

---

allow
[əláu]

v. 허락하다(permit) :인정하다 반 forbid 금하다

연상 all(모든 것)을 low(낮추어)(→얼라우) 장애물을 없애니 허락한다는 뜻.

예문 Please **allow** me to introduce myself.
제 소개를 하도록 해주십시오.

파생 allowance n. 허락: 수당

consist
[kənsíst]

v. ~으로 이루어지다(~of), ~에 있다(~in)

연상 큰(con) 시스터(sister)(→컨시스트)(자매)라면 보통 여러 명으로 이루어진다

예문 Human life consists of succession of small events.
인생은 사소한 사건의 연속으로 이루어져 있다.

파생 consistent **a.** 일관된, (언행이)일치하는

---

severe
[sivíə:r]

a. 심한, 격렬한; 엄한, 모진 **반** mild 온화한

연상 시비할(다툴) 때 쓰는 말인 시비(seve) 어(語)(→시비어)는 심하고, 격렬하다.

예문 You are too severe with your children.
당신은 자녀들에게 너무 엄하다.

---

content
[kəntént]

a. ~ 에 만족하는(~with) **n.** 내용

연상 올 여름에 가족 모두는 큰(con) 텐트(tent)(→컨텐트)에 만족했다.

예문 He is quite content with his job.
그는 자신의 직업에 아주 만족한다.

파생 contented **a.** 만족한 contentment **n.** 만족

---

refrain
[rifréin]

v. ~을 그만두다, 삼가다; 참다

연상 시골마을인 리(里) 풀(fr)에 rain(비)(→리플레인)이 내린 뒤 풀밭에 들어가는 것을 삼가세요.(뱀이 나와 있어요)

예문 Kindly refrain from smoking.
흡연을 삼가 주시기 바랍니다.

---

respond
[rispánd / -spónd]

v. 응답하다(~ to); 반응하다(~ to)

연상 시골마을인 리(里)에서 pond(연못)(→리스판드)에 돌 던지면 풍당하고 응답한다.

예문 Susan responded to my suggestion with a laugh.
수잔은 내 제안에 웃음으로 응답했다.

파생 response 응답 ,반응 responsive 민감한

---

complain
[kəmpléin]

v. 불평하다, 투덜거리다 (grumble)

연상 조종사들은 com(컴퓨터)가 설치 프레인(plane; 비행기)(→컴프레인)을 불평한다.(컴퓨터에게 일자리가 빼앗기기 때문에.)

예문 I have nothing to complain of.
나는 어떤 불평거리도 없다.

파생 complaint **n.** 불평

inform
[infɔ́ːrm]

v. ~에게 알리다. 통지하다.

연상 in(안에) + form(형식)(→인포옴) = 통지할 때 form(형식) in(안에) 적어서 알려주세요.

예문 I **informed** her of my departure.
나는 그녀에게 나의 출발을 알려 주었다.

파생 information n. 정보; 통지, 보고

exceed
[iksíːd]

v. (한도 등을) 초과하다. 초월하다.

연상 이크ex)! (이 밭에 뿌려야 할 양보다) 씨(cee)를 더(→익시;드) 초과해서 뿌렸군!

예문 He **exceeded** the speed limit.
그는 제한 속도를 초과했다.

파생 excessive a. 과도한, 지나친. excess n. 과도, 초과

commend
[kəménd]

v. 추천하다 (recommend); 칭찬하다 (praise)

연상 com(컴퓨터)보다 men(사람)을 더(→컴멘드) 추천해 주세요.

예문 He was **commended** for his excellent job performance.
그는 일을 잘 해서 칭찬을 받았다.

irritate
[íritèit]

v. 짜증나게 하다. 화나게 하다 (annoy) **반** appease 달래다

연상 ① 차가 많은 이리(로) 데이트(→이리데이트)하면 짜증나게 한다.
② 이리 같은 남자와 데이트(→이리데이트)하면 짜증나게 한다.

예문 Perhaps they were **irritated** by the sound of crying.
아마 그들은 우는 소리에 짜증이 났을 것이다.

파생 irritating a. 짜증나게 하는 irritation n. 초조; 짜증나게 함.

modify
[mɑ́dəfài]

v. 수정[변경]하다 (문법)수식하다

연상 비가 와서 길의 마디(modi) 마디가 파이(fy)면(→마디파이) 가는 코스를 변경해야 한다.

예문 The present law needs to be **modified**.
현재의 법은 수정될 필요가 있다.

파생 modification n. 수정, 변경; (문법) 수식. modifier n. 수정하는 사람[것]

embarrass
[imbǽrəs]

v. 당황하게 하다(confuse)

연상 나를 골탕 먹이겠고 임(em)이 벼러서(barrass)(→임배러스) 나를 당황하게 했다.

예문 Your behavior **embarrasses** me.
네 행동이 나를 당황하게 하는 구나.

파생 embarrassment n. 당황 embarrassed a. 당황한
embarrassing a. 난처하게 만드는.

protect
[prətékt]

v. 보호하다(guard), 막다.

연상 프로(pro) 권투선수들은 택(턱)(tect)(, 프러택(트))을 보호해야 한다.(급소니까)

예문 We ought to **protect** our children from danger.
우리의 아이들을 위험에서 지켜야 한다.

파생 protection n. 보호. protective a. 보호하는

consider
[kənsídər]

v. 고려하다; ~로 간주하다.

연상 농부들은 늘 큰(con) 씨(se)를 더(der)(→큰씨더) 얻을 방법을 고려한다.

예문 He **considered** the question in all its aspects.
그는 모든 관점에서 그 문제를 고려해 보았다.

파생 considerable a. 상당한; (사람이) 중요한.
considerate a. 사려 깊은. consideration n. 고려.

anticipate
[æntísəpèit]

v. 예상하다, 기대하다.

연상 여친인 Ann(앤)의 행동이 튀서(tici) Pate(페이트)(→앤티서페이트)는 그녀가 또 어떤 행동을 할지 예상할 수 있었다.

예문 Can I **anticipate** your full support?
당신의 전폭적인 지지를 기대해도 될까요?

파생 anticipation n. 예상, 기대; 선견

reduce
[ridjú:s]

v. 줄이다, 줄다; (어떤 상태로) 떨어뜨리다.

연상 시골 리(re)에서 쥬스(→리듀;스)를 줄여 마셔라.(시골에는 천연수가 많으니까)

예문 They have been trying to **reduce** the air pollution.
그들은 대기 오염을 줄이려고 노력해왔다.

파생 reduction n. 감소, 절감

permit
[pə:rmít]

v. 허락[허가]하다: ~하게 내버려두다 **반** prohibit 금하다

연상 바닷가 펄(per) 밑(mit)(→퍼;밑)으로 파고 들어가는 것은 정부가 허가한다(광업권 허가)

예문 Smoking is not **permitted** here.
여기는 금연 지역입니다.

파생 permission n. 허가; 인가

grumble
[grʌ́mbəl]

v. 투덜거리다(complain), 불평하다 **n.** 불평

연상 그는 그럼 벌(→그럼벌)을 받는다고 하면서 투덜거렸다.

예문 All he ever does is **grumble** about things.
그가 하는 일은 만사에 불평하는 것뿐이다.

indicate
[índikèit]

v. 가리키다; 지적하다;나타내다(show)

연상 인디언(indi) 케이트(cate)(→인디케이트)가 (케이트라는 이름의 인디언이) 황야에서 방향을 가리키며 주의 사항도 지적해 주었어.

예문 This sign usually **indicates** a pedestrian zone.
이 표지는 보통 보행자 구역을 나타낸다.

파생 indication n. 지적; 징조

---

admit
[ədmít]

v. 인정하다; (입장. 입회 등을) 허가하다

연상 그는 창업할 때 부모에게서 돈을 얻어 밑천(→ 어드밑)으로 삼았다는 것을 인정한다.

예문 He was willing to **admit** that he did make mistakes.
그는 자신의 실수를 기꺼이 인정했다.

파생 admission n. 입장; 입장료; (잘못 등의) 시인

---

compose
[kəmpóuz]

v. 조립[구성]하다; 작문[작곡]하다

연상 com(컴퓨터)가 pose(포우즈)(→컴.포우즈)를 취하여 내용을 구성하기도 하고 작문도 하고 작곡도 한다.

예문 Air is **composed** mainly of nitrogen and oxygen.
공기는 주로 질소와 산소로 구성되어 있다.

파생 composition n. 구성; 작곡; 작문

---

purchase
[pə́:rtʃəs]

v. 사다(buy), 구입하다; (노력으로)획득하다. **n.** 구입; 획득

연상 뭘 그리 많이 샀니? 손을 뻗쳐서(→퍼:처스) 닿는 물건은 모두 구입했니?

예문 He **purchased** a painting last week.
그는 지난주에 그림 한 점을 샀다.

파생 purchaser n. 구매자(buyer)

---

spoil
[spɔil]

v. 못쓰게 하다. 망치다. **n.** 강탈, 약탈(물)

연상 수포(spo)로 돌아간 일(il), 즉 수포 일(→스포일)이란 망치거나, 손상시킨 일이라는 뜻.

예문 Too many cooks **spoil** the broth.
요리사가 많으면 국을 .망친다.

---

flexible
[fléksəbəl]

a. 구부리기 쉬운, 유연한; 융통성 있는

연상 풀액(에)서(flexi) 불(ble)(→플렉서불)이 난다면 그것은 풀의 유연한 성질 때문일 것이다.

예문 We need to make the working day more **flexible**.
우리는 근무일을 보다 유연하게 할 필요가 있다.

파생 flexibility n. 유연성; 융통성

deliberate
[dilíbərit]

ⓐ 사려 깊은, 신중한; 의도적인 **ⓥ** 숙고하다

연상 내 친구 딜이(deli) 음식의 상한 부분을 버리(berer)고 ate(먹은)(→딜리버릿)는 사려깊은, 신중한 행동이었다.

예문 It seemed to be a **deliberate** act of disobedience.
그것은 의도적인 반항 행위로 보였다.

파생 deliberately ad. 고의적으로; 신중히

separate
[sépərèit]

ⓥ 헤어지다; 분리하다(↔ unite단합하다) **ⓐ** 분리된; 개별적인.

연상 그녀와 나는 바닷가 새(se) 펄(par)에서 ate(음식을 먹고)(→세퍼레이트) 서로 떨어져서, 헤어졌다.

예문 England is **separated** from France by the sea.
영국과 프랑스는 바다로 분리되어 있다.

파생 separation n. 분리; 이별.

participate
[pɑːrtísipèit]

ⓥ 참가하다; 관여하다.

연상 parti+ci+pate = 파티가 열릴 시(時)(때) 친구 pate(페이트)(→파;티시페이트)가 참가했다.

예문 The teacher **participates** in the children's games.
선생님이 아이들 놀이에 참가한다.

파생 participation n. 참가; 관여

UNIT 01 TEST

[1~12] 보기에서 영어에 해당되는 우리말을 찾아 쓰시오.

1. murmur _____   2. utter _____

3. imply _____   4. consider _____

5. anticipate _____   6. exceed _____

7. modify _____   8. impress _____

9. convert _____   10. respond _____

11. ignore _____   12. permit _____

보기 ① 암시하다 ② 무시하다 ③ 초과하다 ④ 응답하다 ⑤ 인상을 주다 ⑥ 예상하다
      ⑦ 속삭이다 ⑧ 말하다 ⑨ 허락하다 ⑩ 고려하다 ⑪ 수정하다 ⑫ 전환시키다

[13~17] 다음 빈칸에 들어갈 적절한 어휘를 고르시오.

13. The plant has fully _____ from the soil.

14. Please _____ from smoking in this building.

15. How many hours can I _____ it?

16. The teacher _____ in the children's games.

17. Water _____ of hydrogen and oxygen.

보기 ① extend ② emerged ③ consists ④ refrain ⑤ participates

[18~21] 다음 빈칸에 들어갈 적절한 어휘를 고르시오.

18. You _____ me when you look me in the face.

19. Please _____ us of any changes of address.

20. She had hardly come home when she started to _____ .

21. My mother is fairly _____ about what time I need to be home.

보기 ① inform ② embarrass ③ flexible ④ complain

정답 1.⑦ 2.⑧ 3.① 4.⑩ 5.⑥ 6.③ 7.⑪ 8.⑤ 9.⑫ 10.④ 11.② 12.⑨
      13.② 14.④ 15.① 16.⑤ 17.③ 18.② 19.① 20.④ 21.③

Further Study

go over 초과하다

out of service 운행이 중단된

stay in shape 건강한, 군살이 없는

make time 시간을 내다

go around (병 등이) 유행하다

pull over 차를 길가에 세우다

fill out 작성하다

be up 자지 않고 깨어있다

fishy 냄새가 나는, 미심쩍은

full face 정면을 향한 얼굴

sign up for 등록하다

fill in 작성하다

wisdom teeth 사랑니

recovery room 회복실

be off 결근하다

fire extinguisher 소화기

just in case 만일에 대비하여

suffocation 질식

grope for 손을 더듬어 ~ 을 찾다

a multistude of 수많은

unbearable 참을 수 없는

go out of business 파산하다

as luck would have it 공교롭게도

big break 큰 행운

hair loss 탈모

sewer 하수도

extract 추출물

carnivorous 육식성의

be the case 사실이다

at home 마음 편하게

to the letter 문자 그대로, 엄격히

against one's will 본의 아니게

behind one's back 본인이 없는 데서

Unit 2
suffer

suffer
[sʌ́fər]

v. 겪다(undergo); 괴로워하다 , 앓다

연상 그는 사포(砂布; sandpaper)(→서퍼)로 판자를 매끄럽게 하다가 손가락을 다쳐 괴로워하며 후유증을 앓고 있어.

예문 No child deserves to **suffer** for a parent's mistakes.
어떤 아이도 부모의 잘못 때문에 고통 받아서는 안 된다.

파생 suffering n. 괴로움, 고통

---

achieve
[ətʃíːv]

v. 성취하다(accomplish), (목적을)이루다

연상 그녀는 노래한 a(한) 곡을 취입(→어취입) 해서 가수의 꿈을 성취했다.

예문 By hard work we can **achieve** anything.
노력만 하면 무엇이든 성취할 수 있다.

---

confirm
[kənfə́ːrm]

v. 확인하다; 확증하다; 확실히 하다(affirm)

연상 ① 취업할 땐 '큰 회사'인지, 즉 큰(con) 펌(firm, 회사)(→컨퍼엄)인지 확인해라.
② 사람 사이에서 팔을 벌려 큰 폼(form)(→컨퍼엄)을 잡을 땐 주변을 확인해라.

예문 We have **confirmed** the report.
우리는 그 보도를 확인했다.

파생 confirmation n. 확인; 확증   confirmed a. 확증된

---

resource
[ríːsɔːrs]

n. 자원, 자산

연상 토마토 소스 같은 시골마을 리(里 re)에서 만든 소스(source), 즉 리소스(→리ː소ː스)가 시골마을의 자원이고 자산이다.

예문 They need the exploitation of minerals and other natural **resources**.
그들은 광물질과 다른 자연 자원을 개발하는 것이 필요하다.

---

emphasize
[émfəsàiz]

v. 강조하다, 역설하다(stress); (단어. 어구 등에) 강세를 두다

연상 앰프(empha) 사이즈(size)(→엠퍼사이즈)가 클수록 소리가 커져 말하는 내용을 쉽게 강조할 수 있겠지?

예문 The doctor **emphasized** the importance of regular exercise.
의사는 규칙적인 운동의 중요성을 강조했다.

파생 emphasis n. 강조, 역설   emphatic 강조된

---

fragile
[frǽdʒəl]

ⓐ (물건 등이) 깨지기 쉬운, 연약한

연상 들에 있는 풀에(fra)게도 절(gile)(›풀에절 ›프래절)을 할 정도니 체질이 얼마나 연약하고, 부러지기 쉽겠는가.

예문 Human happiness is as **fragile** as a glass
인간의 행복은 유리잔만큼 깨지기 쉽다.

---

multiply
[mʌ́ltəplài]

ⓥ 증가(번식)하다. 증가(번식)시키다. 곱하다

연상 야구를 멀티비전을 보면 플라이(→멀티플라이)볼의 개수가 증가하는 것 같은 느낌이 든다.

예문 It is possible to **multiply** these bacteria in the laboratory.
이 박테리아는 실험실에서 증식시키는 것이 가능하다

파생 multiplication n. 증가; 곱셈 multiple a. 많은, 다양한, 복합적인

---

glitter
[glítər]

ⓥ 반짝반짝 빛나다, 번쩍이다(flash) ⓝ 번쩍임, 빛남

연상 밤이 되면 길거리 장소, 즉 거리(gli) 터(tter)(→글리터)는 불빛으로 반짝반짝 빛난다.

예문 All is not gold that **glitters**.
반짝인다고 모두 금은 아니다.

---

criticize
[krítisàiz]

ⓥ 비판(비평)하다; 비난하다

연상 티셔츠가 배꼽 위로 올라갔다고 신문의 글이(cri) 티(ti) 사이즈(cize)(→크리티사이즈)를 비판했다.

예문 The strike is **criticized** by the public.
그 파업은 대중의 비판을 받고 있다.

파생 criticism 비평, 평론; 비난

---

advance
[ædvǽns]

ⓝ 전진, 발달, 진급 ⓥ 전진하다, 전진(발달)시키다

연상 얻어(ad) 탄 밴(van:짐차)을 써서(→어드밴스) 앞으로 더 전진하고 회사도 발전시켰다.

예문 The troops **advanced** against the enemy.
군대는 적을 향해 진격했다.

파생 advanced 진보된

---

arrange
[əréindʒ]

ⓥ 정돈하다. 배열하다; 준비하다.

연상 야영을 위해 a(하나) 레인지(가스레인지 하나)를 잘 정돈해서 준비해라.

예문 The tables are **arranged** according to size.
테이블은 크기에 따라 배열되어 있다.

파생 arrangement n. 배열; 정돈; 준비

imagine
[imædʒin]

v. 상상하다; 생각하다

연상 여자 친구 임예진(→이매진)을 상상한다.

예문 **Imagine** yourself to be a teacher.
내가 선생님이라고 상상해 보아라.

파생 imagination n. 상상 imaginary a. 가상의, 상상의
imaginative a. 상상의; 상상력이 풍부한

---

tease
[tiːz]

v. (사람, 동물을)놀리다, 괴롭히다.

연상 그녀는 티적(→티:즈)거리며 친구들을 놀리고, 괴롭혔다.

예문 His friends used to **tease** him about his clothes.
그이 친구들은 그의 옷에 대해서 그를 놀리곤 했다.

파생 teasing a. 짓궂게 괴롭히는

---

provide
[prəváid]

v. 제공하다(supply); 준비하다, 대비하다

연상 구단에선 프로(pro) 선수에게 바위(vi)를 더(d)(→프로바이더) 제공했다.(바위를 지고 체력단련을 하라고)

예문 They **provided** me with a lot of useful information.
그들은 나에게 많은 유용한 정보를 제공해 주었다.

파생 provision 공급; 대비

---

replace
[ripléis]

v. 제자리에 놓다; 대체하다 **반** remove 제거하다

연상 ① re(다시)+place(놓다)(→리프레리스) = 제자리에 놓다; 대체하다
② 시골 마을, 리(里)의 place(장소)(→리플레이스) = 도시의 땅이 부족해서 리의 place로 대체하고 있다.

예문 Machines can't **replace** people in this work.
이 일은 기계가 사람을 대신할 수 없다.

파생 replacement n. 복직; 대체, 보충

---

spread
[spred]

v. 펴다, 퍼뜨리다; 유포하다 **n.** 퍼짐; 보급

연상 풀은 맨 땅보다는 수풀에(sprea) 더(d)(→스프레드) 씨앗을 많이 퍼뜨리는 데 숲이 더 울창해지는 이유가 바로 이거야.

예문 He **spread** the map out on the table.
그는 탁자위에 지도를 펼쳤다.

예문 the **spread** of knowledge
지식의 보급

---

affect
[əfékt]

v. 영향을 미치다; 감동시키다; ~인 체하다

연상 여러 개의 팩 중 a(하나의) 팩이 터(→어팩트)지면 다른 팩에 영향을 미친다.

예문 Nicotine adversely **affects** the functioning of the heart and arteries.
니코틴은 심장과 혈관에 나쁜 영향을 미친다.

파생 affecting a. 감동시키는 affectation n. 꾸미기, 가장

suspend
[səspénd]

v. 매달다; 중지하다; (결정을) 보류하다

연상 ① 지나치게 수(水:물) spend(소비하는)(→서스펜드)를 중지하라! 보류하라!
② 책상 앞에 서서 pen(펜)을 들어(→서스펜드) 책꽂이에 매달았다.

예문 He **suspended** a ball by a thread.
그는 공을 실로 매달았다.

파생 suspension n. 매달기; 중지; 보류

---

delicate
[délikit]

a. 섬세한; 미묘한; 깨지기 쉬운

연상 대리(deli) 운전할 때 키(cate)(→데리킷)를 섬세한 주의를 해서 사용해야 한다.

예문 We all admired your **delicate** handling of the situation.
우리 모두는 당신의 세심한 상황 처리에 감탄했습니다.

파생 delicacy n. 섬세(함); 우아; 부드러움; 미묘함

---

qualify
[kwáləfàit]

v. ~에게 자격(권한)을 주다; 제한하다

연상 동물원에서 코알라(quali)에게 파이(fy)(→콸러파이)를 주는 것을 사육사에게만 자격을 준다.(코알라는 유칼립투스 잎만 먹으니까)

예문 He is **qualified** to teach English.
그는 영어를 가르칠 자격이 있다.

파생 qualified a. 자격 있는   qualification n. 자격; 제한

---

define
[difáin]

v. 정의를 내리다; 한계를 정하다

연상 어떤 물건이 'D급으로 fine(좋다)'(→디파인)고 말하는 것은 그 물건의 품질에 정의를 내리는 것이다.

예문 It's a difficult word to **define**.
그것은 정의를 내리기 어려운 단어이다.

파생 definition n. 정의, 한정 definite a. 뚜렷한 명확한

---

recommend
[rèkəménd]

v. 추천하다; 권고하다

연상 네(re) com(컴퓨터)을 통해 men(사람들)을 더(→레커멘드) 추천하라. (인터넷을 통해 많은 사람을 추천해 달라는 뜻)

예문 I **recommended** this dictionary to him.
이 사전을 그에게 추천했다.

파생 recommendation n. 추천(장); 권고

---

devote
[divóut]

v. (시간·노력 등을) 바치다(~to), 헌신하다

연상 그는 자기나라의 d급 수준의 vote(투표) (→디보우트)를 A급으로 발전시키기 위해 시간을 바쳐서, 헌신했다.

예문 I **devoted** myself to studying English.
나는 영어 공부에 전념했다.

파생 devotion n. 헌신, 전념 devoted a. 헌신적인

lower
[lóuər]

v. 낮추다, 내려가다   **a.** 보다 낮은, 저급한   **반** heighten 높이다

연상 ① 로어(露語; 러시아어) (→로워)를 말할 땐 음성을 낮추는 것이 좋다면서?
② low(낮은) -er(더) = 낮은 것을 더 낮게 하는 것이 낮추는 것이다

예문 He lowered his voice.
그는 목소리를 낮추었다.

remain
[riméin]

v. 남아있다; (여전히) ~한 대로이다   **n.** **pl.** 유적, 유해

연상 시골 마을, 리(里)에는 main(주요한 것)(→리메인)은 그대로 남아있다.

예문 The memory remains with us.
그 기억은 아직 우리의 뇌리에 남아 있다.

파생 remainder n. 나머지; 잔류자

pursue
[pərsú:]

v. 추적하다(chase); 추구하다; (일 등을) 수행하다

연상 무엇을 추적하느라고 물탱크에서 물을 펐수?(→퍼수)

예문 He still pursues his dreams.
그는 아직도 자신의 이상을 추구하고 있다.

파생 pursuit n. 추적; 추구; 수행

stimulate
[stímjəlèit]

v. 자극하다(excite); 격려하다

연상 스팀 물(stimul)(을) ate(먹으면)(→스티뮤레잇) 위를 자극한다.

예문 The discussion stimulates a free exchange of ideas.
토론은 생각을 자유롭게 교환하도록 북돋는다.

파생 stimulus n. 자극(이 되는 것); 격려   stimulation n. 자극   stimulative a. 자극적인

possess
[pəzés]

v. 소유하다; (능력 등을) 갖고 있다.

연상 농부들은 곡물을 창고 안에 퍼(po) 넣어 차곡차곡 재서(ssess)(→퍼제스) 소유한다.

예문 He possesses much gold.
그는 많은 양의 금을 소유하고 있다.

파생 possession n. 소유(물); 재산   possessed a. ~에 집착한; ~에 홀린, 미친

expose
[ikspóuz]

v. 노출시키다; 폭로하다(reveal)

연상 익서(ex)는 포-우즈(pose)(→익스포우즈)를 취해 카메라 앞에 자신을 노출시켰다.

예문 He did not want to expose his fears and insecurity to anyone.
그는 누구에게도 자신의 두려움과 불안함을 드러내고 싶지 않았다.

파생 exposure n. 노출

neglect
[niglékt]

ⓥ (의무 등을) 소홀히 하다; 무시하다

연상 니(ne)가 그(g) 넥타(lect)(→니글랙트)(음료수)를 소홀히 했지?' 변질되어 마실 수가 없잖아.

예문 You should not have **neglected** her proposal.
그녀의 제의를 무시하지 말아야 했다.

파생 neglectful **a.** 게으른; 부주의한   negligence **n.** 태만; 부주의
negligible **a.** 하찮은, 무시해도 좋은

notice
[nóutis]

ⓥ 알아차리다. 주목하다   ⓝ 주목; 통지

연상 전에 필기한 노우트(note)가 있어(ice)(→노우터스)서 그 내용을 알아차렸어.

예문 She **noticed** that it had begun to rain.
너는 그녀는 비가 내리기 시작한 것을 알아차렸다.

파생 notify **v.** 통지하다   noticeable **a.** 주목할 만한

interrupt
[ìntərʌ́pt]

ⓥ 막다, 방해하다   ⑧ intervene 방해하다

연상 inter(중간에) 늪터(rupt)(→인터럽트)가 있어서 통행을 방해했다.

예문 They **interrupted** us in the game.
그들은 우리들의 시합을 방해했다.

파생 interruption **n.** 중지, 방해

recognize
[rékəgnàiz]

ⓥ 인정하다; ~를 알아보다

연상 네(re)가 커(co)서 그(g) 나이 쯤(nize)(→레커그나이즈) 되었으면 너를 성인으로 인정한다.

예문 He **recognized** that he was beaten.
그는 패배를 인정했다.

파생 recognition **n.** 인식; 승인

repress
[riprés]

ⓥ (감정을) 억누르다, 억제하다(restrain); 진압하다

연상 ① 그는 시골 마을, 리(里 re) 풀에서(press, 풀밭에서)(→리프레스) 자신의 감정을 억누르고, 행동을 억제했다.(순박한 시골 사람들에 동화되기 위해서)
② 시골마을 리(里)에선 프레스 (→리프레스) 사용을 억제하라.(프레스에 눌려서 풀이 죽어요)

예문 He **repressed** his emotions.
그는 감정을 억눌렀다.

파생 repression **n.** 억압, 억제

comment
[kάment]

ⓝ 논평; 주석   ⓥ 논평하다

연상 요즘은 com(컴퓨터)로 ment(멘트)(→카먼트)를 하는 인터넷 논평이 많다.

예문 make a **comment** on ~에 관하여 논평하다

예문 The president refused to **comment** on the affair.
대통령은 그 일에 대해 논평하기를 거절했다.

파생 commentator **n.** (시사) 해설자

approach
[əpróutʃ]

v. 접근하다; ~에 가까워지다 **n.** 접근(방법)

연상 TV에서 a(한) 프로(pro)그램만 취(ch)(→어프로우취)하면 그 프로그램에 너무 접근해 있는 것이다.

예문 When I **approached**, they grew silent.
내가 접근했을 때, 그들은 조용해졌다.

peculiar
[pikjúːljər]

a. 독특한, 특유의; 별난

연상 그녀는 애인인 P(pe)씨와 Q(cu)씨를 다 울리어(uliar)(→피큐울리어) 성격이 독특한 여자다.

예문 Language is **peculiar** to mankind.
언어는 인간 특유의 것이다.

파생 peculiarity n. 특성, 특질; 별난 습관

purpose
[pə́ːrpəs]

n. 목적(aim); 의지; 용도

연상 연못에서 물을 퍼 그리고 또 퍼서, 즉 퍼(pur), 퍼서(pose)(→퍼; 퍼스) 일한다면 그 목적이 있다.

예문 on **purpose** 고의로   for the **purpose** of ~을 위하여

예문 The plan achieved its primary **purpose**, if nothing else.
그 계획은 적어도 주된 목적은 달성했다.

interpret
[intə́ːrprit]

v. 해석하다, 설명하다; 통역하다(translate)

연상 어떤 것 inter(중간에서) 풀이(pret)(→인터:프릿)하는 것이 해석하는 것이다.

예문 These results must be **interpreted** cautiously.
이들 결과는 조심스럽게 설명되어야 한다.

파생 interpreter n. 해석자; 통역자   interpretation n. 설명; 통역

UNIT 02 TEST

[1~12] 보기에서 영어에 해당되는 우리말을 찾아 쓰시오.

1. resource _____
2. define _____
3. multiply _____
4. remain _____
5. criticize _____
6. recognize _____
7. suffer _____
8. comment _____
9. imagine _____
10. affect _____
11. replace _____
12. devote _____

보기 ① 제자리에 놓다 ② 영향을 미치다 ③ 남아 있다 ④ 자원 ⑤ 정의를 내리다
⑥ 증가하다 ⑦ 인정하다 ⑧ 비판하다 ⑨ 바치다 ⑩ 논평 ⑪ 겪다 ⑫ 상상하다

[13~17] 다음 빈칸에 들어갈 적절한 어휘를 고르시오.

13. The data can be _____ in many different ways.

14. Don't _____ while I'm concentrating on my study.

15. She _____ that it had begun to rain.

16. He does not _____ four-year college degrees.

17. Just play steady and you will _____ your goals.

보기 ① noticed ② interpreted ③ achieve ④ interrupt ⑤ possess

[18~21] 다음 빈칸에 들어갈 적절한 어휘를 고르시오.

18. She does not seem to _____ her feelings.

19. She has the most _____ ideas.

20. We _____ our happiness for the rest of our lives.

21. Crystal chandeliers _____ brightly above them.

보기 ① peculiar ② pursue ③ glitter ④ repress

정답 1.④ 2.⑤ 3.⑥ 4.③ 5.⑧ 6.⑦ 7.⑪ 8.⑩ 9.⑫ 10.② 11.① 12.⑨ 13.② 14.④ 15.① 16.⑤ 17.③
18.④ 19.① 20.② 21.③

Further Study

beyond one's means 분에 넘치게

under no circumstances 결코 ~ 아니다

inside out 안팎을 뒤집어

once (and) for all 단호하게

through and through 철두철미하게, 완전히

all the better (for, because)

~ 때문에 오히려 더욱

as follows 다음과 같이

refer to ~에 언급하다

resort to ~(어떤 수단에) 호소하다

see to ~에 주의하다, 처리하다

stick to ~에 집착하다, ~을 고수하다

succeed to ~의 뒤를 잇다

yield to ~에 굴복하다, 지다

abstain from ~을 삼가다

refrain from ~을 삼가다

answer for ~에 책임을 지다

feel for ~을 동정하다

long for ~을 열망하다, 동경하다

pass for ~로 통하다

stand for ~ 상징하다, ~을 나타내다

abound in ~이 풍부하다

believe in ~의 존재[가치]를 믿다

consist in ~에 있다

deal in ~을 팔다

break with ~와 절교하다

do with ~을 처분하다

come upon

~을 습격하다; ~와 우연히 마주치다

dwell on ~을 곰곰이 생각하다

impose on

~을 기회로 삼다, ~에 편승하다

tell on ~에 효과가 있다, 영향을 미치다다

brood over ~을 골똘히 생각하다

look after ~을 돌보다

provide against

(위험 따위)에 대비하다

stand by ~의 편을 들다

break into

~에 침입하다; 갑자기 ~하기 시작하다

get through ~을 끝마치다

Unit 3
convince

convince
[kənvíns]

ⓥ 확신시키다, 납득시키다

연상 오스트리아의 큰(con) 도시인 빈서(vince)(→컨빈스)(빈에서) 여러 풍물이 나에게 그곳이 음악 도시임을 확신시켰다.

예문 I managed to **convince** them that the story was true.
나는 그 이야기가 사실임을 그들에게 겨우 확신시켰다.

파생 convinced a. 확신하는 convincing a. 설득력 있는

---

refer
[rifə́:r]

ⓥ 언급하다 (~ to); 문의[조회]하다(~ to)

연상 우리가 시골마을 리(里)에 대해서 문의할 때는 초목으로 리(里)가 퍼(→리퍼)런 것에 대해서 언급하다.

예문 In his speech, he **referred** to a recent trip to Canada.
그는 연설하면서 최근 캐나다 여행에 대해 언급했다.

파생 reference n. 언급; 문의, 조회

---

borrow
[bɔ́(:)rou, bάr-]

ⓥ 빌리다. 차용하다. ⓟ lend 빌려주다

연상 그는 은행에서 돈을 바로(→바로) 빌렸다.

예문 He **borrowed** some money from a friend.
그는 친구에게서 돈을 빌렸다.

---

forgive
[fə:rgív]

ⓥ 용서하다(pardon)

연상 어떤 사람을 for(위하여) give(주는)(→퍼깁) 것이 용서하는 것이다.

예문 He fell to his knees and begged God to **forgive** him.
그는 무릎을 꿇고 신에게 용서를 빌었다.

---

reflect
[riflékt]

ⓥ (빛, 소리 등을) 반사하다; 반성하다

연상 시골마을 리(里 re)의 풀액(flec)이 있는 터(t 곳)(→리플렉트)에선 어린 시절을 반성하게 된다. 그리고 그 풀 액에선 빛이 반사한다.

예문 Light **reflects** directly off a face of a crystal.
빛은 크리스털 표면에서 곧장 반사된다.

파생 reflection n. 숙고; 반사 reflective a. 반사하는

---

delay
[diléi]

v. 지연시키다, 연기하다 **n.** 연기; 지체 **반** hasten 서두르다

연상 태양이 뜨거워 피부가 딜레이('델라'의 방언)(→딜레이). 야영 일을 연기하자.

예문 For sentimental reasons I wanted to **delay** my departure until June.
나는 정서적인 이유로 6월까지 출발을 연기하길 원했다.

occupy
[ákjəpài]

v. 차지하다; 점령하다; ~에 종사하다

연상 아, 큐(Q) 형태의 파이(→아큐파이)를 점령하라!(만화영화 대사)

예문 Bookshelves **occupied** most of the living room walls.
책장들이 거실 벽을 대부분 차지했다.

예문 He is **occupied** (in) writing a novel.
그는 소설을 집필 중이다.

파생 occupation n. 직업; 점령 occupational a. 직업상의

repair
[ripéə:r]

v. 수리[수선]하다 **n.** 수리, 수선

연상 큰비에 시골 마을인 리(里) 곳곳이 페어(→리페어) 그곳을 수리해야 한다.

예문 Most of the damage has now been successfully **repaired**.
피해의 대부분은잘 수리되어졌다.

regard
[rigá:rd]

v. (~로) 간주하다, 중시하다 **n.** 안부

연상 우리는 도시보다 시골마을 리(里)가(regar) 더(d)(→리가: 드)공기가 좋은 곳으로 간주한다.

예문 They **regarded** him as a hero.
그들은 그를 영웅으로 간주했다.

파생 regardless a. 무관심한; 부주의한

regret
[rigrét]

v. 후회하다 **n.** 후회, 유감

연상 그는 '시골마을, 리(理 re)가 그랬(gret)(→리그렛)군! 그렇게 살기 좋은 곳이었군!'하면서 시골을 떠난 것을 후회했다.

예문 She seemed to be **regretting** that he had asked the question.
그녀는 그 질문을 한 것을 후회하는 것 같았다.

파생 regretful a. 후회하는 regrettable a. 애석한

offend
[əfénd]

v. 기분을 상하게 하다; 위반하다

연상 농구에서 오펜스(offense)(→어펀드) 파울은 공격하면서 규칙을 위반하는 것이다.

예문 He knew that he had **offended** her deeply.
그는 자신이 그녀의 마음을 상하게 했다는 것을 알았다.

파생 offense n. 위반; 공격 offensive a. 공격적인

remove
[rimúːv]

v. 제거하다; 옮기다

연상 옛날엔 죄 지은 자를 시골마을, 리(里)로 move(이주시켜, 귀양 보내)(→리무브)해서 그를 제거했다.

예문 She **removed** the dishes from the table.
그녀는 식탁에서 식기들을 치웠다.

파생 removal n. 이전, 제거

attend
[əténd]

v. 출석[참석]하다; 주의를 기울이다(~ to); 시중들다(~ on)

연상 어, 텐(ten 10)명이 더(d)(→어텐드) 참석했네.

예문 The meeting will be **attended** by finance ministers from many countries.
그 회의엔 여러 나라 재무장관들이 참석할 것이다.

파생 attention n. 주목   attentive a. 주의 깊은

maintain
[meintéin]

v. 유지하다; 주장하다

연상 main(주요한) 것은 내 친구 태인(tain)(→메인테인)이 그대로 유지하는 것을 원칙으로 삼고 있다.

예문 The government was right to **maintain** interest rates at a high level.
정부가 높은 이자율을 유지한 것은 옳은 일이었다.

파생 maintenance n. 유지; 주장; 부양

perform
[pərfɔ́ːrm]

v. 수행하다; 공연하다

연상 그 댄스 가수는 펄펄(per) 뛰며 폼(form)(→퍼포옴)을 잡으면서 공연했다.

예문 The prince is no longer able to **perform** his duties.
그 왕자는 더 이상 자신의 직무를 수행할 수 없다.

파생 performance n. 실행; 공연; 연주

predict
[pridíkt]

v. 예보하다; 예언하다(foretell)

연상 가을에는 하늘이 푸르딕(→프리딕트)딕할 거라고 예보하면 대충 맞겠지?

예문 The weather forecast **predicts** sunshine for tomorrow.
일기 예보에 의하면 내일 해가 날 거라고 한다.

파생 prediction n. 예언; 예보

intend
[inténd]

v. ~할 작정이다; 의도하다

연상 in(안에) + ten + d(→인텐드) = 10개에 안에서는 10를 채우기 위해 자꾸 더 가지려고 의도한다.(10단위를 채우려는 본능)

예문 He does not **intend** to hurt her feelings.
그는 그녀의 감정을 상하게 할 의도가 없다.

파생 intention n. 의도, 의향   intentional a. 의도적인

earn
[əːrn]

ⓥ (생계비를) 벌다; (명성 등을) 얻다.

(연상) 옛날엔 많은 사람들이 은(銀)(→ 어언) 세공으로 생계를 벌었다.

(예문) He **earned** a reputation for honesty.
그는 정직하다는 평판을 얻었다.

(파생) earning n. (pl) 소득; 임금

---

register
[rédʒəstəːr]

ⓥ 등록하다; 등기로 부치다 ⓝ 등록(기); 등록(부)

(연상) 다방 레지(regi) 스타(ster)(→레지스터)가 되려면 서비스업 종사자로 등록해야 한다.

(예문) How many students have **registered** for English classes?
영어 강좌에 얼마나 많은 학생이 등록했나요?

(파생) registration n. 등록, 기록

---

remind
[rimáind]

ⓥ 생각나게 하다, 상기시키다

(연상) 시골마을 리(里)는 mind(마음)(→리마인드)에 시골생활을 상기 시킨다.

(예문) The picture **reminds** me of the old days.
그 그림을 보면 옛날 생각이 난다.

(파생) reminder n. 생각나게 하는 사람(것) reminiscence n. 추억; 회상; (pl.) 회고록

---

tend
[tend]

ⓥ ~하는 경향이 있다, ~하기 쉽다

(연상) 가진 사람일수록 ten(열 개) 더(→텐드) 갖고자 하는 경향이 있다.

(예문) Nowadays people **tend** to overuse credit cards.
오늘날 사람들이 신용 카드를 너무 많이 사용하는 경향이 있다.

(파생) tendency n. 경향, 풍조

---

efficient
[ifíʃənt]

ⓐ 능률적인, 효과적인

(연상) 식물의 잎이 서있는 곳, 즉, 잎이 선 터(→이피션트)에서 능률적인 광합성이 이루어진다.

(예문) There must be a more **efficient** way.
보다 능률적인 방법이 있을 것이다.

(파생) efficiency n. 능률; 효율

---

regular
[régjələːr]

ⓐ 규칙적인; 보통의 ⓔ irregular 불규칙적인

(연상) ① 내가 하는 구르기 운동, 즉 내 굴러(→레귤러) 운동은 규칙적이야 한다.
② 레귤러(→레귤러) 커피는 정규의, 보통의 커피를 말한다.

(예문) His blood pressures was taken at **regular** intervals.
그의 혈압은 규칙적인 간격으로 측정되었다.

(파생) regularly ad. 정기적으로, 규칙적으로; 자주 regulation n. 조절; 규정

distinct
[distíŋkt]

a. 뚜렷한, 명확한　**반** indistinct 불명료한

연상 디스(이렇게) 팅 팅 소리가 나는 터(→디스팅트)는 속이 비어 있다는 명확한 증거야.

예문 Korea has a very **distinct** and unique culture.
한국은 대단히 분명하고 독특한 문화를 지녔다.

파생 distinction n. 특징; 구별　distinctly ad. 명확하게
distinctive a. 구별이 되는　distinctively ad. 구별해서

conscious
[kánʃəs]

a. 의식적인; 자각하고 있는; 의식이 있는　**반** unconscious 의식을 잃은

연상 옛날 양반집에선 99칸이나 되는 칸(con)을 써서(scious)(→칸셔스) 의식적인 생활을 했다.

예문 He was **conscious** that he is being watched.
그는 누군가 자신을 지켜보고 있다는 것을 의식했다

파생 consciousness n. 자각, 의식

deliver
[dilívər]

v. 배달하다; (설교 · 연설 등을)하다; 출산하다

연상 내 친구 딜(del)이 딜딜거리는 오토바이를 타고 live(살아가는)(→딜리버) 일이 바로
배달하는 것이다.

예문 Could you **deliver** one box to my house?
우리 집에 한 상자 배달해 주시겠어요?

예문 **deliver** a speech 연설하다

파생 delivery n. 배달; 인도

disturb
[distə́:rb]

v. 방해하다; (질서 등을) 어지럽히다.

연상 디스(this) 음식 맛이 텁텁(turb)(→디스터업)해 입맛을 방해한다

예문 Do not **disturb** him in any way.
어떤 식으로든 그를 방해하지 마라.

파생 disturbance n. 방해, 소동

postpone
[poustpóun]

n. 연기하다　**동** delay, adjourn　**반** advance 앞당기다

연상 post(우편제도)가 phone(전화)(→포스트포운)의 발달을 연기하게 했다.

예문 The meeting was **postponed** until the following day.
모임은 다음 날까지 연기되었다.

confuse
[kənfjú:z]

v. 혼동하다; 혼란시키다; 당황하게 하다

연상 변압기에 설치되어 있는 너무나 큰(con) 퓨즈(fuse)(→컨퓨:즈)가 나를 혼란시켜서,
당황하게 했다.

예문 She **confused** natural foods with organic foods.
그녀는 유기농 식품과 자연산식품을 혼동했다.

파생 confused a. 당황한; 혼동한　confusion n. 당황; 혼동

combine
[kəmbáin]

ⓥ 결합하다, 연합하다 **⑪ separate 분리시키다**
ⓐ 농업용 콤바인(→컴바인)은 여러 부품을 결합하여 만든다.
ⓔ He **combines** intelligence with vitality.
> 그는 총명함과 활력을 겸비하고 있다.

ⓟ combination n. 결합; 연합

effect
[ifékt]

ⓝ 결과; 영향(influence), 효과
ⓐ 이 팩이 터(→이펙트)져 그 결과와 영향이 크다.(독극물이 들어 있으므로)
ⓔ There was no discernible **effect** on cell growth.
> 세포 성장에 끼치는 영향을 식별할 수는 없다.

ⓔ cause and **effect** 원인과 결과   side **effects** 부작용
ⓟ effective a. 효과적인, 효력이 있는

eliminate
[ilímənèit]

ⓥ 제거하다. 몰아내다
ⓐ 전쟁과 같은 일이(eli) 민(民 백성 min)을 ate(먹어)(→일리미네이트) 치웠다. 그래서 인간을 제거했다.
ⓔ **Eliminate** all unnecessary words from your essay.
> 네 작문에서 불필요한 말들을 모두 삭제하여라.

ⓟ elimination n. 제거, 배제

mention
[ménʃən]

ⓝ 진술, 언급 ⓥ 말하다, 언급하다
ⓐ 고급 맨션(→멘션)에 대한 언급은 이만 하고 맨손 제조에 대해 말하자.
ⓔ The same places are repeatedly **mentioned** in the data.
> 그 자료에서 같은 장소들이 반복해서 언급되고 있다.

celebrate
[séləbrèit]

ⓥ 기념하다. 경축하다; (의식을) 거행하다
ⓐ 세리(cele)는 친구 브레이트(brate)(→셀리브레이트)의 회장 당선을 경축했다.
ⓔ We **celebrated** our 20th wedding anniversary in France.
> 우리는 프랑스에서 우리의 결혼 20주년을 기념했다.

ⓟ celebration n. 축하; 거행 celebrated a. 유명한

curtail
[kə:rtéil]

ⓥ 줄이다; (비용 따위를) 삭감하다
ⓐ 크기가 커(cur)서 tail(꼬리)(→커;테일)를 자르는 것이 줄이는 것이 다.
ⓔ They **curtailed** the working hours.
> 그들은 노동 시간을 단축했다.

ⓟ curtailment n. 단축

figure
[fígjər]

ⓝ 모양; 인물; 숫자

연상 피겨(→피겨) 스케이팅은 인물의 아름다운 모습을 보여주는 경기다.

예문 The figure in the picture is the artist's mother.
그림 속에 인물은 화가 자신의 어머니다.

insist
[insíst]

ⓥ 주장하다; 고집하다

연상 늘 집 안에(in) 있던 누이(sister)(→인시스트)가 밖으로 나가자고 주장한다.

예문 He insists that I must do it by myself.
그는 내가 혼자서 그것을 해야 한다고 주장한다.

파생 insistence n. 주장; 강요   insistent a. 고집하는

distribute
[distríbjuːt]

ⓥ 분배하다, 배급하다

연상 먼저 디스(this) 트리(tri 나무) 부터(bute((→디스트리뷰ː트) 분배해서 여러 곳에 심어라.

예문 We distributed the money equally among the team members.
우린 그 돈을 팀 구성원들에게 공평하게 분배했다.

파생 distribution n. 분배, 분포

reject
[ridʒékt]

ⓥ 거절하다, 거부하다   凹 accept 받아들이다

연상 시골마을 리(里)에선 잭(→리 젝(트) 사용을 거절했다.(잭보다는 손으로 들어 올리는 것에 더 익숙했기 때문)

예문 The plan was rejected on economic grounds.
그 계획은 경제적 이유로 거절되었다.

happen
[hǽpən]

ⓥ 일어나다, 생기다(occur); 우연히 ~하다

연상 몸가짐이 헤픈(→해픈) 사람은 몸을 해치는 일이 일어나기 쉬워요.

예문 My friend happened in to see me.
내 친구가 우연히 들렀다.

offer
[ɔ́(ː)fər / áf-]

ⓥ 제공하다, 내놓다; 제출하다   ⓝ 제공, 신청

연상 너에게 너무 많은 물건을 제공하느라 몸이 아퍼(→아퍼)!

예문 We offered her a better position.
그녀에게 더 좋은 지위를 주겠다고 제의했다.

avoid

[əvɔ́id]

v. 피하다(escape), 회피하다

연상 숨은 너의 모습이 보이더(→보이더)라. 다른 곳으로 피해라

예문 **avoid** danger
위험을 피하다

파생 avoidance n. 회피, 도피

UNIT 03 TEST

[1~12] 보기에서 영어에 해당되는 우리말을 찾아 쓰시오.

1. occupy _____

2. postpone _____

3. reflect _____

4. regret _____

5. disturb _____

6. distinct _____

7. repair _____

8. conscious _____

9. forgive _____

10. efficient _____

11. earn _____

12. regular _____

보기 ① 후회하다 ② 수리하다 ③ 벌다 ④ 연기하다 ⑤ 방해하다 ⑥ 용서하다
⑦ 반사하다 ⑧ 점령하다 ⑨ 분명한 ⑩ 규칙적인 ⑪ 의식적인 ⑫ 능률적인

[13~17] 다음 빈칸에 들어갈 적절한 어휘를 고르시오.

13. Credit cards _____ the need to carry a lot of cash.

14. He has two big houses, not to _____ his city apartment.

15. We considered offering him the job, but finally _____ him.

16. It is difficult to _____ work with pleasure.

17. People often _____ me and my twin sister.

보기 ① rejected ② combine ③ confuse ④ eliminate ⑤ mention

[18~21] 다음 빈칸에 들어갈 적절한 어휘를 고르시오.

18. They helped _____ corn, milk and other staples.

19. She showed off her glamorous _____ .

20. That incident had a big _____ on his life.

21. We have to _____ those costs.

보기 ① curtail ② effect ③ distribute ④ figure

정답 1.⑧ 2.④ 3.⑦ 4.① 5.⑤ 6.⑨ 7.② 8.⑪ 9.⑥ 10.⑫ 11.③ 12.⑩
13.④ 14.⑤ 15.① 16.② 17.③ 18.③ 19.④ 20.② 21.①

Further Study

speak well of ~을 좋게 말하다

in the way 방해가 되어, 도중에

out of breath 숨이 막혀

in favor of ~에 찬성하여

think highly of ~을 높이 평가하다, 존경하다

think little of ~을 하찮게 생각하다, 경시하다

think much of ~을 중시하다

be sick of ~이 싫어지다

be true of ~에 들어맞다

all but 거의(=almost)

be obliged to ~하지 않을 수 없다

in charge (of) (~을) 관리하고

have (get) one's own way 마음대로 하다

beside oneself (with) (~로) 제정신을 잃고

beyond one's power ~의 힘이 미치지 않는

off duty 비번의, 근무시간 외의

under way 진행 중인

make a loss 손해를 보다

at the cost of ~을 희생하여, ~을 잃고

in return for ~에 대한 보답으로

out of date 시대에 뒤떨어진

in the capacity of ~의 입장에서

with regard to ~에 관하여

by dint of ~의 힘으로, ~에 의하여

in the interest(s) of ~을 위하여

on account of ~ 때문에

apart from ~은 제쳐놓고, 별개로 하고

for all ~에도 불구하고

make a request 요청하다

in accordance with ~와 일치하여

run short of ~이 부족하다

in regard to ~에 관하여

be bent on ~에 열중하다

in line with ~과 일치하여

by virtue of ~의 힘으로, ~의 덕분에

for the life of one 아무리 ~해도

essential
[isénʃəl]

ⓐ 본질적인, 필수의

연상 인간의 이(e) 센슬(ssential 센스를)(→이센셜) 필수적인 것이라고 해요.

예문 Do you consider these textbooks **essential** for the course?
당신은 그 교재들이 그 강좌에 필수적이라고 생각하는가?

파생 essence n. 본질; 정수

---

appropriate
[əpróuprièit]

ⓐ 타당한, 적절한(proper) ⓥ (어떤 목적에) 충당하다

연상 골프장의 풀이 나빠서 a(한) pro(프로) 선수를 풀이(pri)
ate(먹어)(→어프로우프리에이트)치웠다고 말한 것은 타당한 표현이다.

예문 At an **appropriate** moment I'll offer the visitors some coffee
적당한 순간에 손님들에게 커피를 제공할 생각이다.

파생 appropriation n. 충당, 전용

---

behavior
[bihéivjər]

ⓝ 행동, 행실

연상 비(be), 헤이(ha), 비여(vior)!(→비헤이비여) 너의 행실이 고약하구나. 이렇게 폭우로 내려
온천지를 물바다로 만들다니!

예문 His **behavior** at the party was not good.
파티에서의 그의 행동은 적절치 않았다.

파생 behave v. 행동하다

---

secure
[sikjúə:r]

ⓐ 안전한; 확실한 ⓥ 안전하게 하다; 획득하다

연상 환자를 시(市)에서 cure(치료해)(→시큐어) 주어서 안전한 치료를 획득할 수 있었다.

예문 They have **secured** a automobile at last.
그들은 마침내 자동차 한 대를 얻었다.

파생 security n. 안전, 보안

---

amend
[əménd]

ⓥ (법안 등을)수정하다; 고치다

연상 잘못된 행동을 고치는 것을 여러 사람보다 a(한) men(사람)이 더(d)(→어멘더) 잘 한다.

예문 She determined to **amend** her way of living.
그녀는 자신의 생활 방식을 고치기로 결심했다.

admire
[ədmáiər]

v. 감탄하다; 칭찬하다

연상 빈민가 아이들이 먹을 것을 얻어(ad), '마이요(많이요 mire), (→어드마이어) 더 많이 주세요!' 하면서 감탄했다.

예문 They **admired** the beauty of the lake.
그들은 호수의 아름다움을 감탄했다.

파생 admiration n. 감탄; 칭찬 admirable a. 감탄할 만한

---

exclude
[iksklú:d]

v. 제외시키다; 배척하다 **반** include (포함하다)

연상 화가인 익서(ex)는 커(c)서 누드(lude)(→익스클루:드)화를 자기 작품에서 제외시켰다.

예문 We'll **exclude** his statement from the report.
우리는 보고서에서 그의 진술을 제외시키겠다.

파생 exclusive a. 배타적인, 독점적인

---

cease
[si:s]

v. 중지하다(stop); 그만두다

연상 가뭄으로 시(市에)서(→시:스) 수돗물 공급을 중지했다.

예문 A small number of firms have **ceased** trading.
소수의 회사들이 교역을 중단했다.

파생 ceaseless a. 끊임없는

---

estimate
[éstəmèit]

v. 평가하다; 추정하다; 견적하다 **n.** [éstimit] 평가; 견적

연상 에스(S)라인 티(ti)셔츠를 입고 있는 mate(친구)(→에스티메이트)를 너는 어떻게 평가하니?

예문 Inaccurate **estimates** can lead to overproduction.
부정확한 평가가 과잉 생산에 이르게 한다.

---

amount
[əmáunt]

n. 총계(sum); 양 **v.** 총계 ~이 되다 mount

연상 a(하나) mount(산)(→어마운트)만큼 총계, 양이 많다.

예문 I found that the expense would **amount** to 1,000 dollars.
나는 경비의 총액이 1,000달러에 이를 것임을 알았다.

---

exhaust
[igzɔ́:st]

v. 다 써버리다; 고갈시키다; 배출하다 **n.** 배기가스

연상 이그, 죠스터(→이그 조:스트)(식인 상어가 나오는 곳)에 와서 힘을 다 써 버렸다.(조스를 피하느라)

예문 Their limited resources were quickly **exhausted**.
그들의 제한된 자원은 곧 고갈되었다.

파생 exhaustion n. 소모; 피로; 고갈 exhausted a. 지친

durable
[djúərəbəl]

ⓐ 오래 견디는, 항구성의

연상 두어! 너불(→듀어러불)거리는 것들은 오래 견디는 것들이야

예문 We all wish for a durable peace.
우리 모두는 항구적 평화를 바란다.

파생 duration n. (시간의) 지속; 지속기간

---

conform
[kənfɔ́ːrm]

ⓥ (규칙 · 습관에)순응하다; 적합하다; 적합시키다

연상 우리 모두 사회의 법, 전통과 같은 큰 틀, 즉 큰(con) 폼(form)(→컨포옴)에 순응해야 한다.

예문 We ought to conform to the customs.
우린 관습에 순응해야 한다.

파생 conformity n. 순응; 일치

---

indifferent
[indífərənt]

ⓐ 무관심한; 냉담한

연상 in(=not) + different(다른)(→인디퍼런트) = 사람들은 뭔가 '다른 것이 아니면' 무관심하다.

예문 He is indifferent to fame and money.
그는 명예와 돈에 무관심하다.

파생 indifference n. 무관심; 냉담

---

emotion
[imóuʃən]

ⓝ 감정; 감동

연상 너의 이(e) motion(동작)(→이모우션)에 감정이 실려 있군.

예문 My wife's face showed no emotion.
아내의 얼굴은 감정을 드러내지 않았다.

파생 emotional a. 감정적인, 감정의

---

attract
[ətrǽkt]

ⓥ (흥미 등을)끌다; (물건 등을) 끌어당기다; 유인하다

연상 a(한 대의) 트랙터(→어트랙트)가 많은 물건을 끌어당긴다.

예문 A bold price cut might attract potential buyers.
대담한 가격 할인이 잠재적 고객을 끌어드리게 될 것이다.

파생 attractive a. 매력적인 attraction n. 매력

---

attach
[ətǽtʃ]

ⓥ 붙이다; 부착하다; 부속시키다. ⺱ detach 떼다

연상 여자는 a(하나의) 태(態,모양)를 취(→어태취)하려고 온갖 장신구를 몸에 붙인다.

예문 He attached a stamp to the envelope.
그는 봉투에 우표를 붙였다.

파생 attachment n. 붙이기, 부착(물)

exploit
[iksplɔ́it]

v. 개발하다; 착취하다; 이용하다

연상 내 친구 익서는 프로이트(정신 분석학자)(→익스플로이트) 이론을 새로 개발하여 연구에 이용했다.

예문 The country has few natural resources to be **exploited**.
그 나라는 개발할 수 있는 천연 자원이 거의 없다.

파생 exploitation n. 개발, 개척; 착취; 약탈

defect
[diˈfekt]

n. 결점, 결함 (fault)

연상 D급 팩이 터(→디펙트)지는 것은 그 팩의 결함이 있기 때문이다.

예문 He found there are some **defects** in the system.
그는 그 제도에 약간의 결함이 있다는 것을 발견했다.

occur
[əkə́:r]

v. (사건 등이)일어나다; (머리에) 떠오르다(to)

연상 어커!(아이쿠)(→어커:), 그런 일이 일어나다니!

예문 The accident **occurred** in a gas station last night.
그 사고는 지난밤에 한 주유소에서 일어났다.

파생 occurrence n. 사건; 사건의 발생

available
[əvéiləbəl]

a. 이용할 수 있는; 손에 넣을 수 있는

연상 a(하나의) 베일(veil)이 able(가능하다)(→어베일러벌)는 것은 그 베일을 이용할 수 있다는 뜻이다.

예문 It is vital that food is made **available** to the famine areas.
기아로 허덕이는 지역에 음식을 제공하는 것이 매우 중요하다.

파생 avail v. 쓸모가 있다   availability n. 이용 가능함

express
[iksprés]

v. 표현하다; 표시하다   **a.** 급행의   **n.** 급행

연상 익서는 프레스(→익스프레스)센터에서 자신의 의견을 표현했다.

예문 I cannot **express** how happy I am now.
나는 지금 얼마나 행복한지 표현할 수 없다.

파생 expression n. 표현; 표정   expressive a. 표현하는

term
[tə:rm]

n. 기간; 학기; 용어;   **pl.** 조건

연상 어느 시간에서 어느 시간까지의 틈(→터엄)이 기간이다.

예문 in the short [long] **term**
단기적 [장기적] 으로는

예문 Myocardial infarction is the medical **term** for a heart attack.
심근경색은 심장마비를 일컫는 의학적 용어다.

파생 terminal a. 끝의 n. 종점

aspect
[ǽspekt]

ⓝ 양상, 모습, 국면(phase)

연상 애들이 쓰는 스펙트럼(→애.스펙트)에 여러 가지 빛의 양상이 나타 난다.

예문 We must consider the problem from every aspect.
우린 그 문제를 모든 국면에서 고려해야 한다.

establish
[istǽbliʃ]

ⓥ 설립하다; 확립하다 ⚟ demolish 파괴하다

연상 이 수(手:손으로 만든) 테이블이 쉬(쉽게)(→이스테블이쉬) 설립하여 진 것은 의지를 확립했기 때문이다.

예문 The college was established in 1940.
그 대학은 1940년에 설립되었다.

파생 establishment n. 설립; 확정   established a. 기존의; 설립된

factor
[fǽktər]

ⓝ 요인;요소

연상 팩이 터(→팩터)지는 데는 그 요인이 있다.

예문 This is regarded as the crucial factor in deciding who should get priority.
이것은 누가 우선권을 갖느냐를 결정하는데 중요한 요인으로 간주된다.

argue
[ɑ́:rgjuː]

ⓥ 주장하다; 언쟁하다, 다투다

연상 그는 나의 의견을 아, 기우(杞憂, 쓸데없는 걱정)(→아:규우)라고 주장했다.

예문 They argue endlessly about money.
그들은 돈을 놓고 끝임없이 다툰다.

파생 argument n. 논지, 주장

consult
[kənsʌ́lt]

ⓥ 상담하다; 진찰을 받다; (사전 따위를) 찾아 보다

연상 그는 공장을 건설할 터(→컨설트)를 구하려고 부동산 중개인과 상담했다.

예문 Have you consulted your doctor about your illness?
너의 병에 대해 의사의 진찰을 받아보았니?

파생 consultant n. 의논 상대, 고문   consultation n. 상담

measure
[méʒəːr]

ⓥ 측정하다; 평가하다 ⓝ 측정; 계량기 ⓟ 조치

연상 과일나무에 열매가 맺어(→매저) 생산량을 측정할 때가 되었다.

예문 We measure our friends by our own values.
우리는 자신의 가치로 친구들을 평가한다.

파생 measurement n. 측량; 치수

accomplish
[əkámpliʃ]

v. 완성하다(complete), 달성하다

연상 어려운 문제를 a(하나) com(컴퓨터)가 풀이(pli)를 쉬(쉽게 sh)(→어캄플리쉬) 완수했군!

예문 The task will be **accomplished** in a year.
그 일은 1년이면 완성될 것이다.

파생 accomplishment n. 완성; 업적

ascend
[əsénd]

v. 올라가다; (지위 등이)오르다 **반** descend 내려가다

연상 ① 산을 오르는 사람을 보고 "어, 센데(→어센드)! 다리 힘이 센데"라고 말한다.
② 산을 오르는 사람들은 "어서 end(끝까지)(→어센드) 오르자!"라고 말한다.

예문 I **ascended** Mt. Halla for the first time.
나는 처음으로 한라산을 등반했다.

파생 ascent n. 오르기; 비탈길

reveal
[rivíːl]

v. (비밀을) 누설하다, 밝히다(disclose); (모습 등이) 나타나다

연상 ① 그가 시골마을 리(里)의 비밀스런 일, 즉 리 비일(→리비일)을 누설 했어.
② 시골 마을 리(里)에서 비일비재한(→리비일) 일이 남의 비밀을 누설하는 것이다. (시골 마을엔 비밀이 거의 없다)

예문 She has refused to **reveal** the whereabouts of her daughter.
그녀는 자신의 딸이 어디에 있는가 밝히기를 거절했다.

파생 revelation n. 누설, 폭로

positive
[pázitiv]

a. 긍정적인; 적극적인

연상 수집한 못 쓰는 종이인 파지(posi)에 팁(tive)(→파지팁)을 주는 것은 폐품 재활용을 위한 긍정적이고, 적극적인 정책이다.

예문 He took a highly **positive** view of the matter.
그는 그 문제에 대해 매우 긍정적인 견해를 가졌다.

precede
[prisíːd]

v. (공간적·시간적으로)앞서다; (서열 등이) 우선하다

연상 풀이(pre) 시든(cede)(→프리:시:드)다. 나무보다 앞서서.

예문 He was a much stronger leader than the man who **preceded** him.
그는 전임자보다 훨씬 강력한 지도자였다.

파생 precedent n. 전례, 선례 preceding a. 선행하는

ban
[bæn]

v. 금지하다 **n.** 금지

연상 ① 아이를 밴(→밴) 여성은 이 영화를 보는 것을 금지합니다.
② 밴(van: 화물차)의 진입을 금지하는 곳이 많군.

예문 Smoking is **banned** in public places.
공공장소에서 흡연이 금지된다.

sustain
[səstéin]

v. 유지하다(maintain); 부양하다; 떠받치다; (손해를) 입다

연상 서(su) 있는 스테인(stain)(→서스테인)리스 강철 구조물은 어떤 것을 떠받치고 균형을 유지한다.

예문 This relationship would be very difficult to sustain.
이 관계는 유지하기 어려울 것이다.

option
[ápʃən]

n. 선택권; 선택(choice)

연상 앞 선(→압션) 사람이 선택권을 갖는 것이 합리적이겠죠?(선착순 제도)

예문 We had no option but to study hard.
열심히 공부하는 것 외에 선택할 것이 없었다.

파생 opt v. 선택하다 optional a. 선택의, 임의의

interfere
[ìntərfíər]

v. 방해하다; 간섭하다

연상 그 집은 정원의 꽃들이 마당의 inter(중간에) 피어(fere)(→인터피어) 사람의 출입을 방해하고 있어.

예문 The event interfered with his work.
그 사건은 그의 일을 방해했다.

파생 interference n. 방해, 간섭

accompany
[əkʌ́mpəni]

v. ~에 동반하다; ~에 수반하여 일어나다; 반주하다

연상 ① 회사가 또 한(a) 회사(company)(→어캄퍼니)와 동반하다.
② 친구(company)은 늘 한(a) 친구(company)(→어캄퍼니)와 동반하다.

예문 I accompanied him on the trip.
나는 그와 함께 여행했다.

파생 accompaniment n. 부속물; 반주

resume
[rizú:m]

v. 다시 시작하다; (원기 등을)되찾다 **n.** 이력서

연상 그는 시골마을, 리(里 re)에서 줌(sume)(→리주움)렌즈로 사진촬영 일을 다시 시작했다.

예문 After the war he resumed his duties at London university.
전쟁이 끝난 뒤 그는 런던대학에서 학업을 재개했다.

파생 resumption n. 되찾음; 회복; 재개

UNIT 04 TEST

[1~12] 보기에서 영어에 해당되는 우리말을 찾아 쓰시오.

1. behavior _____   2. admire _____

3. exhaust _____   4. estimate _____

5. amount _____   6. secure _____

7. conform _____   8. indifferent _____

9. amend _____   10. durable _____

11. cease _____   12. appropriate _____

보기 ① 감탄하다 ② 다 써버리다 ③ 총계 ④ 안전한 ⑤ 행동 ⑥ 평가하다 ⑦ 무관심한
⑧ 타당한 ⑨ 순응하다 ⑩ 수정하다 ⑪ 중지하다 ⑫ 오래 견디는

[13~17] 다음 빈칸에 들어갈 적절한 어휘를 고르시오.

13. His views have been _____ in numerous speeches.

14. I _____ a copy of my notes for your information.

15. Water is _____ to living things.

16. He felt a sudden rush of _____ at the thought of seeing him again.

17. Since the Earth is rotating, two tides _____ each day.

보기 ① emotion ② expressed ③ occur ④ essential ⑤ attach

[18~21] 다음 빈칸에 들어갈 적절한 어휘를 고르시오.

18. They _____ her from the meeting

19. He was a much stronger leader than the man who _____ him.

20. The Centre is easily _____ to the general public.

21. It is one of the _____ that influenced his decision.

보기 ① available ② factors ③ excluded ④ preceded

Further Study

do without ~없이 지내다

come into force 실시되다

take ~ into consideration [account]

~을 고려하다

break out (전쟁이나 화재가) 갑자기 일어나다

go out (불이) 꺼지다

turn out ~임이 판명되다

work out ~을 만들어 내다, 생각해 내다

call off ~을 중지하다

see off ~을 배웅하다

show off ~을 뽐내다, 자랑하다

look on 방관하다

bring up ~을 키우다, 기르다

hold up ~을 저지하다

look up ~을 조사하다

make up ~을 꾸며내다, 날조하다

drop in 잠깐 들르다

give in 굴복하다

hand in ~을 제출하다

turn down ~을 거절하다

pass away 죽다

bring about ~을 일으키다

get ahead 출세하다

get along 살아가다; 사이좋게 지내다

catch up with ~을 따라 잡다(overtake)

come up to ~에 달하다, 미치다

do away with ~을 제거하다

fall back on ~에 의지하다

make light of ~을 경시하다

make little of ~을 하찮게 여기다, 경시하다

take one's advice ~의 충고를 따르다

tear ~down

~을 철거하다, ~을 뜯어내다

tenfold 10배의

make much of ~을 중시하다, 존중하다

make nothing of

~을 문제시하지 않다

see much of ~을 자주 만나다

speak ill of ~을 나쁘게 말하다

50

advantage
[ədvǽntidʒ]

n. 이점, 이익; 유리한 입장

연상 얻어(ad) 탄 van(밴 짐차)이 튀지(tage)(→어드벤티지)? 그러니 얼마나 이점이 많니?

예문 He has the **advantage** of good health.
그는 건강하다는 장점이 있다.

파생 advantageous a. 유리한

evoke
[ivóuk]

v. (기억 등을)일깨우다. 불러내다. 환기시키다

연상 ① 그는 나에게 "이 보우, 크(→이보우크)게 사시오." 하면서 자신감을 일깨웠다.
② 투수가 범한 이 보크(→이보우크) 반칙은 주자에게 주의를 일깨웠다.

예문 The novel vividly **evokes** the life of the Irish in Australia
그 소설은 호주에서 아일랜드 사람들의 생활을 생생히 떠올린다.

파생 evocation n. (기억 등의)환기

disappoint
[dìsəpóint]

v. 실망시키다; 좌절시키다.

연상 ① dis(=not) + appoint(임명하다)= 임명하지 않으니 실망시키는 것이다.
② 우리 팀이 계속 뒤에서(disa) point(점수)(→디서포인트)를 따라가면서 나를 실망시켰다.

예문 She knew that she would **disappoint** him.
그녀는 자신이 그를 실망시키게 되리란 것을 알고 있었다.

subject
[sʌ́bdʒikt]

n. 주제; 과목; 국민 **a.** 지배를 받는 **v.** 복종시키다

연상 ① 서비스 업종, 즉 서브 직(職)(→서브직(트))은 국민의 지배를 받아야 한다고 생각해.
② 섶(나무)를 잭(→서브직트)으로 벨 수 있느냐는 것이 오늘의 주제다.

예문 The state is **subject** to foreign rule.
그 나라는 외국의 지배하에 있다.

파생 subjective a. 주관적인

progress
[prágrəs/ próug-]

n. 진전, 발달, 향상 **v.** 전진하다

연상 한국 Pro(프로) 축구 선수들이 그래스(grass; 잔디 경기장)(→프로 그레스) 많은 진전을 이루었다.

예문 They made slow **progress** through the spectators.
그들은 관중들 사이로 천천히 앞으로 나아갔다.

파생 progressive a. 진보적인; 전진하는 progression n. 진보, 진전; (수학)수열

transform
[trænsfɔ́ːrm]

v. 변형시키다; 변형하다

연상 트랜스(변압기)는 전기를 여러 가지 form(형태)(→트랜스포옴)으로 변형시킨다.

예문 He **transformed** himself from criminal to good citizen.
그는 범죄자에서 모범 시민으로 변신했다.

파생 transformation n. 변형; 변질

---

material
[mətíəriəl]

a. 물질의, 물질적인; 육체의 **n.** 재료

연상 무엇이 튀어, 즉 뭐 튀어 리얼(real:실제의)(→머티어리얼) 한 것이 있다면, 그것이 바로 물질적인 것이다.

예문 The corn contains genetically **modified** material.
그 옥수수는 유전자가 조작된 물질이 함유되어 있다.

예문 raw material 원료

---

steady
[stédi]

a. 꾸준한, 안정된

연상 스터디(study. 공부)(→스테디)는 스테디(stedy, 꾸준한) 노력이 필수다.

예문 Slow and **steady** wins the race.
천천히 그리고 꾸준히 하는 사람이 이긴다.

---

crucial
[krúːʃəl]

a. 결정적인(decisive), 매우 중요한; (문제 등이) 어려운

연상 어떤 내용(의 중요성)이 커(서) 누설(→크루셜)될 가능성이 있다면 그것은 매우 중요하고, 결정적인 것이다.

예문 It's absolutely **crucial** that we get this right.
우리가 이 권리를 가졌다는 것은 매우 중요하다.

---

compact
[kəmpǽkt]

a. 빽빽한, 조밀한; 간결한

연상 콤팩트(→컴팩트)는 간결한 휴대용 화장분 케이스인데 분가루가 빽빽한 모습으로 들어 차 있다.

예문 He live in a **compact** little apartment.
그는 밀집해 있는 작은 아파트에 산다.

---

extract
[ikstrǽkt]

v. (이빨 등을) 뽑다; 끌어내다; 발췌하다

n. [ékstrækt] 추출물; 발췌

연상 내 친구 익서가 트랙터(→익스 트랙트)로 나무를 뽑았다.

예문 She is to go and have a tooth **extracted** at 3 o'clock today.
그녀는 오늘 3시에 치과에 가서 치아를 뽑으려 한다.

yield
[jiːld]

v. 산출하다(produce); 양보하다, 굴복하다

연상 어떤 일이든 일을 더(→이일드)하면 더 많은 양을 산출하는 것은 당연하다.

예문 The mine **yields** good ore.
그 광산은 좋은 광석을 산출한다.

파생 yielding a. 다산의, 수확이 많은(productive)

extreme
[ikstríːm]

a. 극단적인, 극단의 **n.** 극단 **반** moderate 적당한

연상 내 친구 익서는 트림(→익스트림)을 할 때 극단적인 소리를 낸다.

예문 Some of his views seem rather **extreme**.
그의 견해 중 얼마는 다소 극단적으로 보인다.

파생 extremely ad. 대단히, 극단적으로
extremity n. 극단; 궁지 extremist n. 극단주의자

moderate
[mádərèit]

a. 알맞은; 온건한 **n.** 온건주의자 **v.** 알맞게 하다

연상 마더(mother 어머니)는 ate(먹었다)(→마더레이트) 늘 적당한 양의 음식을.

예문 He is a **moderate** socialist.
그는 온건한 사회주의자다.

파생 moderation n. 온건; 적당함, 중용

influential
[ìnfluénʃəl]

a. 영향을 미치는; 영향력이 큰

연상 인플루엔저는(유행성 독감은) 인플루엔셜(영향력이 큰)하다

예문 Those facts were **influential** in solving the problem.
그러한 사실은 그 문제를 푸는 데 큰 영향을 미쳤다.

파생 influence n. 영향(력) v. 영향을 미치다

appreciate
[əpríːʃièit]

v. 감사하다; 감상하다; 평가하다

연상 "휴대폰 어플이 시(詩)를 ate(먹었다)(→어플이:쉬에이트)"고 한다면 그 말이 무엇을 뜻하는지 감상해 보아야 한다. 그 뜻를 말해 주는 사람에게 감사해야 한다.

예문 I **appreciate** your kindness.
당신의 친절에 감사드려요.

파생 appreciation n. 감사; 감상; 평가 appreciative a. 감사하는; (차이를) 식별할 수 있는

respect
[rispékt]

v. 존경하다(honor) **n.** 존경; 점

연상 시골마을인 리(里)에선 스펙트럼(→리·스펙트)을 시골에선 귀한 물건이기 때문에 존경한다.

예문 You should **respect** your parents.
부모님을 공경해야 한다.

파생 respectable a. 존경할 만한 respectful a. 공손한 respective a. 각각의

resolution
[rèzəlúːʃən]

n. 결심, 결의; 해결

연상 그는 일보다 레절(resol 레저를) 우선(ution)(→레절루션)으로 하겠다고 **결심**하다.

예문 The assembly adopted a **resolution** approving the plan.
의회는 그 계획을 승인하는 결의안을 채택했다.

파생 resolute a. 굳게 결심한 resolve v. 결심[해결]하다; 분해[용해]하다

---

passion
[pǽʃən]

n. 열정; 열심(zeal)

연상 그의 옷 입는 패션(fashion)(→패션)에서 삶에 대한 패션(열정)이 느껴져!

예문 She was a woman of great **passion**.
그녀는 대단히 열정적인 여인이다.

예문 have a **passion** for
~을 매우 좋아하다

파생 passionate a. 열렬한, 정열적인; 격렬한

---

confront
[kənfrʌ́nt]

v. 직면하다; 맞서다(face)

연상 호텔의 큰(con) 프런트(front)(→컨프런트)는 사람들과 직면하는 장소다.

예문 Many difficulties **confronted** him.
그는 많은 난관에 부딪혔다.

파생 confrontation n. 직면; 조우

---

repent
[ripént]

v. 후회하다, 뉘우치다(regret)

연상 그 기자는 시골마을 리에서 pen으로 트(→리펜트)집 잡은 것을 후회했다. (기사로 시골을 비난한 것을)

예문 The sinner **repented** before he died.
죄인은 죽기 전에 뉘우쳤다.

파생 repentance n. 후회, 가책 repentant a. 후회하는

---

substitute
[sʌ́bstitjùːt]

n. 대용품, 대리인 **v.** 대용[대신]하다(~for)

연상 섭섭티(substi 섭섭하다는 티) 나는 튜터(tutor: 가정교사)(→섭스티튜트)를 대신할 사람 없을까?

예문 The company produces **substitutes** for engine oil.
그 회사는 엔진오일 대용물을 생산하고 있다.

파생 substitution n. 대체, 대용; 교환

---

represent
[rèprizént]

v. 대표하다, 나타내다

연상 그 시골마을, 리(里, re)에 보낸 present(선물)(→레프리젠트)는 우리의 고마움을 나타내는 회사를 대표하는 것이다.(회사와 자매결연한 마을에)

예문 He **represents** Korea at the conference.
그는 그 회의에서 한국을 대표했다.

파생 representative n. 대표자; 전형 representation n. 대표; 표현; 주장

rational
[ræʃənl]

a. 이성적인; 합리적인 **반** irrational 비이성적인; 불합리한

연상 ① 어떤 과목이든 레슨을(→래셔늘)을 받을 때는 이성적이고 합리적인 방법으로 받아야한다.

② 내셔널(national, 국가의)(→래셔늘) 일은 래셔널(rational), 즉 합리적이어야 한다.

예문 Man is a **rational** animal.
인간은 이성적 동물이다.

파생 rationalism n. 합리주의

---

trivial
[tríviəl]

a. 사소한, 하찮은

연상 '개똥나무'라고 말하는 것처럼 트리(tri)에 비얼(vial 속된말을)(→트리비얼) 사용하는 것은 사소한 일이다.

예문 You had better not be afflicted at such a **trivial** thing.
사소한 문제로 괴로워하지 않는 것이 낫다.

---

phase
[feiz]

n. 국면(aspect), 양상; (발달·변화의)단계

연상 책의 페이지(→페이즈)마다 새로운 양상과 국면이 있다.

예문 We entered upon the second **phase** of the research
우리는 연구의 제 2단계에 들어갔다.

---

decline
[dikláin]

v. 기울다; 쇠퇴하다; 거절하다 **n.** 경사; 쇠퇴

연상 deck(배의 갑판)의 line(선)(→디크라인)이 기울어져 있다.

예문 The economy has **declined** sharply in recent years.
최근에 경기가 급격히 위축되었다.

---

phenomenon
[finámənàn]

n. 현상; 특이한 사건 [일]

연상 피나며(phenome) (나타)난(non)(→피나머난) 현상이 바로 응고현상이다.

예문 A rainbow is a natural **phenomenon**.
무지개는 자연 현상이다.

---

punctual
[pʌ́ŋktʃuəl]

a. 시간을 잘 지키는

연상 나는 시간을 지키기 위해 경적을 "팡" 울리며 앞 차를 추월(→펑추얼)했다.

예문 He is **punctual** to the minute.
그는 단 1분도 시간을 어기지 않는다.

파생 punctuality n. 시간 엄수

prompt
[prɔmpt]

a. 신속한, 즉시의 **v.** 자극하다 **반** slack 느린, 느슨한

연상 명령어를 입력하여 수행할 수 있게 해 주는 셸인 명령 프롬프트(→프롬프트)는 window에서 신속한 작업들을 할 수 있다.

예문 I will be in **prompt** contact with you.
신속히 연락하겠다.

파생 promptly ad. 신속히; 즉석에서

refuse
[rifjúːz]

v. 거절하다, 거부하다 **반** accept 받아들이다

연상 시골마을, 리(里)지역의 퓨즈 (→리퓨ː 즈)가 고장이 나서 전기를 받아들이기를 거부하는군.

예문 She **refused** to do the work with me.
그녀는 나와 함께 그 일을 하는 것을 거절했다.

파생 refusal n. 거절, 거부

acclaim
[əkléim]

v. 환호하다; 찬사를 보내다.

연상 그가 공을 다루는 솜씨를 보고, "어(a), 클(cl) 애임(aim)(크게 될 아이임)(→어클레임)이 틀림없군!"하면서 사람들이 환호했다.

예문 This book has been widely **acclaimed** as a modern classic.
이 책은 현대의 고전으로 널리 찬사를 받아왔다.

conduct
[kəndʌ́kt]

v. 행동하다; 인도하다; 지휘하다

n. [kɑ́ndʌkt] 행위, 행동; 지휘

연상 큰(con) 덕(德 duct)(→칸덕(트))으로 행동하라.(공자님 말씀)

예문 Education was **conducted** separately for males and females.
남녀를 위한 교육이 분리되어 행해졌다.

파생 conductor n. 차장; 지휘자, 안내자. 도체

squeeze
[skwiːz]

v. 짜내다; 착취하다; 압박하다 **n.** 짜기, 압착; 착취

연상 수학 선생님은 수(數) 퀴즈(→스퀴ː 즈)를 자주 내서 우리의 머리를 짜낸다.

예문 She **squeezed** juice from a lemon.
그녀는 레몬에서 즙을 짜냈다.

smash
[smæʃ]

v. 분쇄하다, 박살내다; 강하게 내리치다

n. 분쇄, 부숨; 파괴;(테니스·탁구 등의) 스매시

연상 테니스에서 강하게 내리치는 것을 스매쉬(→스매쉬)라 한다.

예문 The dish **smashed** on the floor.
접시가 바닥에 떨어져 산산조각이 났다.

range
[reindʒ]

n. 범위; 산맥 **v.** ~에 걸치다[미치다]; 정렬시키다

연상 가스 레인지(→레인지)는 부엌의 범위 안에 있다.

예문 Students can choose from a wide **range** of options.
학생들은 다양한 범위에서 선택할 수 있다.

---

internal
[intə́:rnl]

a. 내부의; 국내의 **n. pl.** 내장 **반** external 외부의

연상 인(in) 터널(→인터:늘), 즉 (터널 안쪽)이니까 '내부의'의 뜻이다.

예문 We can not see the **internal** structure of a building.
우리는 건물의 내부 구조를 볼 수 없다.

---

ensure
[inʃúər]

v. 보장하다; 안전하게 하다

연상 ① en(=make) + sure(확실한)= 확실하게 하다, 보장하다
② 어떤 물건을 인수할 때 쓰는 말, 즉 인수어(→인슈어)는 그 물건에 대해 보장하는 말이
들어 있다.

예문 We cannot **ensure** his success.
우리는 그의 성공을 보장할 수 없다.

---

average
[ǽvəridʒ]

n. 평균 **a.** 평균의, 보통의

연상 학교에서 아이들 평균 점수만 따지면 애 버리지(→애버리지)(평균 점수보다 주요과목 점수가
더 중요하니까)

예문 **average** prices 평균 가격   on **average**   평균하여
above (below) the **average** 평균 이상(이하)의

---

function
[fʌ́ŋkʃən]

n. 기능; 역할, **v.** 작용하다

연상 장애물 앞에서 차가 펑 하고 선(→펑션) 것도 그 차의 기능이다.

예문 The **function** of education is to develop the mind.
교육의 역할은 정신을 계발하는 것이다.

파생 functional a. 기능의; 직무상의

UNIT 05 TEST

[1~12] 보기에서 영어에 해당되는 우리말을 찾아 쓰시오.

1. steady _____   2. function _____

3. advantage _____   4. smash _____

5. crucial _____   6. progress _____

7. squeeze _____   8. material _____

9. evoke _____   10. conduct _____

11. refuse _____   12. acclaim _____

보기 ① 분쇄하다 ② 진전 ③ 결정적인 ④ 물질의 ⑤ 이점 ⑥ 일깨우다 ⑦ 꾸준한
      ⑧ 기능 ⑨ 환호하다 ⑩ 짜내다 ⑪ 행동하다 ⑫ 거절하다

[13~17] 다음 빈칸에 들어갈 적절한 어휘를 고르시오.

13. The economy has _____ sharply in recent years.

14. He _____ himself from criminal to good citizen.

15. She keeps a watch on him at all times and is very _____ .

16. We would appreciate the _____ return of books to the library.

17. This theory is based on _____ decisions.

보기 ① prompt ② declined ③ transformed ④ punctual ⑤ rational

[18~21] 다음 빈칸에 들어갈 적절한 어휘를 고르시오.

18. He had been _____ in shaping economic policy.

19. They are unlikely to _____ much benefit from the trip.

20. After the seed fell on good soil, it _____ plenty of fruit.

21. We decide what is important or _____ in life.

보기 ① trivial ② yield ③ influential ④ extract

정답 1.⑦ 2.⑧ 3.⑤ 4.① 5.③ 6.② 7.⑩ 8.④ 9.⑥ 10.⑪ 11.⑫ 12.⑨
      13.② 14.③ 15.④ 16.① 17.⑤ 18.③ 19.④ 20.② 21.①

Further Study

be occupied with

~으로 만원이다, ~으로 혼잡하다

take a chance

~을 운에 맡기다, (모험삼아)해보다

pull a long face 못마땅한 얼굴을 하다

like so many 마치 ~처럼

with all ~에도 불구하고

put on airs 젠체하다, 거드름피우다

take steps 조치를 취하다

gain ground 세상의 지지를 얻다

kill time 시간을 보내다

make sense 뜻이 통하다, 이치가 닿다

lay the table 식탁을 차리다

call ~names ~을 욕하다

take account of ~을 고려하다

take notice of ~에 주의하다, 주목하다

run the risk of ~의 위험을 무릅쓰다

gain weight 체중이 늘다

wash one's hands of ~와의 관계를 끊다

make a fool of ~을 우롱하다

find fault with ~의 흠을 잡다

remember me to ~에게 안부를 전하다

take a fancy to ~이 마음에 들다

beside the mark 겨냥이 빗나가, 짐작이 틀려

on behalf of ~을 대표하여

in company with ~와 함께

at second hand 간접적으로

keep an eye on ~을 감시하다

throw light on ~을 분명하게 하다

make it a rule to

~ 반드시 ~ 하기로 하고 있다

bear ~ in mind ~을 명심하다

put ~in[into] practice ~을 실행에 옮기다

keep ~ to oneself ~을 자기 혼자 간직하다

at the mercy of ~의 처분에 맡겨져

opposition to ~에 반대

at the risk of ~의 위험을 무릅쓰고, ~을 걸고

talk ~ into ···ing ~을 설득하여 ···시키다

talk ~ out of ··· ~을 설득해서 ···을 못하게 하다

Unit 6
shrink

shrink
[ʃriŋk]

ⓥ 오그라들다; 움츠리다　ⓟ expand 팽창하다
연상 여름철에는 쉬 링크(스케이트장)(→슈링크)가 오그라든다.(얼음이 녹기 때문에)
예문 Their profits **shrank** by 4% last year.
지난해 그들의 수익이 4% 줄었다.

---

access
[ǽkses]

ⓝ 접근(approach), 출입; 접근방법
연상 인터넷에 접속하려할 때 '현재 이 폴더에 액세스(→액세스)할 수 있는 권한이 없습니다' 란
말은 접근할 권한이 없다는 뜻이다.
예문 The only **access** to the house is across the fields.
그 집에 접근하는 유일한 통로는 들판을 가로 지르는 것이다.
파생 accessible　a. 접근하기 쉬운; 사용[이용]할 수 있는

---

bore
[bɔːr]

ⓥ 지루하게하다; 구멍을 뚫다.
연상 어떤 사람이 "나를 보오, 보오!(→보어)"한다면 싫증나게 하는 짓이다.
예문 He **bored** us with his long tale.
우리는 그의 장황한 이야기에 진력이 났다.
파생 boring　a. 지루함을 주는　bored　a. 지겨워하는

---

solution
[səlúːʃən]

ⓝ 해결(책); 용해; 용액
연상 컴퓨터에서 솔루션(→설루:션)은 컴퓨터 소프트웨어 문제를 처리해 해결해 주는 '문제
해결 소프트웨어'를 말한다
예문 We cannot find a **solution** to the problem.
우리는 그 문제에 대한 해결책을 찾을 수 없다.
파생 solve　v. 해결하다; 풀다

---

deceive
[disíːv]

ⓥ 속이다, 기만하다
연상 할인 판매 즉, DC(dece)를 해준다고 말하는 점원의 입(ive)(→디시입)은 고객을 속이는
경우가 많다.
예문 Don't be **deceived** by appearances.
외관에 속지마라.
파생 deceit　n. 속임수, 거짓말

appoint
[əpɔ́int]

ⓥ 임명하다, 지명하다; (시간·장소를) 지정하다 (fix)

연상 어떤 사람의 적성, 능력 등 여러 면에 a(하나)씩 point(점수)(→어포인트)를 주어 그 점수를 보고 그 사람을 임명한다.

예문 The Prime Minister has appointed a civilian as defence minister.
수상은 민간인을 국방장관으로 임명했다.

파생 appointment n. 임명; 지정; 약속

promising
[prάməsiŋ]

ⓐ 장래가 촉망되는, 유망한

연상 장래를 promising(약속하는)(→프라미싱)하는 것이 장래가 촉망되는 것이다.

예문 He is a promising young painter.
그는 장래가 촉망되는 젊은 화가다.

파생 promise v. 약속하다

comfort
[kʌ́mfərt]

ⓝ 편안함 ⓥ 위로하다

연상 com(컴퓨터)가 설치된 fort(요새)(→컴포트)가 있다면 국민에게 편안함을 주면서 안심시킬 것이다.
*fort -포가 있는 터(→포터)가 요새다.

예문 The idea that he was not alone comforted him greatly.
자기 혼자만이 아니라는 생각이 그에게 적잖은 위안이 되었다.

파생 comfortable a. 편안한, 안락한

identity
[aidéntəti]

ⓝ 동일함; 신분, 정체성

연상 ① 온라인 사용하는 ID는 identity(→아이덴티티) 신분의 약자이다.
② 영화 '히든 아이덴티티'(→아이덴티티)는 감추어진 신분이란 뜻임.

예문 He felt that having a job gave him an identity.
직업을 갖는 것이 그에게 정체성을 부여해준다는 것을 느꼈다.

파생 identify v. 확인하다; 동일시하다   identical a. 동일한

applaud
[əplɔ́ːd]

ⓥ 박수갈채를 보내다; 칭찬하다

연상 '올래길'처럼 풀을 잘 보존한 하나의 길, a(하나) 풀(ppl) 로드(laud)(→어풀로ː 드)에 박수갈채를 보냅니다.

예문 The singer was applauded by the audience.
그 가수는 청중들로부터 박수갈채를 받았다.

파생 applause n. 박수갈채; 칭찬

stretch
[stretʃ]

ⓥ 뻗치다, 늘이다; 뻗다 ⓝ 뻗기

연상 스트레칭(→스트레취) 운동은 몸을 뻗치는 운동이다

예문 My wool coat stretched when I washed it.
세탁을 하니까 모직 외투가 늘어났다.

파생 stretcher n. 들것; 뻗는 것[사람]

practice
[prǽktis]

v. 실행하다; 연습하다;(의사·변호사 등이) 개업하다
n. 실행, 실제; 연습; 관습; 개업
연상 동네 풀밭에서 골프 연습하거나 어떤 일을 실행하면 풀(pr) 액(ac)이 튀서(tice)(→프랙티스)요!
예문 He put the plan into **practice**.
그는 계획을 실행에 옮겼다.
파생 practical n. 실제의, 실용적인

survive
[sərváiv]

v. 살아남다; ~보다 오래 살다
연상 살아남기(survive) 게임이 바로 서바이벌(→서바이브) 게임이다.
예문 A young boy miraculously **survived** a 25 -volt electric shock.
어떤 어린 소년이 25볼트 전기 충격에도 살아남았다.
파생 survival n. 생존, 살아남음 survivor n. 생존자

contact
[kántækt]

n. 접촉; 연락 **v.** ~에게 연락하다; 접촉시키다
연상 콘택트(→칸택트) 렌즈는 눈에 접촉시키는 렌즈
예문 He keeps in **contact** with his old friends.
그는 옛 친구들과 연락하며 지낸다.

volume
[válju:m]

n. 양; 부피; 책, 권(券)
연상 책 읽는 곳에선 라디오 볼륨(→발륨) 즉, 음량을 줄여라.
예문 a **volume** of poetry
시집 한 권
예문 Turn down the **volume** on the radio.
라디오 소리를 낮춰라

produce
[prədjú:s]

v. 생산하다; 연출하다 **n.** [prádju:s] 농산물
연상 방송국의 프러듀서(→프러듀;스)는 프로그램을 생산[연출]하는 사람이다.
예문 The country **produced** great poets.
그 나라에서 위대한 시인들이 나왔다.
파생 product n. 생산품 production n. 생산; 연출
productive a. 생산력이 있는 productivity n. 생산성

accord
[əkɔ́:rd]

v. 일치하다; 조화되다 **n.** 일치 **반** discord 불일치
연상 기타처럼 a(하나, 하나의) cord(줄)(→어코;드)가 일치해야 좋은 화음이 나온다.
예문 His deeds **accord** with his words.
그는 언행이 일치한다.
파생 accordance n. 일치

fundamental
[fʌndəméntl]

ⓐ 기초의, 기본의 ⓝ 기초, 기본

연상 fund(자금), man(사람), 그리고 틀(삶의 방식)(→펀더맨틀)이 한 사회의 근본적인 요소가 아니겠습니까?

예문 We consider these rights **fundamental** to democracy.
우리는 이들 권리를 민주주의 근본적인 것으로 본다.

improve
[imprúːv]

ⓥ 개선[개량]하다, 향상시키다

연상 ① 사랑하는 임(im)은 prove(증명해)(→임프루ː브) 보였다. 자신의 생활을 개선하였음을.
② 우울하던 임은 표정을 푸릇푸릇(→임프루ː브)하게 개선했다.

예문 It is very important to **improve** your health.
당신의 건강을 증진시키는 것이 중요하다.

파생 improvement n. 개선; 향상

impact
[ímpækt]

ⓝ 충격; 충돌; 영향

연상 호주머니에 넣어 둔 임의 향수 팩, 즉 임의 팩이 터(→임팩트)져서 충격이 컸다.

예문 The **impact** of new ideas on the race has been very enormous.
새로운 사상이 그 종족에 끼친 영향은 매우 컸다.

exaggerate
[igzǽdʒərèit]

ⓥ 과장하다 ⓨ overstate 과장하다

연상 이그, 재 저래 (값비싼 것을) ate(먹으면)(→이그·재·저레이트) 자신의 재력을 과장하는 것이다.

예문 You cannot **exaggerate** the importance of health too much.
건강의 중요성은 아무리 강조해도 지나치지 않다.

파생 exaggeration n. 과장 exaggerated a. 과장된

hollow
[hálou]

ⓐ (물건의) 속이 빈; 움푹 들어간 ⓝ 우묵한 곳; 구멍
ⓥ 속이 비게 하다

연상 미국에서는 할로인(→할로우)축제 때 속이 빈 탈이나 속이 빈 호박 가면에 구멍을 내 쓰고 다닌다.

예문 The tree trunk was **hollow** inside.
그 나무의 줄기는 속이 비어 있다.

urge
[əːrdʒ]

ⓥ 몰아대다; 촉구[재촉]하다 ⓝ 충동

연상 몰아대거나, 재촉하는 것이 바로 어(語)지(말이지)(→어ː지)

예문 He **urged** me to study harder.
그는 더 열심히 공부하라고 나를 독려했다.

파생 urgent a. 긴급한. 재촉하는

hinder
[híndər]

v. 방해하다, 저지하다

연상 힌두(→힌디)교가 인도 사회의 발전을 방해했다고 말하는 사람도 있다.

예문 The car was **hindered** by heavy traffic.
자동차는 심한 교통 혼잡으로 방해받았다.

파생 hindrance n. 방해, 장애

presume
[prizú:m]

v. 추정하다; 가정하다

연상 프리즘(prism)(→프리주움)을 가지고 빛의 이치를 추정해 봅시다.

예문 They **presumed** her to be dead.
그들은 그녀가 죽은 것으로 추정했다.

파생 presumption n. 추정, 가정

routine
[ru:tí:n]

a. 틀에 박힌; 일상의 **n.** 일상적인 일

연상 route(길, 통로) in(안에)(→루:티인)은 노정 안에 있다는 것이므로 틀에 박힌 일상적인 일에 머물러 있다는 뜻이다.

예문 She wants to break the **routine**.
그녀는 판에 박힌 일에서 벗어나길 원한다.

wither
[wíðə:r]

v. 시들다, 쇠퇴하다; 시들게 하다

연상 식물은 위가(윗부분이) 더(→위더) 빨리 시든다면서?

예문 The grass **withered** under a scorching sun.
풀이 맹렬한 햇볕에 시들었다.

tame
[teim]

a. 길들여진; 유순한 **v.** 길들이다

연상 인간이나 동물을 길들여진 존재로 만드는 것이 가정이나 우리와 같은 테두리, 즉 테임(→테임).

예문 The Amazons were believed to have been the first to **tame** horses.
아마존 사람들은 말을 길들인 최초의 사람으로 믿어졌다.

stare
[stɛə:r]

v. 응시하다, 빤히 쳐다보다 **n.** 응시

연상 스테어(stair:계단)(→스테어)를 오르내릴 때 앞을 응시해야 한다(넘어지기 쉬우니까)

예문 Don't **stare** at me like that.
그렇게 나를 노려보지 마라.

enthusiasm
[inθúːziæzəm]

n. 열광, 열중; 열성

연상 인수와 지애는 점(→인쑤:지애점)치는 데 열중하고 있다.

예문 He performed the task with **enthusiasm**.
그는 열심히 그 일을 수행했다.

파생 enthusiastic ad. 열광적인, 열렬한

---

addition
[ədíʃən]

n. 추가, 부가

연상 어디선(→어디션)가 방송출연 오디션(→어디션)을 추가로 본다든데!

예문 In **addition**, exercise can help you sleep better at night.
게다가 운동은 밤의 숙면에 도움이 된다.

---

glimpse
[glimps]

v. ~을 힐끗 보다; 얼핏보다, 일견하다   **n.** 힐끗 보기

연상 그는 인터넷에서 그림을 얼핏 보더니 그 그림을 퍼서(복사해서)(→그림프스) 자기 사이트에 옮겼다.

예문 They caught occasional **glimpses** of great birds circling.
그들은 가끔씩 큰 새들이 선회하는 것을 힐끗 보았다.

---

describe
[diskráib]

v. 묘사하다; 기술하다

연상 디스크 음악과 라이브(→디스크라이브) 음악은 모두 인간의 감정을 묘사하고 기술하여 노래한다.

예문 Will you **describe** the accident to us?
그 사건을 우리에게 말해 주시겠소?

파생 description n. 묘사 descriptive a. 묘사적인

---

compare
[kəmpéər]

v. 비교하다(~with); 비유하다(~to)

연상 새로 산 컴퓨터(com) 바깥이 안으로 푹 패어서(pare,들어가서)(→컴페어) 다른 컴퓨터와 비교해 보았다.

예문 He **compared** the copy with the original.
그는 복사본을 원본과 비교해 보았다.

파생 comparison n. 비교함 comparative a. 비교의
comparable a. 비교되는; 필적하는

---

blink
[bliŋk]

v. (등불·별 등이) 깜박이다, 명멸하다(눈을) 깜박이다   **n.** 깜박임

연상 나는 불(bl)과 ink(잉크)(→블링크)만 보면 눈이 깜박인다. (자극, 반사때문에)

예문 She **blinked** at the sudden light.
갑자기 빛이 비치자 그녀는 눈을 깜박였다.

파생 blinker n. (자동차의) 깜박이, 방향 지시등

upset
[ʌpsét]

v. 뒤집어엎다, 전복시키다; 당황하게 하다

a. 기분이 상한; 뒤집힌 **n.** 전복, 혼란

연상 밑 부분을 up(위에) 가도록 set (놓은)(→업셋) 것이 뒤집어엎는 것인데 그것은 때때로 나를 화나게 한다.

예문 The cat has upset its saucer of milk.
고양이가 우유 접시를 뒤엎었다.

예문 get upset over
~에 기분이 상하다

determine
[ditə́:rmin]

v. 결심하다, 결심시키다; 결정하다(decide)

연상 채소를 심기 위해서 집 뒤의 뜰, 즉 집 뒷터(deter)를 민(mine밀어 일군)(→디터:민) 것은 내가 결심해서 한 것이다.

예문 It is difficult to determine the exact cause of the illness.
그 병의 정확한 원인을 결정하기가 어렵다.

파생 determination n. 결심; 결정

UNIT 06 TEST

[1~12] 보기에서 영어에 해당되는 우리말을 찾아 쓰시오.

1. comfort _____   2. identity _____

3. bore _____   4. stretch _____

5. promising _____ 6. applaud _____

7. solution _____   8. access _____

9. stare _____   10. appoint _____

11. tame _____   12. shrink _____

[보기] ① 길들여진 ② 해결(책) ③ 접근 ④ 임명하다 ⑤ 지루하게 하다 ⑥ 뻗치다 ⑦ 동일함
⑧ 편안함 ⑨ 오그라들다 ⑩ 장래가 촉망되는 ⑪ 박수갈채를 보내다 ⑫ 응시하다

[13~17] 다음 빈칸에 들어갈 적절한 어휘를 고르시오.

13. If you have any further inquiries, please _____ us.

14. I had _____ wrongly that Jenny would be there.

15. The grass _____ in the hot sun.

16. We consider these rights _____ to democracy.

17. The last person to _____ is the winner.

[보기] ① survive ② fundamental ③ presumed ④ contact ⑤ withered

[18~21] 다음 빈칸에 들어갈 적절한 어휘를 고르시오.

18. They are trying to _____ the working conditions in their factories.

19. The squirrel disappeared into a _____ at the base of the tree.

20. The car was _____ by heavy traffic.

21. Poverty has a bad _____ on people's health.

[보기] ① impact ② hindered ③ hollow ④ improve

Further Study

ask ~ for … ~에게 …를 요청하다

under favor of ~을 이용하여

in force 유효한

apart from ~을 제쳐놓고, ~은 별개로 하고

for all ~에도 불구하고

abound in ~이 풍부하다

account for 설명하다

attribute ~ to… ~을 …의 탓으로 돌리다

be bound for~ ~으로 향하다

turn one's back on ~에 등을 돌리다

in hand 고려중의

replace ~ with … ~를 …로 대체하다

impose ~ on … …에 ~를 부과하다

relieve ~ with … ~로부터 …를 제거해 주다

accuse ~ of … ~을 …죄로 고소하다

suspect ~ of … ~에게 …의 혐의를 두다

devote oneself to

~에 전념하다, 에 헌신하다

distinguish oneself 두각을 나타내다

cannot ~ too 아무리 ~해도 지나치지 않다

do noting but ~하기만 하다

may as well ~하는 편이 낫다

may well ~하는 것도 당연하다

be above ~ing ~할 사람이 아니다

come near ~ing 거의 ~할 뻔하다

feel like ~ ing ~하고 싶은 마음이 들다

have difficulty (in) ~ing ~하기에 힘이 들다

It goes without saying that

~은 말할 나위도 없다

be keen on ~에 열심이다

and yet 그런데도, 그럼에도 불구하고

for fear [that] ~하지 않도록, ~하면 안 되니까

provided (that) 만일 ~하면

be familiar with

~에 정통해 있다; ~와 친한 사이다

call down 꾸짖다

get on in the world 출세하다

be concerned with ~과 관계가 있다

give away 남에게 주다; 분배하다; 폭로하다

Unit 7
mental

---

mental
[méntl]

ⓐ 정신의; 마음의 **ⓟ** physical 육체의; 물질적인

연상 men(인간)을 구성하는 틀, 즉 men 틀(→멘틀)이 바로 정신의 틀이다.

예문 She has been put in a **mental** hospital.
그녀는 정신 병원에 입원해 있다.

파생 mentality n. 저력; 사고방식

---

swift
[swift]

ⓐ 신속한(prompt); 순식간의; 즉석의

연상 축구경기에서 스위퍼(sweeper, 수비수)(→스위프(트))는 신속한 플레이가 생명이다.

예문 Our task is to challenge the UN to make a **swift** decision.
우리의 과제는 UN이 신속한 결정을 하도록 요구하는 것이다.

---

stuff
[stʌf]

ⓝ 재료(material); 물질 **ⓥ** 채워 넣다.

연상 차가 스톱(stop, 정지)(→스텁)한 것은 너무 많은 물질, 재료를 채워넣어 실었기 때문이다.

예문 Beef is great **stuff**, but relatively high in fat.
쇠고기는 훌륭한 재료이지만 상대적으로 지방이 높다.

예문 He hastily **stuffed** a few clothes into a bag.
그는 서둘러 가방에 몇몇 옷가지를 쑤셔 넣었다.

---

magnify
[mǽgnəfài]

ⓥ 확대하다 **ⓟ** diminish 축소하다

연상 애플의 '매킨토시' 컴퓨터 약칭인 맥은 너 파이(→매그너파이)(너가 가진 파이)를 확대할 수 있는 기능이 있어.

예문 The dry summer has **magnified** the problem of water shortages.
여름 가뭄으로 물 부족 문제가 더 확대되었다.

---

fragment
[frǽgmənt]

ⓝ 파편, 조각 **ⓥ** 산산조각이 나다

연상 풀에(fra) 검은(gmen)(→프레그던(트)) 파편들이 있다.(검은 반점을 말함)

예문 There are many **fragments** of glass on the road.
도로엔 많은 유리 파편들이 있다.

---

comprehension
[kàmprihénʃən]

ⓝ 이해(력); 포괄, 포함

연상 com(컴퓨터)의 풀이(pre)로 hen(암탉)을 선(→캄프리헨션)별한다면 컴퓨터가 닭에 대한 이해(력)이 있다는 것이 된다.

예문 This theory is above my comprehension.
이 이론은 나로서는 이해할 수 없다.

파생 comprehensive a. 이해력이 있는; 광범한

---

provoke
[prəvóuk]

ⓥ 성나게 하다; 일으키다; 도발하다

연상 pro(프로)팀 투수가 보크(→프로보우크)(투구 반칙)를 하면 감독을 성나게 한다.

예문 Don't provoke the animals in the cage.
우리 속의 동물을 성나게 하지 마라.

파생 provocative a. 성나게 하는; 도발적인

---

include
[inklúːd]

ⓥ 포함하다; 포함시키다 **반** exclude 제외하다

연상 잉크(inc)로 그린 누드(lude)(→인클루드)그림도 회화에 포함시킨다.

예문 The trip has been extended to include a few other events.
몇 가지 행사를 포함시키기 위해 여행 시간이 늘어났다.

파생 inclusion n. 포함, 포괄

---

appeal
[əpíːl]

ⓥ 호소하다, 애원하다, 간청하다 **ⓝ** 애원, 간청; 호소

연상 그녀는 여론의 등에 업힐(→어피일)려고 언론에 호소했다.

예문 The Prime Minister appealed to young people to use their vote.
수상은 젊은이들에게 투표권을 행사해 달라고 호소했다.

파생 appealing a. 마음을 끄는; 애원하는

---

aware
[əwéər]

ⓐ 알고 있는, 깨닫고

연상 어(語)를 외워(→어웨어) 두고 있다면 알고 있는 것이 아니겠어?

예문 Smokers are well aware of the dangers to their own health.
흡연자들은 건강흡연의 위험을 잘 알고 있다.

파생 awareness n. 자각, 인식

---

compensate
[kámpənsèit]

ⓥ 보상하다; 보충하다

연상 com(컴퓨터)나 pens(펜들)로 ate(먹고)(→캄펀세이트)사는 것은 작가에게 작품이 보상해 주는 것이다.

예문 I will compensate you for your loss.
네 손해를 보상해 주겠다.

파생 compensation n. 보상, 배상; 보충

---

reverse
[rivə́ːrs]

ⓥ 거꾸로 하다; 뒤엎다 ⓝ 역(逆); 반대 ⓐ 반대의, 거꾸로의

연상 시골마을, 리(里)지역의 버스(verse)(→리.버스)는 목적지의 반대의 방향으로 거꾸로 가는 경우가 많다.(여러 곳을 빙빙 돌아가야 하기 때문에)

예문 The normal word order is reversed in passive sentences.
수동태 문장에서는 정상적인 말의 순서가 거꾸로 된다.

---

involve
[inválv]

ⓥ 포함하다(include); 연루시키다

연상 in(안에) + 밸브(→ 인발브) = 어떤 것을 밸브 안에 넣는 것은 그 안에 포함하는 것이다.

예문 He was involved in the crime.
그는 그 범죄에 연루되었다.

파생 involvement n. 포함, 관련

---

stride
[straid]

ⓥ 힘차게 걷다, 성큼성큼 걷다 ⓝ 활보, 성큼성큼 걷기

연상 ① 스트라이크(→스트라이드) 아웃을 당한 타자는 보통 성큼성큼 걸어서 나온다.
② 스트리트(street, 거리에) 아이들(ide)(→스트라이드)이 성큼성큼 걷는다.

예문 He strode away along the street.
그는 거리를 따라 성큼성큼 걸어갔다.

---

shrug
[ʃrʌg]

ⓥ 어깨를 으쓱하다 ⓝ 어깨를 으쓱함

연상 그는 아들의 제의를 수락(→슈럭)한다는 표시로 어깨를 으쓱했다.(부정적 의미로)

예문 He shrugged helplessly and said nothing.
그는 무기력하게 어깨를 으쓱하고는 아무런 말도 하지 않았다.

---

glance
[glæns]

ⓥ 언뜻 보다, 힐끗 보다 ⓝ 힐끗 보기, 일견

연상 그는 고장난 그(g) 랜선(→글랜스)을 힐끗 보았다.

예문 He glanced over the magazine.
그는 대충 그 잡지를 대충 훑어보았다.

---

adjust
[ədʒʌ́st]

ⓥ 정리하다(arrange); 조절하다, 조정하다

연상 하나, a(하나)를 just(공정하게)(→어저스트) 하는 것이 조절하고 조정하는 것이다.

예문 A speaker should adjust his language to the age of his audience.
연사는 청중들의 나이에 따라 자신의 말을 조절해야 한다.

adapt
[ədǽpt]

v. 적응[적합]시키다 (fit); 각색하다

연상 어댑터(adapter)(→어댑트)는 전기의 전압을 다른 크기로 돌려 적합하게 하는 전열기구다.

예문 He adapted his plan to the new situation.
그는 계획을 새로운 상황에 알맞게 조절했다.

파생 adaptation n. 적응; 적합; 개작(물)

potential
[pouténʃəl]

a. 잠재력이 있는, 잠재적인   **n.** 잠재력, 가능성

연상 포(대포)를 ten(10개) 설(→포우텐셜)치한 요새는 정말 잠재력이 있는 곳이다.

예문 The new business offers great potential for growth.
그 새로운 사업은 대단한 성장의 잠재력을 재공해 주고 있다.

파생 potentiality n. 가능성; 잠재 세력

firm
[fə:rm]

a. 견고한 (solid), 확고한   **n.** 회사

연상 ① 퍼렇고 엄(嚴)(→퍼엄) 해 보이는 것은 견고하다.
② 로펌(law firm)(→퍼엄)은 법률 회사다.

예문 Remove foil, bake 5 minutes more or until firm.
호일을 벗겨내고 5분 더 굽거나 딱딱해 질 때까지 구워라.

예문 He works for a consulting firm.
그는 컨설팅 회사에 근무한다.

approve
[əprú:v]

v. 승인[허가]하다; 시인하다

연상 승인기관에서는 a(하나의) prove(증명하다)(→어프루:브) 자료가 있어야 승인해 준다.

예문 The Cabinet must still approve the bills.
아직 내각이 그 법안을 승인해야 한다.

파생 approval n. 시인; 허가

diverse
[divə́:rs]

a. 다양한(various), 가지각색의

연상 D급 버스(→디버:스)에는 다양한 계층의 사람들이 타더군.

예문 New York is a very culturally diverse city.
뉴욕은 문화적으로 아주 다양한 도시이다.

파생 diversity n. 다양성 diversify v. 다양화하다

facility
[fəsíləti]

n. 시설;   **pl.** 편의 시설; 용이함

연상 보통 퍼런(fa) 실리(cili 實利, 실질적인 이익) 티(ty→퍼실리티)가 나는 것이 편의 시설이다.

예문 This public facilities is not pleasant to use.
이 공공시설은 이용하기에 쾌적하지 않다.

파생 facilitate v. 편의를 주다, 손쉽게 하다

manual
[mǽnjuəl]

ⓐ 손의, 손으로 하는 **ⓝ** 편람, 소책자

연상 메뉴에 깃든 얼(→메뉴얼)을 느낄 수 있는 것이 바로 손으로 만든 음식이야.

예문 You must look into the manual hard enough.
안내서를 꼼꼼히 들여다보아야 한다.

예문 I am used to driving a car with a manual transmission.
나는 수동변속 차량 운전에 익숙하다.

deserve
[dizə́ːrv]

ⓥ (상·벌 등을) 받아 마땅하다; ~의 가치가 있다

연상 그 사람은 D급 접대(serve)(→디저: 업)를 받아 마땅하다.

예문 He deserves to have us help him.
그는 도움 받을 자격이 있다

process
[prάses]

ⓝ 과정, 공정; (사건의) 진행

연상 몇 번째 라운드인가를 pro(프로)선수들이 세(어)서(→프라세스) 하는 것이 경기의 과정이다.

예문 The selection process takes place over a period of two weeks.
선정 과정은 2주의 기간에 걸쳐 이루어진다.

파생 proceed v. 나아가다; 계속하다; 진행되다

attempt
[ətémpt]

ⓥ 시도하다(try) **ⓝ** 시도

연상 그는 작곡하면서 a(어떤) tempo(빠르기)를 트로트(→어템프트) 곡에 시도해 보았다.

예문 They repeated attempts to break through enemy lines.
그들은 적의 전선을 돌파하려는 시도를 반복했다.

observe
[əbzə́ːrv]

ⓥ 관찰하다; (규칙 등을) 지키다; 진술하다

연상 업저버(→업저:브) 자격으로 참석하는 자는 회의 진행을 관찰하기만 한다.

예문 Stern also studies and observes the behaviour of babies.
Stern 또한 아이들의 행동을 연구하고 관찰한다.

파생 observation n. 관찰(력); 소견   observance n. 준수

contrast
[kάntræst]

ⓥ 대조[대비]시키다 **ⓝ** 대조, 대비

연상 칸트의 마지막 생애, 즉 철학자 칸트의 래스트(→칸트래스트)는 그의 젊은 날과 큰 대조를 이룬다면서?

예문 This statement contrasts starkly with his previous statements.
이 진술은 그의 이전의 진술과 극명한 대조를 보인다.

afford
[əfɔ́ːrd]

ⓥ ~할 여유가 있다; 주다

연상 나는 a(한대의) Ford(포드차)(→어 포:드)를 살 여유가 있다.

예문 Few people are able to **afford** cars like that.
그런 차를 굴릴 여유가 있는 사람은 거의 없다.

element
[éləmənt]

ⓝ 성분, 요소

연상 내 친구 엘리(Ele)가 방송에서 한 멘트(말)(→엘리먼트)는 그 방송의 한 성분, 요소다.

예문 There is an **element** of sincerity in what he says.
그의 말에는 성실한 면이 있다.

파생 elemental a. 요소의

portion
[pɔ́ːrʃən]

ⓝ 부분, 몫; 한 사람분의 ⓥ 분할[분배]하다

연상 전쟁 중에 포(대포)를 쏜(→포:션) 것은 여러 무기를 쓴 것 중 한 부분이다.

예문 This is probably the funniest **portion** of the novel.
이것은 아마 그 소설의 가장 재미있는 부분일 것이다.

trust
[trʌst]

ⓝ 신뢰, 신용(faith); 위탁 ⓥ 신용하다; 위탁하다
반 distrust 불신; 신용하지 않다

연상 ① 트러스트(기업 합동)란 여러 개의 기업이 신뢰와 신용을 바탕으로 합동하는 것이다.
② true(진실한) 스타(star)(→트러스트)는 신뢰, 신용의 바탕이 있다.

예문 Friendship is based on **trust** and understanding.
우정은 신뢰와 이해에 바탕을 둔다.

zeal
[ziːl]

ⓝ (일에 대한) 열중, 열심; 열정

연상 사람은 자신의 일, 지 일(→ 지일)에 대한 열정을 가졌다.

예문 He feels **zeal** for the interests of the firm.
그는 회사의 이익을 위하여 열성을 가지고 있다.

파생 zealous a. 열심인, 열렬한

withstand
[wiðstǽnd]

ⓥ 저항하다; 견디다

연상 어떤 것을 내주지 않고 with(가지고) + stand(서 있는)(→위드스탠드)는 것이 저항하다이다.

예문 All buildings are now constructed to **withstand** earthquakes.
모든 건물들은 이제 지진에 견디도록 건축된다.

inspire
[inspáiər]

v. 고무하다, 격려하다; 영감을 주다

연상 in(안에) + 스파이(spi) + 어(re)(→인스파이어) = 스파이들은 주로 아지트 in(안에서) 그들의 암호, 스파이어(語)로 서로 고무하고, 격려한다.

예문 My boss **inspires** me to higher performance.
사장은 일을 더 잘 하도록 나를 격려한다.

파생 inspiration n. 영감; 격려; 암시

---

continue
[kəntínjuː]

v. 계속하다, 지속하다

연상 ① 발바닥에 큰 티눈(→컨티뉴ː)이 계속하여 발을 괴롭히고 있어.
② 큰 티(셔츠)를 뉴(new, 새)(→컨티뉴ː) 것처럼 계속해서 입는 방법이 없을까?

예문 The rain **continued** for days.
비가 며칠 동안 계속 내렸다.

파생 continual a. 계속되는   continuous a. 끊임없는

---

domestic
[douméstik]

a. 국내의, 가정의

연상 dome(둥근지붕)에 stick(스틱)(→도우매스틱)을 꽂아 놓은 것은 몽골 국내의, 또는 가정의 특징이다.

예문 Now concentrate on **domestic** problems that you have postponed.
이제 미루어왔던 가정의 문제들에 집중하세요.

---

revolution
[rèvəlúːʃən]

n. 혁명; 회전; 공전

연상 다른 사람에게 줄 벌보다 네가 받아야 할 벌, 즉 네 벌(을) 우선(→레벌루ː선)적으로 생각하는 것이 바로 마음의 혁명이다.

예문 That was the beginning of the French **Revolution**.
이것이 프랑스 혁명의 시초였다.

파생 revolutionary a. 혁명적인; 회전하는   revolve v. 회전[공전]하다

---

interior
[intíəriə]

n. 내부, 안쪽 **a.** 내부의, 안쪽의 **반** exterior 외부; 외부의

연상 인테리어 (→인티어리어) 가게는 집이나 건물 내부의 장식품을 취급한다

예문 The **interior** of a korean house is very elegant.
한옥의 내부는 대단히 우아하다.

UNIT 07 TEST

[1~12] 보기에서 영어에 해당되는 우리말을 찾아 쓰시오.

1. provoke _____
2. stride _____
3. magnify _____
4. include _____
5. interior _____
6. reverse _____
7. stuff _____
8. domestic _____
9. appeal _____
10. revolution _____
11. compensate _____
12. comprehension _____

보기 ① 혁명 ② 거꾸로 하다 ③ 보상하다 ④ 재료 ⑤ 국내의 ⑥ 이해(력)
⑦ 성나게 하다 ⑧ 내부의 ⑨ 포함하다 ⑩ 힘차게 걷다 ⑪ 호소하다 ⑫ 확대하다

[13~17] 다음 빈칸에 들어갈 적절한 어휘를 고르시오.

13. This is probably the funniest _____ of the story.

14. She spoke about her new project with missionary _____ .

15. All buildings are now constructed to _____ earthquakes.

16. A car is beyond my purse. or I cannot _____ to buy a car.

17. He was able to _____ the process of film production.

보기 ① afford ② observe ③ zeal ④ portion ⑤ withstand

[18~21] 다음 빈칸에 들어갈 적절한 어휘를 고르시오.

18. The _____ is designed to be environmentally friendly.

19. I am used to driving a car with a _____ transmission.

20. You _____ a reward for being so helpful.

21. Did the president _____ our proposal for investing in petroleum products?

보기 ① deserve ② manual ③ approve ④ process

Further Study

follow up on ~끝까지 하다

aside from ~을 제외하면, ~이 없다면

come to a conclusion 결론에 이르다

be eager for ~을 갈망하고 있다

an instruction manual 제품사용설명서

written authorization 서면 허가

authorize ~to … ~에게 … 하도록 인가하다

set out on ~을 착수하다

on the basis of ~을 기초하여

have an effect on ~에 영향을 끼치다

address a problem 문제를 해결하다

be situated ~에 위치하다

gain in popularity 인기를 얻다

apprehensive for[about]

~에 대해 걱정하는

have nothing to do with ~과 관계가 없다

in need 빈곤한, 곤경에 처해 있는

have done with ~을 끝내다

in consideration of ~을 고려하여

apprehensible 이해할 수 있는

remain unoccupied (건물 등이) 비어 있다

the frequent visitor 단골손님

an all-inclusive charge 일체의 비용

understanding employer

이해심이 많은 고용주

at any cost 어떤 일이 있어도, 기어코

substitute ~ for … …을 ~로 대체하다

be advised to ~라는 조언을 듣다

it is advisable to~ ~하는 것이 바람직하다

designate ~ for[as]… ~를 …로 지명하다

susceptible to ~에 민감한, 받기 쉬운

on hand 가지고 있는

in honor of ~에게 경의를 표하여, ~을 기념하여

at one's best 전성기에

bring a suit for damages

손해배상 청구소송을 하다

at all costs 어떤 일이 있어도

be in accord with ~와 일치하다

stay in contact with ~와 꾸준히 연락하다

donation
[dounéiʃən]

ⓝ 기부(금), 기증(품)

연상 돈에 있(어)선(→도우네이션) 기부금으로 쓰는 것이 최고의 용도다.

예문 We will put your **donation** to good use.
우린 당신의 기부금을 유용하게 이용하겠습니다.

파생 donate v. 기부하다

---

notion
[nóuʃən]

ⓝ 관념; 생각(thought)

연상 관념이나 생각엔 손이 없으니까 노우(no) 손(→노우션)이다.

예문 I have no **notion** of what she means.
그녀가 무슨 말을 하는지 전혀 모르겠다.

---

courtesy
[kə́ːrtəsi]

ⓝ 예의바름, 공손함 ⑧ politeness

연상 우리 동네 이발사 커트 씨(→커:터씨)는 공손함을 갖춘 이발사.

예문 He is liked very much because of his **courtesy**.
그는 공손함 때문에 매우 환영 받고 있다.

파생 courteous a. 예의바른, 공손한

---

charity
[tʃǽrəti]

ⓝ 자비, 자애; ⓝ 자선

연상 국제 적십자사에서 체코(Cha)와 러(Ri)시아에 보낸 티(ty)셔츠(→채러티)는 자비의 상징이다.

예문 She runs a **charity** for homeless young people.
그녀는 집 없는 젊은 사람들을 위한 자선단체를 운영하고 있다.

---

aptitude
[ǽptətjùːd]

ⓝ 경향, 습성(to); (~하는) 버릇; 재능; 적성

연상 ① apt(~하기 쉬운) +튜터(tutor)(→앱터튜:드) = ~하기 쉬운 튜터는 ~하는 경향이 있다.
② 학생들에게 앞트임을 해주는 튜터(tutor 교사)(→앱터튜:드)가 요즘 경향이고 튜터 적성에 맞는 사람이래.

예문 She showed a natural **aptitude** for painting.
그녀는 회화에 일에 천부적인 소질을 보였다.

파생 aptitudinal a. 적성의

scarce
[skɛəːrs]

a. 부족한, 드문(rare)

연상 어려운 시절에 조상들은 풀뿌리 쓱 캐어서(→스케어스) 부족한 식량을 대신했어.

예문 Oil will become **scarce** soon.
석유는 곧 부족하게 될 것이다.

파생 scarcely **ad.** 가까스로; 거의~아닌   scarcity **n.** 부족, 결핍; 희귀

affirm
[əfə́ːrm]

v. 단언하다, 주장하다

연상 a(하나) 로펌(law **firm** 변호회사(→어퍼ː엄)가 승소한다고 단언했다.

예문 Both **affirmed** their commitment to the ceasefire.
양측 모두가 정전 약속을 지키겠다고 단언했다.

파생 affirmative **a.** 긍정적인; 단언하는

fracture
[fræktʃəːr]

n. 골절, 파손 **v.** (뼈를) 부러뜨리다

연상 손으로 풀에서 나온 액체, 풀(fr) 액(ac)을 쳐(ture)(→플랙쳐)서 손이 골절되었다.

예문 Old people's bones are more prone to **fracture**.
노인들의 뼈는 골절이 되기가 더 쉽다.

mischief
[místʃif]

n. 손해(damage), 재해; (아이들의) 장난

연상 컴퓨터의 미스(mis잘못된) 칩(chief)(→미스칩) 때문에 내 컴퓨터가 큰 손해가 생겼어.

예문 Gangsters inflict great **mischief** on the community.
갱단들은 사회에 큰 해독을 끼친다

파생 mischievous **a.** 유해한; 장난기 어린

discriminate
[diskrímənèit]

v. 차별하다; 구별하다

연상 너만 디스(this) 크림(crim)을 in(가게 안에서) ate(먹은)(→디스크리미네이트) 것은 사람 차별하는 것이다.

예문 The present law **discriminates** unfairly against women.
현재의 그 법은 부당하게 여성을 차별한다.

파생 discrimination **n.** 차별; 구별

civil
[sívəl]

a. 시민의; 문명의(civilized); 공손한

연상 우리 시의 상징인 이 시빌(市碑를)(→시빌) 시민의 손으로 공손한 자세로 보살핍시다.

예문 In the mid-15th century, Moscow was under a **civil** war.
15세기 중반에 모스크바는 내전을 치렀다.

파생 civilian **n.** 일반인, 민간인

privilege
[prívəlidʒ]

n. 특권 **v.** 특권을 주다

연상 ① 풀이(pri) 빌리지(villege 마을)(→프리빌리지)에 공기 맑은 마을이라는 특권을 주고 있다.
② 풀이(pri) 빌리지(villege 마을)(→프리빌리지)의 특권이다.(도시엔 풀이 없다)

예문 He was accused of abusing his diplomatic privileges.
그는 외교관의 특권을 남용하여 기소되었다.

inhabit
[inhǽbit]

v. (사람, 동물이) 살다, 거주하다

연상 ① in(안에) + habit(습관)(→인해빗) =사람은 습관 안에서 산다.
② 가난한 내 친구 인해(inha)는 빚(bit)(→인해빗)으로 산다.

예문 A large number of birds and animals inhabit the remote islands.
많은 새와 동물이 그 외딴 섬들에 서식한다.

파생 inhabitant n. 주민, 거주자; 서식 동물
inhabitation n. 거주 inhabitable a. 거주에 적합한

fringe
[frindʒ]

n. 주변; 가장자리(장식) **v.** 술 장식을 달다

연상 ① 어느 집이나 집 주변에 풀인지(→프린지) 뭔지 모르는 것들이 자란다.
② 스커트 가장자리에 술을 장식한 스커트가 프린지(→프린지) 스커트다.

예문 Beyond this fringe no agriculture is possible.
이 가장자리를 넘어서면 농사를 지을 수 없다.

segregate
[ségrigèit]

v. (인종적인)차별을 하다; 격리[분리]시키다 (separate)

연상 삼거리에 있는 문(gate), 즉 세거리(segre) gate(→세거리게이트)는 그 지역을 분리시킨다.

예문 The women were segregated from the male workers in the factory.
여성은 공장에서 남자 노동자와 분리되었다.

파생 segregation n. 인종 차별; 격리, 분리

familiar
[fəmíljər]

a. 친밀한; 익숙한

연상 인간은 사회 속으로 퍼(fa)내어 지고 그 속에서 밀리어(miliar)(→퍼밀리어) 서로 친밀하고, 익숙한 관계가 된다.

예문 Her face looked strangely familiar.
그녀의 얼굴은 이상하게 낯익어 보였다.

파생 familiarity n. 친밀 familiarize v. 익숙하게 하다.

neutral
[njúːtrəl]

a. 중립의; 공평한; 중성의

연상 UN은 바다에서 발견된 새로운(new) 터(땅)를, 즉 뉴(neu) 터틀(tral)(→뉴:트럴) 중립의 지역으로 정했다

예문 The government maintained its strictly neutral policy.
정부는 엄격하게 중립적 정책을 유지했다.

파생 neutralize v. 중립을 선언하다; 중화하다

remarkable
[rimάːrkəbəl]

a. 주목할 만한, 현저한

연상 시골 마을 리(里)에 mark(표시)를 able(할 수 있을)(→리마ː커블) 정도면 현저한, 주목할 만한 것이다.

예문 What they have achieved is just **remarkable**.
그들이 성취한 것은 주목할 만하다.

ultimate
[ʌ́ltimit]

a. 최후의, 궁극적인

연상 ① 플라잉디스크를 이용하는 경기인 얼티미트(→얼티미트) 경기의 궁극적인 목표는 득점이다.
② 얼굴에 건강한 티와 미(美), it(그것이)(→얼티미트)가 궁극의 아름다움이다.

예문 The **ultimate** goal of the conference is to cease fire.
그 회의의 궁극적 목표는 정전이다.

파생 ultimately ad. 최후로, 결국 ultimatum n. 최후통첩

foretell
[fɔːtél]

v. 예고하다(predict), 예언하다

연상 ① fore(=before 앞서) + tell(말하는)(→포ː텔) 것이 예고하는 것임.
② 날씨 같은 것을 국민들을 for(위하여) tell(말하는)(→포ː텔) 것이 예고하는 것이다.

예문 Nobody can **foretell** what will happen tomorrow
내일 무슨 일이 일어날지 아무도 모른다.

mutual
[mjúːtʃuəl]

a. 상호의, 서로의

연상 ① 시중에 활성화되어 있는 '뮤추얼 펀드'(→뮤추얼) 는 투자회사와 투자자가 상호의 이익을 보는 금융기관이다.
② 운전할 때 무(無) 추월(→뮤추얼)하는(추월하지 않는) 것이 상호의 이익이다.

예문 We should work together for our **mutual** benefit and progress.
우리는 상호의 이익과 발전을 위해서 함께 일해야 한다.

파생 mutuality n. 상호관계

persist
[pəːrsíst]

v. 주장하다; 고집하다; 지속하다

연상 펄펄 날아다니는 누나, 그 펄펄한 sister(→퍼ː시스트)가 늘 자신 것만 주장하는 것을 지속한다.

예문 Don't **persist** in asking silly questions.
어리석은 질문을 계속하지 말아주세요.

파생 persistence n. 고집; 지속; 내구(력)
persistent a. 고집 센, 완고한; 계속되는

omit
[oumít]

v. 빼다, 빠뜨리다; 생략하다

연상 물건을 빠뜨릴 때 "오우(o), 밑(mit)(→오우밋)으로 빠뜨렸네"한다.

예문 They **omitted** my name from the list.
그들은 명부에서 내 이름을 뺐다.

파생 omission n. 생략; 태만

heritage
[héritidʒ]

n. 상속 재산, 유산

연상 ① 해리가 유산으로 물려받은 고급 티셔츠, 그것이 바로 해리(heri)의 티지(tage)(→ 헤리티지)!

② 물려받은 유산 때문에 어디에 있어도 내친구 해리(heri)는 튀지(tage)(→ 헤리티지)!

예문 The country has a long and proud heritage.
그 나라는 오래되고 자랑스러운 유산을 지녔다.

overcome
[òuvərkʌ́m]

v. 이겨내다, 극복하다

연상 어려운 점이 있으면 그 over(위로 넘어) come(가는)(→ 오우버컴) 것이 그것을 극복하는 것이다.

예문 You must overcome your difficulties.
너는 난관을 극복해야 한다.

conserve
[kənsə́:rv]

v. 보존하다. **n.** (과일의)설탕조림, 잼

연상 자연에 대한 큰 serve(봉사하는)(→컨서:브)가 바로 자연을 보존하는 것이다.

예문 We have to conserve natural resource.
우리는 자연자원을 보호해야 한다.

파생 conservation n. 보호, 보존 conservative a. 보수적인

suitable
[súːtəbəl]

a. (~에) 적당한; 어울리는, 알맞은 **동** appropriate

연상 suit(한 벌의 옷)은 자기 돈으로 able(살 수 있는)(→수:터블) 것이 가장 적당한 일이다.

예문 He is a suitable candidate.
그는 적당한 후보다.

civilize
[sívəlàiz]

v. 문명화하다, (야만인을) 교화하다(enlighten)

연상 생활을 문명화한다고 시(市)에서 지은 주택이 시 빌라이지(→시벌라이즈)!

예문 Those facilities are to civilize people.
그 시설은 국민을 교화하기 위한 것이다.

파생 civilization n. 문명, 교화

drown
[draun]

v. (보통 ~ oneself 또는 수동태로) 물에 빠뜨리다, 익사시키다

연상 들에 사는 들 아운(아우는)(→드라운) 몸을 물에 빠뜨리기 쉽다.(들에 깊은 개울이 있어서)

예문 be drowned 익사하다.
drown oneself in a river 강에 몸을 던지다.

temporary
[témpərèri]

@ 일시적인; 임시의 @ permanent 영구적인

연상 손이나 도구로 악기를 어떤 템포(박자,속도) 내리치는(→템퍼레리) 것은 일시적인 동작이다.(동작은 다 일시적이다)

예문 His job here is only temporary.
이곳에서 그는 임시직으로 일하고 있다.

permanent
[pə́:rmənənt]

@ 영구적인, 영속하는

연상 머리의 파마는(→퍼:머넌(트)) 한 번 하면 다음 때까지 영구적이고 오래간다.

예문 We want to establish an permanent peace on the Korean Peninsula.
우리는 한반도에서 영구적인 평화가 이룩되기를 바란다.

supreme
[su(:)prí:m]

@ 최고의, 최상의

연상 슈퍼(super) 림(林, 산림)(→슈프: 림)이란 최고의, 최상의 산림을 말한다.

예문 She appealed to the Supreme Court.
그녀는 대법원에 상고했다.

파생 supremacy n. 최상; 우월

engage
[ingéidʒ]

@ 고용하다; 약속시키다

@ disengage @ (약속·의무 등에서)벗어나게 하다

연상 직원을 고용하면 제일 먼저 하는 것이 직무의 인계이지(→인게이지)!

예문 We engaged a new carpenter.
우리는 새로운 목수를 고용했다.

파생 engaged a. 종사하고 있는; ～와 약혼한(～to) engagement n. 약속; 약혼

superfluous
[su:pə́:rfluəs]

@ 여분의. 과잉의

연상 동네마다 '수퍼'란 이름의 가게가 생겨 수퍼를 플러스(→수: 퍼플루어스) 하니 가게들이 과잉의 상태가 되지!

예문 In many respects, the debate is superfluous.
많은 점에 있어서, 그 논쟁은 과도하다.

vanish
[vǽniʃ]

@ (갑자기)사라지다

연상 화물 자동차 밴(van)이 쉬(→배니 쉬) 시야에서 사라졌다.

예문 Many species of animal have vanished from the earth.
많은 종의 동물들이 지구상에서 사라졌다.

bulk
[bʌlk]

n. 부피(volume); 크기(size); 대부분

연상 물을 벌컥 벌컥(→벌크)마셨더니 배의 부피가 늘어나는 것 같네! 발이 크(→벌크)니 신발 크기도 크겠네!

예문 We offer discounts on **bulk** purchases.
우린 대량 구입을 하면 할인해 줍니다.

파생 bulky a. 부피가 큰

shadow
[ʃǽdou]

n. 그림자; 그늘(shade); 땅거미 **v.** 어둡게 하다

연상 여성들의 눈 화장 아이 섀도우(→섀도우)는 눈가에 그늘을 주는 것이다.

예문 The evening **shadows** were beginning to fall.
땅거미가 지기 시작했다.

command
[kəmǽnd]

v. 명령하다; (언어 따위를)자유로이 쓸 수 있다; (경치 따위를)내려다 보다 **n.** 명령; (언어)구사력; 전망

연상 오늘날 com(컴퓨터)가 man(사람)를 더(→컴맨드) 명령한다.(어떤 것을 직접 명령하기보다는 컴퓨터를 통해서 명령한다)

예문 The officer **commanded** his men to shoot.
장교는 부하들에게 사격을 명령했다.

calculate
[kǽlkjəlèit]

v. 계산하다; 판단(추정)하다

연상 ① 그의 아들 캘큐는 레이트(late 늦게)(→캘큐레이트) 계산하는 버릇이 있었다.
② 로마인들이 도로를 건설할 때 '캘큐르'란 돌을 이용해서 계산하다 보니 계산이 late(늦었다). 그래서 계산하는 것을 캘큐레이트(→캘큐레이트)라 한다.

예문 She **calculated** the cost of heating
그녀는 난방비를 계산해 보았다.

파생 calculation n. 계산 calculator n. 계산기

contain
[kəntéin]

v. 포함하다, 함유하다 (include), 담다.

연상 저 컨테이너(→컨테인)에는 수출 상품을 포함하고 있다

예문 A pound **contains** 16 ounces.
1 파운스는 16온스이다.

UNIT 08 TEST

[1~12] 보기에서 영어에 해당되는 우리말을 찾아 쓰시오.

1. donation _____
2. affirm _____
3. mischief _____
4. superfluous _____
5. charity _____
6. supreme _____
7. aptitude _____
8. civil _____
9. antipathy _____
10. engage _____
11. courtesy _____
12. ultimate _____

보기 ① 반감 ② 최후의 ③ 시민의 ④ 최고의 ⑤ 자비 ⑥ 재능 ⑦ 단언하다
⑧ 손해 ⑨ 공손함 ⑩ 기부(금) ⑪ 여분의 ⑫ 고용하다

[13~17] 다음 빈칸에 들어갈 적절한 어휘를 고르시오.

13. Some important details were deliberately _____ from the report.

14. Our nation needs to have a _____ new weapons system.

15. We need to hire some _____ workers to get us through the busy season.

16. Because infector was not _____ , the a contagious went about.

17. Average family size has _____ from five to three children.

보기 ① potent ② temporary ③ omitted ④ decreased ⑤ segregated

[18~21] 다음 빈칸에 들어갈 적절한 어휘를 고르시오.

18. I think we have to _____ the pollution problem first.

19. If symptoms _____ for more than a few days, see a doctor.

20. Many kinds of life have _____ from the earth.

21. The city has an exceptionally rich _____ of historic buildings.

보기 ① decreased ② heritage ③ persist ④ overcome

정답 1.⑩ 2.⑦ 3.⑧ 4.⑪ 5.⑤ 6.④ 7.⑥ 8.③ 9.① 10.⑫ 11.⑨ 12.②
13.③ 14.① 15.② 16.⑤ 17.④ 18.④ 19.③ 20.① 21.②

Further Study

exclude ~ from … ~를 …에게 제외하다

written notification 서면통지

A is preferable to B A가 B보다 바람직하다

take advantage of ~을 이용하다

take ~ for granted ~을 당연히 여기다

quite affordable 아주 저렴한

attach A to B A를 B에 첨부하다

vested interest 기득권

fundraising 자금마련

remain in effect 그대로 유효하다

associate ~ with … ~를 … 와 연관시키다

in association with ~와 공동으로

unwavering commitment 확고한 의지

specified hours 명시된 시간

specify ~을 명확히 하다

funding 자금제공

plausible 그럴듯한, 정말 같은

be opposed to ~에 반대하다

make up for ~을 벌충하다, 보충하다

opposition from ~로부터의 반대

specification 명세서

be in high demand 수요가 늘다

contribute suggestions about

~에 대해 제안을 하다

look up ~(사전 따위를)찾다

marital[marriage] status 결혼여부

missing luggage 분실한 짐

leg behind ~에게 뒤처지다

leave out ~을 빠뜨리다, 생략하다(=omit)

make sure ~을 확실히 하다

in terms of ~의 견지에서, ~ 관점에서

commensurate with

~에 비례하는. ~에 상응하는

out of print 절판된

run a risk of ~의 위험을 무릅쓰다

be bound for ~행(行)이다

in store for ~을 위하여 비축하여, ~준비하여

be worthy of ~의 가치가 있다

eligible
[élidʒəbəl]

ⓐ 적격의 , 적임의, 자격이 있는(qualified) ⓝ 적임자

⟨연상⟩ 엘리(eli 사람 이름), 저(gi) 불(ble)을(→엘리지블) 끌 수 있는 자격이 있는 사람은 너뿐이야! 저 사랑의 불을 말이야.

⟨예문⟩ He is an **eligible** candidate for the governorship.
그가 적격의 지사 후보자다.

---

bound
[baund]

ⓝ 경계(선)(boundary); 범위, 한계
ⓥ ~에 경계를 짓다; 튀다 ⓐ 묶인; ~하지 않을 수 없는

⟨연상⟩ 농구공은 코트의 경계선 안에서 바운드(→바운드) 되어야 즉, 튀어야 한다.

⟨예문⟩ be **bound** for ~행인, ~로 가는

⟨예문⟩ His curiosity knew no **bounds**.
그의 호기심은 한계가 없었다.

---

resent
[rizént]

ⓥ 화를 내다; 원망하다

⟨연상⟩ 회사원을 시골마을 리(里)에 sent(보내서)(→리젠트) 근무하게 한다면 아마 화를 낼 것이다.

⟨예문⟩ I **resent** your asking me such personal questions.
그런 개인적인 질문을 하니 화가 나는 군요.

⟨파생⟩ resentful a. 화가 난 resentment n. 분노, 적의

---

pause
[pɔːz]

ⓝ 중지, 중단 ⓥ 잠시 멈추다 ⟨반⟩ proceed 계속나아가다

⟨연상⟩ 사진을 찍으려 포즈(→포:즈)를 취할 때 하던 일을 중지하게 된다.

⟨예문⟩ He **paused** to look around.
그는 잠시 멈추어 서서 사방을 둘러보았다.

---

fellow
[félou]

ⓝ 사람, 친구, 동지, 동업자 ⓐ 동료의

⟨연상⟩ '인생 예찬'이란 시를 쓴 롱펠로우(→펠로우)는 그 시 때문에 많은 사람의 동료가 되었다지.

⟨예문⟩ What a stupid **fellow** he is!
그는 얼마나 어리석은 사람인가!

senior
[síːnjər]

n. 연장자, 선배 **a.** 손위의, 선배의 **반** junior 연하의, 연소자

연상 신(神)이여!(→시:니어)! 군대에선 가끔 선배를 그렇게 부르죠.

예문 He is three years **senior** to me.
그는 나보다 세 살 많다

owe
[ou]

v. 빚지고 있다, 은혜를 입다

연상 ① 오우!(→오우) 인생은 빚지고 사는 것인가? (인생은 다 빚지고 사는 것이다. 부모 형제에게, 사회에)
② 빚지게 되면 자신도 모르게 나오는 말이, "오우(→오우)! 이 빚 어쩌지!" 하는 말이다.

예문 I **owe** you 10 dollars.
너에게 10달러를 빚지고 있다.

파생 owing a. 빚지고 있는 , ∼에 기인한

concentrate
[kánsəntrèit]

v. 집중하다; 전념하다(~on) **반** distract 산만하게 하다

연상 사용되는 돈 중에서 큰(높은) 센트(cent)의 레이트(rate;비율)(→칸선트레잇)에 관심을 집중하고 있다.(높은 환율에)

예문 You should **concentrate** on your work.
하는 일에 집중해야 한다.

파생 concentration n. 집중

bleed
[bliːd]

v. 피를 흘리다

연상 새는 다른 곳보다 부리에 더 (→부리·더→브리: 드) 피를 흘린다(먹이를 쪼아 먹느라고)

예문 You have nose **bleed**.
당신 코에서 피가 흐르는 군요.

파생 blood n. 피; 혈통   bloody a. 피의; 피나는

restore
[ristóːr]

v. 다시 찾다;(건강 등을) 회복시키다;복구[재건]하다

연상 시골마을 리(里)에 있는 store(가게)(→리스토)를 예전의 상태로 회복시켰다.

예문 He was **restored** to health.
그는 건강을 회복했다.

파생 restorátion n. 회복, 복구

poverty
[pávərti]

n. 가난; 결핍

연상 가난하면 바보티(→파버티) 난다.

예문 Many people of the country live in **poverty**.
그 나라의 많은 사람들은 가난하게 산다.

challenge
[tʃǽlindʒ]

n. 도전 **v.** 도전하다

(연상) 미국 우주왕복선 챌린저(→ 챌린지) 호의 도전은 공중 폭발로 끝나고 말았다.

(예문) Who will **challenge** the champion?
누가 챔피언에게 도전할 것인가?

(파생) challenger n. 도전자

explode
[iksplóud]

v. 폭발하다; 폭발시키다

(연상) 내 친구 익서(ex)는 풀(pl) 로드(lode)(풀이 무성한길)(→익스플로우드)를 폭약을 폭발시켜 개발했다.

(예문) A bomb **exploded** near the airport.
공항 근처에서 폭탄이 하나 폭발했다.

(파생) explosion n. 폭발 explosive a. 폭발성의 n. 폭약

peep
[pi:p]

v. 엿보다, 슬쩍 들여다보다 **n.** 엿보기

(연상) 누구나 피 묻은 나뭇잎, 즉 피(pe) 잎(ep)이나 사람의 피 묻은 입, 피 입(→피잎)을 엿보게 된다.

(예문) We **peeped** at the children through a hole in the fence.
우리는 울타리의 구멍을 통해 아이들을 엿보았다.

alternative
[ɔːltə́ːrnətiv]

n. 대안(~to); 양자택일 **a.** 양자택일의

(연상) 너의 태생지를 alter(고치)든지 native(타고난)(→올터ː너팁)대로 하든지 양자택일 하든지 대안을 마련하라.
* alter[ɔ́ːltər] : all(모든) 터(→오올터)을 고치다, 바꾸다.

(예문) We have no **alternative** course.
달리 방법이 없다.

(파생) alter v. 바꾸다

component
[kəmpóunənt]

n. 성분(ingredient); 부품 **a.** 구성하고 있는

(연상) com(컴퓨터)와 포(砲)는(→컴포우넌(트)) 군대를 구성하는 성분이다.

(예문) The factory produces the car **component**.
그 공장은 자동차 부품을 생산한다.

complicate
[kámplikèit]

v. 복잡하게 하다

(연상) com(컴퓨터)의 문제 풀이가 케이트(→캄프리케이트)의 머리를 복잡하게 했다.

(예문) These events will greatly **complicate** the situation.
이 사건들로 상황은 매우 복잡하게 될 것이다.

minor
[máinər]

a. 작은 쪽의; 소수의; 미성년의 **n.** 미성년자

반 major 큰 쪽의; 다수의; 성인의; 성인

연상 어떤 수에서 마이너스(→마이너)를 하면 작은 쪽의, 소수의 쪽이 된다.

예문 It is an offence to serve alcohol to **minors**.
미성년자에게 술을 파는 것은 위법 행위이다.

파생 minority n. 소수; 미성년(기)

damage
[dǽmidʒ]

n. 손해, 손상 **v.** 손해를 입히다; 손상시키다

연상 주변 환경에 가장 큰 손해를 입힌 것이 댐(dam)이지(→ 대미지)!

예문 The rain storm did considerable **damage** to the crops.
폭우가 농작물에 상당한 피해를 입혔다.

contribute
[kəntríbjuːt]

v. 기여[공헌]하다; (금품 따위를) 기부하다;』(글을) 기고하다

연상 큰(con) 트리(tree)가 부터(부유한 터전)(→컨트리뷰트)을 만드는 데 기여한다

예문 He **contributed** money to relieving the poor.
그는 빈민 구제를 위해 돈을 기부했다.

파생 contribution n. 기여; 기부(금); 기고

support
[səpɔ́ːrt]

v. 지지하다; 후원하다; 부양하다

연상 전국체전 서포터즈(supporters)(→서포:트)는 전국체전을 지지하고 후원하는
사람이라는 뜻이다.

예문 He spoke in **support** of a motion.
그는 동의(動議)에 찬성하는 연설을 했다.

파생 supporter n. 지지자; 후원자

guarantee
[gærəntíː]

v. 보증하다; 보장하다 **n.** 보증인; 보증

연상 탤런트들은 출연을 보증한다는 의미로 개런티(→개런티)를 받는다.

예문 He thought a good education would **guarantee** success.
그는 훌륭한 교육이 성공을 보장한다고 생각했다

hover
[hʌ́vər]

v. 공중을 떠돌다; 맴돌다 **n.** 공중에 떠돌기

연상 하버드(→하버) 대학의 본관 건물 위에는 하버드를 상징하는 애드벌룬이 공중을 떠돌고
있었지.

예문 The swallow **hovered** over the house.
제비가 그 집 위를 맴돌고 있었다.

bless
[bles]

v. 축복하다. 은총을 내리다

연상 불의 전수자 프로메테우스는 불을 가지고, 즉 불에서(→블레스) 인간을 축복했지?

예문 **Blessed** are the pure in heart.
마음이 청결한 자 축복이 있으리라.

파생 blessing n. 은총, 축복

guess
[ges]

v. 추측하다 **n.** 추측

연상 개스(gas;가스)(→게스) 유출 여부는 냄새로 추측한다.

예문 Can you **guess** who that man is?
저 사람이 누군지 아는가.

isolation
[àisəléiʃən]

n. 고립, 격리

연상 불건전한 오락 때문에 아이(의 마음이) 설레이어선(→아이설레이션) 안되니 오락에서 격리 시켜라.

예문 Many elderly people experience feelings of **isolation** and depression.
많은 노인들은 고립감과 우울증을 겪는다.

파생 isolate v. 고립시키다. 격리시키다

eternal
[itə́:rnəl]

a. 영원한(everlasting) **반** transient 일시의

연상 돌로 만들어진 이(e) 터널(ternal)(→이터;널)은 영원할 것이다

예문 They believe that their lives is **eternal**.
그들은 그들의 삶이 영원할 거라고 믿는다.

파생 eternity n. 영원; 불멸

maximum
[mǽksəməm]

n. 최대(량); 최고점; 극대 **a.** 최대(한)의
반 minimum 최소의 양[수]; 최소의, 최저의

연상 커피 맥심은 (→맥서멈) 최대량으로 마셔라.

예문 Today's **maximum** temperature will be 90℉.
오늘 최고 기온은 화씨 90도가 될 것이다.

immortal
[imɔ́:rtl]

a. 불멸의, 불사의 **반** mortal 죽을 운명의

연상 이 모터를 즉, 이(i) 모털(mmortal)(→이모;틀) 영원히 쓸 수 있는 불멸의 것으로 만들어라.(처음 발명가가 그렇게 말함)

예문 Ancient people believed that the human soul is **immortal**.
고대인들은 사람의 영혼이 불멸이라고 믿었다.

exclaim
[ikskléim]

ⓥ 외치다, 절규하다

🔵 어떤 것을 주장할 때, 내 친구 익서(ex)는 claim(주장)할 때(→익스.클레임) 큰소리로 외친다.

🟦 She **exclaimed** with delight at the sight of the presents.
그녀는 선물을 보자 기뻐서 소리쳤다.

🟩 exclamation n. 외침; 감탄   exclamatory a. 감탄하는

choke
[tʃouk]

ⓥ 숨 막히게 하다. 질식시키다; 숨이 막히다

🔵 초크(분필)(→초우크) 가루는 많이 마시면 숨이 막힐 것 같은 느낌을 준다.

🟦 I was almost **choked** by the smoke.
나는 연기에 거의 질식될 뻔 했다.

adverse
[ædvə́ːrs]

ⓐ 반대의, 역의; 불리한

🔵 애들(ad)이 버스(verse)(→애드버스)를 타는 것은 자가용을 타는 어른과는 반대의 현상이다.

🟦 The youngsters need to have the courage in the face of **adverse** circumstances.
젊은이들은 역경에 맞설 용기가 필요하다.

distract
[distrǽkt]

ⓥ (주의 등을) 딴 데로 돌리다; (마음을) 혼란하게 하다

🔵 디스(this;이것) 트랙터(→디스 트랙트)를 주어 화난 그 농민의 마음을 딴 데로 돌려라.

🟦 The noise **distracted** the pianist from playing.
그 피아니스트는 그 소음 때문에 연주에 집중하지 못했다.

inquire
[inkwáiər]

ⓥ 문의하다(ask); 조사하다(~into)

🔵 수사관들은 잉크가 와이어(전화(선)(→인콰이어)에 묻어 있는 이유를 문의하고 조사했다.

🟦 We **inquired** into the rumor and found it was true.
우리는 그 소문을 조사해 그것이 사실임을 알아냈다.

🟩 inquiry n. 질문, 문의; 조사   inquiring a. 탐구하는, 호기심이 있는

illiterate
[ilítərit]

ⓐ 문맹의, 읽고 쓸 줄 모르는   🔴literate 읽고 쓸 줄 아는

🔵 문맹의 사회는 이리가 사는 터, 이리 터리(→일리터릿)!(문맹의 식인종들은 이리와 다를 바 없다)

🟦 A surprising percentage of the Africans is **illiterate**.
놀랄 만한 비율의 아프리카인들이 문맹자다.

🟩 illiteracy n. 문맹; 무식

select
[silékt]

v. 뽑다 ; 선택하다; 발췌하다

연상 그는 인형 뽑기를 하면서 실로 넥타(→실렉트)음료를 뽑았다.

예문 He was **selected** for presidency.
그는 대통령으로 뽑혔다

파생 selection   n. 선택, 선발

convey
[kənvéi]

v. 나르다;(소리, 열등을)전하다; 전달하다(communicate)

연상 큰 공장의 컨베이어 벨트(conveyer belt)는 작업해야 할 일거리를 날라(convey)(→컨베이)
주는 벨트다.

예문 I will **convey** the information to him.
내가 그 정보를 그에게 전하겠다.

파생 conveyance   n. 운반 수송

illustrate
[íləstrèit]

v. (도해·실례 등을 제시해)설명하다. 예증하다

연상 어떤 것을 일러(말하여) 스트레이트(곧 바로)(→일러스트레잇)로 알려주는 것이 예를 들어
설명하는 것이다.

예문 The professor **illustrated** the new theory with a lot of examples.
그 교수는 새 학설을 많은 예를 들어 설명했다.

파생 illustration   n. 삽화; 실례   illustrator   n. 삽화가

frown
[fraun]

v. 눈살을 찌푸리다   **n.** 찡그린 얼굴

연상 풀밭에 사는 풀 아우는, 즉 풀 아운(→프라운) 늘 눈살을 찌푸린다.(풀에 빛이 반사되기
때문에; 풀 아우는 풀의 의인화)

예문 She shook her head, **frowning** thoughtfully.
그녀는 생각에 잠겨 눈살을 찌푸리며 고개를 저었다.

diminish
[dəmíniʃ]

v. (크기 등을) 줄이다; 줄다

연상 휴대용 의자를 접어서 디(매우) 미니 쉬(쉽게)(→디미니쉬) 줄어든다.

예문 The heat **diminished** after the shower.
소나기가 지나간 뒤에 더위가 한 풀 꺾였다.

파생 diminution   n. 감소, 축소   diminutive a. 소형의 부피가

rear
[riəːr]

n. 뒤, 후방   **v.** 기르다

연상 ① 리어카(→리어)는 자전거 뒤에 달거나 사람 뒤에 두고 끄는 수레다.
② 리어(→리어)왕은 결국 비극을 기른 셈이었지?

예문 His car is the garage at the **rear** of the house.
그의 차는 집 뒤의 차고에 있다.

예문 The Greens **reared** three sons and two daughters.
Green씨 부부는 세 명의 아들과 두 딸을 키웠다.

UNIT 09 TEST

[1~12] 보기에서 영어에 해당되는 우리말을 찾아 쓰시오.

1. component _____   2. rear _____

3. convey _____   4. overestimate _____

5. poverty _____   6. explode _____

7. resent _____   8. chase _____

9. bound _____   10. bleed _____

11. concentrate _____   12. relevant _____

보기 ① 집중하다 ② 관련된 ③ 추적하다 ④ 가난 ⑤ 나르다 ⑥ 성분 ⑦ 뒤, 후방
⑧ 과대평가하다 ⑨ 피를 흘리다 ⑩ 화를 내다 ⑪ 폭발하다 ⑫ 경계(선)

[13~17] 다음 빈칸에 들어갈 적절한 어휘를 고르시오.

13. Many birds and insects can _____ by moving their wings very quickly.

14. He thought a good education would _____ success.

15. He has _____ me greatly in my business.

16. A surprising percentage of the Africans is _____ .

17. The strong wind did a great deal of _____ to the crops.

보기 ① illiterate ② supported ③ guarantee ④ damage ⑤ hover

[18~21] 다음 빈칸에 들어갈 적절한 어휘를 고르시오.

18. It could be the key to _____ youth and happiness.

19. Since human beings must eventually die, we are not _____ .

20. Many elderly people experience feelings of _____ and depression.

21. We have seen the value of our house _____ greatly in value over the last six months.

보기 ① isolation ② diminish ③ immortal ④ eternal

정답 1.⑥ 2.⑦ 3.⑤ 4.⑧ 5.④ 6.⑪ 7.⑩ 8.③ 9.⑫ 10.⑨ 11.① 12.②
13.⑤ 14.③ 15.② 16.① 17.④ 18.④ 19.③ 20.① 21.②

Further Study

on behalf of ~를 대표하여.~을 위해

be second to none 누구에게도 뒤지지 않다

like so many 마치~처럼

with all ~에도 불구하고

abide by 지키다

perfect setting 완벽한 환경

be hard on ~을 모질게 다루다

out of work 실직하여

have to do with ~에 관계가 있다

on the decrease 점점 감소하고

put in for ~에 응모하다. 신청하다

on good terms with ~와 사이가 좋은

in the light of ~을 고려해 보면, ~견지에서

in place of ~의 대신에

be convinced of ~을 확신하다

on bad terms with ~와 사이가 나쁜

at one's disposal ~의 마음대로

be lost in ~에 몰두하다, 열중하다

on the tip of one's tongue

말이 나올 듯하여

for want of ~이 부족하여

at one's wits' end 어찌할 바를 몰라

personal belongings 개인 소지품

rule out ~을 제외시키다. 배제하다

be inclined to ~하는 경향이 있다

set out on ~에 착수하다

call for 요구하다

come in contact with ~과 접촉하다

count in 셈에 넣다

for the life of me 아무리 해도

run out of ~을 다 써 버리다

free from ~이 없는

live from hand to mouth

그날 벌어 그날 지내다

furnish ~ with … ~에게 …을 공급하다

in one's face 정면으로

get through 끝마치다

Unit 10
coincide

coincide
[kòuinsáid]

v. 동시에 발생하다; (의견 등이) 일치하다

연상 동전의 양면, 즉 코인(coin) 사이드(cide)는(→코우인사이드)는 크기가 일치한다.

예문 If our plans **coincide**, we`ll work together to develop the device.
우리의 계획이 일치한다면 그 기계를 개발하기 위해 함께 일할 것이다.

파생 coincidence n. 동시 발생; 일치, 동일

---

specimen
[spésəmən]

n. 표본, 견본(sample)

연상 식물의 종자를 택할 때 숲에서 먼(→스페서 먼)것을 표본으로 택하라. (숲속에 잡종이 없으니까)

예문 This is a fine **specimen** of a walnut tree.
이것은 호두나무의 좋은 표본이다.

---

beware
[biwéər]

v. (명령형으로) 조심하다. 주의하다 웨어

연상 비(be) 웨어(wear)(비옷)(→비웨어) 준비해서 비 맞지 않게 조심해라.

예문 You should always **beware** of pickpockets in travelling.
여행할 때는 언제나 소매치기를 조심해야 한다..

---

attitude
[ǽtitjùːd]

n. 태도, 자세(posture)

연상 아직 아이의 티가 나는 튜터(tutor, 개인교사), 즉 애 티가 나는 튜터(→애티튜드)의 태도도 역시 애 같은 태도였어.

예문 His **attitude** toward national interest has changed.
국익에 대한 그의 태도가 변했다.

---

adjoin
[ədʒóin]

v. 이웃하다, 인접하다; 결부시키다

연상 a(하나)씩 join (연결하고)(→어조인) 있는 것이 인접하는 것이다.

예문 Korean peninsula **adjoins** China and Russia.
한국 반도는 중국과 러시아와 인접하고 있다.

파생 adjoining a. 인접한

persuade
[pəːrswéid]

v. 설득하다, 권유하다　**반** dissuade ~하지 않도록 권하다

연상 설득할 때 최고의 무기는 퍼(per)런 쇠이더(suade)(→퍼;쉐이드)라·(퍼런 쇠는 돈의 속어. 돈이면 다 설득할 수 있더라)

예문 His homeroom teacher **persuaded** him to come back school.
그의 담임선생님은 그가 학교에 돌아오도록 설득했다.

파생 persuasive a. 설득력 있는　persuasion n. 설득; 확신

wander
[wándəːr]

v. (정처 없이)헤매다, 배회하다

연상 나는 완도(→완더) 섬을 헤매고 다녔다.

예문 He **wandered** on the street in the midnight.
그는 밤중에 거리를 헤매고 다녔다.

파생 wanderer n. 방랑자　wandering a. 방랑하는

overlook
[òuvərlúk]

v. 훑어보다; (결점 등을) 못 본 체하다; 간과하다; 내려다보다

연상 over(위에서) look(보니까)(→오우버룩) 훑어보게 되고 간과할 수도 있다.

예문 We should not have **overlooked** this possibility.
우린 이 가능성을 간과하지 말아야 했다.

seize
[siːz]

v. 붙잡다(grab); 압수하다; 이해하다

연상 브루투스가 시저(→시:즈)를 붙잡고 칼로 찔렀지.

예문 She **seized** me by the sleeves.
그녀는 내 옷 소매를 잡았다.

예문 **seize** the meaning
의미를 파악하다.

파생 seizure n. 붙잡기; 압수

conflict
[kánflikt]

n. 투쟁; (사상. 의견 따위의)충돌, 갈등　**v.** 대립하다, 충돌하다

연상 칸막이한 칸(con)에서 쁘릭쁘릭(flic)(→칸프릭(트)) 소리가 나는 것은 칸 사이에 충돌, 갈등이 있기 때문이다

예문 The **conflict** arose from different ambitions within the team.
그 갈등은 팀 내에서 서로 다른 야심 때문에 생겨났다.

retain
[ritéin]

v. 보유하다; 유지하다

연상 시골 사람들은 농토를 시골 마을인 리(里 re) 태(ta태두리) in (안)(→리테인)에 보유하고 있다.

예문 He managed to **retain** his position in the company.
그는 용케도 회사에서 자기 지위를 유지하였다.

introduce
[ìntrədjúːs]

v. 소개하다: (새로운 것을)도입하다

연상 ① intro(중간에서) du(두) 사람을 서로(→인트러듀:스) 알게 하는 것이 소개하는 것이다.
② 흙탕물을 마시고 사는 아프리카 in(안) 디로(intro) 쥬스(ducc)(→인트러듀:스)를 소개해서 빈민들을 도왔다.

예문 He **introduced** his sister to me.
그는 자신의 동생을 나에게 소개했다.

파생 introduction n. 소개; 도입

---

adopt
[ədápt]

v. 채택[채용]하다; 양자로 삼다 **반** reject 기각하다

연상 사람들은 어떤 것이 좋다는 어답(語쫌: 대답)(→ 어답(트))을 듣고 그것을 채용(채택)한다.

예문 We need to **adopt** a new policy to preserve the nature.
우린 자연을 보존할 새로운 정책을 채택할 필요가 있다.

파생 adoption n. 채용, 채택; 양자 입양

---

tremendous
[triméndəs]

a. 무시무시한; 엄청난

연상 tree(나무)를 men(인간들)이 더 써서 (→트리.멘.더서) 무시무시한, 엄청난 **환경파괴**를 일으킨다.

예문 China has developed at a **tremendous** speed since then.
그때이후로 중국은 엄청난 속도로 발전해왔다.

---

detail
[díːteil]

n. 세부(사항); 상세 **v.** 상세하게 말하다

연상 ① 동물의 뒤 tail(꼬리)(→디테일) 그리는 것은 그림의 세부 사항이다.
② 사람의 뒷모습 뒤태가 멋지도록 하는 일, 즉 뒤테 일(→디테일)은 상세함이 필요하다.

예문 Please tell me about the terms of a contract in **detail**.
계약 조건에 대해서 자세히 설명해 주십시오.

---

expire
[ikspáiər]

v. (계약 등의) 기한이 다 되다; 숨을 내쉬다

연상 유통 기한이 다 되어 못먹게 된 내 친구 익서(ex)의 파이여(pie여)!(→익스파이어)

예문 My driving license **expires** at the end of July.
내 운전면허는 7월 말에 유효 기간이 만료된다.

파생 expiration n. 만기; 숨을 내쉬기

---

moment
[móumənt]

n. 순간; 때; 중요성

연상 moment(순간)(→모우먼트)의 중요성을 잊지 마라.

예문 The **moment** he saw me, he ran away.
나를 보자마자 그는 달아났다.

파생 momentary a. 순각적인 momentous a. 중요한

swear
[swεər]

v. 맹세하다, 선서하다　**n.** 맹세, 선서

연상 글을 써(서) 외워(→스웨어) 맹세했다. (옛날엔 그랬다)

예문 The boy **swore** that he would never tell a lie again.
소년은 다시는 거짓말을 하지 않겠다고 맹세했다.

encounter
[inkáuntər / en-]

v. 우연히 만나다; (위험 따위에) 부딪치다　**n.** 마주침

연상 in(안에) +counter(카운터; 계산대)(→인카운) =식당 카운터 안에서 친구를 우연히 만났다.

예문 I **encountered** an old friend of mine in the theater yesterday.
나는 어제 극장에서 우연히 옛 친구를 만났다.

initial
[iníʃəl]

a. 최초의; 머리글자의　**n.** (이름 등의) 머리글자

연상 ① 이 너의 학설, 즉 이(i) 니(ni) 설(說)(→이니셜)은 최초의 것이다.
② 한 살짜리 인희의 설(→이니셜)은 태어나서 최초의 설(날)이다.

예문 The president's **initial** plan was to build a new factory.
회장의 처음 계획은 새 공장을 짓는 것이었다..

파생 initiate v. 시작하다　initiative n. 시작; 주도권

urgent
[ə́:rdʒnet]

a. 긴급한, 촉박한; 재촉하는

연상 어(ur), 전투(gent)(→어:전트)가 벌어졌군. 긴급한 상황이야.

예문 The problem requires **urgent** solution.
그 문제는 시급한 해결을 요한다.

파생 urgency n. 촉박함, 긴급

portable
[pɔ́:rtəbəl]

a. 휴대용의, 이동할 수 있는　**n.** 휴대용 물건

연상 port(부두)에서 able(할 수 있는)(→포:터블)은 물건을 이동할 수 있는 것이다. (다른 나라로)

예문 The machine is designed to be easily **portable**.
그 기계는 쉽게 휴대할 수 있게 고안되었다.

cherish
[tʃériʃ]

v. 소중히 여기다, 귀여워하다

연상 일본 사람들은 벚나무의 씨, 즉 체리 씨(→췌리쉬)를 소중히 여기고 나는 나의 연인 체리씨(氏)를 소중히 여긴다.

예문 You should **cherish** every moment given to you at school.
학창시절 에 너에게 주어진 시간을 소중히 여겨야 한다.

jealous
[dʒéləs]

a. 질투하는; 부러워하는

연상 축구대표팀에 잴(저 아이를), 즉 '잴(jeal) 넣어서(lous)(→젤러스)'하면서 질투하고 부러워한다.

예문 Instead of being **jealous** of other's success, work hard yourself.
남의 성공을 부러워하는 대신에 스스로 열심히 노력하라.

nervous
[nə́:rvəs]

a. 신경의; 초조해하는, 불안한

연상 ① 너가 타고 다니는 버스, 즉 너(ner) 버스(vous)(→너버스)는 너의 신경의 상태를 초조하게 한다.(혼잡하고 가끔 늦게 와서)
② 신경의 조직은 넓어서(→너버스) 온몸에 퍼져 있다.

예문 She felt really **nervous** before the entrance examination.
그녀는 입학시험을 앞두고 정말 초조해했다.

파생 nerve n. 신경, 용기; (pl.)신경질

cheat
[tʃiːt]

v. 속이다; (시험 따위에서)부정행위를 하다 **n.** 속임수, 사기

연상 사람을 속이는 사람에게는 "치잇!"(→취잇)하고 비웃는다.

예문 The broker **cheated** me into buying the house.
그 중개인은 나를 속여 그 집을 사게 했다.

prosperous
[práspərəs]

a. 번영하는, 번창하는

연상 자금을 프라스(plus) 또 프라스(→프라스퍼러스)하면 사회는 번영(번창)한다.

예문 Our nation is now a very **prosperous** nation.
우리나라는 지금 아주 번영하는 나라이다.

파생 prosper v. 번영[번창]하다   prosperity n. 번영

exert
[igzə́:rt]

v. 열심히 노력하다; (영향력 등을)행사하다

연상 저 돼지새끼들이 이그, 젖(→이그저엇)을 빠느라 열심히 노력하고 있군.

예문 They **exerted** a lot of pressure on the management.
그들은 경영진에 많은 압력을 가했다.

파생 exertion n. 노력, 분발; (영향력 등의) 행사

coordinate
[kouɔ́:rdənit]

a. 동등한, 동격의 **n.** 대등한 것 **반** subordinate 하위의
v. 대등하게 하다; 조정하다; 조화시키다

연상 코디네이터(→코우오:디닛트)는 연예인의 의상이 무대의 분위기와 조화를 이루도록 조정해 주고 통합시키는 역할을 하는 사람.

예문 We need someone to **coordinate** the whole campaign.
캠페인을 전체적으로 통합할 사람이 필요하다.

예문 They appointed a new executive director to **coordinate** the work of the firm.
그들은 회사의 업무를 조정할 새 전무이사를 임명했다.

파생 coordination n. 동등, 대등 관계; 조정

obvious
[ábviəs]

a. 명백한, 명확한 **반** obscure 애매한

연상 아, 앞(ob)이 비어서(vious)(→아비어스)전방이 명백한 모습으로 보인다.

예문 It seems **obvious** that he has gone abroad.
그가 해외로 나간 것이 명백해 보인다.

파생 obviously ad. 명백히, 뚜렷이

solid
[sálid]

a. 고체의; 딱딱한; 견고한(firm) **n.** 고체

연상 고체로 된 딱딱한 것이 부피를 살리더(→살리드)라!

예문 If you put it in the freezer, it will go **solid**.
그것을 냉동고에 넣으면 단단해 질 것이다.

파생 solidity n. 단단함 solidify v. 응고시키다

margin
[má:rdʒin]

n. 가장자리(edge); 판매수익

연상 마산과 진해(→마; 진)는 한반도의 오른쪽 아래 가장자리에 있다.

예문 The country is located in the western **margin** of the African continent.
그 나라는 아프리카 대륙 서쪽 끝에 위치하고 있다.

파생 marginal a, 가장자리의

outskirts
[áutskə̀:rt]

n. 변두리 , 교외

연상 out(밖에) + skirts(치마; 둘러싸다)(→아웃스커:트)= 도시 밖을 치마처럼 둘러싸고 있는 것이 변두리, 교외다.

예문 He lives on the **outskirts** of chicago.
그는 시카고의 교외에 산다.

sympathy
[símpəθi]

n. 동정(심); 공감 **반** antipathy 반감

연상 심(心;마음)이 퍼렇게 시릴(→심퍼씨)정도로 동정심이 생깁니다.

예문 They expressed their deepest **sympathy** for the old man.
그들은 그 노인에게 깊은 동정심을 표했다.

파생 sympathetic a. 동정적인 sympathize v. 동정하다

lessen
[lésn]

v. 줄이다. 작아지다(abate)

연상 사교육비를 줄이기 위해 피아노 레슨(lesson)(→레슨)을 줄이다.

예문 The difficulty can be **lessened** only as we help each other.
이 난관은 우리가 서로 협조할 때 비로소 덜해진다.

capture
[kǽptʃər]

v. 사로잡다, (무력으로)빼앗다.　**n.** 포획, 생포

(연상) 달아나는 도둑의 cap(캡; 모자)를 쳐(→캡쳐)서 사로잡았다.

(예문) The policeman **captured** the robber.
경찰은 그 강도를 잡았다.

tension
[ténʃən]

n. 긴장; 팽팽함

(연상) 그 현악기는 10개의 선, 즉 **ten** 선(→텐션)이 팽팽함을 유지하고 있어서 소리에 긴장이 담겨있다.

(예문) There is much **tension** between the two of nations.
두 나라 사이에 팽팽한 긴장이 있다.

(파생) tense a. 팽팽한, 긴장된

landscape
[lǽndskèip]

n. 풍경, 경치　**동** scenery

(연상) lands(땅들)가 cap(모자)(→랜스케잎)를 쓰고 있다면 경치가 좋은 곳 일 것이다.

(예문) He is an artist famous for his **landscapes**.
그는 풍경화로 유명한 화가다.

prevail
[privéil]

v. 널리 퍼져 있다, 유행하다; 승리하다; 설득하다

(연상) 우리 집 정원에는 풀이 베일(→프리베일)처럼 널리 퍼져 있다.

(예문) Truth will **prevail**.
진리는 이긴다.

(파생) prevailing a. 널리 퍼져 있는; 우세한　prevalent a. 널리 퍼져 있는

litter
[lítər]

n. 잡동사니, 쓰레기　**v.** 버리다(dump), 어지르다

(연상) 쓰레기는 리터(liter)(→리터)가 표시된 봉투에 넣어 버려라.

(예문) The streets were **littered** with broken glass.
거리엔 깨어진 유리가 버려져 있었다.

municipal
[mjuːnísipəl]

a. 도시의, 시영의

(연상) ① LA '롱비치 뮤니시펄 에어포트'이나 '맨체스터 뮤니시펄 에어포트'(→뮤니시펄)는 그 도시의 공항, 시가 운영하는 시영의 공항이다.
② 문이 시퍼런(→뮤니시펄) 건물들은 다 시가 운영하는 시영의 건물들이야.

(예문) He works for the **municipal** office.
그는 시청에 근무한다.

metropolitan
[mètrəpálitən]

n. 주요도시 **a.** 수도의, 대도시의, 주요도시의

연상 여행 중 아프리카 주요도시에서 침대용 매트로 파리를 턴(=털어낸)(→메트러파리턴) 경우가 있다.

예문 His office is located in the New York **metropolitan** area.
그의 사무실은 뉴욕 대도시 지역에 있다.

---

descend
[disénd]

v. 내려가다, 내리다;감소하다 **반** ascend 오르다

연상 디스(this;이것)의 end(끝)(→디센드)로 가는 것이 내려가는 통로다.

예문 She **descends** from the hill top.
그녀는 산꼭대기에서 내려갔다.

파생 descendant n. 자손 descent n. 내려감

---

mankind
[mænkáind]

n. 인류, 인간

연상 man(사람)의 kind(종류)(→디센드)가 다 모인 것이 인류다.

예문 War is enemy to **mankind**.
전쟁은 인류의 적이다.

UNIT 10 TEST

[1~12] 보기에서 영어에 해당되는 우리말을 찾아 쓰시오.

1. seize _____   2. tension _____

3. evolution _____   4. coincide _____

5. sympathy _____   6. exert _____

7. obvious _____   8. conflict _____

9. specimen _____   10. cheat _____

11. liquid _____   12. solemn _____

보기 ① 일치하다 ② 엄숙한 ③ 붙잡다 ④ 긴장 ⑤ 표본 ⑥ 액체(의) ⑦ 진화 ⑧ 속이다
⑨ 갈등 ⑩ 열심히 노력하다 ⑪ 명백한 ⑫ 동정

[13~17] 다음 빈칸에 들어갈 적절한 어휘를 고르시오.

13. He promised to love and to _____ and to keep her.

14. Global warming is the most _____ environmental problem the world is facing.

15. The rhythm is a _____ of African and Latin rhythms.

16. On the road ahead, we know that you wil _____ some challenging opportunities.

17. The contract between the two companies will _____ at the fall of the year.

보기 ① synthesis ② urgent ③ expire ④ cherish ⑤ encounter

[18~21] 다음 빈칸에 들어갈 적절한 어휘를 고르시오.

18. All the negative comments are from people that are just _____ .

19. She felt really _____ before the job interview.

20. This is the official report, which give the particulars of the affair in _____ .

21. Huge torrential downpours of rain started and there were _____ floods.

보기 ① detail ② tremendous ③ nervous ④ jealous

정답 1.③ 2.④ 3.⑦ 4.① 5.⑫ 6.⑩ 7.⑪ 8.⑨ 9.⑤ 10.⑧ 11.⑥ 12.②
13.④ 14.② 15.① 16.⑤ 17.③ 18.④ 19.③ 20.① 21.②

Further Study

be poor at ~에 서툴다

go off 폭발하다; 갑자기 떠나다

in comparison with ~과 비교하여

beyond description 말로 나타낼 수 없는

happen to 우연히 ~하다

be good at ~에 능란하다

sports complex 종합운동장

out of humor 기분 나쁜

be accustomed to ~에 익숙하다

take a measure 조치를 취하다

out of place 부적당한 곳에, 부적당하게

make a profit 이윤을 내다

until further notice
추후의 공지가 있을 때까지

insert ~ into … ~을 …에 삽입하다

disperse the crowd 군중을 해산시키다

beyond one's capabilities
~의 능력을 벗어난

take up one's residence in
~에 주거를 정하다

put aside (후일을 위해서) 간직하다, 저축하다

out of stock 재고가 없는

cost of living 생활비

put up with ~을 참다 (=endure)

cost-effective 비용 효율적인

give away ~을 거저주다

put ~ into action ~을 실천하다

give in to ~에 굴복하다

be critical of ~에 비판적이다

in favor of ~에 찬성하여, ~을 위하여

come near to ~ing 거의 ~할 뻔하다

be appreciative of ~을 고마워하다

bear a grudge against ~에게 원한을 품다

surpass expectation 예상을 뛰어넘다

mounting pressure 가중되는 압력

appropriate government funds
정부자금을 횡령하다

as yet 아직까지

present ~ with … ~에게 …을 주다

inherent in …에 있어, 고유한

Unit 11
prestige

prestige
[prestí:dʒ]

n. 위신, 명성 (esteem, reputation)

연상 "그 사람 요즘 프레스(press:신문)에서 튀지(→프레스티:지)"라고 말한다면 그 사람 명성, 위신이 대단하다는 뜻이다.

예문 The couple's **prestige** was damaged by the allegations.
그 부부의 명성은 부정험의로 손상을 입었다.

---

weigh
[wei]

v. 무게를 달다; 짓누르다; 무게가~이다.

연상 몸 무게를 다는 사람은 '왜 이리(→웨이) 살 쪘지!' 아니면 '왜 이리 야위었지!'라고 말한다.

예문 How much does this package **weigh**?
이 소포의 무게가 얼마인가?

파생 weight n. 무게

---

suppose
[səpóuz]

v. 상상하다(imagine); 가정하다

연상 거울 앞에 서(서) pose(포우즈)(→서포우즈)를 취하면서 스타가 되었다고 가정해 봐요.(옷을 살 때 소녀들이 그런다)

예문 Let's **suppose** that you were electd as mayor.
네가 시장으로 당선되었다고 가정해 보자.

파생 supposition n. 상상; 가정

---

foresee
[fɔ:rsí:]

v. 예견하다. 미리 알다

연상 ① fore(=before 앞서) +see(보다) → 앞서 보는 것이 예견하는 것.
② 군대의 포(砲)를 see(보고)(→포;시;) 그 나라의 국방력을 예견한다.

예문 It is impossible to **foresee** the future.
미래를 예견하는 것은 불가능하다.

파생 foreseeable a. 예지할 수 있는

---

concern
[kənsə́:rn]

n. 관심; 걱정(anxiety) **v.** ~에 관계하다; 걱정시키다

연상 황태자가 이웃나라 공주와 큰 선(→컨서언)을 본다니 관심이 생겼다. 그러나 자신이 큰 선을 보는 것은 걱정이 되었다.(딱지 맞을까봐)

예문 It really **concerns** me that he doesn't eat properly.
그가 음식을 잘 먹지 못하는 것이 걱정거리다.

파생 concerning pre. ~에 관해

individual
[ìndivídʒuəl]

a. 개인의, 각각의; 개성 있는   **n.** 개인

연상 인디언 왕비의 주얼(jewel 보석), 즉 **인디**(indi) **비**(妃 vi)의 **주얼**(dual)(→인디비주얼)은 **개인**의 것이다.

예문 We should respect the rights and freedom of the **individual**.
우리는 개인의 권리와 자유를 존중해야 한다.

파생 individualism n. 개인주의; 개성

---

banish
[bǽniʃ]

v. 추방하다(exile), 쫓아 버리다

연상 ① 화물승합차 **밴**(Van)이 **쉬**(→배니쉬) 그를 **추방**하게 해주었다.(밴에 태워서 쉬 추방함)
② 정원에서 이웃 아이 **밴**(Ben)이 **쉬**(→배니쉬)하면 **쫓아 버려라**.

예문 The king **banished** him from the country.
왕은 그를 국외로 추방했다.

파생 banishment n. 추방, 유배

---

revive
[riváiv]

v. 소생(회복)시키다; 재상영하다

연상 ① 그 가수는 30년 전의 가요를 **리바이벌**(→리바이브)해 **소생**시켰다.
② 컴퓨터 **리바이벌**(→리바이브)게임은 죽은 것을 **소생시키는** 게임이다.

예문 His courage **revived**.
그는 용기가 되살아났다.

파생 revival n. 소생, 회복; 재 상영

---

violate
[váiəlèit]

v. (법률,약속 등을)어기다, 위반하다; 방해하다, 폭행하다

연상 공동주택에서 **violin**(바이올린)을 밤 **late**(늦게)(→바이어레잇) 키면 **법을 위반하는** 것이다.

예문 Some companies have clearly **violated** the rules.
어떤 회사들은 분명히 규정을 위반해 왔다.

파생 violation n. 위반; 침해; 폭행

---

flourish
[flə́:riʃ]

v. 번성하다, 번창하다(prosper)

연상 **풀**(fl), **너리**(louri)! **쉬**(sh)(→플러:리쉬) 어디서나 **번창하는** 것은!(풀, 너는 식물 중에서 생명력이 가장 강하니까)

예문 His business has been **flourishing** since the foundation.
그의 사업은 창업이래로 번창하고 있다.

파생 flourishing a. 번영하는; 무성한

---

adolescence
[ӕdəlésəns]

n. 청춘기, 청소년기

연상 애들이 피아노니 수학이니 하는 레슨에서, 즉 **애들**(adole) **레슨**(에)**서**(lescence)(→애덜레선스)보내는 시기가 바로 **청소년기**다.

예문 Your child will also become very self-conscious in **adolescence**.
당신 아이도 청소년기엔 대단히 자의식적이 될 것입니다.

파생 adolescent a. 청춘기의; 청소년의 n. 청소년

bewildered
[biwíldərd]

a. 당황한(confused, perplexed)

연상 그녀가 나의 비윌 더, 더(→비윌더드) 건드려 나를 당황한 상태에 이르게 했다.

예문 The lady was so **bewildered** that she did not know what to do.
그 여자는 너무 당황해서 어찌할 바를 몰랐다.

파생 bewilder v. 당황하게 하다 bewilderment n. 당황

---

tempt
[tempt]

v. 유혹하다

연상 그 음악은 빠른 템포와 트릭(→템프트)으로 청소년을 유혹한다.

예문 Nothing would **tempt** me to leave here.
어떤 유혹이 있어도 여기를 떠나지 않겠다.

파생 temptation n. 유혹(물) tempting a. 유혹하는

---

obstacle
[ábstəkəl]

n. 장애(물), 방해(물) **동** hindrance

연상 축구할 때 앞(에)서 태클(→압스터컬) 하면 그것이 바로 장애다.

예문 We should overcome an **obstacle** to our cooperation.
우리는 협력에 대한 장애를 극복해야 한다.

---

struggle
[strʌ́gəl]

v. 몸부림치다, 노력하다; 싸우다 **n.** 노력; 투쟁

연상 지금 소방관들은 수(水) 트럭을 (물을 실은 트럭을)(→스트러글) 가지고 불을 끄려고 노력한다.

예문 He **struggled** desperately to get to the shore.
그는 해안에 가닿으려고 필사적으로 노력했다.

---

hesitate
[hézətèit]

v. 주저하다, 망설이다

연상 적금의 해지(海志) 데이트(해약 날짜)(→해지테이트) 결정을 할 때 주저하는 경향이 있다.

예문 She **hesitated** a moment before replying.
그녀는 대답하기 전에 잠시 머뭇거렸다.

파생 hesitating 주저하는

---

embrace
[imbréis]

v. 껴안다(hug); 포옹하다 **n.** 포옹

연상 임을 껴안으면 자연적으로 임의 brace(멜빵), 즉 임의 브레이스(→임 브레이스)를 껴안게 된다

예문 Father **embraced** me tenderly.
아버지가 나를 부드럽게 껴안았다.

critical
[krítikəl]

a. 비평의, 비판적인; 중요한

연상 글이 티끌(흠)(→크리티클)이 있는지를 알아내는 것이 비평의 본질이다.

예문 He is very **critical** of my novel.
그는 나의 소설에 매우 비판적이다

예문 He took the **crucial** decisions himself.
그는 중요한 결정을 혼자 떠맡았다.

파생 critic n. 비평가, 평론가

---

splendor
[spléndə:r]

n. 빛남, 광채(brilliance);호화

연상 숲풀엔(splen) 더(dor)(→스프렌더:) 빛남이 있다.(이슬에 햇빛이)

예문 Tourists are surprised at the **splendor** of the palace.
관광객들은 궁전의 장려함에 놀란다.

---

weapon
[wépən]

n. 무기, 병기

연상 "무기를 왜 판매하느냐?" 뜻에서 무기가 왜 판(→웨펀)이 된 거야?.

예문 His best **weapon** is silence.
그의 최대 무기는 침묵이다

---

ridiculous
[ridíkjələs]

a. 어리석은, 우스꽝스러운; 불합리한

연상 니 뒤가 기울어서(→리디큘러스) 어리석고 우스꽝스러워 보인다.

예문 You look **ridiculous** in the hat.
너가 그 모자를 쓰니 우스꽝스러워 보인다.

파생 ridicule n. 비웃음, 조롱 v. 조소하다

---

frustrate
[frʌ́streit]

v. 좌절시키다, 실패하게 하다

연상 시인 프로스트의 대학 진학을 높은 rate(비율) (→프러스트레잇)이 좌절시켰다.

예문 Illness **frustrated** his plan to go abroad.
병으로 외국에 나가려던 그의 계획은 좌절되었다.

파생 frustration n. 좌절 frustrated a. 좌절된

---

nuclear
[njú:kliə:r]

a. (세포)핵의; 원자핵의

연상 ① 북한이 가진 핵의 무기를 폐기하여 뉴(nu;새로운) clear(깨끗한)(→뉴:클리어:) 나라로
만들어야 한다.
② 원자력의 애너지는 뉴(new, 새로운) clear(깨끗한)(→뉴:클리어:) 에너지다.

예문 **Nuclear** energy has been used to produce electricity.
원자력은 전력 생산에 사용되어왔다.

implant
[ímplænt, -plάːnt]

v. (마음에) 심다; 심다(plant), 끼워 넣다

연상 아버지가 치아를 임플란트(→임플라안트)한 것은 치아를 잇몸에 심는 것이다.

예문 The only thing he tried to implant in people's minds was just love.
그가 사람들의 마음속에 심기 위해 노력했던 것은 오직 사랑이었다.

escape
[iskéip]

v. 도망치다; 벗어나다   **n.** 탈출

연상 유태인 박해자들이 이스라엘 cape(곶)(→이스케잎)를 통해 바다로 탈출했다.

예문 It is impossible for him to escape from the prison.
그는 감옥에서 탈출하는 것은 불가능하다.

emergency
[imə́ːrdʒənsi]

n. 비상사태; 위급한 상황

연상 이모, 전시(戰時)(→이머; 전시)가 뭐야? —비상사태지.

예문 The president declared a state of emergency.
대통령은 비상사태를 선포했다.

파생 emergent a. 긴급한

annoy
[ənɔ́i]

v. 괴롭히다, 귀찮게 하다(bother)

연상 ① An(하나의) 오이(→어노이)가 채소 농사를 짓는 농부들을 괴롭힌다.(하나 하나 다 일손이 가야 하니까)

② 추위가 빨리 와서 언 오이(→어노이)가 농부를 괴롭힌다.

예문 It annoyed me that I didn't have time to do more reading.
독서를 더 할 시간이 괴로웠다.

파생 annoyance n. 성가심; 귀찮은 사람(일)

contradict
[kàntrədíkt]

v. 반박하다; (행동 등이)모순되다.

연상 "당신이 무슨 철학자 칸트라고 딕딕거리며 트(→칸트러딕트)집을 잡아?"하며 나는 그의 주장을 반박했다.

예문 It's difficult to contradict someone politely.
다른 사람의 말을 공손하게 반박하는 것은 어렵다.

파생 annoyance n. 성가심; 귀찮은 사람(일)

oppress
[əprés]

v. 억누르다(persecute), 억압하다; 압박하다.

연상 사람을 엎어 놓고 작업장의 press(프레스)로 누르는(→어프레스) 것이 억압하는 것이다.

예문 A good company will not oppress the employees.
좋은 회사는 종업원들에게 압력을 가하지 않는다.

파생 oppression n. 압박, 억압 oppressive a. 압박하는

delegate
[déligèit]

v. (대표자로) 파견하다; 위임하다 **n.** 대표, 사절

연상 자국민을 대리해서 외국의 gate(문)(→델리게이트)을 드나드는 사람이 국민이 파견한, 대표이고 사절이다.

예문 The conference was attended by **delegates** from 30 countries.
그 회의에는 30개국의 대표들이 참석했다.

파생 delegation n. 대표 파견, 대표 임명; 대표단

---

diversion
[divə́ːrʒən]

n. (방향의) 전환; 기분 전환; (자금의) 유용

연상 D 버전(→디버;전) 은 원래 버전을 전환한 것임.

예문 Finger painting is very messy but an excellent **diversion**.
핑거 페인팅은 매우 너절하지만 아주 좋은 기분 전환이다.

파생 divert v. 전환하다; 유용하다.

---

cluster
[klʌ́stər]

n. (열매 등의)송이(bunch); 무리, 집단 **v.** 송이를 이루다

연상 익산 국가식품 클러스터, 대구시 물산업 클러스터(→클러스터) 처럼 연관 산업이 마치 바나나 송이처럼 밀접해 있는 것을 말한다

예문 The girls **clustered** him.
소녀들이 그의 주변에 몰려 있었다.

---

mighty
[máiti]

a. 강력한, 힘센(strong)

연상 마이(my) 티셔츠(→마이티)는 특수 섬유로 만들어서 매우 강력하다.

예문 The authority of the once **mighty** king rotted away.
한때 강력했던 왕의 권위가 쇠퇴했다.

파생 might n. 힘, 능력

---

crude
[kruːd]

a. 가공하지 않은: 천연그대로의

연상 크기가 너무 커(서) rude(무례한)(→크루;드) 한 것이 바로 가공하지 않은 것이다.

예문 Many nations in the world import **crude** oil from the Middle East.
세계 여러 나라가 중동에서 원유를 수입한다.

파생 crudity n. 가공하지 않은 상태

---

assume
[əsjúːm]

v. (책임 등을)떠맡다; 가정하다; ~인 체하다

연상 ① 어, 숨(→어슈움) 좀 돌리고 그 일을 떠맡자.

② 어떤 나라 언어를 배울 땐 어(語, 말)의 어려움 보다는 어(語)의 쉬움(→어쉬움→어슈움)을 먼저 가정해 보아라.

예문 We can safely **assume** that this situation will continue.
이 상황이 앞으로도 계속될 거라고 가정해 볼 수 있다.

파생 assumption n. 가정; 인수   assumed a. 가장한

attribute
[ətríbjuːt]

v. ~탓으로 돌리다 **n.** 속성; 특질

연상 지금의 울창한 숲을 이룬 것을 a(한 그루의) tree(나무)부터(→어트리;뷰트) 잘 가꾼 탓으로 돌리고 싶습니다.

예문 He attributed his success to his parents.
그는 자신의 성공을 부모님 덕분으로 돌렸다.

---

anonymous
[ənánəməs]

a. 익명의; 작자 불명의

연상 a(하나)의 나, 너, 머슴(→어너머스)은 다 익명의 존재들이다.

예문 It is unpleasant to receive anonymous phone calls.
익명의 전화를 받는 것은 불쾌한 일이다.

파생 anonym n. 익명; 가명; 무명
anonymity n. 익명, 무명   anonymously ad. 익명으로

---

anxiety
[æŋzáiəti]

n. 걱정, 불안; 갈망(eager, desire)

연상 ① 알랭 드 보통의 스테이터스 앵자이어티(→앵자이어티)는 자기 지위에 대한 불안감 혹은 걱정을 다룬 책이다.
② 돈이 없는 앵자가 이어(서) 고급 티(셔츠)(→앵자이어티)를 사대니 엄마는 걱정이다.

예문 They felt strong anxiety for her safety.
그들은 그녀의 안전에 큰 불안을 느꼈다.

---

burden
[bə́ːrdn]

n. 무거운 짐; 부담 **v.** 짐을 지우다; 부담을 주다

연상 저런! 무거운 짐을 지고 버둥(→버든)거리는 구나!

예문 He is a burden to his father.
그는 자기 아버지에게 부담이 된다.

---

remark
[rimáːrk]

v. 주의[주목]하다; 말하다 **n.** 발언 논평, 주목

연상 시골 마을 앞에 있는 그 리(里)의 mark(마크; 표시)(→리마크)는 그 마을에 대해서 말해 준다.

예문 He remarked that I had better stay.
그는 내가 남는 것이 좋겠다고 말했다.

UNIT 11 TEST

[1~12] 보기에서 영어에 해당되는 우리말을 찾아 쓰시오.

1. foresee _____   2. modest _____

3. individual _____   4. assume _____

5. suppose _____   6. concern _____

7. anonymous _____   8. flourish _____

9. diversion _____   10. annoy _____

11. oppress _____   12. anxiety _____

[보기] ① 가정하다 ② 번성하다 ③ 익명의 ④ 예견하다 ⑤ 괴롭히다 ⑥ 걱정 ⑦ 억누르다
　　　⑧ 관심 ⑨ 떠맡다 ⑩ 개인의 ⑪ 전환 ⑫ 겸손한

[13~17] 다음 빈칸에 들어갈 적절한 어휘를 고르시오.

13. They decided not to send a _____ to the conference.

14. All evening her husband _____ everything she said

15. International _____ oil prices dropped for two consecutive weeks.

16. The government has declared a state of _____ following the earthquake.

17. Thousands of people had fled their homes to _____ the air strikes.

[보기] ① crude ② escape ③ contradicted ④ emergency ⑤ delegate

[18~21] 다음 빈칸에 들어갈 적절한 어휘를 고르시오.

18. The man was _____ to succeed the president.

19. The incident was almost _____ with his disappearance.

20. Don't be _____ by today's failure. You should fly at high game.

21. Please take off that _____ outfit before you go outside.

[보기] ① simultaneous ② ridiculous ③ frustrated ④ designated

Further Study

be exclusive to ～에게만 독점으로 가능하다

exclusive right 독점권

exclude ~ from … ～을 …에서 제외하다

beyond doubt 틀림없이

collect ~ from … …로부터 ～를 징수하다

take ~ into consideration ～을 고려하다

take up 차지하다

insurance coverage 보상범위

be involved in ～과 관련이 있다

advise ~ to … ～에게 …하라고 조언하다

strive to ～ 하려고 애쓰다, 노력하다

seating capacity 좌석 수

off season 비수기

up to ~ (숫자) (최대) ～까지

be concurrent with ～에 일치하다

strive to ～하려고 애쓰다, 노력하다

be comparable to ～와 견줄 만하다

draw a conclusion 결론을 이끌다

compensate ~ for …

～에게 …을 보상해주다

outgoing personality 외향적 성격

a letter of reference 추천서

reflect on[upon] ～을 곰곰이 생각하다

disconnect the electricity cable

전기를 끊다

reinstate ～을 복직시키다

with resignation 체념하여

tender in one's resignation

사직서를 제출하다

be designed to

～하도록 계획되다, ～할 의도이다

disembark a ship[plane]

배[비행기]에서 내리다

embark on ～에 착수하다

outstanding problem 해결되지 않은 문제

(= unsolved problem)

put in for ～ 을 신청하다, ～요구하다

take on (책임, 임수등록) 맡다

put ~ into practice ～을 실행에 옮기다

subordinate to ～에 종속적인

put ~ in control ～을 관리하다

cut off a supply 공급을 차단하다

volatile
[válətil]

ⓐ 휘발성의; (사람이) 변덕스러운

⟨연상⟩ 발랐을 때 튐(→발러틸)(날아갈) 성분이 많으면 휘발성의 물질이다.

⟨예문⟩ Petrol is a **volatile** substance.
휘발유는 휘발성 물질이다.

⟨파생⟩ volatility n. 휘발성

---

beforehand
[bifɔ́:rhænd]

ⓐⓓ.ⓐ. 미리, 사전에 (↔behindhand)

⟨연상⟩ before(전에) + hand(손)(→비포:핸드)=손쓰기 이전에"의 뜻이 바로 미리, 사전에 뜻이다.

⟨예문⟩ We should get a thing ready **beforehand**.
일을 미리 준비해야 한다.

---

prefer
[prifə́:r]

ⓥ ~을 더 좋아하다

⟨연상⟩ 사람들은 풀이 마른 것보다 풀이 퍼런(→프리퍼:) 것을 더 좋아한다.

⟨예문⟩ I **prefer** beer to wine.
나는 포도주보다 맥주를 더 좋아 한다

⟨예문⟩ I **prefer** to go there alone
나는 거기 혼자 가고 싶다

⟨파생⟩ preferable a. (~보다) 차라리 나은   preference n. (~에 대한) 애호.우위

---

converse
[kənvə́:rs]

ⓥ 이야기를 나누다(talk)

⟨연상⟩ 사람들은 큰 버스(→컨버스)에서 옆 사람과 마음대로 이야기를 나눈다.

⟨예문⟩ She **conversed** with her husband.
그녀는 남편과 대화를 나누었다.

⟨파생⟩ conversation n. 대화   conversational a. 대화의

---

overtake
[òuvərtéik]

ⓥ 따라잡다; (사건 등이) 불시에 닥치다

⟨연상⟩ over(넘어서) + take(잡다)(→오우버테이크) = 넘어가서 잡는 것이 따라잡다는 것이다.

⟨예문⟩ They **overtook** him at the entrance.
그들은 입구에서 그를 따라잡았다.

⟨예문⟩ be **overtaken** by a storm
폭풍을 만나다

negative
[négətiv]

a. 부정적인; 소극적인

연상 네(ne)가 그(ga) 팁(tive)(→네거팁)을 받으면 부정적인 행위다.

예문 He's been rather **negative** about the idea.
그는 그 생각에 다소 부정적이었다.

---

react
[riːǽkt]

v. (자극 등에) 반응하다

연상 시골마을 리(里)에 가서 act(어떤 행동)(→리:액트)을 하면 즉시 사람들이 반응한다.

예문 The police must be able to **react** swiftly in an emergency.
경찰은 위급 상황에 빨리 대처할 수 있어야 한다.

파생 reactor n. 반응자(물) reaction n. 반동; 반응

---

instruction
[instrʌ́kʃən]

n. 교육; 교훈; **n.** 지시

연상 인수(ins)한 트럭에션(truction)(→인스트럭션) 사용법에 대한 교육이나 지시를 받아야 한다.

예문 You should always read the **instructions** on medicines thoroughly.
언제나 약물에 대한 설명서를 꼼꼼히 읽어야 한다.

파생 instruct v. 가르치다; 지시하다
instructive a. 교훈(교육)적인 instructor n. 강사

---

normal
[nɔ́ːrməl]

a. 정상적인; 표준적인 **반** abnormal 비정상적인

연상 보통의 삶을 사는 놈을(→노:멀) 정상적인 인간이라고 부른다.

예문 It is quite **normal** for him to complain of little supply.
그가 공급량이 적다고 불평하는 것은 극히 정상인 것이다.

---

stable
[stéibl]

a. 안정된(steady) **n.** 마굿간

연상 수(s)놓은 보(껍데기)를 씌운 table(테이블)(→스테이블)이 안정된 느낌을 주지 않니?

예문 Animals rarely live in completely **stable** environments.
동물이 완전히 안정된 환경에서 사는 경우는 드물다.

파생 stabilize v. 안정시키다 stability n. 안정(성)

---

courage
[kə́ːridʒ]

n. 용기, 담력 **반** cowardice, timidity (겁, 소심함)

연상 옛날에 군사들에게 용기를 줄 것이 칼이지(→ 커:리지)!

예문 He showed great **courage** in the fighting.
그 싸움에서 그는 대단한 용기를 보여주었다.

파생 courageous a. 용기 있는 v. encourage v. 용기를 주다.

activity
[ǽktívəti]

ⓝ 활동, 활약 ; (상거래 따위의)활기

연상 ① im(= not) + prudent(신중한) = 경솔한
② 사랑하는 임은 나뭇잎이 푸르던 터(→임프루ː든트)에서 경솔한 행동을 했다. 그래서 맹수에게 물렸다.

예문 Sightseeing is a special **activity**.
관광은 특별한 활동이다.

---

flee
[fliː]

ⓥ 달아나다, 도망하다 (~from)

연상 노예들은 프리(free 자유)(→프리)를 찾아서 도망했다.

예문 Hundreds of refugees **fled** across the border to escape the fighting.
수백 명의 난민들이 전쟁을 피해 국경을 넘어 도피했다.

---

superb
[suːpə́ːrb]

ⓐ 훌륭한, 뛰어난

연상 슈퍼마켓 영업, 즉 슈퍼 업(→수퍼업)은 수익성이 훌륭한 사업이다.

예문 His work for the company is technically **superb**.
회사에서 하는 그의 업무는 기술적으로 훌륭하다.

---

spiral
[spáiərəl]

ⓐ 나선형의 ⓝ 나선형 ⓥ 나선형으로 움직이다

연상 스파이를(→스파이럴) 나선형의 계단으로 보냈다.(미행자를 따돌리기 위해)

예문 House prices will continue to **spiral** downwards.
집값이 계속해서 급격히 떨어질 것이다.

---

ridge
[ridʒ]

ⓥ 산등성이, 산마루; (동물의) 등; 융기한 부분

연상 산등성이가 있는 곳이 바로 시골마을인 리(里)지! (→리ː지)

예문 The soldiers walked along the mountain **ridge** to reach the summit.
군인들은 정상에 닿기 위해 산등성이를 따라 걸어갔다.

---

dwindle
[dwíndl]

ⓥ 줄어들다, 축소되다; 쇠퇴하다

연상 바람(wind)의 세기가 d급인 윈들(wind를)(→뒨들;dwindle) 점점 줄어드는 바람이라고 한다.

예문 The factory's workforce has **dwindled** remarkably.
그 공장의 노동력이 현저히 줄었다.

jolly
[dʒάli]

ⓐ 즐거운, 명랑한

연상 ① 어떤 자리에서든 자리(→잘리)에선 명랑한 자세를 가져라.
② 졸리(→잘리)면 명랑한 마음을 가져봐. 졸음이 사라져요.

예문 She was a **jolly**, kindhearted woman.
그녀는 명랑하고 마음이 따뜻한 여자다.

flaw
[flɔ:]

ⓝ (물건의)흠; (성격 등의)결점, 결함 (defect)

연상 플로(floor:바닥)에 주로 흠, 금(→플로:flaw)이 있다. (사람의 발이 많이 닿으니까)

예문 There is a fatal **flaw** in the newly-developed machine.
새로 개발된 그 기계엔 치명적인 결함이 있다.

파생 flawless a. 흠[결점] 없는

imprudent
[imprú : dənt]

ⓐ (사람·행위 등이)경솔한, 경박한

연상 사랑하는 임은 나뭇잎이 푸르던 터(→임프루:든트)에서 경솔한 행동을 했다. 그래서 맹수에게 물렸다.

예문 Sometimes his behavior is **imprudent**.
때때로 그의 행동은 경솔하다.

pierce
[piərs]

ⓥ 꿰뚫다, 관통하다, (추위, 고통 등이) 뼈에 사무치다

연상 장미가 피어서(→피어스). 가시가 꽃잎을 꿰뚫는다.

예문 One bullet **pierced** the left side of the captain's chest.
한 발의 실탄이 선장의 왼쪽 가슴을 관통했다.

파생 piercing a. 뼈에 사무치는; 신랄한

ingenious
[indʒí:njəs]

ⓐ 창의력이 풍부한, 발명의 재간이 있는; 정교한

연상 ① 창의력이 풍부하거나, 정교한 것은 그 근원이 바로 인지(認知)니, 어서(→인지:니어스) 인지력을 높여라!
② 그 사람은 발명을 여러 번 해서, 그 습관인 인을 지니고 있어서. 다시 말해 인 지니어서(→인지:니어스) 창의력이 풍부하다.

예문 They developed an **ingenious** and rigorous system.
그들은 기발하고 엄격한 체계를 개발했다.

파생 ingenuity n. 발명의 재간; 독창(성)

compliment
[kάmplimənt]

ⓝ 칭찬 ⓥ 칭찬하다 (praise)

연상 어떤 문제를 com(컴퓨터)가 풀이하고 멘트(→캄플리먼트)하는 기능을 우리는 칭찬한다. (인터넷 댓글을 달아서)

예문 His parents **complimented** him on his good grade.
그의 부모들은 그가 좋은 점수를 받은 것을 칭찬했다.

파생 complimentary a. 칭찬의; 무료의

cooperate
[kouápərèit]

v. 협력하다, 협동하다

연상 함께 협동하다 보면 코 아퍼레이(→코우아퍼레잇) 하는 소리가 난다. (협동은 코를 맞대어야 되니까)

예문 He cooperated with his colleagues in developing the device.
그는 동료들과 협력하여 그 기계를 개발했다.

파생 cooperation n. 협력; 협동 cooperative a. 협력적인

monument
[mánjəmənt]

n. 기념비, 기념물

연상 영화 '황야의 무법자' 무대인 미국 서부 모뉴먼트(→ 마뉴먼트)밸리는 기념비 같은 거대한 바위들이 서 있어서 붙여진 이름이다.

예문 The monument stands on the old battle field.
그 기념비는 그 옛날 전쟁터에 서 있다.

파생 monumental a. 기념비의; 역사적 가치를 지닌

spacious
[spéiʃəs]

a. 넓은(roomy), 넓은 범위의

연상 ① space(공간) + ous(형용사 어미) = 공간이 있는, 넓은
② 그 집은 숲에 있어서(→스페이셔스) 넓은 대지를 가졌다.

예문 His house is airy and spacious.
그 집은 통풍이 잘 되고 공간이 넓다.

파생 space n. 공간; 우주; 장소 공기가 자 바람이 통풍이 잘되는

marvelous
[máːrvələs]

a. 놀랄만한(amazing); 훌륭한(excellent)

연상 그 마법사는 요술 상자 안에 마법의 벌, 즉 마(魔) 벌을 넣어서(→마ː벌러스) 놀랄만한 마술을 펼쳐보였다.

예문 The king lived in a marvelous palace that was built on the hill.
왕은 언덕 위에 지어진 굉장한 궁전에 살았다.

파생 marvel n. 놀라운 일, 경이 v. 놀라다

detach
[ditǽtʃ]

v. 떼어내다. 분리하다(remove); (군대 등을) 파견하다 반 attach

연상 뒤로 퇴치(→디테취)시키는 것이 떼어내는 것이다.

예문 I detached my watch from the chain.
시계 줄에서 시계를 끌렀다.

파생 detached n. 분리된; 초연한 detachment n. 분리, 고립

sprinkle
[spríŋkəl]

v. (물 따위를)뿌리다; 흩뿌리다(scatter)

연상 스프링클러(sprinkler;물 뿌리는 장치)(→스프링클)가 풀밭에 물을 뿌린다.

예문 They sprinkle water on the street.
그들은 도로에 물을 뿌렸다.

halve
[hæv]

v. 이등분하다, 반씩 나누다

연상 have란 단어는 중간에 이등분하는 수직선, ㅣ을 하나 넣으면 halve가 되는데 발음 have와 똑 같이 해브다.

예문 The shares have **halved** in value since the last summer.
주식의 가치가 지난여름 이래 절반이 되었다.

comprise
[kəmpráiz]

v. ~로 구성되어 있다; 포함하다

연상 ① comprise란 단어는 com(컴퓨터)과 prise(지렛대)(→컴프라이즈)로 구성되어 있다.
② "엄마, com(컴퓨터)과 프라이(fry) 줘(→컴프라이즈)!"하는 말은 전자기기와 음식의 요구로 구성되어 있다.

예문 The committee **comprises** ten scientists and five officials.
그 위원회는 10명의 과학자와 5명의 공무원으로 구성되어 있다.

drastic
[dræstik]

a. (변화 따위가) 격렬한; (조치 등이) 과감한

연상 드레스에 스틱(막대기)(→드래스틱)을 꽂아 만든 옷은 격렬한, 과감한 패션이다.

예문 Our company needs a **drastic** reform in technology.
우리 회사는 기술적인 면에서 근본적인 개혁이 필요하다

revolve
[riválv]

v. 회전하다;회전시키다

연상 리발버(→리발브) 권총은 탄창이 회전하는 연발 권총이다.

예문 The satellite **revolves** around the Earth once every hundred minutes
그 위성은 백분마다 한 번씩 지구 주변을 회전한다.

hypocrisy
[hipákrəsi]

n. 위선, 위선적 행동

연상 히포크라테스의 선서, 즉 히포크라테스의 시(詩)(→히파크러시)는 위선일까?(의사들은 돈 버는 데 너무 신경을 썼으니까)

예문 He is annoyed by the **hypocrisy** of his boss.
그는 상사의 위선적 행동으로 괴롭힘을 당한다.

파생 hypocrite n. 위선자

evacuate
[ivǽkjuèit]

v. 피난하다. 피난시키다, (군대를) 철수시키다

연상 걸프전 때 이 배는 쿠웨이트(→이베큐에이트)에 피난했어.

예문 We were **evacuated** from the war zone.
우리는 전쟁 지역으로부터 철수되었다.

파생 evacuation n. 비우기; 철수; 피난

wane
[wein]

v. 작아지다; (달이) 기울다; 약해지다 **반** wax (달이)차다
n. 약해짐, 쇠퇴; (달의) 기울어짐

연상 ① 나이가 들면서 그 잘생긴 '역마차'의 명배우 존 웨인(→웨인)도 달이 기울 듯이 기력이 약해졌다.

② 나이가 들면서 몸이 약해지는 것, 보름이 지나면 달이 기우는 것이 왜인지(→웨인) 아느냐?

예문 Spring is **waning** quickly.
봄은 빠르게 지나가고 있다.

예문 on the **wane** 사양길에 있는; (인기 등이) 떨어지고 있는

---

conspiracy
[kənspírəsi]

n. 공모, 음모

연상 음모를 꾸밀 땐 큰 숲이 러시(→컨스피러시)를 이룬다지?(음모를 꾸밀 때 사람의 눈을 피해 숲속에 모이기 때문)

예문 The woman are accused of a **conspiracy** to kill her husband.
그 여자는 남편을 죽이려는 음모를 꾸민 혐의로 기소됐다.

파생 conspire v. 공모하다, 음모를 꾸미다

---

fuss
[fʌs]

n. 소란(commotion), 야단법석 **v.** 소란을 피우다

연상 북한이 땅굴을 파서(→퍼스) 소란을 피웠다.

예문 His wife would make a **fuss** about trifles.
그의 아내는 하찮은 일에 호들갑을 떨곤했다.

---

desperate
[déspərit]

a. 절망적인; 필사적인

연상 온 몸이 불에 데(어)서 퍼릿(→데스퍼릿)해진 것을 보니 절망적이다.

예문 The sudden loss of his fortune had made him **desperate**.
갑자기 재산을 잃고 그는 절망에 빠졌다.

파생 desperation n. 필사적임; 자포자기

UNIT 12 TEST

[1~12] 보기에서 영어에 해당되는 우리말을 찾아 쓰시오.

1. instruction _____

2. flee _____

3. normal _____

4. conspiracy _____

5. negative _____

6. wane _____

7. stable _____

8. pierce _____

9. fuss _____

10. adhere _____

11. revolve _____

12. ingenious _____

보기   ① 부정적인 ② 소란 ③ 교육 ④ 회전하다 ⑤ 도망하다 ⑥ 꿰뚫다
       ⑦ 창의력이 풍부한 ⑧ 음모 ⑨ 정상적인 ⑩ 작아지다 ⑪ 안정된 ⑫ 고수하다

[13~17] 다음 빈칸에 들어갈 적절한 어휘를 고르시오.

13. I _____ my watch from the chain.

14. The view from the summit of the mountain is _____ .

15. I walked along the narrow mountain _____ to reach the summit.

16. After the _____ of the last week's defeat, the Mets were back on top in today's game.

17. He loved going to see his grandfather, who was a good-natured _____ man.

보기   ① superb ② humiliation ③ jolly ④ ridge ⑤ detached

[18~21] 다음 빈칸에 들어갈 적절한 어휘를 고르시오.

18. The lady who was once _____ is now off her high horse.

19. The committee _____ ten scientists and five officials.

20. He _____ with his colleagues in compiling the dictionary.

21. Inside, the accommodation is _____ nd comfortable.

보기   ① cooperated ② spacious ③ comprises ④ arrogant

정답   1.③ 2.⑤ 3.⑨ 4.⑧ 5.① 6.⑩ 7.⑪ 8.⑥ 9.② 10.⑫ 11.④ 12.⑦
       13.⑤ 14.① 15.④ 16.② 17.③ 18.④ 19.③ 20.① 21.②

Further Study

apply to ~에 적용하다

in reply to ~에 대한 답으로

supply ~ with ··· ~에게 ···을 제공하다

expedite the process

과정을 신속히 처리하다

not quite ten hours 10 시간도 채 안되어서

too much ~ (불가산 명사) 너무 많은~

much too ~ (형용사) 너무 ~ 하는

regardless of ~에 상관없이

can not but + 동사원형 ~하지 않을 없다

be emphatic about

~ 에 대해 강경한, 단호한

acknowledge receipt of

~을 알았다고 통지하다

detailed 상세한

be worthy of ~할 만한 가치가 있다

dispersed 뿔뿔이 흩어진

discredited 신용이 손상된, 믿을 수 없는

foreseeable 예견할 수 있는

inflexible 확고한, 불굴의

give a presentation 발표하다, 설명하다

convert ~ into ··· ~을 ···로 전환하다

be eligible for[to] ···할 자격이 있다

faced with ~에 직면한

defy description 형용할 수 없다

every hour on the hour 매시 정각에

finished product 완제품

give a speed 연설하다 설명하다

customize ~ to ··· ~을 ···에 맞추다

gear ~ to ···

~를 ···에 적합하게 하다, 적응시키다

charge for ~의 대금을 청구하다

come by at ~에 들르다

be completely bare 표면이 완전히 드러나다

---

particle
[pάːrtikl]

n. 미량, 티끌; 미립자

연상 채소의 하나인 파(의) 티끌(→파ː 티클)은 파에서 나온 티끌이나 입자를 말한다.

예문 There is not a **particle** of kindness in his behavior.
그의 행동엔 친절함이라곤 티끌만큼도 없다.

---

comfortable
[kʌ́mfərtəbəl]

a. 편안한; 기분 좋은

연상 com(컴퓨터)로 포터(포가 있는 터), fort(요새지)을 able(관리할 수 있어서)(→컴퍼터블) 편안하다.

예문 The hotel was **comfortable** enough.
그 호텔은 매우 편안하였다.

파생 comfort n. 위로 위안 v. 위로하다, 편하게 하다

---

pioneer
[pàiəníər]

n. 개척자, 선구자 **v.** 개척하다

연상 파이어니어 11호(→파이어니어) 목성 탐사를 하고 있는 우주 개척자(선)다.

예문 He was a **pioneer** in electronics.
그는 전자공학의 선구자였다.

---

bestow
[bistóu]

v. 수여하다, 정식으로 주다

연상 신라시대 왕이 대신들, 즉 비서에게 토우(→비스토우)를 수여했다.

예문 He **bestowed** many favor on me.
그는 나에게 많은 호의를 베풀었다.

---

partial
[pάːrʃəl]

a. 부분적인; 불공평한(unfair) **반** impartial 공평한

연상 ① 부분(part)에 형용사어미(ial)를 붙이면(→파ː설) 부분적인 뜻이 된다. 부분적인 혜택은 불공평한 것이다.
② 여러 파당이 있는데 어떤 파(派)가 설(→파ː설)치는 것은 부분적인 것이고, 불공평한 것이다.

예문 The information we have is somewhat **partial**.
우리가 가진 정보는 다소 부분적인 것이다.

---

anniversary
[ǽnəvə́ːrsəri]

n. (연례)기념일

연상 매년 돌아오는 **결혼기념일**에는 내 친구 **앤이**(anni) **벗으리!**(→애니버:서리) 입고 있던 옷을!(새 옷으로 갈아입기 위해)

예문 I bought my wife a diamond ring on our tenth wedding **anniversary**.
나는 열 번째 결혼기념일에 아내에게 다이아몬드 반지를 사주었다.

scream
[skriːm]

v. 비명을 지르다 **n.** 비명

연상 물이 많은 **수(水)크림**(cream)(→스크리임)을 처음 먹어보는 사람은 가끔 **비명**을 지른다면서? (너무 맛이 좋아서)

예문 She **screamed** at me to get out of the way.
그녀는 나에게 방해하지 말라고 외쳤다.

decade
[dékeid]

n. 10년의 기간

연상 우리 동네에 **대(大)아케이드**(arcade;지붕 있는시장)(→데케이드)가 들어선 지 **10년**이 되었다.

예문 Hines has spent the last **decade** in Austin, Texas.
하인즈는 마지막 10년을 텍사스 오스틴에서 보냈다.

skeptical
[sképtikəl]

a. 의심 많은(doubtful). 회의적인

연상 어떤 사람이 쓱 **캡**(모자)에 **티끌**(→스캡티컬)을 묻히니 사람들이 **의심 많을** 눈으로 쳐다 볼 수밖에 없지.

예문 Initially, many people were **skeptical** of the arrangement.
처음에 많은 사람들은 그러한 결정에 회의적이었다.

illusion
[ilúːʒən]

n. 환상, 환영: 착각

연상 ① 일 할 때 전기가 **누전**(→일루:전)되면 **환상**이 보이고 **착각**도 일어난다.
② 야구에서 타자가 일루에 나가기 **전**(→일루:전)에는 투수나 타자나 서로 자기 팀이 이길 거라는 **환상**을 갖는다.

예문 To think you have nothing more to learn is a dangerous **illusion**.
더 이상 배울 것이 없다고 생각하는 것은 위험한 환상이다.

파생 illusionary a. 환영의, 착각의

expel
[ikspél]

v. 내쫓다: 추방하다.

연상 불량배인 **익서**의 패거리를, 즉 **익서 팰**(→익스펠) 학교에서 **내쫓아라**.

예문 The boy was **expelled** from school for taking drugs.
소년은 마약을 복용하여 퇴학당했다.

gratitude
[grǽtətjùːd]

ⓝ 감사, 보답   **ⓟ ingratitude 배은망덕**

연상 그래(gra), 티(ti셔츠)를 튜터(tutor 선생님)(→그래티튜:드)게 감사의 표시로 드려.

예문 She showed no **gratitude** for my help.
그녀는 나의 도움에 대해서 아무런 감사의 뜻을 보이지 않았다.

prohibit
[prouhíbit]

ⓥ 금지하다 (ban)   **cf. permit (허락하다)**

연상 pro(프로) 선수들이 경기 중 희비의 감정을 터뜨리는(→프로히비트)일을 금지한다.
(선수는 감정을 관리해야 함)

예문 Smoking in public areas is strictly **prohibited**.
공공지역에서의 흡연이 엄격히 금지되어 있다.

tentative
[téntətiv]

ⓐ 일시적인, 잠정적인

연상 해변에 tent(텐트)를 쳐놓고 팁(tive)(→텐터팁)을 받는 장사는 여름 한 철의 일시적인 장사입니다.

예문 We made a **tentative** arrangement to hold a meeting on Monday.
우리는 월요일에 회의를 열기로 잠정적으로 정했다.

quantity
[kwántəti]

ⓝ 양, 액수   **ⓟ quality 특성, 질**

연상 싱가포르 기업가 콴씨는 건물 터와 티(셔츠)(→콴터티) 양이 많다.

예문 A large **quantity** of drugs were found in his house.
그의 집에서 많은 양의 마약이 발견되었다.

intermediate
[intərmíːdiit]

ⓐ 중간의, 중급의   **ⓝ 중간물, 매개자**

연상 식당 inter(중간에서) 미디엄(medium) 스테이크를 ate(먹었다)(→인터미:디잇)면 중간의 가격이 될 것이다.

예문 They developed an **intermediate** range ballistic missile.
그들은 중거리 탄도탄을 개발했다.

chant
[tʃænt / tʃɑːnt]

ⓥ (노래·성가를)부르다, 찬송하다   **ⓝ 노래 :성가**

연상 사람이 꽉 찬 터(교회)(→찬트; 챈트)에서 성가를 불렀다.

예문 A choir **chants** psalms or prayers.
성가대는 찬송가나 기도를 열창한다.

nourish
[nə́ːriʃ]

v. 영양분을 주다, 기르다(feed)

연상 목장 풀밭에서 소들이 널리 쉬(→너얼리쉬→너:리쉬)를 해서 풀에 영양분을 준다.

예문 There are many ways to **nourish** the human spirit.
인간의 정신을 살찌우는 방법이 많이 있다.

파생 nourishment n. 영양(물); 음식물; 양육   nourishing a. 영양분이 많은; 영양이 되는

---

punish
[pʌ́niʃ]

v. (사람 또는 죄를) 벌하다; 처벌하다

연상 아무 데서나 우리 집 아이 편이 쉬(→ 퍼니쉬)하면 벌해야 한다.

예문 Those who are found guilty will be **punished** accordingly.
죄가 있는 것으로 밝혀진 사람들은 거기에 따라서 벌을 받게 될 것이다.

파생 punishment n. 형벌, 처벌

---

bias
[báiəs]

n. 선입관, 편견 **v.** 편견을 갖게 하다

연상 그곳은 술집, 즉 바(가) 이어서(줄지어서)(→바이어스) 있으니 그곳에 대한 좋지 못한 편견, 선입관이 있다.

예문 Teachers should not show students political **bias**.
교사들은 학생들에게 정치적 편견을 보여선 안된다.

파생 biased a. 편견에 치우친

---

filthy
[fílθi]

a. 불결한, 더러운

연상 필(피를) 씨(앗)(→필씨)에 묻히면 불결한 것이 된다.

예문 The man was **filthy** when he came in from the workplace.
그 사람은 일터에서 돌아 왔을 때 불결한 상태였다.

파생 filth n. 오물 쓰레기; 부정

---

specific
[spisífik]

a. 특수한; 특유한 **반** general 일반적인

연상 숲이 씨(앗)를 "픽"(→스피시픽)하는 소리로 날린다면 특유한 행태다.

예문 The building is intended to be used for **specific** purposes.
그 건물은 특정한 목적에 사용하도록 예정되어 있다.

파생 specification n. 상술; (pl.) 명세서   specify v. 명기(明記)하다. 구체적으로 말하다

---

annual
[ǽnjuəl]

a. 매년의, 매년마다의 **n.** 연감

연상 Ann(앤)에게 유월(→애뉴얼) 매년마다의 달이다.

예문 The company will be having their **annual** event next week.
그 회사는 다음 주에 그들의 연례행사를 치르려 한다.

intimate
[íntimit]

a. 친밀한, 사사로운 **n.** 절친한 친구

연상 인치만큼 가까이 mate(친구)(→인티밋)이니 얼마나 친밀한 절친한 친구인가!

예문 My father is on **intimate** terms with him.
내 아버지는 그와 절친한 사이다.

dominate
[dámənèit/ dóm-]

v. 통치하다, 지배하다

연상 옛날 관리들은 도민(道民)이 ate(먹는)(→도미네이트) 것을 통치했다.

예문 Women are no longer **dominated** by the men in their relationships.
여성들은 더 이상 그들의 관계에서 남성에게 지배당하지 않는다.

파생 dominant a. 지배적인, 우세한, 현저한

superficial
[sùːpərfíʃəl]

a. 표면(상)의; 피상적인

연상 최근 계속되는 super(슈퍼)마켓에서의 피살(→수:퍼피셜) 사건은 우리 사회의 피상적인 문제다.

예문 The **superficial** reality of society was harmful to the girl's life.
사회의 피상적인 현실은 그 소녀의 삶에 해가 되었다

groan
[groun]

v. (고통 따위로)신음하다; 신음하며 괴로워하다

연상 그녀가 그로(그 사람) 인해서 운(→그로운)다면 아마 신음하고 있을 것이다.

예문 The wounded soldier **groaned** with pain.
부상당한 병사는 고통으로 신음했다.

monotonous
[mənátənəs]

a. 단조로운: 지루한 (dull)

연상 mono극(1인극)의 tone(음조)는 us(우리)(→머나터너스)를 단조로운 기분에 빠뜨린다.

예문 The labour on the farm was **monotonous** and backbreaking.
농장에서 노동은 단조롭고 매우 힘들었다.

파생 monotony n. 단조로움

weary
[wíəri]

a. 피곤한, 지친: 싫증난

연상 we(우리)가 정신이 어리어리(ary)(→위어리)한 현상은 피곤하거나 지친 때에 일어난다.

예문 My father's face looked strained and **weary**.
아버지 얼굴은 긴장되고 지쳐 보였다

파생 wearisome a. 지치게 하는 지겨운

mourn
[mɔ:rn]

ⓥ 슬퍼하다, 애도하다

연상 그는 어머니가 죽은 뒤 모온(母瑥:어머니의 온정)(→모온)을 못 잊어 매우 슬퍼했다.

예문 They **mourned** for the people killed in the war.
그들은 전쟁에서 죽은 이들에게 애도의 뜻을 표했다.

파생 mournful a. 슬픔에 잠긴; 조의를 표하는
mourning a. 한탄(애도)하는 n. 비탄, 애도

---

elastic
[ilǽstik]

ⓐ 탄력 있는, 유연한(flexible);융통성 있는

연상 어떤 일에 스틱(stick; 막대기)(→일레스틱)을 써서 하면 탄력 있는 작업이 된다.(지렛대의 원리가 작용해서)

예문 A rubber band produces an **elastic** force as it is stretched.
고무줄은 당기면 탄력이 생긴다.

파생 elasticity n. 탄력, 신축성; 융통성

---

numerous
[njú:mərəs]

ⓐ 수많은, 다수의

연상 아직 수많은 곳들이 뉴(new:새로운) 것과 거리가 멀었어(→뉴:머러스)!

예문 There are also **numerous** mountains and beautiful lakes to visit.
찾아갈 수 있는 수많은 산들과 아름다운 호수가 있다.

파생 numeral a. 수의 n. 숫자

---

deplore
[diplɔ́:r]

ⓥ 한탄하다 : 애도하다.

연상 그는 학점을 디쁠(D+)로(→디플로) 받아서 한탄한다.

예문 Many people **deplore** the poor housing conditions in the city.
많은 사람들은 시의 열악한 주거 상황을 개탄한다.

파생 deplorable a. 통탄할 만할

---

dispense
[dispéns]

ⓥ 분배하다(distribute), 나눠주다

연상 디스(this;이) 펜스(pence; 영국화폐)(→디스펜스)를 국민들에게 나누어 주어라
-영국여왕의 말

예문 They **dispensed** food and clothing to victims of a disaster.
그들은 이재민들에게 의복과 식량을 나눠주었다.

파생 dispensation n. 분배, 조제 dispensable a. 없어도 되는: 분배 할 수 있는

---

wretched
[rétʃid]

ⓐ 비참한, 불행한(miserable)

연상 후진국은 보통 외치보다 내치(內治)가 더(→레취드) 비참하다.(내전 등으로)

예문 Many people live **wretched** lives in the country.
그 나라에선 많은 사람들이 비참한 생활을 하고 있다.

bear
[bɛər]

v. (아이를) 낳다; (고통 따위를) 참다; (무게 따위를) 견디다;(표정 등을) 몸에 지니다; 나르다 **n.** 곰

(연상) 내 아내가 아이를 배어(→베어) 10개월 동안 몸에 지니고 있다가 고통을 견디며 곰 같이 튼튼한 아이를 낳았다.

(예문) They could not **bear** racism any longer.
그들은 인종차별을 더 이상 참을 수 없었다.

(파생) bearing n. 태도; 관계; 위치

---

crisis
[kráisis]

n. 위기, 고비

(연상) 클라이(cry;우는) 시스터(sister; 누이)(→클라이시스)는 위기에 처했다는 증거다.

(예문) An international financial **crisis** has threatened many staffers.
국제적인 금융 위기는 많은 직원들을 위협했다.

---

situation
[sitʃuéiʃən]

n. 상황, 정세

(연상) 제7광구 시추에션(→시츄에이션) 가스가 나온 상황이다.

(예문) We are in a very difficult **situation** to solve.
우리는 해결하기 매우 어려운 상황에 처해 있다.

(파생) situational a. 상황의(에 맞는)

---

activity
[æktívəti]

n. 활동; 행동; (상거래 따위의) 활기

(연상) act(행동하며) 버티(→ 액티버티)는 것도 활동이다

(예문) The police suspect he may be involved in illegal **activities**.
경찰은 그가 불법 활동에 연루된 것이 아닌가 의심하고 있다.

---

count
[kaunt]

v. 세다, 계산하다; 중요성을 지니다. **n.** 계산

(연상) 식당 카운터(→ 카운터)에선 사람 수를 세어서 음식값을 계산한다

(예문) **count** for much 중요하다.

(예문) Don't **count** your chickens before they are hatched.
부화도 안 된 병아리를 세지 마라.

(파생) countless a. 셀 수 없이 많은

---

experience
[ikspíəriəns]

n. 경험 **v.** 경험하다

(연상) 내 친구 익서는 피리 연수(→ 익스피리언스)를 받은 경험이 있다

(예문) **Experience** keeps a dear school.
경험이란 학교는 수업료가 비싸다.

(파생) experienced a. 경험한

matter
[mǽtəːr]

n. 물질; 일; 문제 **v.** 중요하다

연상 매가 사는 터, 즉 매터(→매터ː)에는 중요한 물질들이 많다.(매들 이 여러 가지 물건들을 물어다 놓았기 때문)

예문 solid **matter** 고체 a **matter** of time 시간문제

예문 It does not **matter** how you do it.
그것을 어떻게 하든 상관없다.

accident
[ǽksidənt]

n. (돌발) 사고, 재난; 우연

연상 액신(厄神;재앙을 일으키는 신)이 든 터(→액시던트)에서 사고와 재난이 일어난다.

예문 She met with an **accident** while travelling in Alaska.
그녀는 알래스카를 여행하다 사고를 당했다.

파생 accidental a. 우발적인, 뜻밖의

volunteer
[vàləntíər]

n. 지원자, 지원병 **v.** 자발적으로 하다

연상 지원자는 발랑 튀어(→발런티어) 일에 자발적으로 나선다.

예문 One **volunteer** is worth two pressed men.
지원병 한 사람이 징집병 두 사람보다 낫다.

파생 voluntary a. 자발적인 voluntarily ad. 자발적으로

compose
[kəmpóuz]

v. 구성하다; 작문[작곡]하다

연상 자동차 공장에서 부품을 구성(조립)하기 위해서 com(컴퓨터)가 pose(포우즈;자세)(→컴포우즈)를 취한다.

예문 The troop was **composed** entirely of alien soldiers.
그 부대는 외인 병사로 구성되어 있었다.

파생 composition n. 구성; 작곡; 작문 composed a. 침착한

method
[méθəd]

n. 방법, 방식.

연상 아이 교육에 매를 써도(→메써드) 방법은 방법이다.(단지 사랑의 매만)

예문 Diligence is the best **method** to succeed.
근면함이 성공하는 최선의 방법이다.

treat
[triːt]

v. 다루다, 취급하다; 대접하다; 치료하다 **n.** 대접

연상 나무가 서 있는 터, 즉 tree 터(→트리ː트)를 숲으로 취급한다.

예문 This article **treats** the problem thoroughly.
이 기사는 그 문제를 철저히 다루고 있다.

파생 treatment n. 대우; 취급; 치료

insist
[insíst]

v. 주장하다(persist), 고집하다

연상 늘 집 in(안에) 있는 sisier(누이)(›인시스트)가 밖으로 나가자고 주장한다.

예문 He insisted on her going.
그는 그녀가 가야 한다고 주장했다.

파생 insistence n. 주장, 강요   insistent a. 고집하는

destroy
[distrói]

v. 파괴하다; 죽이다

연상 트로이 전쟁 때 목마에 숨은 병사들은 디스(this; 이) 트로이(troy)(→ 디스트로이) 성을 파괴하러 왔다고 말했다.

예문 The invaders destroyed the whole ancient city.
침입군은 유서 깊은 도시를 완전히 파괴했다.

파생 destruction n. 파괴, 파멸   destructive a. 파괴적인

victim
[víktim]

n. 희생(자), 피해자

연상 그 경기에서 빅(vic 큰) 팀(tim)(→빅팀)이 희생(팀)이 되었다.

예문 We are the innocent victims of a arson attack.
우리는 방화 사건의 무고한 희생자들이다.

파생 victimize v. 희생시키다

invent
[invént]

v. 발명하다; (거짓말 따위를) 날조하다, 꾸며내다

연상 어떤 것을 발명하는 것은 발명자의 인(in)이 벤 터(vent)(→인벤트)(오래 사용하여 친숙한 장소)에서 이루어진다.

예문 She invented an excuse for being late.
그녀는 지각한 핑계를 꾸며냈다.

파생 invention n. 발명   inventive a. 발명의

UNIT 13 TEST

[1~12] 보기에서 영어에 해당되는 우리말을 찾아 쓰시오.

1. particle _____   2. annual _____

3. scream _____   4. weary _____

5. subside _____   6. dominate _____

7. groan _____   8. elastic _____

9. situation _____   10. accident _____

11. crisis _____   12. mourn _____

보기 ① 가라앉다 ② 피곤한 ③ 슬퍼하다 ④ 상황 ⑤ 비명을 지르다 ⑥티끌 ⑦ 매년의
⑧ 위기 ⑨ 사고 ⑩ 탄력 있는 ⑪ 신음하다 ⑫ 통치하다

[13~17] 다음 빈칸에 들어갈 적절한 어휘를 고르시오.

13. The government is sending aid to flood _____.

14. He stubbornly _____ on doing it all himself.

15. He bought her a diamond ring on their tenth wedding _____ .

16. The earthquake literally _____ their villages.

17. He was a _____ ambulance driver for the Red Cross in Japan.

보기 ① destroyed ② volunteer ③ insisted ④ anniversary ⑤ victims

[18~21] 다음 빈칸에 들어갈 적절한 어휘를 고르시오.

18. She wanted to broaden her _____ in international affairs.

19. An international financial _____ has threatened many staffers.

20. Teachers here are not allowed to engage in any political _____ .

21. The government _____ free health care to the poor.

보기 ① crisis ② activity ③ dispenses ④ experience

정답 1.⑥ 2.⑦ 3.⑤ 4.② 5.① 6.⑫ 7.⑪ 8.⑩ 9.④ 10.⑨ 11.⑧ 12.③
13.⑤ 14.③ 15.④ 16.① 17.② 18.④ 19.① 20.② 21.③

Further Study

be critical of ～에 비판적이다

downfall 몰락, 실패

be critical to ～에게 중요하다

enumerate 열거하다, 낱낱이 세다

donate blood 헌혈하다

in no time 즉시

get through ～를 끝내다

in one's place ～ 대신에

go bankrupt 파산하다

inherently 본질적으로

insubordinate 반항하는, 복종하지 않는

guided tour 안내여행

heating equipment 안방기구

be responsive to ～에 반응을 일으키다

in accordance with ～에 따라

be recharged 재충전 되다

get the better of 이기다

keep up with ～와 보조를 맞추다, 따라잡다

have yet to 아직 ～하지 못했다

be running late 늦어지다

in bulk 대량으로

have a problem (in) ~ ing

～ 하는데 문제가 있다

in regard to ～에 관하여

inflict on ～에 고통을 유발하다

get the worst of it 지다

interfere with ～을 방해하다

keep track of

～의 진로를 쫓다, 놓치지 않고 따라가다

accept responsibility for

～에 대한 책임을 지다

what the future holds for

미래에 배정된 ～ 몫

give in to ～에게 굴복하다

a safety deposit box 은행대여금고

cover the cost of ～의 비용을 부담하다

unbiased 편견 없는, 공평한

give in to one's demand

～의 요구를 들어주다

Part.2

주제별 단어
Theme Vocabulary

Unit 1
Corporation

enterprise
[éntərpràiz]

ⓝ 기업; 모험심, 진취적 기상

연상 미국 항공모함 엔터프라이즈(→엔터프라이즈)호는 모험심과 기업과 같은 운영체제를 가졌다.

예문 They are willing to undertake a new **enterprise**.
그들은 새로운 기업을 기꺼이 인수하려한다.

staff
[stæf]

ⓝ 직원, 참모

연상 사장 앞에서 스텝(step, 걸음걸이)(→스탭)을 조심해야 하는 사람들이 직원들이다

예문 The **staff** has been cut a quarter over the past year.
지난해 동안 직원의 1/4이 감원되었다

capital
[kǽpitl]

ⓝ 자본(금); 수도 ⓐ 주요한

연상 요즘은 주요한 자본금을 관리하는 캐피탈(→캐피틀)이라는 금융기관이 많이 있다.

예문 They lost both **capital** and interest.
그들은 원금과 이자를 모두 잃었다.

파생 capitalism n. 자본주의 capitalist n. 자본가

union
[júːnjən]

ⓝ 조합, 노동조합; 결합

연상 윤희 언(→ 유:니언)니는 노동조합에 가입했다.

예문 He has joined the **union**.
그는 노조에 가입했다.

파생 unify v. 통합하다 unification n. 통일

hire
[haiər]

ⓥ 고용하다(employ), 빌리다(rent) 반 fire 해고하다
ⓝ 임금, 급료; 임차

연상 회사에서 하이(hi:인사말)하는 어(語;말)(→하이어)를 할 줄 아는 사람을 고용한다. (영어를 할 줄 아는 사람을 고용한다는 뜻)

예문 We have **hired** a private detective.
사설탐정을 고용했다.

예문 He **hired** a boat by the hour.
그는 시간 단위로 배를 빌렸다.

138

employ
[implɔ́i]

(v.) 고용하다(hire); 쓰다(use) (반) dismiss 해고하다

(연상) 그 농장주는 자신의 임(em)을 풀밭에 오이, 즉 풀(pl) 오이(oy)(→ 임플로이) 따는 일에 고용했다.(풀밭에 있는 오이)

(예문) The company **employs** thousands of workers.
그 회사는 수천 명의 종업원을 고용하고 있다.

(파생) employment n. 고용, 사용 employer n. 고용주
employee n. 피고용인, 종업원

company
[kʌ́mpəni]

(n.) 회사, 친구

(연상) 친구의 회사에서 컴(com; 컴퓨터) 파니(→ 컴퍼니)?

(예문) She works for an international trading **company**.
그녀는 국제 무역회사에 근무한다.

(예문) fall into **company** with ~ 우연히 친구가 되다

branch
[bræntʃ]

(n.) 지점, 나뭇가지

(연상) 불엔 취-(→ 브랜취) 하는 소리를 내면서 타는 것이 나뭇가지다. 나뭇가지와 같은 것이 회사의 지점이다.

(예문) The company has **branches** all over the country.
그 회사는 전국에 지사를 두고 있다.

chairman
[tʃɛ́ərmən]

(n.) 회장, 의장

(연상) 회사의 가장 중심에 있는 의자(chair)에 앉은 사람(man)(→ 체어먼)이 회장이다.

(예문) He is the **chairman** of the board of directors.
그는 이사장이다.

profit
[práfit]

(n.) 이익, 이윤 (v.) 이익이 되다

(연상) 직업적인 것, 즉 pro(프로)로 하는 일이 fit(적당하면) (→ 프라핏) 자신이나 그 일에 이익이 된다.

(예문) The company derived a lot of **profit** from the business.
그 회사는 그 사업에서 많은 이익을 보았다.

(파생) profitable a. 이익이 되는, 유리한

supervise
[súːpərvàiz]

(v.) 감독하다, 관리하다(superintend)

(연상) 공작물 고정 기계인 바이스 중 슈퍼(super; 매우 큰) 바이즈(→ 슈;퍼 바이즈)는 잘 감독하고 관리해야 한다.(값이 비싼 것이니까)

(예문) He **supervises** building work.
그는 건설 공사를 감독한다.

(파생) supervisor n. 감독인, 관리인 supervision n. 감독 supervisory a. 감독의, 관리상의

venture
[véntʃər]

n. 모험   v. 위험을 무릅쓰고 ~을 하다(risk)

연상 벤의 처(아내)(→ 벤처)는 모험을 좋아하더니 마침내 벤처 기업을 차렸다.

예문 Nothing **ventured** nothing gained.
위험을 무릅쓰지 않으면 얻는 것이 없다.

파생 venturous a. 모험적인, 모험을 좋아하는

---

wealthy
[wélθi]

a. 부유한; 풍부한(rich)

연상 우리 마을에서 웰 씨(氏)(→웰씨)가 제일 부유한 사람이다. 왜냐하면 웰(well; 잘 사는) 씨니까.

예문 He was from a **wealthy** family.
그는 부유한 가정 출신이다

파생 wealth n. 부(富); 재산   wealthy insight a. 통찰력이 풍부한

---

colleague
[káliːg]

n. (직업상) 동료(co-worker)

연상 칼싸움 리그(→ 칼리;그)전을 같이 하는 사람들은 그들끼리 직업상 동료다.(검도 선수)

예문 One of my **colleagues** will be leaving company.
내 동료 중 한 명이 회사를 떠날 예정이다.

---

found
[faund]

v. 설립하다, 창설하다; ~을 토대로 삼다

연상 그는 영국 화폐 파운드(pound) (→ 파운드)로 회사를 설립했다.

예문 He **founded** a chemical company in China.
그는 중국에 화학 회사를 설립하였다.

파생 foundation n. 창설; 기초, 토대; 재단

---

commercial
[kəmə́ːrʃəl]

n. 광고 방송   a. 상업의

연상 com(컴퓨터)가 뭐라는 설(說), 또는 com이 생활에 컴머(comma;쉼표)라는
설(→커머:설)은 일종의 상업의 광고다.

예문 A **commercial** building was built beside the bank.
은행 옆에 상업용 건물 한 동이 세워졌다.

파생 commerce n. 상업

---

manufacture
[mænjəfǽktʃəːr]

v. 제조하다, 제작하다   n. (대량의) 제조, 제조업

연상 음식점 메뉴 판을 팩으로 쳐(→ 매뉴팩쳐)서 제조한다.

예문 He is the president of glass **manufacture** company.
나는 유리 제조업체 사장이다

파생 manufacturer n. 제조(업)자

submit
[səbmít]

ⓥ 복종하다; 제출하다

연상 ① 옷섶 밑(→섭밑)에까지 고개를 숙이는 것이 복종하는 것이다.
② 결제서류는 자세를 낮추어 상사의 옷섶 밑(→섭밑)으로 제출하라.

예문 He refused to **submit** to threats.
그는 협박에 굴복하기를 거절했다.

예문 He formally **submitted** his resignation.
그는 정식으로 사직서를 제출했다.

파생 submission n. 복종, 제출

---

asset
[ǽset]

ⓝ ⓝ 자산, 재산

연상 노동력과 경제학의 측면에서 아이들의 set(무리, 패) 즉, 애 세트(→애셋)는 사회의 자산이다.

예문 Good health is a great **asset**.
건강은 큰 자산이다.

---

survey
[sə́ːrvéi]

ⓥ 조사하다, 살펴보다; 측량하다 ⓝ 조사, 관찰

연상 영국인들은 먼저 봄베이 항의 서쪽, 즉 서베이(→서ː베이)항을 조사하고 측량했다.

예문 The results of the **survey** were quite astonishing.
그 조사 결과는 매우 놀라운 것이었다.

---

prospect
[práspekt]

ⓝ (장래의) 전망(view); 경치(scene)

연상 프로스펙스(→ 프라스팩트) 신발의 수출 전망은 어떤가?

예문 There is little **prospect** of her success.
그녀가 성공할 가능성은 별로 없다.

파생 prospective a. 미래의, 가망이 있는

---

expand
[ikspǽnd]

ⓥ 팽창하다, 팽창시키다; 확대하다 ⓟ contract 줄다

연상 가수인 내 친구 익서는 자신의 팬을 더(→ 익스팬드) 확대했다

예문 Water **expands** with heat.
물은 열을 가하면 더 팽창한다.

파생 expansion n. 팽창, 확대   expanse n. 광활한 공간

---

advertise
[ǽdvərtàiź]

ⓥ 광고하다

연상 애드벌룬으로 타이즈(체조용 스타킹)(→애드버 타이즈)을 광고하다.

예문 The product has been **advertised** on the television.
그 제품은 텔레비전에서 광고되고 있다.

파생 advertisement n. 광고, 선전

account
[əkáunt]

n. 이유, 계산; 예금 계좌   **v.** ~ 라고 생각하다; 이유를 설명하다 (for)

연상 a(하나씩) count(세는)(→어카운트) 하는 것이 계산하는 것이고 설명하는 것이다.

예문 She opened a savings **account** at the bank.
그녀는 그 은행에 저축 계좌를 개설했다.

예문 I take~into **account** ~을 고려하다. 참작하다

파생 accountable a. 책임이 있는; 설명할 수 있는
accounting n. 회계(학), 결산   accountant n. 회계사

promote
[prəmóut]

v. 진전[진척]시키다, 증진하다; 승진시키다

연상 그 pro(프로) 선수는 모터(motor)(→프러모우트)를 탄 것처럼 자신의 실력을 증진시키고
자신의 지위를 승진시켰다.

예문 The government is making a project to **promote** economic growth.
정부는 경제 성장을 촉진할 계획을 세우고 있다.

파생 promotion n. 증진, 승진

inspect
[inspékt]

v. 조사(검사)하다(examine); 시찰하다

연상 스펙트럼 안에서(in), 다시 말해 in(안에서) 스팩트럼(→ 인스펙트)에서 빛을
조사(검사)한다.

예문 The supervisor **inspects** our work every evening.
감독자가 매일 저녁 우리 일을 점검한다.

파생 inspection n. 조사, 검사   inspector n. 검사자

downsizing
[dáusàiziŋ]

n. 기업규모 축소

연상 size(크기)를 down(낮추는 것), 다시 말해 down sizing(→다운사이징)하는 것이 기업
규모를 축소하는 것이다.

예문 The semiconductor company has **downsized** its workforce by 20%.
그 반도체 회사는 20%의 노동력을 축소했다.

파생 downsize v. 축소하다. 소형화하다

bankrupt
[bǽŋkrʌpt]

n. 파산자, 지불 불능자   **a.** 파산한(insolvent)

연상 bank(은행)가 늪 터(→ 뱅크럽트)에 빠져 있으니 파산자가 된 것이다.

예문 The corporation would go **bankrupt** sooner or later.
그 회사는 조만간에 파산할 것이다.

파생 bankruptcy n. 파산, 도산

improve
[imprú:v]

v. 개선(개량)하다, 향상시키다; (기회 등을)이용하다

연상 사랑하는 임에게 prove(증명해)(→임푸루웁) 보이는 것은 자신이 개선하는 모습뿐이다.

예문 The company is trying to **improve** labor productivity.
그 회사는 노동 생산성을 증진시키려고 애쓰고 있다.

파생 improvement n. 개선, 향상

revise
[riváiz]

v. 수정(개정)하다; 변경하다(=alter)

연상 시골마을. 리(里)에선 바이스(공작물 고정시키는 기계)(→리바이즈)를 농기구로 수정(개조)하여 쓴다

예문 The factory needs to revise the conveyor system.
그 공장은 유동 작업 체계를 변경할 필요성이 있다.

파생 revision n. 수정. 개정. 교정; 개정판

implement
[ímpləmənt]

n. 도구, 기구(instrument) **v.** 이행하다

연상 집에만 갇혀 있던 임을 풀어(자유를 주어) 먼 터(먼 곳)(→임플러먼터)에 여행을 보낼 땐 바퀴가 달린 가방과 같은 도구를 주어야 한다

예문 I hope to implement these plans by the end of the year.
나는 이 계획을 연말까지 이행하기를 희망한다.

예문 agricultural implements 농기구   writing implement 필기도구

파생 implementation n. 이행, 실행

takeover
[téikòuvəːr]

n. (지배건. 소유건 등의) 취득, 탈취

연상 take(갖다) + over(~에 대한)(→테이코우버) = 어떤 것에 대한(over) 권리를 가지는 것이 소유권 획득이다.

예문 The company made a takeover bid for the Bank of New England Corporation.
그 회사는 뉴잉글랜드 은행을 공개 매입했다.

파생 take over v. 양도받다. 접수받다

lucrative
[lúːkrətiv]

n. 돈벌이가 되는, 수지가 맞는(=profitable)

연상 luck(운수)로 팁(→루:크러팁)을 많이 받으면 돈벌이가 되고, 수지가 맞다.

예문 The management of the firm is looking for a new lucrative business.
그 회사의 경영진은 돈 벌이가 되는 새로운 사업을 찾고 있다.

associate
[əsóuʃièit]

v. 연합하다, 제휴하다

연상 어떤 도시가 다른 a(하나의) 소시(小市; 작은 도시)를 ate(집어 삼키는 것)(→ 어소우시에잇)이 연합하는 것이다.

예문 Our firm has associated with large enterprises.
우리 회사는 지금까지 큰 회사들과 제휴해 왔다.

synergy
[sínərdʒi]

n. (각 기능의 협동에 의한)상승작용

연상 국가의 기능에 협동에 의한 상승작용을 주는 것이 도시인, 시(市)너(you)지(→ 시너지)!

예문 The synergy was achieved by merger.
합병으로 상승작용이 있었다.

파생 synergic a. 협동하는, 함께 일하는

monopoly
[mənápəli]

ⓝ 독점, 전매; 독점사업

연상 ① mono(단독, 홀로) + 폴리(poly, 지명)(→머나펄리) = 그는 홀로 폴리를 독점하고 있다.
② 뭐. 나폴리(→머나펄리)가 독점 항구라고!

예문 The company has a virtual **monopoly** in world markets.
그 회사는 사실상 세계 시장을 독점하고 있다.

파생 monopolize v. 독점하다. 전매하다

---

turnover
[tə́:rnòuvə:r]

ⓝ 자금(상품의)회전율; (일정기간의)거래액; 회전, 전복

연상 turn(돌리다)+over(~ 위로) 아래에 것을 위로 돌리는(→터;노우버)이 회전, 전복하는
것이다.

예문 They reduced prices to make a quick **turnover**.
그들은 자금 회전율을 높이기 위해 가격을 인하하였다.

---

consolidate
[kənsálədèit]

ⓥ (회사 등을)통합하다(=join), 합병하다 (권력 등을)강화하다

연상 큰 솔로(solo;단독회사)들이 데이트(date)(→컨살러데이트)하는 것은 통합하기 위해서다.

예문 They **consolidated** two companies into one.
두 회사를 하나로 합병했다.

파생 consolidation n. 합병. 합동. 강화

---

revenue
[révənjù:]

ⓝ 소득 , 수입; (국가의) 세입

연상 레버(lever:지렛대)가 뉴(new:새로운)(→레버뉴) 것이 생겼으니 그것이 바로 수입이고
국가의 세입이다.

예문 Tourism is this country's main source of **revenue**.
관광업이 이 나라의 주 수입원이다.

---

scheme
[ski:m]

ⓝ 계획 ⓥ 계획하다

연상 겨울 스포츠 중에서 철저하게 계획을 짜야하는 것이 스키입니다, 즉
스키임(→스키임)(사고 위험이 있으니까)

예문 The **scheme** of bridging the river has failed.
강에 다리를 놓으려는 계획은 실패하고 말았다

---

audit
[ɔ́:dit]

ⓝ 회계 감사; 감사(결산)보고서

연상 기업체라면 모두가 "오! 딛고(→오:딧) 서야(극복해야) 하는 것이 회계감사다."

예문 Every corporation has an **audit** at the end of each financial year.
모든 기업체는 회계연도 말에 결산 보고서를 작성한다.

---

expense
[ikspéns]

n. 경비

연상 익서라는 사람 영국화폐의 몇 펜스(pence)(→익스펜스)를 쓰면 그것이 바로 경비다

예문 The bridge was built at public **expense**.
그 다리는 공공 비용으로 건설되었다.

fiscal
[fiscəl]

a. 회계의, 재정상

연상 회사가 꽃처럼 피(어)서 클(→피스컬) 때 회계의, 재정상의 넉넉함이 있다.

예문 Our company's **fiscal** year end in December.
우리 회사의 회계연도는 12월에 끝난다.

factory
[fǽktəri]

n. 공장

연상 노동자에겐 공장이 바로 fact(진실, 사실)이 있는 터(곳)리(→팩터리)!

예문 They set up a new car **factory** in Georgia.
그들은 조지아에 새 자동차 공장을 세웠다.

adjust
[ədʒʌ́st]

n. 조정하다, 조절하다, 순응하다.

연상 a(하나)라도 just(정당한)(→어저스트) 것으로 하는 것이 조정하는 것이다.

예문 To attract investors, Panama has **adjusted** its tax and labour laws.
파나마는 투자자를 끌어들이기 위해 세법과 노동법을 조정했다.

파생 adjustment n. 조절

merge
[məːrdʒ]

v. 합치다, 합병하다

연상 머지(→머지)않아 두 회사가 합병할 것이다.

예문 The two companies will **merge** next month.
그 두 회사는 다음 달에 합병할 것이다.

파생 merger n. 합병

loss
[lɔ(ː)s]

n. 손실, 손해액 **반** profit

연상 쇠고기 로스(→로:스)를 많이 해 먹으면 손실이 크다

예문 We made a net **loss** on the transaction.
우리는 그 거래로 손실을 보았다.

subcontractor
[sʌbkəntræktər]

n. 하청업자, 하청계약자

연상 섭나무를 자르기 위해 큰 트랙터(→섭컨트랙터)를 들여왔다면 그것은 분명 하청업자일 것이다.

예문 Parts of an automobile are being produced by a **subcontractor**.
자동차 부품은 하청 업체에 의해서 생산되어진다.

---

collaborate
[kəlǽbərèit]

v. 협력하다

연상 ① 여러 팀이 협력하면 클(=커지게 될) labor(노동, 일)의 rate(비율)(→컬레버레이트).
② 요즘 서로 다른 장르가 협력하여 하는 공연 콜라보 공연의 rate(비율)(→컬레버레이트)가 높아지고 있다.

예문 We have **collaborated** with the company on many projects.
우리는 그 회사와 많은 사업을 협력해 왔다.

---

streamline
[strí:mlàin]

a. 유선형의 **v.** 유선형으로 하다; (비유) 능률적으로 하다

연상 물이 흘러가는 stream(시내)의 line(선)(→스트리임라인)이 유선형의 형태고 유선형은 일을 능률적으로 한다.

예문 The production process has been **streamlined**.
생산 과정이 간소화되어졌다.

---

update
[ʌpdéit]

n. 최신의 것, 최신 정보 **v.** 최신식으로 하다

연상 up(위에)+date(날짜)(→엎데트)- 아래보다는 날짜가 위에 있는 것이 최신의 것이다.

예문 It's high time we **updated** our assembly line.
우리의 생산라인을 갱신해야 될 때다.

파생 up-to-date a. 최신의, 현대적인

---

liquidate
[líkwidèit]

v. (회사 등을)정리하다, 폐쇄하다; 숙청하다

연상 ① 독재자는 그 회사에 liquid(액체)를 ate(먹였다)(→리퀴데잇)면 그 회사를 폐쇄한 것이다.(속된 말로 물 먹였다)
② liquid(액체) + date(데이트)(→리퀴데잇) = 액체가 많은 습한 곳에서 데이트하는 것은 좋지 않아 시에서 장소를 폐쇄했다.

예문 Without government assistance our company will have to **liquidate**.
정부지원이 없다면 우리 회사는 문을 닫게 될 것이다.

파생 liquidation n. 폐쇄 : 숙청

---

enhance
[enhǽns]

v. (질, 능력 따위) 높이다. 향상시키다

연상 인(人:인간)은 핸(hand:손)을 써(→인핸스)서 자질을 높이고, 향상시킨다

예문 The invention of a new device has **enhanced** his reputation.
새로운 장치의 발명은 그의 명성을 높였다

파생 enhancement n. 고양, 향상

innovation
[ìnouvéiʃən]

n. 혁신; 새 제도

연상 이노우(李盧雨)라는 사람과 배이선(裵二善)(→ 이노우베이션)이라는 사람이 회사를 혁신했다.

예문 Technical **innovation** may occur directly in the factory.
기술적 혁신은 공장에서 바로 일어날 수도 있다.

파생 innovate   v. 혁신하다

retrench
[ritrénʃ]

v. (비용 따위를) 절감[절약]하다(reduce); 삭감하다

연상 시골마을 리(里)에선 트렌치(→리트렌치)코트 사입을 돈은 절감하거나 삭감한다. (시골에선 트렌치 코트가 별로 필요 없으니까)

예문 Many corporations are trying to **retrench** production cost.
많은 기업들이 생산 비용을 절감하려고 노력한다.

파생 retrenchment   n. 경비 절약; 축소; 삭감

remit
[rimít]

v. (돈·화물 따위를) 보내다, 우송하다. 송금하다

연상 시골 마을 리(里) 밑(→리밑)의 행정 단위에까지 송금할 수 있다.

예문 Many immigrants regularly **remit** money to their families.
많은 이민자들은 가족에게 정기적으로 돈을 송금한다.

파생 remitment   n. 송금(액).

UNIT 01 TEST

[1~12] 보기에서 영어에 해당되는 우리말을 찾아 쓰시오.

1. turnover _____   2. bankrupt _____

3. venture _____   4. colleague _____

5. capital _____   6. estimate _____

7. supervise _____   8. enterprise _____

9. submit _____   10. employ _____

11. asset _____   12. downsizing _____

보기 ① 자본 ② 감독하다 ③ 굴복하다 ④ 자산 ⑤ 평가하다 ⑥ 고용하다
⑦ 기업규모 축소 ⑧ 모험 ⑨ 동료 ⑩ 기업 ⑪ 파산자 ⑫ 자금 회전율

[13~17] 다음 빈칸에 들어갈 적절한 어휘를 고르시오.

13. Department plans to create _____ between its central and state-level work.

14. Employees receive quarterly bonuses based upon the company's _____ performance.

15. I hope to _____ these plans by the end of the year.

16. Forming international partnerships is an effective way for a company to _____ its market.

17. The insurance company will _____ and appraise the damage before you have repairs done.

보기 ① profit ② expand ③ implement ④ inspect ⑤ synergies

[18~21] 다음 빈칸에 들어갈 적절한 어휘를 고르시오.

18. The money will be deposited directly into your bank _____ .

19. This report is fantastic, but would you be able to _____ the graph on the last page?

20. The company made a _____ bid for the rival firm.

21. The company has doubled its profits since plugging into _____ overseas markets.

보기 ① revise ② lucrative ③ account ④ takeover

정답 1.⑫ 2.⑪ 3.⑧ 4.⑨ 5.① 6.⑤ 7.② 8.⑩ 9.③ 10.⑥ 11.④ 12.⑦
13.⑤ 14.① 15.③ 16.② 17.④ 18.③ 19.① 20.④ 21.②

Further Study

enterpriser 기업가	**bookkeeper** 회계장부 기입자
department 부서(=division, part)	**free-lance** 자유 계약의
joint venture 합작 투자(회사)	**fundraising** 기금 마련
trading corporation 무역회사	**overtime** 시간외 근무
multinational corporation 다국적기업	**headquarters** 본사
incorporated 유한 책임의, 법인의	**assistant** 보좌관, 조수
subsidiary 자회사	**secretary** 비서
affiliate 지부, 계열사	**diversify** 다양화하다
distributor 판매 대리점	**distributor** (자사) 판매 대리점
rating 평가 신용도	**receptionist** (회사, 호텔의) 접수 계원
representative 대표자, 대리인	**analyze** 분석하다
structure 조직, 구조	**cutback** (생산 등의) 삭감
reorganize 재편성하다, 개편하다	**efficiency** 효율, 능률
CEO (chief executive officer) 대표이사	**operating profit** 경상 이익
president 회장	**applying fee** 지원비
vice president 부사장	
executive 간부, 임원	
board of directors 이사회	
administration 관리, 행정	
advisor 상담역	
manager 부서장, 지점장	

Further Study

sales representative 출장 판매원

blueprint 계획, 청사진

inventory (재고, 자산 등의) 목록

market share 시장점유율

publicity 선전, 광고

liability 빚, 채무

tycoon (실업계의) 거물, 재벌

moonlighting (밤에 하는) 부업

net profit 순수익

gross profit 총수익

assets and liabilities 자산과 부채

acquisition 획득, 인수

accountant 회계사

cashier (기업의) 출납원

balance sheet 대차대조표

profit and loss point 손익 분기점

treasurer 회계 담당자

overhead expense 경상비

restructure 재구성하다

annual salary system 연봉제

retirement pension 퇴직금

maternity leave 출산 휴가

underpay ~에 불충분한 임금을 주다

partnership 합병회사

foreign-affiliated 외국과 합작한

make a remittance 송금하다

place an order 주문하다

draw a check 수표를 끊다

strike a balance 균형을 맞추다

prime the pump 경기 부양책을 쓰다

good buy 싸게 잘 산 물건

operating funds 운영비

retiring allowance 퇴직 수당

purchasing power 구매력

deduct
[didʌ́kt]

v. (금액을 총액·총계에서) 빼다, 공제하다

연상 판매할 때 D급(못난) duck(오리)(→디덕(트))은 무리에서 빼야 한다

예문 This amount will be automatically **deducted** from your salary.
이 액수는 당신의 급료에서 자동적으로 공제될 것이다.

---

commodity
[kəmádəti]

n. 상품 **pl.** 일용품

연상 내용을 설명하는 문구에 comma(쉼표)가 dirty(불결)(→컴마더티)하게 찍혀 있는 것이 상품이나 일용품이다. (책임을 피하기 위한 조항을 콤마를 찍어 넣어 두었다)

예문 There has been a drop in **commodity** prices owing to deflation.
디플레이션 때문에 상품 가격의 하락이 있었다.

---

panic
[pǽnik]

n. 공황, 공포 **a.** 공황적인

연상 pan(납작한 냄비)이 불에 익어(달아)(→패닉) 있으니 공포, 공황의 상태다.

예문 A **panic** attack can occur at any time, and anywhere.
공황 상태는 언제 어디서나 일어날 수 있다.

---

bargain
[báːrgən]

n. 염가판매; 매매(계약)

연상 백화점의 바겐(→바ː건)세일은 염가판매 행사다.

예문 At this price the wine is a **bargain**
이 가격이면 그 와인은 정말 싼 것입니다.

---

frugal
[frúːgəl]

a. 검소한(thrifty); 절약하는 **반** extravagant 사치하는

연상 프랑스와 루마니아 걸(girl 소녀), 즉 프·루 걸(→플루ː걸)들은 검소한 생활을 한다던데.

예문 Children are to be taught to be **frugal** and hard-working.
아이들은 검소하고 부지런하도록 가르쳐야 한다.

refund
[ríːfʌnd]

ⓥ 환불하다; 반환하다 **ⓝ** 환불, 반환(금, 물)

연상 시골마을인 **리(里)**지역의 **fund**(지금)(›리펀드)를 환불해준다 던데. (농가 부채를 탕감해 주기위해)

예문 If you are not satisfied with the goods, the price will be **refunded**.
제품이 만족스럽지 않다면 환불해 드립니다.

economy
[ikánəmi]

ⓝ 경제; 절약

연상 이 **카**(car, 차)라는 놈(물건)이, 다시 말해 이 **카 놈이**(→이카너미) 오늘날 경제를 움직이는 주체이다.

예문 A small number of countries control the world **economy**.
소수의 국가들이 세계경제를 지배하고 있다.

cost
[kɔːst]

ⓝ 가격, 비용(expense) **ⓥ** 비용이 들다

연상 여행은 **코스**와 **터**(장소)(→코스ː트)에 따라 비용이 차이가 난다.

예문 She was unwilling to pay the extra **cost** to get a room to herself.
그녀는 독방을 얻기 위해서 마지못해 비용을 더 지불했다.

invest
[invést]

ⓥ 투자하다

연상 ① **인**(in) **베스트**(best)(베스트 순위 안에 들어있는)(→인베스트) 회사에 **투자하라**.
② **in** + **vest**(조끼)(→인베스트) = 옛날엔 돈을 조끼 안에 넣어가서 **투자했다**.

예문 The industry has failed to **invest** in new product development.
그 산업체는 새 제품의 개발에 투자하지 않았다.

second-hand
[sékənhænd]

ⓐ 중고의(used); 간접적인(indirect)

연상 second-hand(두번째 손)(→세컨드 핸드)에 들어온 물건은 중고의 물건이다.

예문 He bought a **second-hand** car.
그는 중고차를 한 대 샀다.

bill
[bil]

ⓝ 계산서; 지폐; (의회의) 법안

연상 사람을 빌빌(→빌)거리게 하는 것이 지폐나 계산서다.

예문 May I have the **bill**?
계산서 좀 주십시오.

industry
[índəstri]

n. 산업; 근면함(diligence)

연상 인더스 강변의 트리(tree, 나무)(→인더스트리)는 인도의 (산림)산업이다.

예문 The company is one of the fastest-growing **industries** in the world.
그 회사는 세계에서 가장 빨리 성장하고 있는 산업체 중 하나다.

파생 industrial a. 산업의 industrious a. 근면한

income
[ínkʌm]

n. 수입, 소득 **반** outgo 지출

연상 국가나 회사 안으로(in) 들어오는(come)(→인컴) 것이 수입이다.

예문 There has been a rise in national **income**.
국민 소득이 증가되고 있다.

evaluate
[ivǽljuèit]

v. 평가하다; 검토하다

연상 조사원들은 이 밸(이 배를) 유(you)가 ate(먹었다)(→이밸유에잇)고 평가했다.(당신 것으로 만들었다고)

예문 The market situation is difficult to **evaluate**.
시장 상황을 평가하기 어렵다.

contract
[kəntrǽk]

v. 계약하다; 수축하다 **n.** 계약(서)

연상 농장에 쓸 큰 트랙터(→컨트랙트)를 사려고 계약했다.

예문 He entered into a **contract** with his former employer.
그는 이전의 고용주와 계약했다.

depression
[dipréʃən]

n. 의기소침, 우울: 불경기 **반** elevation 고무, 고양

연상 ① 질 나쁜 D급 프레슨(press는, 판금기계)(→디프레션)은 작업자를 우울하게 만드는 불경기의 상징이다.
② 질 나쁜 D급 프레슨(press는, 신문은)은(→디프레션) 우울한 기사가 넘친다.

예문 The country is experiencing a severe economic **depression**.
그 나라는 심각한 불황을 겪고 있다.

예문 in a state of deep depression 의기소침하여

supply
[səplái]

v. 공급하다 **n.** 공급, 공급품

연상 어머니는 아침마다 부엌에 서(서) 달걀 프라이(→서프라이)를 우리에게 공급하다.

예문 The charity **supplies** the old man with food and clothing.
그 자선 단체는 그 노인에게 음식과 옷을 공급해 준다.

boost
[buːst]

v. 경기를 부양하다; (사기·생산력 등을) 높이다

연상 사람들을 부(富. 부유한) 스타(star)(→부스트)가 되도록 하는 것이 경기를 부양하고, 생산력을 높이는 것이다.

예문 The intention of the stimulus is to **boost** spending.
이번 경기부양책은 소비를 늘리기 위한 것이다

예문 **boost** prices 가격을 올리다

---

boom
[buːm]

n. 벼락 경기[인기]; 대성황, 호황

v. 갑자기 경기가 좋아지다: 쿵하고 울리다

연상 ① 정부가 돈을 퍼 부음(집중 투자함)(→부·움)으로써 갑자기 경기가 좋아졌다.
② 시중에 돈이 풀려 갑자기 소비 붐(→부·움)으로 경기의 호황이 있었다.

예문 The semiconductor industry is **booming**.
반도체 산업의 경기가 좋아지고 있다.

---

thrifty
[θrífti]

a. 검소한: 번영[번창]하는

연상 슬리퍼에 티(→쓰리프티)셔츠는 검소한 옷차림이다.

예문 My mother taught me to be **thrifty**.
어머니는 나에게 검소한 생활을 하도록 가르쳤다.

---

retail
[ríːteil]

n. a. 소매(의)   v. 소매하다

연상 시골마을인 리(里)에서 tail(꼬리, 제일 마지막)(→리:테일)로 하는 일이 소매의 일이다.
시골마을인 리(里)에 사는 친구 태일(→리:테일)이는 소매의 일을 한다.

예문 The recommended **retail** price is 20 dollars.
권장 소매가는 20달러이다.

예문 a **retail** dealer 소매상인

---

wholesale
[hóulsèil]

n. a. 도매(의)   v. 도매로 팔다

연상 전체적으로(whole) 판매하는(sale)(→호울세일) 것이 도매하는 것이다.

예문 I am in the **wholesale** trade.
나는 도매업에 종사한다.

예문 a **wholesale** merchant 도매상인

---

lease
[liːs]

v. (토지·건물 등을)임대[임차]하다   n. 임대차 계약(서)

연상 기업체의 공장이나 창고를 짓기 위해 시골 마을인 리(里)(에)서(→리: 서) 땅을 임대한다.

예문 We concluded a contract to **lease** an office building.
우린 사무실 건물 임대차계약을 맺었다.

tenant
[ténənt]

n. (토지·가옥의)세든 사람, 소작인　**반** landlord 지주

v. 세내다. 차용하다

연상 세든 사람, 소작인은 ten(10마리) ant(개미)(→테넌트)와 같다.(개미집 같이 작은 집에 여럿이 모여 사니까)

예문 When is the new **tenant** moving in?
새 세입자가 언제 이사 오나요?

rent
[rent]

n. 집세; 임대　**v.** (토지·가옥 등을) 임대하다, 임차하다

연상 렌트 카(→렌트)는 임대한 차.

예문 He **rents** a house from a rich merchant.
그는 부유한 상인에게서 방을 세 얻는다.

credit
[krédit]

n. 신용(대부); 외상　**v.** 신용하다

연상 크레디트(→크레디트) 카드는 신용 대부, 즉 외상 거래를 하는 카드다.

예문 We bought the washing machine on **credit**.
우리는 세탁기를 신용 거래로 샀다.

loan
[loun]

n. 대여(물), 대출(금); 차관　**v.** (장기간) 빌려 주다

연상 ① 이곳 로온 그라운드(lawn ground; 잔디구장)(→로운)를 은행의 돈처럼 빌려준다.
② 은행이 시중에 돈을 풀어 놓은(→로운) 것이 대출금이다.

예문 The president made it easier for small businesses to get bank **loans**.
대통령은 중소기업들이 은행 대출을 쉽게 받을 수 있도록 했다.

deposit
[dipázit]

n. 예금; 침전물　**v.** 예금하다; 침전시키다

연상 옛날엔 집 뒤 땅을 파서 (돈을) sit(앉아)(→디파짓) 있게 하는 것이 돈을 예금하는(물건을 침전시키는) 방법이었다.

예문 The customer has to **deposit** a minimum of £100 monthly.
고객은 한 달에 최소 100 파운드를 예금해야 한다.

stock
[stak]

n. 재고(품); 증권, 주식

연상 ① 농가에 수탉(→수탁)은 농가의 재고(품)이며 농부에게 증권과 같다. (수익이 나도록 투자해 둔 것이니까)
② 스톡홀름(Stockholm)(→스톡)은 상품 재고가 넘쳐나는 증권의 도시

예문 Lemon and lime juice were both temporarily out of **stock**.
레몬과 라임 주스는 지금 재고가 없다.

fee
[fiː]

n. (변호사 등의) 수수료; 요금; 수업료 **v.** 요금을 치르다

연상 서민들에겐 각종 수수료, 요금은 피(→피ː)를 짜는 것과 같은 것이다.

예문 There is no entrance fee to the museum.
그 박물관엔 입장료가 없다.

insurance
[inʃúərəns]

n. 보험, 보험금

연상 인수의 아버지, 즉 인수 어른은 스스로(→인슈어런스) 보험에 들었다.

예문 The insurance company paid out for the stolen jewellery and silver
보험회사는 도난당한 보석과 은에 대한 보험금을 지불했다.

파생 insure v. 보험에 들다

output
[áutpùt]

n. 생산(량); (전기·컴퓨터의) 출력 **v.** 출력하다

연상 밖으로(out) 내놓는(put)(→아웃풋) 것이 바로 출력하는, 산출하는 것이다.

예문 The daily output of chemical products has increased by 8%.
화학제품의 일일 생산량이 8% 증가했다.

labor
[léibər]

n. 노동, 일; 노동자 **v.** 일하다

연상 노동, 일은 내의(속옷) 버(→레이버)립니다. (노동하면 땀이 나서)

예문 labor force 노동력

예문 He labored to accomplish the project.
그는 사업을 완수하려고 노력했다.

파생 laborious a. 힘드는, 고된

pension
[pénʃən]

n. 연금 **v.** 연금을 주다

연상 퇴직자들이 연금으로 지은 숙박시설이 펜션(→펜션)이다.

예문 My father has lived on his pension after his retirement.
아버지는 퇴직한 후에 연금으로 생활해왔다.

import
[impɔ́ːrt]

v. 수입하다 **n.** 수입 **n.** 수입품 **반** export 수출하다

연상 ① 안으로(in) + 항구(port)(→임포ː트) = 항구 안으로 들어오는 것이 수입하는 것이다.
② 내 임은 물 끓이는 포트(pot)(→임포ː트)를 수입하는 사업을 한다.

예문 Europe also imports automobiles from Korea.
유럽도 한국으로부터 자동차를 수입한다.

property
[prápərti]

ⓝ 재산; 소유물; 특성

연상 프로(pro)선수들 몸에서 퍼런 티(→프라퍼티)가 나는 것은 프로 선수의 특성이고 그것이 곧 그들의 재산이다.*(연습으로 인해 퍼런 티가 남)

예문 We are to be careful not to damage other people's property.
우리는 다른 사람들의 재산을 침해하지 않도록 조심해야 한다.

예문 the properties of copper 구리의 특성

---

warehouse
[wɛ́əːrhàus]

ⓝ 창고, 상품보관소; 도매상

연상 컴퓨터의 하드웨어가 보관되어 있는 house(집)(→웨어하우스)가 바로 창고다.

예문 There are many kinds of goods in the warehouse.
그 창고에는 다양한 종류의 물건이 있다.

---

agriculture
[ǽgrikʌ̀ltʃər]

ⓝ 농업

연상 에, 그리(그렇게) culture(경작하는)(→애그리컬쳐) 것이 바로 농업이다.
*culture [kʌ́ltʃər] n. 문화 v.경작하다 : 가지를 칼(로) 쳐(→컬쳐)서 경작하다.

예문 He devoted himself to the development of agriculture.
그는 농업 발전에 헌신했다.

---

evolution
[èvəlúːʃən / ìːvə-]

ⓝ 발전, 진전; (생물) 진화

연상 교육의 방법으로 칭찬 없이 애에게 벌을 우선적으로 하는, 즉 애, 벌 우선(→에벌루:선)적 방법으론 아이를 발전시킬 수 없어.

예문 Darwin's theory of evolution
다윈의 진화론

파생 evolve v. 진화(발전)시키다   evolutionary a. 진화의

---

monetary
[mʌ́nitəri]

ⓐ 화폐의; 금융의, 재정의

연상 어디에선가 머니(money)를 많이 털이(→마니터리)해 올려고 하는 것이 화폐의, 금융의 속성이다.

예문 The firm is in monetary difficulties.
그 회사는 재정난을 겪고 있다.

예문 International Monetary Fund
국제 통화 기금(IMF)

---

budget
[bʌ́dʒit]

ⓝ 예산(안); 경비 ⓥ 예산을 세우다

연상 새 바지(→바짓)를 살려면 예산을 세워야 한다.

예문 We need to budget for a fuel increase this winter.
이번 겨울 연료 증가를 위한 예산을 세워야 한다.

benefit
[bénəfit]

n. 이익(profit); 은혜　**v.** 이익이 되다

연상 영화「벤허」에서 벤허가 흘린 피(→베너핏)는 많은 사람들에게 큰 이익이 되었다.

예문 Both sides have **benefited** from the talks.
양측이 모두 그 대화를 통해 이익을 보았다.

stabilize
[stéibəlàiz]

v. (물가·통화를) 안정시키다; 안정 장치를 하다

연상 나를 안정시키는 것은 손으로 만든 수제(手製) 테이블의 나이(만들어진 해수), 즉
수(手)테이블의 나이지(→스테이벌라이즈)! (만들어진 해수가 오랜 것이 더 안정감이 있고
단단한 나무를 사용했으니까)

예문 The government took measures to **stabilize** prices.
정부는 물가를 안정시키려는 조치를 취했다.

파생 stabilization　n. 안정

fluctuate
[flʌ́ktʃuèit]

v. (기온, 생각, 정책, 물가 등이) 변화하다, 동요하다.

연상 바람에 옷을 풀럭거리며 추하게 음식을 ate(먹는)(→풀럭츄에잇) 사람은 생각이 늘
변화하는 사람이다.

예문 Bank profits do **fluctuate** through a cycle.
은행 이윤은 주기적으로 변동한다.

파생 fluctuating　a. 변동이 있는

bid
[bid]

v. 명령하다; 입찰하다　**n.** 입찰

연상 왕은 숨겨놓은 칼, 즉 비도(秘刀)(→비드)를 빼들고 명령했다.

예문 The merchant **bid** three million dollars for the painting.
그 상인은 그림 값으로 3 백만 달러를 불렀다

UNIT 02 TEST

[1~12] 보기에서 영어에 해당되는 우리말을 찾아 쓰시오.

1. refund _____   2. invest _____

3. commodity _____   4. deduct _____

5. income _____   6. boom _____

7. industry _____   8. thrifty _____

9. contract _____   10. retail _____

11. supply _____   12. evaluate _____

보기 ① 수입 ② 계약하다 ③ 공급하다 ④ 소매(의) ⑤ 평가하다 ⑥ 검소한 ⑦ 빼다
     ⑧ 상품 ⑨ 환불하다 ⑩ 투자하다 ⑪ 산업 ⑫ 벼락 경기

[13~17] 다음 빈칸에 들어갈 적절한 어휘를 고르시오.

13. I _____ three million dollars for the painting.

14. During the crisis, oil prices _____ between $20 and $40 a barrel.

15. As children we were taught to be _____ and hard-working.

16. Some countries tighten _____ policy to avoid inflation.

17. What's our _____ for new computer equipment this year?

보기 ① fluctuated ② frugal ③ monetary ④ budget ⑤ bid

[18~21] 다음 빈칸에 들어갈 적절한 어휘를 고르시오.

18. The new irrigation system has tripled the farm's _____ .

19. The intention of the stimulus is to _____ spending.

20. I'm sure my _____ company will pay for the repairs.

21. Our country has to _____ most of its raw materials.

보기 ① insurance ② import ③ output ④ boost

정답 1.⑨ 2.⑩ 3.⑧ 4.⑦ 5.① 6.⑫ 7.⑪ 8.⑥ 9.② 10.④ 11.③ 12.⑤
     13.⑤ 14.① 15.② 16.③ 17.④ 18.③ 19.④ 20.① 21.②

Further Study

output 생산(량), 산출

produce 생산고: 농산물

productivity 생산성, 생산력

supplier 공급자, 납품업체

sparing 절약하는, 검소한

consumer 소비자

consumption 소비자 물가지수

consumer confidence 소비자 신뢰도

cut-back (생산의)축소, 삭감

made-to-order 맞춘, 주문받아 만든

reject rate 불량품률

out of stock 품절된(↔ in stock)

impulse buying 충동구매

outlet 직영 소매점

market price 시가

competition 경쟁

market research 시장 조사

market share 시장 점유율

marketable 시장성이 있는

ship (상품을) 출하하다, 선적하다

retail price 소매가격

domestic market 국내시장

wholesaler 도매업자

distribute (상품을) 유통시키다

quote 견적액

economize 절약하다

slowdown 경제 성장의 둔화

freeze (물가·임금의) 동결, 동결시키다

economist 경제학자

national economy 국민경제

sluggish 부진한, 불경기의

infrastructure 경제기반, 하부구조

stagnation 불경기, 경기침체

fall in value 가치가 하락하다

overprice 넘어선 가격

be in high demand 수요가 많다

jackpot 최고상금

lending institution 융자 기관

skyrocket 가격이 치솟다

sum
[sʌm]

n. 합계, 총계; 금액 **v.** 합계하다; 합계 ~이 되다; 요약하다
연상 한국에 있는 섬(→섬)의 합계는 얼마나 될까?
예문 You will receive the **sum** of £300.
당신은 총 300파운드를 받게 될 것이다.

---

tax
[tæks]

n. 세금 **v.** 과세하다; 무거운 부담을 주다
연상 택시(Taxi)비에는 세금(→택스)이 포함되어 있다.
예문 Many self-employed people are heavily **taxed**.
많은 자영업자들에게 무거운 세금이 부과되었다.

---

debt
[det]

n. 빚, 부채
연상 우리 주변엔 마치 뜨거운 물에 데듯이 빚, 부채에 뎄(→뎃)다는 사람이 많다.
예문 He is in **debt** to her for almost a thousand dollars.
그는 그녀에게 1,000 달러 가까운 부채가 있다.

---

auction
[ɔ́:kʃən]

n. 경매 **v.** 경매에 부치다
연상 ① 인터넷 매장 옥션(→옥:션)은 경매라는 뜻이다.
② 옥을 써서 만든, 물건, 즉 옥 쏜(→옥:션) 물건을 경매에 부쳤다..
예문 He put up the building at an **auction**.
그들은 그 건물을 경매에 내놓았다

---

finance
[fáinæns]

n. 재정, 금융 **n.** 재원 **v.** 자금을 공급하다
연상 최근에 종합 파이낸스(→파이낸스)라는 금융 회사들이 많이 생겼다.
예문 He improved the **finances** of the city.
그는 시의 재정 상태를 개선했다.
파생 financial n. 금융의, 재정의

premium
[prí:miəm]

n. 할증금; 포상금

연상 풀이 미음(→프리:미엄)을 먹었다면 풀이 보너스, 할증료를 받고 있는 것이나 마찬가지다.

예문 You'll be paid a **premium** if you finish the work.
그 일을 끝내면 포상금을 받게 될 것이다.

consumption
[kənsʌ́mpʃən]

n. 소비, 소비액; 소모

연상 큰 쌈(싸움)에선(→컨삼션) 국력의 소비가 심하다.

예문 The laws have led to a reduction in fuel **consumption** in the US
그 법은 미국에서 연료 소비가 감소되는 결과를 낳았다.

recession
[riséʃən]

n. 경기 침체; 퇴거, 후퇴

연상 시골마을 리(里)를 세(貰)를 주고 쓴(→리세션)다면 경기가 후퇴되어 경기침체가 올 것이다.(비용이 많이 들 것이기 때문)

예문 Germany suffered from steep **recession** last year.
독일은 지난해 심한 경기 침체를 겪었다.

slump
[slʌmp]

n. (물가 등의)폭락; 불경기; 하락, 부진   **v.** 쇠퇴하다

연상 한국 축구가 슬럼프(→슬럼프; 부진)에 빠져 있던 그해 경기도 불경기였다.

예문 Net profits **slumped** by 41% last year.
지난해 순이익이 41%나 급감했다.

expenditure
[ikspénditʃər]

n. 경비, 비용, 지출   **반** income 수입

연상 익서 pen(펜)이 뒤쳐(→익스펜디쳐)져서(질이 나빠서) 새로운 펜을 살 경비가 필요하다.

예문 A basic annual **expenditure** will not decrease.
연간 기본경비는 줄지 않을 것이다.

merchandise
[mə́:rtʃəndàiz]

n. 상품, 제품

연상 섬유 상품(제품)은 옷감이 뭣이든 천이란 천은 다이지(모두이지)(→ 머천다이즈).

예문 She bought several pieces of **merchandise** at the department store.
그녀는 백화점에서 몇 가지 물건을 샀다.

welfare
[wélfɛ̀əːr]

ⓝ 복지(사업)

연상 ① 잘(well) 걷힌 통행료(fare)(→웰페어)은 복지(사업)의 밑거름이 된다.
② well(좋게) 만들어야 하는 폐허(→웰페어)지대에 복지사업을 한다.

예문 The government's policies will promote the welfare of all citizens.
정부의 정책은 시민들의 복지를 증진시킬 것이다.

---

estate
[istéit]

ⓝ 토지, 부동산; 재산(property)

연상 움직일 수 없이 이 스테이트(state:상태)로 머물러 있는 것이 부동산이다.

예문 The family owns a large real estate in the California.
그 가족은 캘리포니아에 많은 부동산을 소유하고 있다.

---

luxury
[lʌ́kʃəri]

ⓝ 사치스러운 생활; 사치품 ⓢ extravagance

연상 사치품을 사용하는 사람은 보통 넉살이(→럭셔리) 좋다.

예문 Human appetite for luxury goods is bottomless.
사치품에 대한 인간의 욕망은 끝이 없다.

---

wage
[weidʒ]

ⓝ 임금; ⓥ (전쟁을)하다 ⓒⓕ salary(사무직 노동자의 급료)

연상 노조가 회사와 전쟁을 하는 것은 왜이지(→웨이지)? 그것은 임금 때문이야.

예문 Women's wages were lower than men's.
여성의 임금이 남성의 그것보다 적었다.

---

impose
[impóuz]

ⓥ (임무 등을) 부과하다; 강요하다

연상 ① 사랑하는 임이 pose(자세)(→임포우즈)를 취하는 것은 나에게 사진 찍어라는 임무를
부과하는 것이다.
② "임의 포즈"라는 영화에서 감독은 여배우에게 남자의 임이 되어 남자를 열렬히
사랑하는 임의 포즈(→임포우즈)를 취하는 배역을 부과했다.

예문 They impose high taxes on wine.
술에 높은 세금을 부과한다.

---

extravagant
[ikstrǽvəgənt]

ⓐ 사치하는, 낭비하는; 매우 비싼 ⓐ frugal 검소한

연상 수입이 적은 엑스트라(extra; 단역 배우) 애들이 생활하기에 버거운
터(장소)(→익스트래버건트)가 바로 사치하는 곳이다.

예문 You mustn't be so extravagant with other people's money.
남의 돈이라고 낭비해서는 안 된다.

franchise
[frǽntʃaiz]

n. 독점 판매권; 특권; 가맹점 **v.** 독점 판매권을 주다

연상 요즘 유명 가게들은 거의 독점 판매권을 가진 회사의 가맹점인 프랜차이즈((→프랜챠이즈)이다.

예문 Poor sales are threatening to destroy the franchise.
저조한 매출액 때문에 그 가맹점은 도산 위기에 처해 있다

---

demand
[dimǽnd]

n. 수요(량), 요구 **v.** ~을 요구하다

연상 요즘 3D 업종에 인력수요, D급 업종에 일한 man을 더(→디맨드) 요구하는, 수요가 많다.

예문 This book is in great demand.
이 책의 수요가 많다

---

dividend
[dívidènd]

n. (주식, 보험의) 이익배당, 배당금

연상 이익금을 divide(나누어서) end(끝에)(→디비덴드) 가지는 것이 배당금이다

예문 The dividend will be paid on December 29.
배당금은 12월 29일에 지급될 것입니다

---

brisk
[brisk]

a. 활발한, 번창하는(=lively)

연상 ① 갑자기 불이 쏵(→브리스크) 커지더니 활발한 모습으로 오르더구나.
② A급 risk(위험)는 위험도가 높아서 사업을 잘 안하는데, B급 risk(→브리스크)가 되니 사업 활동이 활발하다.

예문 Business is not brisk during the summer holiday.
여름휴가 동안에는 경기가 활발하지 않다.

---

export
[ikspɔ́ːrt]

v. 수출하다 **n.** 수출; 수출품 **반** import

연상 엑스포(→익스포:트)를 여는 것은 제품을 수출하기 위해서다.

예문 Cotton fabric was one of the chief Korean exports.
면직물은 한국의 주요 수출품 중의 하나였다.

---

soar
[sɔːr]

v. 날아오르다; (물가가) 급등하다(=surge)

연상 화살을 쏘(→소:)아 올리면 하늘로 날아오른다.

예문 Inflation has soared from 5% to 15%.
인플레이션 비율이 5%에서 15%로 치솟았다.

fund
[fʌnd]

n. 자금, 기금

연상 펀드 매니저는 자금 투자를 관리하는 유망한 직종이다./자금은 펀들(→펀드)거린다.

예문 Member nation can receive help from the disaster relief **fund**.
회원국은 재난구호기금으로부터 도움을 받을 수 있다.

interest
[íntərist]

n. 이자; 이익; 관심

연상 일하는 inter(사이사이에) 취하는 휴식(rest)(→인터리스트)은 생활의 이자와 같은 것으로 몸에 이익도 되고 사람들 관심도 끈다.

예문 You should pay **interest** on a loan each month.
달마다 융자금에 대해 이자를 내야 한다.

예문 with interest 흥미를 가지고

예문 national interest 국익

check
[tʃek]

v. 저지하다; 대조하다, 점검하다 **n.** 저지; 점검; 수표

연상 체크 카드(→체크)는 수표와 같은 거라서 수시로 사용액수를 점검해야 한다.

예문 You must **check** your suitcase before leaving.
떠나기 전에 가방을 점검해 보아야 한다.

withdraw
[wiðdrɔ́:]

v. 철수하다; (돈을)인출하다(=take out)

연상 돈을 with(가지고) draw(끌고) (→위드로)가는 것이 돈을 인출하는 것이고 무기를 가지고 나가는 것은 군인이 철수하는 것이다.

예문 She **withdrew** 5,000 dollars from a bank account.
그녀는 계좌에서 5000달러를 찾았다.

endorse
[indɔ́:rs]

v. (어음, 서류 등에) 이서하다; 보증하다

연상 수표를 넘겨준다는 뜻의 글, 즉 인도(引渡)서(書)(→인도:스)를 쓰는 것이 수표에 이서하는 것이다.

예문 The payee of the check must **endorse** the check.
수표의 수취인은 그 수표에 배서해야 한다.

deficit
[défəsit]

v. 부족(액); 적자 **동** deficiency **반** surplus 남아도는

연상 알짜가 아닌 큰 껍질, 즉 대피(大皮)를 싣고(→대피싯)있으니 사업이 적자이고 수입이 부족할 수밖에 없다.

예문 You cannot cut a budget **deficit** simply by raising taxes.
세금을 올리는 것만으로 예산 적자를 줄일 수는 없다.

mortgage
[mɔ́:rgidʒ]

n. 저당, 저당금 **v.** 저당 잡히다

연상 옛날에 은행에서 대출할 때 저당 잡힌 것이 바로 목이지(→모:기지)! (빚을 안 갚으면 언제 잘라도 좋다고 목을 맡김)

예문 They had to **mortgage** their house to pay the bills.
그들은 그 돈을 지불하기 위해 집을 저당 잡혀야 했다.

---

tariff
[tǽrif]

n. 관세(율)표, 관세; (철도, 전신) 요금표

연상 관세나 요금표는 세금의 범위가 어디까지인가를 테(=테두리)와 if(만약에=조건)(→태맆)이 있다.

예문 British industry was sheltered from foreign competition by protective **tariffs**.
영국의 산업체는 보호관세에 따라 외국과의 경쟁에서 보호받고 있다.

---

delinquent
[dilíŋkwənt]

a. 체납되어 있는, 죄를 범한, 비행의 **n.** 비행청소년; 체납자

연상 사회와의 관계를 질이 나쁜 D급, link(연결)를 원하는(want)(→디링퀀트) 사람이 바로 체납자이거나 비행청소년일 것이다. (d급 연결은 좋지 못한 연결임)

예문 They are **delinquent** on their credit card balances
그들은 카드빚이 연체되었다

---

outgo
[àutgóu]

n. 지출 **v.** 능가하다

연상 돈이 out(밖으로) go(나가는)(→아웃고우) 것이 지출이다.

예문 The government increased the **outgo**.
정부는 지출을 늘렸다.

---

slack
[slæk]

n. 불황(기), 침체 **a.** (옷 따위가) 느슨한(loose)

연상 느슨한 슬랙(→슬랙) 바지처럼 경기가 느슨한 것이 불황기 상황이다.

예문 There is some **slack** in the shipbuilding industry.
조선업이 약간 침체되어 있다.

---

embargo
[imbá:rgou]

n. 통상정지, 출항[입항] 금지 **v.** (선박의) 출항[입항]을 금지하다

연상 사랑하는 임이 bar(술집)에 go(가면)(→임바고우) 그 임과는 관계를 통상정지를 하겠다.

예문 The United Nations imposed an arms **embargo** against the country.
UN은 그 나라에 대한 무기 금수 조치를 취했다.

166

invoice
[ínvɔis]

n. 송장(送狀)(상품 발송의)

연상 옛날엔 수출 송장을 in voice(음성으로)(→인보이스)했어요.

예문 We will then send you an **invoice** for the total course fees.
우리는 총요금에 대한 송장을 보낼 것이다.

teller
[télər]

n. 금전출납계원; 말하는 사람

연상 금전 출납에 대해서 tell(말해주는), -er(사람)(→텔러)이 금전출 납계원이다.

예문 He's handing the money to the a receiving **teller**.
그는 은행 수납 계원에게 돈을 주고 있다.

default
[difɔ́:lt]

n. 채무불이행, 태만

연상 국가나 개인의 D급 fault(결점)(→디포올트)은 아마 채무불이행이다.

예문 He **defaulted** on his loan payments.
그는 대출금에 대한 채무를 불이행하고 있다.

bond
[bɔnd]

n. 채권, 공채 증서

연상 본드(→본드)처럼 붙어있는 권리가 채권이다.

예문 The corporate **bond** will reach maturity in ten years.
그 회사채는 10년 후에 만기가 된다.

portfolio
[pɔ́:rtfóuliòu]

n. (투자자가 갖는) 유가증권, 일람표

연상 유가증권(일람표)이 들어올 때는 port(항구)에 포가 울리오(우)! (→포:트포울리오우)
(환영하는 축포가 울리오)

예문 My father holds stocks in 17 companies in her **portfolio**.
아버지는 유가증권으로 17개 회사의 주식을 소유하고 있다.

surge
[sə:rdʒ]

v. 물가가 급등하다 **n.** 큰 파도, 파동

연상 그쯤에서 서지 서지(→서:지)할 때 물가는 급등한다.

예문 Lately prices are **surging** up.
최근에 물가가 급등하고 있다.

inventory
[ínvəntəri]

n. 물품 명세서; 재고 목록, 재고품

연상 물품명세서, 재고 목록이 늘어나게 하는 것이 invent리(발명이리)(›인번터리)! (발명이 많으면 재고가 늘어나기 때문)

예문 They made an **inventory** of the goods.
그들은 물품 명세서를 작성했다.

---

appraise
[əpréiz]

v. (사람·능력 등을) 평가하다; (자산·물품 등을) 감정하다

연상 a(하나)의 praise(칭찬)(→어프레이즈)하는 것이 평가하는 것이다.

예문 Managers are to **appraise** all staff.
관리자들은 모든 직원에 대해 평가를 해야 한다.

---

consignment
[kənsáinmənt]

n. 위탁(판매), 탁송

연상 물건을 위탁(판매)할 때 큰(con) sign(사인)을 하고 ment(멘트; 말)(→컨사인먼트)를 하고 나서 판매한다.

예문 The first **consignment** of food has already left New York.
식품의 첫 탁송물은 이미 뉴욕을 떠났습니다.

---

depot
[díːpou/ dépou]

n. 저장소; 보관소

연상 군에서 대포(→데포우/디:포우)는 병기 저장소에 보관해야 한다.

예문 The U.S. agency currently operates 22 supply **depots** worldwide.
미국 국방부 군수본부는 보급창 22개를 전세계에 걸쳐 운영하고 있다.

---

encompass
[inkʌ́mpəs]

v. 둘러싸다, 포위하다(surround);포함하다

연상 내 친구 앤(En)이 com(컴퓨터)으로 pass(보내는)(→인컴퍼스) 것에는 여러 가지 내용을 포함하고 있거나, 그것을 둘러싸고 있는 내용도 있다.

예문 The job **encompasses** a wide range of responsibilities.
그 업무는 다양한 책무를 포함한다.

---

stagnant
[stǽgnənt]

a. 흐르지 않는, 정체된; 불경기의

연상 수(水;물) 퇴거는 (→스태그는(트)) 흐르지 않는, 정체된 물을 퇴거시키는 것이다.

예문 The **stagnant** economy has been taking a toll on the department stores.
경기 침체로 백화점 업종은 큰 타격을 입고 있다.

파생 stagnancy, −nance n. 정체; 침체; 불경기

168

unstable
[ʌnstéibəl]

a. 불안정한, 흔들거리는

연상 ① un(=not) + stable(안정된)=불안정한
② 추위에 언 수테이블(수 놓은 테이블)(→언스테이블)은 사용하기에 불안정하다.

예문 The political situation remains highly **unstable**.
정치 상황이 여전하게 대단히 불안정하다

slowdown
[slóudàun]

n. 경기 후퇴; 속력을 늦춤, 감속

연상 경기가 slow(느려지고), down(아래로)(→슬로우다운) 향하는 것이 경기후퇴다.

예문 You must prepare for the coming **slowdown** in the Chinese economy.
한국은 다가오고 있는 중국의 경기 성장 둔화에 대비해야 한다.

volatile
[válətil]

a. (가격 등이) 심하게 변동하는; 휘발성의

연상 어떤 물질을 표면에 발라서 튈(→발러틸) 경우 그것은 휘발성의 물질이다. 휘발성이 있는 물질은 가격이 심하게 변동하는 경우가 많다.

예문 The price of oil is likely to remain **volatile** in the near future.
원유가격은 당분간 급격한 변동이 계속될 것으로 보인다

consultant
[kənsʌ́ltənt]

n. (회사 따위의) 컨설턴트, 고문

연상 건설현장 텐트(tent)(→ 컨설턴트)에 회사 고문이 근무한다.

예문 After hearing the symptoms, the **consultant** refers callers to the appropriate medical services.
증세를 들은 후 컨설턴트는 상담자를 적절한 병원으로 안내해 준다.

paycheck
[péitʃek]

n. 봉급, 임금. 봉급지불수표

연상 pay(보수)를 check(수표)(→페이첵)로 지급했으니 그게 바로 봉급이다.

예문 It must be tough to live on your daddy´s **paycheck** alone.
너희들은 아빠의 월급만으로 살기가 힘들겠구나.

managerial
[mænədʒíəriəl]

a. 경영의; 관리의

연상 manager(관리자)들이 리얼(real, 진실)(→매너지리얼)하게 일하는 것이 바로 경영의 일이다.

예문 It will make competition for **managerial** control fairer and more transparent.
공시규정을 그런 식으로 개정하게 되면 경영권을 차지하려는 경쟁이 한결 공정해지고 더욱 투명해질 것이다.

conglomerate
[kənglámərət]

n. (거대) 복합기업, 대기업

연상 거대 복합기업은 큰 거라(=큰 것이라) 뭐(든지) ate(먹었다)(→컨그라머럴)(작은 공장을 잡아먹어 복합기업이 되었다는 뜻)

예문 One of seven global media **conglomerates** dominate the industry.
세계 7대 미디어 기업 중의 하나가 그 기업체를 지배하고 있다.

---

transferable
[trænsfə́ːrəbəl]

a. 양도할 수 있는; 옮길 수 있는

연상 transfer(옮기다)+able(할 수 있는)(→트렌스퍼ː러블)=옮길 수 있는, 양도할 수 있는

예문 This ticket is not **transferable**.
이 표는 양도할 수 없다.

---

apparel
[əpǽrəl]

n. 의복, 의상,

연상 동대문 어패럴, 남성 어패럴(→어패럴) 등의 상호는 의복, 옷을 판매하는 매장 이름이다.

예문 The store sells women's and children's **apparel**.
그 가게는 여성과 아동복을 판매한다.

---

brochure
[brouʃúər]

n. (홍보용)소책자, 팸플릿

연상 부(富;부유함)로 가는 슈어(sure;확실한)(→부로우슈어) 길을 보여주는 소책자들이 많다.

예문 For a complimentary **brochure**, contact your travel agent.
무료 소책자를 원하면, 여행사에 연락하세요.

---

installment
[instɔ́ːlmənt]

n. 할부, 월부

연상 in (안에)+ stall(가게) + ment(말하기)(→인스토올먼트)= 현금 없이 가게 안에서 말하고 산다면 그것은 할부로 사는 것이다.(stall; 서 있는 tall(키 큰)(→스톨) 건물이 가게다).

예문 She sold the car before she paid the **installments**.
그녀는 할부금을 다 지불하기 전에 그 차를 팔았다.

---

customs
[kʌ́stəms]

n. 관세; 세관

연상 custom(관습)이 s (여럿, 복수)(→커스텀즈)로 있는 곳이 세관이다.(여러 나라 물품을 다루어야 하는데, 나라마다 관습이 다르니까)

예문 You will have to declare these goods when you go through **customs**.
세관을 통과할 때 이 물품을 신고해야 한다.

barge
[bɑːrdʒ]

ⓝ **거룻배, (바닥이 평평한) 짐배**

연상 옛날에 **거룻배**들이 짐을 싣고 갔던 곳이 bar지(술집이지)(→바::지)! (술 나르는 수단으로 많이 사용되었으니까)

예문 They towed the **barge** out to the freighter.
그들이 거룻배를 화물선이 있는 데까지 끌고 갔다.

---

remittance
[rimítəns]

ⓝ **송금: 송금액**

연상 옛날 행정 단위가 시골 마을인, 리(里) 밑은 은(銀)을 써서(→리미턴스) 송금함. (금과 은이 돈과 같았다)

예문 You will receive the book on **remittance** of the balance.
잔액을 송금하면 그 책을 드리겠습니다.

파생 remit v. 송금하다

---

annulment
[ənʌ́lmənt]

ⓝ **무효화, 취소, 폐지**

연상 방송국 사장이 아나운서의 어눌한 멘트(→어널먼트)는 무효화하고 정정 보도했다.

예문 After thirteen years, Henry sought the **annulment** of marriage.
13년이 지난 뒤에, 헨리 씨는 혼인 무효를 요청했다.

---

arbitrate
[ɑ́ːrbitrèit]

ⓥ **중재하다, 조정하다**

연상 방송국에선 아! 비트(음악) rate(비율)(→아:비트레이트)과 다른 음악 비율을 반반씩 방송하라고 중재하라!

예문 The manager **arbitrated** between two parties in a dispute.
관리자가 양자 사이의 분쟁을 중재했다.

파생 arbitration n. 중재, 조정 arbitrator n. 중재자, 조정자

---

annotate
[ǽnətèit]

ⓥ **(~에) 주(주석)를 달다, 주석하다**

연상 우리집 애(=아이)인 너, 데이트(date)(→애너테이트) 내용에 주를 달아 제출하라. 아버지인 나에게 보고하라.

예문 The professor **annotated** the report with comments.
그 교수가 그 보고서에 논평을 달았다.

파생 annotated a. 주석 달린

---

alliance
[əláiəns]

ⓝ **동맹: 제휴**

연상 동물 농장에서 all(모든) 동물들이 리이언스(lions; 사자들)(→얼라이언스)과 동맹을 맺었다.(살아남으려고)

예문 The company is in **alliance** with some other companies.
그 회사는 다른 회사들과 제휴를 맺고 있다.

antitrust
[æ̀ntitrʌ́st]

ⓐ **독점 금지의**

연상 안티(반대자)들이 트러스트(trust;독점적 기업활동)(→앤티트러스트)에 대해 하는 일이 독점 금지의 활동이다.

예문 It is clear that the **antitrust** laws need revision.
독점 금지법의 개정 필요성이 분명해졌다.

fantastic
[fæntǽstik]

ⓐ **환상적인, 굉장한**

연상 fan(선풍기, 송풍기)의 태(두리)를 스틱(→팬태스틱)으로 한다면 성능이 환상적인 것이 될까?

예문 What a **fantastic** party!
환상적인 파티야!

파생 fantasy n. 환상, 공상

ledger
[lédʒəːr]

ⓝ **회계장부, (회계) 원장**

연상 레저(leisure;여가)(→레저)) 비용은 회계장부에 꼭 기록해야 한다.

예문 She entered figures in the purchase **ledger**.
그녀는 구입 원장에 숫자를 기입했다.

inconsistent
[ìnkənsístənt]

ⓐ **일치하지 않는**

연상 집안에(in) 있는 큰 시스턴(sister는; 누이는)(→인컨시스트(트)) 서로 의견이 일치하지 않는다.(큰 누나들은 자기주장이 강해서)

예문 The account book is **inconsistent** with the financial statements.
그 회계장부는 재무제표와 내용이 안 맞는다.

liable
[láiəbəl]

ⓐ **책임을 져야 할; ~ 하기 쉬운**

연상 lie(거짓말 하다) + able(할 수 있는)(→라이어벌)= 거짓말 할 수 있는 사람은 나쁜 짓을 하기 쉬운 사람이고, 자기 말에 책임을 져야할 사람이다.

예문 You are **liable** for the damage.
손해 배상의 책임은 당신에게 있소.

파생 liability n. 책임, 책무

outlay
[áutlèi]

ⓝ **지출; 경비**

연상 돈을 지갑 out(밖에) lay(내어놓는)(→아우트레이) 것이 지출이다

예문 It will involve a heavy **outlay**.
거기에는 많은 경비가 소요될 것이다.

reimburse
[riːimbə́ːrs]

v. (빚 따위를) 갚다; 상환하다; 변제하다

연상 시골 마을 리(里)에 사는 임이 버스(→리·임버:스)를 사고 그 빚 을 상환했다.

예문 You will be **reimbursed** for all expenses.
당신은 모든 비용을 변상 받게 될 것이다.

파생 reimbursement **n.** 변제, 상환

stringent
[stríndʒənt]

a. 절박한; 엄격한(규칙 따위)

연상 ① 시가전, 즉 street(거리) in(안에서) 전투(→스트린전트)는 엄격한 규정에 의해서 행해져야 한다.(민간이 다치지 않게)

② string(줄, 선)로 하는 전투(gent)(→스트린전트)는 절박한 경우에 엄격한 규정에 의해서 행해져야 한다.(줄을 타고 적진영에 들어가야 하기 때문에)

예문 There would be more **stringent** controls on the possession of weapons.
무기 소지에 대한 보다 더 엄격한 통제가 있게 될 것이다.

예문 **stringent** necessity 절박한 필요성

turnover
[təːrnòuvəːr]

n. 총매상고, 거래액; 이직율

연상 turn(돌리다)+ over(위로)(→터:노우버)= 사장은 직원들에게 늘 총매상고의 수치를 위로 돌리라(=올려라)고 한다.

예문 Daily **turnover** has been as much as 1 trillion won.
일일 총매상고가 1조 원에 달했다.

customize
[kʌ́stəmàiz]

v. ~을 주문을 받아 만들다

연상 ~을 주문을 받아 만들 때 custom(관습)적으로 보는 것이 고객의 아이(eye;눈)지(→커스텀아이즈→ 커스터마이즈)! (눈을 보면 진심을 알 수 있으니까)

예문 **Customized** pages are set up for purchasing and information.
구입 및 정보를 위해 사용자 맞춤형 페이지를 설정할 수 있다.

overprice
[òuvərpráis]

v. 너무 비싼 값을 매기다

연상 실재보다 over(넘어서, 초과해서) price(값을 매기는)(→오우버프라이스) 것이 너무 비싼 값을 매기는 것이다.

예문 Don't **overprice** your house.
집값을 너무 비싸게 매기지 마라.

accrue
[əkrúː]

v. 자연증가로 생기다, (이익·이자가) 생기다; (이익 등을) 축척하다

연상 경회루와 같은 루를 지어 놓으니, 어크, 루(→어크루:)에서 관광수익이 생겼군.

예문 Interest will **accrue** if you keep your money in a savings account.
돈을 저축계좌에 넣어 두면 이자가 축척된다.

deterrent
[ditə́:rənt]

ⓐ 방해하는   **ⓝ** 방해물, 억지물

연상 D급 터를 rent(빌린)(→디터:런트) 것이 회사 발전에 방해물이 되고 있다.

예문 Our nuclear deterrent simply doesn't work.
우리의 핵 억지력은 작동되지 않는다.

overdue
[òuvərdjú:]

ⓐ (지급) 기한이 지난, 미불의(어음 따위)

연상 ① over(넘은) + due(지급 기일이 된; 정해진) = (지급) 기한이 지난
② 빌린 돈을 기간이 over(넘어서) 그대로 두면(→오우버 듀:) 기한이 지난, 미지불의
상태가 된다.

예문 It was long overdue.
기한이 너무 지났다.

payable
[péiəbəl]

ⓐ 지불할 수 있는; 지불해야 하는

연상 pay(지불하다) +able(할 수 있는)(→페이어블) = 지불할 수 있는, 지불해야 하는

예문 The price is payable in monthly installments.
그 가격은 월부로 지불할 수 있다.

transaction
[trænsǽkʃən]

ⓝ (업무의) 처리; 거래

연상 trans(트랜스; 변압기)를 가지고 action(행동)(→트랜스액션) 하는 것이 트랜스를
거래하거나, 처리하는 일이다.

예문 Transactions in land are frequently handled by estate agent.
토지 거래는 빈번히 부동산 중개인에 의해서 이루어진다.

depreciate
[diprí:ʃièit]

ⓥ (화폐를) 평가 절하하다; 가치가 떨어지다

연상 행사가 끝나고 뒤풀이 하면서 쉬(=쉽게) ate(먹은)(→디프리:쉬에이트) 것 때문에
행사의 가치가 떨어졌다.(술마시고 시비해서)

예문 Most goods depreciate in value over time.
대부분의 상품은 시간이 지나면 가치가 떨어진다.

entrepreneur
[à:ntrəprəné:r]

ⓝ 사업가, 기업가

연상 야구에서처럼 사업에서 안타를 쳐서 푸른(빛이 나는) 너, 다시 말해 안타로 푸른
너(→아안트러푸런너:)가 바로 사업가다. (국가경제를 위해서 늘 경제적 안타를 치는
기업가들)

예문 She is a successful entrepreneur.
그녀는 성공한 사업가이다.

outweigh
[àutwéi]

v. ~보다 무겁다; ~보다 중요하다; ~보다 가치가 있다

연상 out(밖으로) + weigh(무게가 나가다)= 무게가 밖으로 벗어나는 것이 바로 "~보다 중요하다"는 뜻이다.

예문 The benefits **outweigh** the risks.
이익이 위험요인을 압도한다.

pitfall
[pítfɔ̀:l]

n. 생각지 않은 위험, 함정

연상 밑으로 몇 피트(feet) fall(떨어지는)(→핏폴올) 것이 바로 함정에 빠지는 것이고, 생각지 않은 위험이다.

예문 It's a **pitfall** many people do fall into.
그것은 많은 사람들이 빠지게 되는 함정이다.

plummet
[plʌ́mit]

v. 수직으로 떨어지다, 폭락하다

연상 어떤 물건을 높은 곳에서 풀어 밑(→플러밑)으로 떨어뜨리면 수직으로 떨어진다.

예문 This caused prices to rise and stocks to **plummet**.
이것은 물가를 상승시키고 주식을 폭락하게 했다.

shareholder
[ʃέərhòuldə:r]

n. 주주(株主) (미국; stockholder)

연상 ① share(주식)을 holder(가진 사람)(→쉐어호울더:)가 바로 주주다.
② 주식을 세어서 holder(가진 사람)(→쉐어호울더:)가 바로 주주다.

예문 You can even buy our stock and come to **shareholder** meetings.
당신은 우리의 주식을 산 뒤 주주총회에 참석할 수도 있다.

receipt
[risí:t]

n. 수령(受領), 영수; 영수증

연상 시골마을 리(里)에서 시트(seat;좌석)(→리시:트) 사고 영수증을 받아라. (시골 사람을 속이려는 이동상인이 많으므로)

예문 She made out a **receipt**.
그녀는 수령증을 작성했다.

representative
[rèprizéntətiv]

a. 대표적인 **n.** 대표자; 판매 대리인

연상 여행중 내내 present(선물)를 팁(→레프리젠터팁)으로 받는 사람들이 바로 대표자다.

예문 I am **representative** of the whole company.
나는 회사 대표자다.

예문 a sales **representative**
영업 대리인[외판원]

realty
[ríːəlti]

n. 부동산(real estate)

연상 재산 중에서 real(실제로) 가진 티(→리ː럴티)가 나는 것이 집과 같은 부동산이다.(부동산은 실제 눈에 보이니까)

예문 I explained to him that he should speak to my **realty** agent.
나는 그에게 나의 부동산 관리인에게 말하라고 설명했다.

lavish
[lǽviʃ]

v. 아낌없이 주다, 낭비하다　**a.** 아낌없는, 손이 큰

연상 젊은이들에게 랩(음악)이 쉬(쉽게)(→래비쉬) 감동을 아낌없이 준다.

예문 She was **lavish** in spending money.
그녀는 아낌없이 돈을 썼다.

collateral
[kəlǽtərəl/ kɔl-]

a. 담보로 한　**n.** 담보물

연상 그는 지금까지 컬렉트(collect)를(모은 것을)(→컬래터럴) 담보물로 은행에서 돈을 빌렸다.

예문 They kept his house **collateral**.
그들은 그의 집을 담보로 잡아두고 있었다.

voucher
[váutʃər]

n. 보증인; (현금 대용의) 상환권, 상품권(coupon)

연상 바우의 처(아내)(→바우쳐)가 나에게 상품권을 주었다.

예문 This **voucher** can be redeemed at any of our branches.
이 상품권은 우리의 어느 지점에서나 상품과 교환할 수 있다.

예문 a hotel voucher 숙박권

browse
[brauz]

v. (상품을) 이것저것 구경하다

연상 순희는 블라우스(blouse)(→블라우즈) 사려고 이것저것 구경했다.

예문 There's plenty of little shops and things to **browse** through to kill time.
시간을 보내기 위해 둘러보며 구경할 작은 가게와 물건들이 많이 있다.

파생 browser n. 상품을 구경하며 다니는 사람

assure
[əʃúər]

v. 보증하다, 보장하다; 확실하게 하다

연상 a(어떤) 것을 sure(확실한)(→어슈어) 것으로 하는 것이 보증하는 것이다.

예문 I **assure** you of her honesty.
그녀의 정직을 보증한다.

warranty

[wɔ́(ː)rənti/ wár-]

n. 보증(서); 담보

연상 war(전쟁) 중에 ran(달릴) 때 입는 티(→워런티)셔츠는 보증서가 있는 제품이어야 한다.(방탄 티셔츠라는 보증서)

예문 The television comes with a full two-year warranty.
텔레비전이 2년 보증으로 출시되었다.

UNIT 03 TEST

[1~12] 보기에서 영어에 해당되는 우리말을 찾아 쓰시오.

1. debt _____   2. auction _____

3. recession _____   4. finance _____

5. expenditure _____   6. merchandise _____

7. extravagant _____   8. welfare _____

9. brisk _____   10. wage _____

11. soar _____   12. impose _____

보기 ① 경기침체 ② 상품 ③ 사치하는 ④ 활발한 ⑤ 경매 ⑥ 부채 ⑦ 부과하다
     ⑧ (물가가)급등하다 ⑨ 재정 ⑩ 경비 ⑪ 임금 ⑫ 복지

[13~17] 다음 빈칸에 들어갈 적절한 어휘를 고르시오.

13. I'm here today to ask for your donation to our disaster relief _____ .

14. She _____ five million won from one's account.

15. The nation's _____ revenues have increased slightly compared to last year.

16. The country is now the biggest middle east _____ market for UK companies.

17. As of 2001, the average _____ on imports was about 13.8%.

보기 ① tariff ② tax ③ fund ④ withdraw ⑤ export

[18~21] 다음 빈칸에 들어갈 적절한 어휘를 고르시오.

18. All figures represent the difference between income and _____ within the year.

19. The fund management was declared in _____ by the investors.

20. The _____ of coal is much greater in winter than in summer.

21. It would be unwise to buy the house before having it _____ .

보기 ① consumption ② appraise ③ outgo ④ default

정답 1.⑥ 2.⑤ 3.① 4.⑨ 5.⑩ 6.② 7.③ 8.⑫ 9.④ 10.⑪ 11.⑧ 12.⑦ 13.③ 14.④
     15.② 16.⑤ 17.① 18.③ 19.④ 20.① 21.②

178

Further Study

regular price 정가

get a discount 할인을 받다

legacy 유산

shipment 선적

deal 거래

dealer 상인

trade balance 무역수지

overseas trade 해외무역

reject rate 불량품률

trade friction 무역 마찰

protection 보호무역제도

valid 유효한, 효력 있는

invalid 무효인

pay back 갚다

arrangement 결정, 협정

letter of credit 신용장

order form 주문서

transfer 이체하다

balance 잔고

creditor 채권자

debtor 채무자

bankbook 예금 통장

principal 원금, 기본재산

savings 저금, 예금

interest rate 이자율, 금리

stock price 주가

stock market 주식시장

securities firm 증권회사

stockholder 주주(=shareholder)

stock exchange 증권 거래소

currency exchange 환전소

securities 유가증권(= stock and bond)

broker 브로커, 거래 중개인

equities 보통주(= common stock)

index 지수

bull market 강세시장

blue chips 우량주

allotment 할당, 분담액

insurance coverage 보험의 보상 범위

convenience store 편의점

Further Study

grocery store 식료품점

mall 쇼핑센터, 몰

salesclerk 점원, 판매원

hawker 행상인

vendor 행상인

reasonable (가격이) 적당한, 비싸지 않은

rip-off 폭리, 바가지

giveaway (판촉을 위한) 무료견본

regular price 정가(cover price)

competitive price 경쟁력 있는 가격

exorbitant prices (터무니없이)비싼 가격

gratis 무료의(=complimentary)

down payment 계약금, 착수금

expire 만기되다

terms and conditions 사용약관

coverage (보증의) 적용 범위

extend (기간을) 연장하다

recall (결함 있는 제품의) 회수

replacement 교체

return 반환, 반품

refundable 환불 가능한

manuals 소책자, 안내서

durable 내구력이 있는

brand-new 신품의, 새로운

built-in 내부에 장착된

easy-to-use 다루기 쉬운

instructions 사용설명서

reliable 믿을만한

tag 정가표, 꼬리표

customized 맞춤형의

bottom line 핵심, 요지

circulation desk 대출 창구

bear market (증권)약세 시장

charity fund 자선기금

price fluctuation 가격 변동

cut down on (양이나 금액을) 줄이다

wipe off (부채 등을) 청산하다

purchasing power 구매력

accounting department 회계 부서

online[wire] transfer 온라인 송금

resume
[rèzuméi]

n. 이력서 **cf. resume** [rizúːm] **v.** 다시 시작하다

연상 이력서는 내주(來週; 다음주)에 매일(→레주메이)로 받습니다.

예문 Your **resume** must be given in by tomorrow.
이력서를 내일까지 제출해 주세요.

---

assembly
[əsémbli]

n. 집회; 의회 **v.** 모으다; (기계를) 조립하다

연상 옛날엔 집회를 하려면 하나(a)의 샘과 불이 (→어셈블리)있어야 했다.(많은 사람이 먹을 수 있는 물과 불이 필요했다.)

예문 The national **assembly** has voted to adopt the budget.
국회는 그 예산안을 채택하기로 표결했다.

---

council
[káunsəl]

n. 지방의회; 회의; 심의회

연상 지방의회는 주민을 위해 카운슬(→카운설)러 (상담자)의 역할도 해야 한다고 봐.

예문 The municipal **council** is due to meet again on Monday.
시 의회는 월요일에 다시 열릴 예정이다.

---

commission
[kəmíʃən]

n. 수수료, 판매수수료; 위임; 위원회

연상 우리회사 com(컴퓨터)의 mission(사명)(→커미션)은 수수료를 받고 위원회의 일을 하는 것.(mission [míʃən]- 친구 미션(→미션)의 사명은 뭘까?)

예문 You will get a 9% **commission** on everything you sell.
당신은 판매하는 모든 물품에 대해 9%의 수수료를 받게 될 것이다..

---

confederation
[kənfèdəréiʃən]

n. 연합, 동맹; 연방(국)(union)

연상 큰 패(패거리)들의 레이슨(race는(경주는))(→컨페더레이션)을 친한 패끼리 연합해서 한다.

예문 US joined the **confederation** after the Japanese attacked.
미국은 일본의 공격이 있은 후에 동맹에 참여했다.

파생 confederate **a.** 연합[동맹]의 **v.** 연합[동맹]시키다

conference
[kɑ́nfərəns]

n. 회의; 협의회

연상 ① cone(콘)처럼 생긴 퍼런 곳에서 언(言) 써(서)(언어를 써서)(→콘퍼런스) 회의를 한다.
② 옛날 여러 칸의 방 중에서 칸이 퍼런 색(→칸퍼런스)으로 표시된 칸에서 회의를 했다.

예문 The conference will be held the next week.
회의는 다음 주에 열릴 것이다.

파생 confer v. 의논하다; 수여하다

---

agency
[éidʒənsi]

n. 대리점; 대리(권), 매개; 기관

연상 대리점엔 품질이 제일 좋은 A급만 전시(→에이전시)한다.

예문 a news agency 통신사 commercial agency 대리점, 특약점
the International Atomic Energy Agency 국제 원자력 기구

파생 agent n. 대리인; 행위자; (수사ㆍ정보 당국의)요원

---

crew
[kruː]

n. 승무원, 선원

연상 배의 추진기 스크루(screw)(→크루)를 움직이는 사람은 배의 승무원이다

예문 The ship has a large crew.
그 배에는 승무원이 많다.

---

personnel
[pə̀ːrsənél]

n. (회사 등의)인원, 전 직원; 인사부[과] **a.** 직원의, 인사의

연상 회사 내의 person(사람들)과 앨(애를)(→퍼:선:앨) 합쳐서 인원이라고 하고 인사과에서 담당한다. (부양하는 애들도 인사과에 이름이 등록되어 있다)

예문 He is a personnel manager.
그는 인사 부장이다.

---

corps
[kɔːr]

n. ~단(團), 단체, ~대(隊); 군단

연상 ① 1970년대까지 우리나라에 파견되었던 피스 코(Peace Corps)(→코:)가 평화봉사단이다.
② 사막의 코끼리(→코:) 군단이 유명하다.

예문 My younger brother is an officer in the Marine Corps.
내 동생은 해병대원이다.

---

unity
[júːnəti]

n. 통일, 단일(성); 합병

연상 윤희의 티(셔츠)(→유: 니티) 는 형식이 통일되어 있다. (윤이 나는 티셔츠로)

예문 Complete political unity is impossible to achieve.
완전한 정치적 통합은 이루기 어렵다.

파생 unite v. 결합하다; 협력하다 united a. 결합한

section
[sékʃən]

n. 구분, 구역; 절단

연상 카드 섹션(→섹션)은 색의 구분을 명확히 하여 구역마다 다른 색의 카드를 사용하여 그림이나 글자를 만드는 것을 말한다.

예문 The tail **section** of the plane was broken.
그 비행기의 꼬리 부분이 파손되었다.

파생 sectional a. 구분된, 부분의

---

strike
[straik]

v. 치다(hit) **n.** 타격; 파업

연상 야구의 스트라이크(→스트라이크)처럼 회사에 타격을 가하는 것이 파업이다.

예문 The union went on **strike**.
노조가 파업에 돌입하다.

---

assign
[əsáin]

v. (책임 등을)부여하다, (일 등을)할당하다(allot)

연상 일을 할당할 때 a(하나씩) sign(사인)(→어사인)해서 부여했다.

예문 This room is **assigned** to us.
이 방은 우리에게 할당되어 있다.

파생 assignment n. 과제

---

recruit
[rikrúːt]

v. 신병(새 회원)을 모집하다 **n.** 신병; 신입사원

연상 ① 옛날에 전쟁이 나면 마을인 리(里)의 큰 나무 그루터기(→리크루트)에서 신병을 모집했다.
② 「리크루트」라는 사이트는 신입사원, 신병 등을 모집하는 현황을 소개하는 사이트다.

예문 The **recruits** were trained for six months.
신병들은 6개월 간 훈련을 받았다.

파생 recruitment n. 신병모집

---

lockout
[lákàut]

n. 직장 폐쇄

연상 직장 문을 lock(잠그고) out(밖으로)(→락아웃) 나가는 것이 직장폐쇄다.

예문 If the offer is rejected, the **lockout** could resume after 80 days.
만약 그 제의가 거절된다면 80일 후 직장 폐쇄가 재개될 수 있을 것이다.

---

shift
[ʃift]

n. 변화; 교대근무

연상 어떤 것을 변화, 바꾸는 것이 쉽다(→쉽(트)).

예문 He tried to **shift** the responsibility onto someone else.
그는 책임을 다른 사람에게 돌리려 했다.

fire
[faiər]

v. 해고하다, 발사하다

연상 ① 종업원에게 fire(불)을 갖다 대는 것과 같은 것이 해고하는 것이다.
② 옛날엔 대포를 발사할 때 화약에 불(fire)(→파이어)을 붙여 발사라고 했다.

예문 He was **fired** from his job.
그는 일자리에서 쫓겨났다.

leave
[li:v]

n. 휴가

연상 회사를 잠시 leave(떠나는)(→리이브) 것이 휴가다.

예문 The executive director was on **leave**.
상무는 휴가 중이다.

trainee
[treiníː]

n. 직업훈련생, 수습사원

연상 train(훈련)이 (→트레이니) 필요한 사람이 직업훈련생이다.

예문 He is a **trainee** from Indonesia.
그는 인도네시아에서 온 직업연수생이다.

파생 traineeship n. 훈련생의 신분

dismiss
[dismís]

v. 해고하다, 떠나게 하다

연상 사장님은 "디스(this, 이것)를 miss(놓치는)(→ 디스미스) 사람이나 디스(this)를 miss(잘못)한 사람은 해고한다."라고 말했다.

예문 He was **dismissed** for drunkenness.
그는 술버릇이 나빠서 해고당했다.

vacancy
[véikənsi]

n. 결원, 공석(=opening)

연상 퇴직한 베이컨 씨(→베이컨시)의 자리가 결원으로 있다.

예문 We must fill up a **vacancy** next week.
다음 주까지 결원을 보충해야 한다.

designate
[dézignèit]

v. 지적하다; 지명하다; 임명하다(=appoint)

연상 ① 대직(代職; 대리근무)은 ate(식사하고)(→대지그네잇)하라고 지적했다.
② design(디자인)하는 일은 ate(밥먹고)(→대지그네잇)나서 지명했다.(배불러야 디자인 잘하니까)

예문 Thompson has been **designated** captain of the team.
Thompson은 그 팀의 주장으로 임명되었다.

파생 designation n. 임명, 지정; 지시

retire
[ritáiə:r]

v. 은퇴(퇴직)하다; 물러가다

연상 시골 마을, 즉 리(里)에 타이어(차를 타고)(→리타이어)로 물러가는 것이 퇴직하는 것이다.
(퇴직하면 주로 시골로 들어간다)

예문 Their retirement policy requires employees to **retire** at age 60.
그들의 은퇴방침은 직원들이 60세에 은퇴할 것을 요구하고 있다.

파생 retirement n. 퇴직, 은퇴; 퇴거   retiree n. 퇴직자   retired a. 퇴직한

settle
[sétl]

v. 해결하다; 정착하다

연상 ① 그들은 강가에 새털(새 터를)(→세틀) 닦아 정착했다.
② 어떤 곳에 모든 것을 갖다 놓는(set), set를(→세틀) 정착하는 것이라 한다.

예문 They **settled** on the river.
그들은 강가에 정착했다.

예문 **settle** problems
문제를 해결하다

파생 settlement n. 해결   settler n. 정착민, 개척민

apply
[əplái]

v. 신청하다(~for), 지원하다; 적용하다

연상 그는 a(하나의) 프라이(fry요리)(→어플라이)를 달라고 신청했다.

예문 He **applied** for a job.
그는 일자리에 지원했다.

파생 application n. 신청; 적용   applicant n. 지원자

skill
[skil]

n. 숙련, 노련; 기술

연상 스킬(=스키를)(→스킬) 타는 데는 숙련(기술)이 필요하다.

예문 This job requires computer **skills.**
이 일은 컴퓨터 능력을 필요로 한다.

파생 skilled a. 숙련된   skillful a. 기술이 좋은, 숙련된

reconcile
[rékənsàil]

v. 화해시키다, 중재하다; 조화시키다

연상 너희 크게 벌어진 사이를, 즉 네 큰 사일(→레컨사일) 중재하고 화해시키겠다.

예문 I was **reconciled** with him.
나는 그와 화해했다.

파생 reconciliation n. 화해; 조화; 체념

negotiate
[nigóuʃièit]

v. 협상하다, 타협하다

연상 니가 여행할 때, 즉 니 go(갈) 시(時), ate(먹는)(→니고우쉬에잇) 것에 대해 미리
협의(협상)한다.(사 먹을지 얻어먹을지에 대해)

예문 The government refuses to **negotiate** with terrorists.
정부는 테러범들과 타협하기를 거부하고 있다.

파생 negotiation n. 협상, 타협

fisherman
[fíʃərmən]

n. 어부, 낚시꾼

연상 fish(물고기). 잡는 -er(사람) + man(사람)(→피셔먼)이 어부다.

예문 The old **fisherman** had red skin.
그 늙은 어부는 불그스레한 피부를 가졌다.

파생 fishery n. 어업, 수산업 fishing n. 낚시질; 어획

carpenter
[kά:rpəntər]

n. 목수 **v.** 목수 일을 하다

연상 공사장까지 타고 갈 car(차)와 설계할 pen(펜)과 집 지을 터(→카:펀터)는 목수에게 필요한 것들!

예문 He works for a **carpenter's** shop.
그는 목공소에서 일한다.

파생 carpentry n. 목수직, 목수일; 목공

architect
[ά:rkitèkt]

n. 건축가, 건축 기사

연상 요즈음 건축가는 아(아이)들의 키와 턱도(→아:키텍트) 고려해야 한다.(아이들에게 편한 집에 대한 관심이 더욱 커지고 있으므로)

예문 Who are the **architects** for the new school?
새 학교를 지을 건축가들이 누구죠?

파생 architecture n. 건축, 건축술

merchant
[mə́:rtʃənt]

n. 상인 **a.** 상인의

연상 ① 뭐, 천(한) 터(→머: 천트)에서 일하는 사람이 상인이라고? 아니야 옛말이야.
② 자기 상품은 뭐든 다 chant(찬양하는)(→머: 천트)사람이 상인이다.

예문 His grandfather was a wine **merchant**.
그의 조부는 술 상인이었다.

파생 merchandise n. 상품

tailor
[téilə:r]

n. 재단사, 재봉사

연상 옷으로 인간의 tail(꼬리)를 감추는 -or(사람)(→테일러)이 바로 재단사다.

예문 The **tailor** makes the man.
옷이 날개다.

butcher
[bútʃər]

n. 푸줏간 주인; 도살자; 학살자 **v.** 도살하다

연상 부처(→부쳐)님은 푸줏간 주인을 싫어할 것 같아. (살생을 싫어하니까)

예문 A **butcher** is a person who sells meat in a shop.
푸줏간 주인은 가게에서 고기를 파는 사람이다.

ambassador
[æmbǽsədər]

n. 대사, 사절

연상 앰배서더(→앰배서드) 호텔은 외국 대사들을 위한 호텔일까?

예문 She is the American **ambassador** to Korea.
그녀는 주한 미국 대사이다.

diplomat
[dípləmæt]

n. 외교관

연상 D등급 풀로 mat(방석)(→디플러매트)을 만드는 사람이 외교관이다.(D(나쁜) 상황으로도 좋은 매트(자리)를 마드는 것이 외교관이란 뜻)

예문 Western **diplomats** are meeting in Geneva this weekend.
서방의 외교관들이 이번 주 제네바에서 만날 예정이다.

minister
[mínistər]

n. 장관; 목사;공사

연상 대통령에 비하면 장관이나 목사는 mini(작은) 스타(→미니스터)다.

예문 He is the **Minister** of Foreign Affairs.
그는 외무장관이다.

attorney
[ətə́:rni]

n. 변호사(lawyer), 대리인

연상 그 사건 "어떠니?"(→어터:니) 하고 자주 묻는 사람이 바로 변호사다.

예문 She is an **attorney** for the plaintiff.
그녀는 원고 측 변호사(대리인)다.

예문 **Attorney** General
(미국의) 법무장관

lawyer
[lɔ́:jə:r]

n. 법률가, 변호사(attorney)

연상 늘 "law(법)이여(→로:이어)!" 라고 외치는 사람이 변호사다.

예문 I consulted a **lawyer**.
나는 변호사와 상의했다

statesman
[stéitsmən]

n. 정치가 (politician)

연상 states(여러 주)에서 대표로 온 man(사람)(→스테이츠먼)이 정치가다.

예문 John F. Kennedy was a great **statesman**.
케네디는 위대한 정치가였다.

correspondent
[kɔ̀:rəspándənt]

n. (신문. 방송 등의)특파원; 통신원 **a.** 일치하는, 상응하는

연상 ① 코로써 respond(응답하는) 사람이(→코 : 러스판던(트)) 특파원이다.
② 코러스(corres)하는 폰든(pond는, 연못은)(→코 : 러스판던(트)이란 특파원의 기사는 다른 통신사 기사와 일치한다.

예문 He was once a war **correspondent**.
그는 한 때 종군 기자였다.

파생 correspond v. 편지를 주고받다; ~에 상응하다 correspondence n. 통신; 일치

astronomer
[əstránəmər]

n. 천문학자

연상 "어서 틀(날틀; 우주선)아 넘어(→어스트라너머)서 가자 저 우주를" 이라고 말하는 사람이 천문학자다.

예문 He is a famous **astronomer**.
그는 유명한 천문학자이다.

파생 astronomical a. 천문학상의 astronomy n. 천문학
astronaut n. 우주 비행사 astrology n. 점성술

knight
[nait]

n. 기사; 기사의 작위

연상 군주와 시민을 지키느라 나이트(night; 밤)(→나이트)에 많은 활동을 했던 사람이 기사였다.

예문 He aspired to be a **Knight** and was a talented young man.
그는 기사가 되기를 열망했고 재능도 있는 젊은이였다.

예문 black **knight** (상업) 적대적 기업 인수를 꾀하는 회사

파생 knighthood n. 기사의 신분

clerk
[klə:rk]

n. (회사 등의) 사무원, 서기; 점원

연상 클락(clock; 시계)을 판매하는 것이 점원(clerk)(→클라악)임

예문 You can ask the **clerk** working at the drugstore.
약국 직원에게 물어보세요.

professor
[prəfésər]

n. 교수

연상 ① 어려운 것을 쉽게 풀어(서) 패스(pass;전달)(→프러페서)해주는 사람이 교수다.
② pro(전문직)로서 지식을 패스(→프러페서)해주는 사람이 교수다.

예문 My father is a **professor** of English literature.
내 아버지는 영문학 교수다.

career
[kəríər]

n. 직업; 경력, 이력

연상 커리어 우먼이란 직업이 있는 여성을 말한다.

예문 He`s hoping for a **career** as a singer.
그는 가수라는 직업을 갖기를 희망하고 있다.

mechanic
[məkǽnik]

n. 기계공; 정비사

연상 기계공은 기계에서 뭐 캐니(뭣을 캐내니)(→머캐닉)? 기계에서 결함을 캐내지.

예문 A good **mechanic** needs good tools.
훌륭한 기계공에게는 좋은 장비가 필요하다.

파생 mechanical a. 기계적인, 기계상의

---

commensurate
[kəménʃərit]

a. 상응한, 비례한

연상 요즘은 com(컴퓨터)와 men(사람들)과 수의 rate(비율)(→컴멘슈리트)이 서로 상응한다. (사람마다 컴퓨터가 있으니까)

예문 Salary will be **commensurate** with experience.
보수는 경력에 상응하여 지불된다.

파생 commensuration n. 상응, 비례

---

candidate
[kǽndidèit]

n. 지원자; 후보자

연상 캔디(candy)를 먹으면서 하는 데이트(date)(→캔디데이트)에 지원자들이 몰렸다.

예문 The committee will select the best **candidate** for the job.
위원회는 그 자리에 최고의 지원자를 선정할 것이다.

---

friction
[fríkʃən]

n. 마찰, 불화

연상 두 물체가 마찰할 때 쁘-릭 쁘-릭(→프릭션)하는 소리가 난다.

예문 This is useful to reduce **friction**.
이것은 마찰을 줄이는데 유용하다.

---

increment
[ínkrəmənt]

n. 증가, 증진.

연상 increase(증가하다) + ment(명사어미)(→인크러먼트) = increasement = increment 증가

예문 You will receive annual **increments** every September.
매년 9월에 연례 임금 인상을 받게 될 것이다.

---

demote
[dimóut]

v. 강등시키다 **반** promote. 승진시키다

연상 회사원에게 D급 모터(motor; 자동차)(→디모우트)를 태운다면 그것은 강등시킨 것이다.

예문 How could I **demote** you to a "second class citizen"?
내가 어떻게 당신을 2등 시민으로 깎아내릴 수 있단 말인가?

파생 demoted a. 강등된

resign

[rizáin]

ⓥ (지위·관직 따위를) 사임하다, 그만두다.

연상 시골 마을 리(里)로 가겠다고 sign(사인)(→리자인) 하고 회사를 사직했다.(사직하면 보통 시골로 간다)

예문 He **resigned** from the presidency.
그는 회장직을 사임했다

proficiency

[prəfíʃənsi]

ⓝ 숙달, 능숙(skill)

연상 pro(프로)선수로 피선 시(=선택될 때)(→프러피션시) 주로 기술의 숙달, 능숙함이 기준이다.

예문 **Proficiency** in English is the most difficult task of mine.
영어의 능통성이 나에게 가장 어려운 과제다.

파생 proficient a. 능숙한, 숙달된

UNIT 04 TEST

[1~12] 보기에서 영어에 해당되는 우리말을 찾아 쓰시오.

1. merchant _____
2. personnel _____
3. minister _____
4. unity _____
5. resumé _____
6. leave _____
7. assembly _____
8. diplomat _____
9. confederation _____
10. attorney _____
11. ambassador _____
12. statesman _____

보기 ① 통일 ② 휴가 ③ 이력서 ④ 장관 ⑤ 의회 ⑥ 대사 ⑦ 연합
⑧ (회사 등의)인원 ⑨ 상인 ⑩ 정치가 ⑪ 변호사 ⑫ 외교관

[13~17] 다음 빈칸에 들어갈 적절한 어휘를 고르시오.

13. The court ruled that Ms Green had been unfairly _____ .

14. We have a _____ in the personnel department.

15. The government refuses to _____ with terrorists.

16. Ten new members were _____ to the committee

17. She started her _____ as an English teacher.

보기 ① career ② dismissed ③ recruited ④ vacancy ⑤ negotiate

[18~21] 다음 빈칸에 들어갈 적절한 어휘를 고르시오.

18. The pair were _____ after Jackson made a public apology.

19. He tried to _____ the responsibility onto someone else.

20. The professor _____ a different task to each of the students.

21. The company counterattacked the strike of the laborers with a _____ .

보기 ① assigned ② lockout ③ shift ④ reconciled

정답 1.⑨ 2.⑧ 3.④ 4.① 5.③ 6.② 7.⑤ 8.⑫ 9.⑦ 10.⑪ 11.⑥ 12.⑩
13.② 14.④ 15.⑤ 16.③ 17.① 18.④ 19.③ 20.① 21.②

Further Study

employer 고용주	**merger and acquisition** 인수 합병
application 지원, 신청	**lag** 뒤처지다
application form 지원서	**pink slip** 해고 통지서
job opening 구인	**requirement** 자격요건
transfer 전근하다	**dependable** 신뢰할 수 있는(=reliable)
temporary 임시의(↔full-time 전임의)	**beneficial** 우대하는 (= preferred)
quit (일을) 그만두다	**people skills** 대인 관계술
lay off 일시 해고하다	**sick leave** 병가
head office 본사(=headquarters)	**maternity leave** 출산 휴가
board meeting 이사회	**time off without pay** 무급휴가
probationary period 수습기간	**mediation** 조정, 중재
unemployment 실업, 실직자	**overtime allowance** 초과 근무수당
qualification 자격	**fringe benefits** 부가 혜택
qualified 자격을 갖춘	**shutdown** 일시휴업, 휴점
reference letter 추천서	**sit–down** 연좌파업(=sit-in)
academic career 학력	**closedown** 작업정지, 공장폐쇄
bachelor's degree 학사 학위	**labor dispute** 노동쟁의
salary 급여 (=wage, paycheck)	**interviewee** 면접 보는 사람
pay–raise 급여 인상	**interviewer** 면접관
allowance 수당, 할당액	**tender resignation** 사직서를 제출하다
salary history 과거 급여 내역서	**goofing around** (근무 안 하고) 빈둥거리다

preside
[prizáid]

ⓥ (회의 등에서) 의장[사회]을 하다

연상 ① pre(=앞에)+side(=쪽)(→프리자이드)앞에 나가서 의장을 하다.
② 풀이 앞 side(쪽)(→프리자이드)에 나가 있다면 의장이 되어 사회를 하기 위해서 일 것이다. (풀을 의인화, 동화에 나오는 장면)

예문 Who will **preside** at the meeting?
누가 그 모임의 사회를 볼까?

파생 president n. 대통령, 사장, 회장 presidency n. 대통령직

convention
[kənvénʃən]

ⓝ (정치·종교 등의) 회의, 집회; 협정; 관례, 풍습

연상 큰 호텔의 컨벤션(→컨벤션)센터에서 큰 회의가 열리는 것을 하나의 관례로 볼 수 있다.

예문 hold convention.
회의를 열다

예문 The handshake is a social **convention**.
악수는 사회적 관습이다.

파생 conventional a. 관습[인습]적인

discuss
[diskʌ́s]

ⓥ 토론[논의]하다

연상 이 디스크(disc)(에)서(→디스커스) 음악에 대해 토론하는 것을 들어 보세요.

예문 I **discussed** the problem with my friends.
나는 친구들과 그 문제를 토론했다.

파생 discussion 토론, 토의

assent
[əsént]

ⓝ 동의 ⓥ 동의하다 ⓟ dissent 반대하다

연상 나라돈은 쓰는 것은 a(일) 센트(→어센트)라도 국회의 동의가 필요하다.

예문 They formally **assented** to the statement.
그들은 정식으로 그 성명에 찬동했다.

council
[káunsəl]

ⓝ 지방의회; 회의, 심의회

연상 지방의회는 주민을 위해 카운슬(→카운설)러(상담자)의 역할도 해야 한다고 봐.

예문 The municipal **council** will be held tomorrow.
시의회가 내일 열릴 것이다.

agreement
[əgríːmənt]

n. 동의; 일치; 협정

연상 ① agree(동의하다) + ment(명사어미) = 동의, 일치
② '어, 그리 하라'는 멘트(ment)(→어그리먼트)는 동의하는 말이다.

예문 The two sides failed to reach agreement.
그 양측은 합의에 이르지 못했다

파생 agreeable a. 동의하는; 유쾌한

forum
[fɔ́ːrəm]

n. 공개 토론회; (고대 로마의) 공회 광장

연상 로마 광장에서 공개 토론회가 보름(→포럼) 동안 열렸어.

예문 The World Economic Forum met in Switzerland.
세계 경제 포럼이 스위스에서 열렸다.

cancel
[kǽnsəl]

v. 취소하다(=call off); 삭제하다 **n.** 취소; 삭제

연상 Can (통조림 깡통) 쓸은(→캔슬) 일은 취소하라.(Can에 담긴 음식은 자연식보다 해롭다)

예문 We had to cancel the game because of rain.
우리는 비 때문에 경기를 취소해야 했다.

파생 canceled a. 취소된

adjourn
[ədʒə́ːrn]

v. 폐회[휴회]하다; 연기하다(postpone)

연상 임금이 주재하는 어전(→어저언) 회의는 휴회하는 경우가 많았다. (임금 마음대로 하니까)

예문 The meeting was adjourned for a month.
그 회합은 한 달 연기되었다.

파생 adjournment n. 폐회, 연기

recess
[ríːses]

n. 휴식, 휴회

연상 프랑스인들은 지중해변 리스에서(→리세스) 휴식한다.

예문 After finishing the work she went into a recess.
그 일을 끝낸 뒤 그녀는 휴식을 취했다.

handout
[hǽndàut]

n. (수업·모임 등의 참석자에게 나누어 주는) 발표문; 인쇄물

연상 hand(손) out(밖으로)(→핸다웉) = 나누어 주는 것이 간단한 인쇄물이다.

예문 The student distributed the handouts to us.
그 학생은 우리에게 인쇄물을 나누어 주었다.

agenda
[ədʒéndə]

n. 의제, 안건

연상 회의에선 사람보다 의제는, 즉 의젠(의제는) 더(→어젠더) 중요하다.

예문 Our poor sales results are on the **agenda** for tomorrow's meeting.
우리의 판매 실적 부진이 내일 회의의 의제다.

propose
[prəpóuz]

v. 제의하다(suggest); 청혼하다

연상 결혼하자고 청혼하거니 어떤 일을 제의할 때 pro(프로)같은 pose(포즈)(→프러포오즈)를 취한다.

예문 The president will **propose** a new plan at the meeting.
회장은 모임에서 새 계획을 제의할 것이다.

파생 proposal n. 제안; 청혼

debate
[dibéit]

n. 토론(회), 논쟁 **v.** 토론하다(discuss)

연상 deb(딥)이란 사람이 ate(먹은)(→디베이트) 것을 토론하였다.

예문 The issue is still being hotly **debated**.
그 문제는 아직도 열띤 논의 중이다.

controversy
[kántrəvə̀:rsi]

n. 논쟁(debate), 말다툼 (dispute)

연상 철학시간에 철학자 칸트로(칸트를 주제로) 벗이(→칸트러버:시) 다른 사람들과 논쟁을 벌였다.

예문 It aroused a great deal of **controversy**.
그것은 많은 논쟁을 불러 일으켰다.

파생 controversial a. 논쟁의, 논쟁을 일으키는

unanimous
[ju:nǽnəməs]

a. 만장일치의; 같은 의견인

연상 u(you;당신)·내·너·us(우리)(→유:내너머스)가 다 같은 의견이라면 만장일치의 합의다.

예문 We were **unanimous** in our vote.
우리는 투표에서 만장일치의 결과를 얻었다.

파생 unanimity n. 만장일치

concede
[kənsíːd]

v. 인정하다; 용인하다

연상 제과회사는 더운 곳에선 ice cone(아이스 콘)도 시든(→컨시:드)다는 것을 인정한다.

예문 I cannot **concede** the point to you.
그 점은 너에게 양보할 수 없다.

consent
[kənsént]

n. 동의; 승낙(assent) **v.** 동의하다(~to)

연상 상대방에게 큰 것을 sent(보낸)(→컨센트) 것이 바로 상대방에게 동의하는 것이다.

예문 Her father would not **consent** to their marriage.
그녀의 아버지는 그들의 결혼에 동의하려 하지 않았다.

oppose
[əpóuz]

v. 반대하다; 방해하다

연상 엎드린 pose(포즈)(→어포우즈)는 반대한다는 뜻이 아니겠어?

예문 He is **opposed** to the scheme.
그는 그 계획에 반대했다.

파생 opposite a. 반대의, 맞은편의   opposition n. 반대

second
[sékənd]

v. (동의(動議), 제안 등을) 지지하다, 재청하다

연상 어떤 제안에 대해서 second(두 번째)(→세컨드)로 말하는 것이 재청하는 것이다.

예문 I **second** the motion.
나는 그 동의에 지지합니다.

move
[muːv]

v. 동의(動議)하다, 제의하다

연상 처음으로 어떤 안건을 move(움직이게)(→무:브) 것이 제의하는 것이다.

예문 I **move** for adjournment.
휴회를 제의 합니다.

minutes
[mínit]

n. 회의록

연상 회의의 내용기록은 일 분(minute)(→미닛)도 놓쳐서는 안 되니까 minute의 뜻이 회의록이다.

예문 You are to take the **minutes** of a convention.
당신이 회의의 회의록을 기록해야 한다.

address
[ǽdres]

n. 주소; 연설(speech) **v.** [ədrés] 말을 걸다, 연설하다

연상 그는 딸 애 드레스(→애 드레스)에 연설문을 적어서 연설했다.

예문 **address** an assembly 일동을 향해 연설(인사)하다
give a congratulatory **address** 축사를 하다

compromise
[kámprəmàiz]

v. 타협하다, 양보하다 **n.** 타협, 화해

연상 com(컴퓨터)로 promise(약속할) (→캄프러마이즈) 때 서로 타협하고 양보해야 일이 잘 된다.

예문 She has no spirit of compromise.
그녀는 타협심이 없는 사람이다.

attendee
[ətèndí:]

n. 참석자, 출석자.

연상 attend(참석한) 이(=사람)(→어텐디:)가 바로 참석자다.

예문 The place is highly inconvenient for many attendees.
그곳은 많은 참석자에게 매우 불편하다.

convene
[kənví:n]

v. 모으다, (회의 등을) 소집하다

연상 중세 때 유럽의 여러나라 왕들을 오스트리아의 큰 도시인 빈, 즉 큰 빈(→컨비인)에 모아, 회의를 소집했다.

예문 The Council may convene at any time, whenever peace is threatened.
평화가 위협당할 때는 언제든지 회의가 소집될 수 있다.

clash
[klæʃ]

v. 충돌하다, 마주치다 **n.** (의견 등의)충돌, 불일치

연상 한창 클 나이의 애들, 즉 클 애 쉬(→크래쉬) 충돌한다.

예문 The company guards clashed violently with the striker.
회사 수위들은 파업 참가자들과 격렬하게 충돌했다.

faction
[fǽkʃən]

n. 파당, 당파

연상 fact(사실)의 선택(→팩션)을 놓고 파당이 갈렸다.

예문 That senator formed a faction within his party.
그 상원의원은 자신의 정당 내에 당파를 결성했다.

conclude
[kənklú:d]

v. 결론을 내리다; 끝마치다

연상 그가 만든 콘(cone:원추)이 너무 커서 루드(rude: 무례한)(→컨크루;드)하다는 결론을 내렸다.

예문 We talked late into the night, but nothing was concluded.
우리는 밤늦게까지 이야기했지만 아무런 결론도 얻지 못했다.

파생 conclusion n. 결론, 결말 conclusive a. 결정적인

comment
[kɑ́ment / kɔ́m-]

n. 논평; 해설 **v.** 논평하다

연상 com(컴퓨터)을 통해 ment(멘트)(→캄멘트)하면 그게 바로 논평이다.

예문 I prefer not to **comment** in public about some matters.
나는 어떤 문제에 대해선 공개적으로 논평하고 싶지 않다.

dispute
[dispjúːt]

v. 논쟁하다; 논의하다.

연상 컴퓨터(computer)의 이름을 디스퓨터(→디스퓨:트)라고 바꾼다면 논쟁하게 될 것이다.

예문 There is no **dispute** as to the facts.
그 사실엔 논쟁의 여지가 없다.

coherent
[kouhíərənt]

a. (의론 등이) 일관성이 있는, 논리 정연한

연상 얼굴에 코가 here(여기에) 런(run;아래로 달려 내리는)(→코우히어런트) 것은 일관성이 있다.(어느 사람이나 다 같다)

예문 It is a **coherent** policy for the transport system.
그것은 교통체계에 대한 일관성 있는 정책이다.

defer
[difə́ːr]

v. 늦추다, 연기하다(postpone).

연상 서로 의견이 디퍼(differ;달라서)(→디퍼:) 결정을 연기했다.

예문 The committee **deferred** the decision for five months.
그 위원회는 그 결정을 5개월 후로 미뤘다.

파생 deferred a. 연기된.

dissent
[disént]

v. 의견을 달리하다 **n.** 불찬성 **밴** assent 찬성하다

연상 dis(=not)+ sent(보내다)(→디센트) = 어떤 제의에 대해서 자신의 의견을 보내지 않았다는 것은 의견을 달리하기 때문이다.

예문 I do not **dissent** from the opinion.
그 의견에 찬성하지 않는 것은 아니다.

deadlock
[dédlàk]

n. (해결불능의) 교착상태

연상 dead(죽은)+ lock(잠그다)(→데드락) =죽은 상태에 잠겨 있으니 교착상태에 빠져 있는 것이다.

예문 The strike appeared to have reached a **deadlock**.
파업은 교착 상태에 빠진 것으로 보였다.

consensus
[kənsénsəs]

n. 의견 일치; 합의; 여론

연상 회의에서는 큰 의미가 있는 것에서, 다시 말해 큰 센스(sense;의미)(에)서(→컨센서스) 의견 일치가 있게 된다.

예문 No clear **consensus** exists over the next stage of the policy.
그 정책의 다음 단계에 대한 분명한 합의가 이루어진 것은 아니다.

uphold
[ʌphóuld]

v. 지지하다; (떠)받치다, (들어) 올리다;

연상 어떤 제의하는 사람의 손을 위로(up) 잡아(hold)(→엎호울드) 올리는 것이 지지하는 것이다.

예문 We have a duty to **uphold** the law.
우리는 그 법을 지지해야할 의무가 있다.

파생 upholder n. 지지자, 옹호자

coordination
[kouɔ̀ːrdənéiʃən]

n. 동등, 대등(의 관계); (작용·기능의) 조정

연상 옷 입을 때 코디를 잘하는 nation(나라)(→코디네이션)이 의견의 조정도 잘 하는 나라다.

예문 There is a need for greater **coordination** between departments.
부서 간에 조정의 필요성이 있다.

파생 coordinate v. 조정하다

illegible
[ilédʒəbəl]

a. 읽기[판독하기] 어려운, 불명료한

연상 문서를 이래(이렇게) 접을(→이레저블) 때 판독하기 어렵다. (접힌 자국 때문에 일기 어렵다)

예문 His signature is **illegible**.
그의 서명은 판독하기 어렵다.

파생 illegibility n. 판독이 어려움

object
[əbdʒékt]

v. 반대하다, 이의를 말하다 **n.** 물건, 물체

연상 배에서 물고기를 내릴 때 어부들은 잭(jack;기중기)(→어브젝트)을 사용하는 것을 반대한다.

예문 Do you **object** to my smoking?
담배를 피워도 되겠습니까?

persuasive
[pərswéisiv]

a. 설득력 있는, 설득 잘하는

연상 백 마디 말보다 퍼런 쇠 이십(→퍼수에이십)원이 더 설득력이 있다. (쇠(돈)이 설득력이 있다는 뜻)

예문 The arguments are **persuasive**.
그 주장들은 설득력이 있다.

proponent

[prəpóunənt]

ⓝ 제안자; 옹호자 ⑧ advocate ⑪ opponent 반대자

연상 미국의 프로(pro) 작가인 포우는(→프러포우닌(트)) 괴기소설의 제안자다.

예문 I'd not really be a **proponent** of that approach but it did have its good points.
나는 그 접근법에 옹호자는 아니다. 그러나 거기엔 장점이 있다.

UNIT 05 TEST

[1~12] 보기에서 영어에 해당되는 우리말을 찾아 쓰시오.

1. concede _____   2. adjourn _____

3. cancel _____   4. compromise _____

5. convention _____   6. oppose _____

7. debate _____   8. convene _____

9. assent _____   10. minute _____

11. controversy _____   12. preside _____

보기　① 토론　② 의장[사회]을 하다　③ 소집하다　④ 취소하다　⑤ 타협하다　⑥ 회의록
　　　⑦ 회의　⑧ 인정하다　⑨ 논쟁　⑩ 반대하다　⑪ 폐회[휴회]하다　⑫ 동의

[13~17] 다음 빈칸에 들어갈 적절한 어휘를 고르시오.

13. The president has promised to _____ the principles of democracy

14. There was a _____ between the protesters and the police.

15. Our poor sales results are on the _____ for tomorrow's meeting.

16. That senator formed a _____ within his party.

17. The writer's handwriting is so _____ that I can't read it.

보기　① agenda　② faction　③ illegible　④ uphold　⑤ clash

[18~21] 다음 빈칸에 들어갈 적절한 어휘를 고르시오.

18. They _____ that the president be elected for a period of six years.

19. It is very important to have _____ policies.

20. We talked late into the night, but nothing was _____ .

21. His arguments proved _____ to the court judges.

보기　① concluded　② persuasive　③ coherent　④ proposed

정답　1.⑧　2.⑪　3.④　4.⑤　5.⑦　6.⑩　7.①　8.③　9.⑫　10.⑥　11.⑨　12.②　13.④　14.⑤　15.①　16.②　17.③
　　　18.④　19.③　20.①　21.②

Further Study

public hearing 공청회

rally (정치, 종교적) 대회

conference room 회의실

conference call 전화회의

turnout 출석자, 투표율

concord (의견의) 일치, 조화(=agreement)

discord 불일치, 불화

attendance 참석(=presence)

absentee 불참자

disapprove 찬성하지 않다, 비난하다

discrepancy 불일치, 모순

brief 요점을 보고하다

objection 반대(의견), 이의

sign up 등록하다(=register)

reschedule 재조정하다

approve 찬성하다, 승인하다

approval 찬성, 승인

approving vote 찬성표

take notes 메모하다

panel 배심원, 위원단

substitute 대리, 대리인

move up 앞당기다, 상향 조정하다

issue 논쟁, 문제점

breakthrough (난관의) 타개

arbitrary decision 독단적인 결정

associate member 준회원

Unit 6
Marriage and Home

bride
[braid]

n. 신부 **반** groom, bridegroom(신랑)

연상 신부는 불 아이더(→블라이드)라! (불같이 뜨겁더라)

예문 May I kiss the blushing **bride**?
얼굴을 붉히는 신부에게 입맞춤을 할까요?

---

groom
[gru(:)m]

n. 신랑(bridegroom); 마부

연상 결혼식 날 신랑은 신랑대기실, 즉 그 방, 그 room(룸)(→그루움)에 있다.

예문 We raised our glasses to the bride and **groom**.
우리는 신부와 신랑을 위해 축배를 들었다.

---

spouse
[spauz]

n. 배우자

연상 ① 스파(spa;온천)갈 때 골프선수 우즈(→스파우즈)는 배우자만 데려가요.
② 여행가서 스파를 Use(이용하는)(→스파우즈) 사람은 주로 배우자들이다.

예문 She was a wonderful **spouse**.
그녀는 멋진 배우자였다.

---

pregnant
[prégnənt]

a. 임신한

연상 치아에 생기는 프라그는(→프레그넌(트)) 임신한 사람에게 더 많이 생기지 않을까? (아기 몫까지)

예문 She is six months **pregnant**.
그녀는 임신 6개월이다.

파생 pregnancy n. 임신; 풍요, 충만

---

resemble
[rizémbəl]

v. ~와 닮다; ~와 비슷하다

연상 시골의 마을 리(里)에서 하는 잼버리(→리잼블)는 전 세계적 규모로 하는 세계 잼버리와 닮았다.

예문 He **resembles** his father.
그는 자기의 아버지를 닮았다.

파생 resemblance 닮음, 유사

household
[háushòut]

n. (집합적)가정, 가족(family); 세대

연상 house(집)을 hold(유지)(→하우스홀드)해 가는 것이 가정이다.

예문 He said his **household** income rose from six months.
그는 가계 소득이 6개월 전보다 올랐다고 말했다.

---

maternal
[mətə́:rnl]

a. 어머니의, 모성의　**반** **paternal** 아버지의

연상 뭐, 터널(→머터늘) 같이 깊고 긴 것이 어머니의 사랑이라고?

예문 She didn't have any **maternal** instincts.
그녀에겐 모성 본능이라곤 없었다.

예문 **maternal** love 모성애

---

paternal
[pətə́:rnl]

a. 아버지의, 아버지다운

연상 여자는 파트너를 즉, 파트널(→퍼터늘) 아버지의 용모를 닮은 사람을 고르는 경향이 있다.(엘렉트라 콤플렉스 때문)

예문 He is related on the **paternal** side.
그는 아버지 쪽의 친척이다.

---

virgin
[və́:rdʒin]

n. 처녀　**a.** 처녀의; (행동 등이) 최초인, 미개척의

연상 미국의 버지니아(→버진)주는 처녀가 많은 곳이라서 버지니아 주인가?

예문 He wanted to fall in love with a **virgin**.
그는 처녀와 사랑하게 되기를 원했다.

---

widow
[wídou]

n. 미망인, 과부　**반** **widower** 홀아비

연상 지구의 위도 우(위)(→위도우)로 갈수록 미망인이 많다네요.(추위 때문에 남자가 먼저 죽어서)

예문 His mother is a woman **widowed** by war.
그의 어머니는 전쟁미망인이다.

---

divorce
[divɔ́:rs]

n. 이혼; 별거　**v.** 이혼하다; 별거하다

연상 질 나쁜 D급 보스(→디보스)들이 이혼을 잘한다.(도덕심이 부족하니까)

예문 He was **divorced** himself from his wife.
그는 처와 이혼했다.

baby-sit
[béibisit]

ⓥ (부모가 없는 동안) 아기를 보다

연상 baby(아이)와 함께 sit(앉아 있는)(→베이비싯) 것이 아이를 보는 것이다.

예문 She baby-sits his children.
그녀는 그의 아이들을 돌보아 준다.

파생 baby-sitter 아기 돌보아 주는 사람(sitter)

pet
[pet]

ⓝ 애완동물; 귀염둥이 **ⓥ** 어루만지다, 쓰다듬다

연상 그는 가끔 페트(→페트)병으로 애완동물을 쓰다듬는다.

예문 What kind of pet would you like to have?
어떤 종류의 애완동물을 갖고 싶니?

sew
[sou]

ⓥ 꿰매다, 바느질 하다 **cf** sow (씨를 뿌리다)

연상 바느질을 하게 된 시초는 소(→소우)가죽을 꿰매어 옷을 만든 것이 아니었을까?

예문 She sewed a button on a coat.
그녀는 외투에 단추를 달았다.

파생 sewing 바느질

sweep
[swi:p]

ⓥ 청소하다, 쓸다; 휩쓸다, 제거하다 (remove) **ⓝ** 청소, 일소

연상 축구수비수, 즉 스위퍼(sweeper)(→스위프)는 운동장을 청소하듯이 휩쓸고 다니는
사람이다.

예문 The typhoon swept over the whole country.
태풍이 전국을 휩쓸었다.

wipe
[waip]

ⓐ 닦다; (얼룩 등을) 지우다 **ⓝ** 닦아냄

연상 와이프(wife: 아내)는 방을 닦고 자동차의 와이퍼(wiper)(→와이프)는 앞창의 빗물을
닦는다.

예문 His wife wiped the sweat from his brow.
그의 아내는 그의 이마에 맺힌 땀을 닦아 주었다.

polish
[páliʃ]

ⓐ (구두. 유리 등을) 닦다; (태도를) 품위 있게 하다

연상 파리가 쉬(→파리쉬)한 것은 닦아야 한다. (위생상 불결하니까)

예문 You should polish your shoes regularly to protect the leather.
가죽을 보호하기 위해 정기적으로 구두를 닦아야 한다.

chore
[tʃɔːr]

ⓝ 잡일, 허드렛일; 힘든 일

연상 ①초(→초오)를 다투어 할 일이 집안의 허드렛일이 아닐까?
② 음식에 (식)초(→초오)를 치는 일은 허드렛일이다.

예문 As a child, one of my chores was to feed the animals.
어렸을 때 내가 한 허드렛일 중 한 가지는 그 동물들에게 먹이를 주는 일이었다.

sewage
[súːidʒ]

ⓝ 하수 오물, 하수

연상 하수 오물도 물이니까, 역시 수(水)이지(→수이지)!

예문 The city doesn't have proper facilities for disposal of sewage.
그 도시엔 하수 처리를 위한 적절한 설비가 갖추어져 있지 않다.

china
[tʃáinə]

ⓝ 도자기, 자기, 사기 그릇(porcelain) **ⓢ** pottery

연상 도자기는 China(중국)(→챠이너)에서 유래 되었다.

예문 He runs a china shop.
그는 도자기 가게를 운영한다.

rug
[rʌg]

ⓝ 양탄자, 깔개

연상 양탄자는 비싸니까 넉(→럭)넉한 가정에서 주로 마련하겠군.

예문 A new Persian rug might help the room.
새 페르시아 산 양탄자가 방을 돋보이게 할 것이다.

barn
[bɑːrn]

ⓝ (농가의) 헛간, 광

연상 보통 농가의 반(→바안)을 헛간이 차지하고 있다.

예문 A barn is a building on a farm on which hay and grain are kept.
헛간은 건초와 곡물을 보관하는, 농가에 딸린 큰 건물이다.

livestock
[láivstàk]

ⓝ (말. 소. 양 들의) 가축(류)

연상 ① live(살아있는) stock(재고품, 저장물)(→라입스탁)이 바로 가축이다.
② live(라이브, 살아있는) 수탉(→라입스탁)은 바로 가축이다.

예문 He work in the field of livestock industry.
그는 축산업에 종사하다

fowl
[faul]

n. 닭 n. 가금

연상 닭이 싸움을 할 땐 파울(foul, 반칙)(→파울)을 많이 한다.

예문 They keep **fowl** such as turkeys and ducks.
그들은 칠면조와 오리 같은 가금을 기른다.

commute
[kəmjúːt]

v. (먼 거리를) 통근하다; 교환하다

연상 섬사람들은 배를 타고 큰 뭍(육지)(→커뮤웃)으로 통근한다.

예문 He **commutes** between Seoul and Inchon.
그는 서울과 인천 간을 통근한다.

파생 commuter n. 통근자

utility
[juːtíləti]

n. 유용(usefulness); 쓸모 있음; (보통 pl.)
실용품(전기. 가스. 수도 따위의) 공익 시설

연상 유(you) 틸(티셔츠를) 너 티(너의 티셔츠)(→유틸러티)라고 말하는 것이 훨씬 유용성 있는
우리말 표현이다.

예문 Does your rent include **utilities**?
집세에 전기. 가스. 수도세가 포함되니?

파생 utilize v. ~을 이용하다

garage
[gərάːʒ]

n. (자동차의) 차고; 자동차 정비 공장

연상 차고의 문을 제발 걸어줘(→거라즈)!

예문 Have you put the car away in the **garage**?
자동차를 차고에 넣어 두었니?

urban
[ə́ːrbən]

a. 도시의 반 rural 시골의

연상 ① 도시의 생활은 나를 어벙벙(→어번)하게 한다
② 빌딩을 등에 업은(→어번) 도시의 풍경

예문 The city council will be held to discuss **urban** development.
도시개발 문제를 토의하기 시의회가 열릴 것이다.

예문 urbanization 도시화

rural
[ruərəl]

a. 시골의, 시골풍의

연상 벼가 익어가는 시골의 풍경은 누럴(→루럴) 거야.

예문 **Rural** life is usually more peaceful than urban life.
시골 생활은 도시 생활보다 대개 더 평화롭다.

resident
[rézidənt]

n. 거주자, 주민; 수련의(醫) **a.** 거주하는

연상 레지던트(→레지던트), 즉 수련의들은 그 병원 근처에 거주하는 거주자들일까?

예문 The number of British **residents** in Korea is increasing.
한국에 있는 영국인 거주자의 수가 증가하고 있다.

파생 residence n. 주거; 주택; 거주   residental a. 주거의

---

dwell
[dwel]

a. 살다, 거주하다 (reside)

연상 그녀는 두 앨(애를)(→드웰) 데리고 그 집에 거주한다.

예문 They **dwell** on an island.
그들은 섬에 살고 있다.

파생 dweller n. 거주자   dwelling n. 주거; 주택; 주소

---

premise
[prémis]

n. 토지, 집과 대지, 구내; 전제

연상 시원한 정원의 풀밭, 즉 풀에 미스(miss처녀)(→풀에미스)가 서 있는 곳이 토지고 집과 대지다.

예문 Keep off the **premises**.
구내 출입 금지

---

reside
[rizáid]

v. 살다, 거주하다   **동** live

연상 그는 지금 시골마을 리(里) side(옆에)(→리자이드)에 산다.

예문 Margaret **resides** with her invalid mother in a London suburb.
Margaret은 병약한 어머니와 런던 교외에 살고 있다.

---

furnished
[fə́ːrniʃt]

a. 가구가 비치된

연상 ① furnish(갖추다) + ed(과거분사) = 갖추어진, 가구가 갖추어진
② 그는 퍼니(funny) 시트(sheet)(→퍼:니스트)가 가구로 비치된 전셋집에 산다.

예문 These apartments are **furnished**.
이 아파트들은 가구가 비치되어 있다.

---

adjacent
[ədʒéisənt]

a. 접근한, 인접한

연상 시간적으로 어제 있은 터(→어제이슨트)와 오늘 있는 터 사이가 인접한 관계다.

예문 She live in an **adjacent** village.
그녀는 인근 마을에 산다.

---

insulation
[ìnsəléiʃən]

n. 단열재;격리

연상 건물 in(안에) 설치하는 A선(→인설레이션)이 바로 단열재다.

예문 Better **insulation** of your home will help to reduce heating bills.
보다 나은 단열재가 난방비를 줄여줄 것이다.

annex
[ənéks]
[æneks]

v. 부가하다, 추가하다   **n.** 별관, 증축 건물

연상 an(하나) next(다음의)(→어넥스) 것을 주는 것이 부가하는 것이고 an(하나) 건물 next(다음의)(→애넥스) 건물이 별관이다.

예문 **Annex** your signature to a letter of recommendation.
추천장에 서명을 첨가하세요.

drape
[dreip]

v. (옷 등을 느슨하게) 걸치다, 씌우다; (커턴 등으로) 장식하다

연상 들에 있는 풀잎(→드레잎)은 들이 걸치고 있는 옷과 같다.

예문 She **draped** a robe around her shoulders.
그녀는 어깨에 겉옷을 걸쳤다.

furnish
[fə́:rniʃ]

v. (필요한 물건을) 공급하다; (가구를) 비치하다,

연상 방에 퍼런 니스(→퍼:니쉬) 칠을 한 가구를 비치하다.

예문 This house is well **furnished**.
이 집은 가구가 잘 갖추어져 있다.

renovation
[rénəvèiʃən]

n. 수리, 수선; 혁신

연상 미국 영화배우 제레미 레너가 (한국 여배우) 배이선(→레너베이션)의 집을 수리했다.

예문 The most recent **renovation** of the building completed in 1993.
그 건물의 가장 최근에 있었던 보수는 1993년에 끝마쳤다.

파생 renovate v. 혁신하다; 수선하다

residence
[rézidəns]

n. 주택, 저택; 주거

연상 병원 레지던트(=수련의)가 사는 곳이 레지던스(=주택)이다.

예문 The police house was sold as a private **residence**.
그 경찰 가옥은 개인 주택으로 판매되었다.

파생 reside v. 살다, 거주하다

utensil

[juːténsəl]

n. 가정용품, 부엌에 쓰는 기구, 도구

연상 유(you)가 가진 ten(10개) 실(ˌ유ːˈ텐슬)은 가정용품이다.

예문 She kept kitchen **utensils** clean.
그녀는 부엌세간을 깨끗하게 유지했다.

예문 farming **utensils** 농기구

bedding

[bédiŋ]

n. 침구(담요·시트 따위); (가축의) 깔짚

연상 bed(침대) + -ing(--하는 것)(→베딩) = 어떤 곳을 침대로 하려면 시트, 담요 같은 침구가 있어야 한다.

예문 Don't forget two sets of **bedding**, just in case one gets dirty.
더러워질 것에 대비해서 두 장의 침구를 준비 하세요.

UNIT 06 TEST

[1~12] 보기에서 영어에 해당되는 우리말을 찾아 쓰시오.

1. adjacent _____

2. maternal _____

3. spouse _____

4. bedding _____

5. pregnant _____

6. utensil _____

7. household _____

8. furnish _____

9. divorce _____

10. annex _____

11. reside _____

12. paternal _____

보기 ① 아버지의 ② 가정용품 ③ 이혼(하다) ④ 배우자 ⑤ 가정 ⑥ 살다 ⑦ 임신한
⑧ 어머니의 ⑨ 침구 ⑩ (가구를) 비치하다 ⑪ 부가하다 ⑫ 인접한

[13~17] 다음 빈칸에 들어갈 적절한 어휘를 고르시오.

13. The house has a _____ kitchen and dining area.

14. For ten years she has _____ among the nomads of North America.

15. You should _____ your shoes regularly to protect the leather.

16. The author wrote about urban and _____ life in Canada.

17. The sea is being polluted with industrial _____ .

보기 ① polish ② rural ③ spacious ④ dwelled ⑤ sewage

[18~21] 다음 빈칸에 들어갈 적절한 어휘를 고르시오.

18. She _____ from Southampton to London every day.

19. The most recent _____ of the building completed in 1993.

20. He always keeps his car in the _____ next to his house.

21. My mother is too busy with all those tedious _____ .

보기 ① renovation ② garage ③ commutes ④ chores

정답 1.⑫ 2.⑧ 3.④ 4.⑨ 5.⑦ 6.② 7.⑤ 8.⑩ 9.③ 10.⑪ 11.⑥ 12.①
13.③ 14.④ 15.① 16.② 17.⑤ 18.③ 19.① 20.② 21.④

Further Study

inhabitant 거주민	**guest room** 객실
residential area 주거 지역	**laundry** 세탁실
commercial area 상업 지구	**utility room** 다용도실
remodel 개조하다	**basement** 지하실
renovate 수리하다	**staircase** 계단
complex 단지, 종합빌딩	**patio** 옥외 테라스
siblings 형제자매	**driveway** (도로에서 차고까지 이어진) 차도
posterity (집합적)자손	**entrance** 출입구, 현관
best man 신랑 들러리	**fireplace** 벽난로
fiance 남성 약혼자	**vacant** (집이)비어있는
fiancee 여성 약혼자	**lease** 임대 계약
relative 친척	**let** 세놓다(=rent, lease)
offspring 후손	**tenancy** 임대, 차용
story 층	**real estate agent** 부동산 중개인(=realtor)
attic 다락	**rental** 임대물, 임대료
upstairs 위층에	**termination** (계약의)만기(=expiration)
lodge 숙박하다, 하숙하다	**market value** 시가, 시세
blender 믹스기	**asking price** 요구가, 호가
faucet 수도꼭지	**roomy** 넓은(=spacious)
drawer 장롱, 서랍	**appliances** 기구, 가전제품
answering machine 자동 응답기	**landlord** 집주인

Further Study

proprietor (토지, 건물 등의)소유주

townhouse 연립주택(=townhome)

unfurnished 가구가 딸려있지 않은

apartment complex 아파트 단지

chauffeur 고용 운전자, 자가용 운전자

couch 긴 의자, 소파

microwave oven 전자레인지

stove 가스레인지

electric fan 선풍기

washing machine 세탁기

vacuum cleaner 진공청소기

refrigerator 냉장고

freezer 냉동실

mower 잔디 깎는 기계

cookware 취사도구

power plug 전기 플러그

electrical outlet 전기 콘센트

silver ware 은제 식기류

power failure 정전

place an ad 광고하다

utility bill 공과금 고지서

stall 정지시키다

appliance 가전제품

joke around 실없는 농담을 하다

Further Study

bachelor party 총각 파티

change customer 우연히 들른 사람

marital status 결혼 여부

marital life 결혼 생활

wedding arrangements 결혼 준비

wedding ceremony 결혼식

veil 면사포

bouquet 부케

best man 신랑 들러리

bridesmaid 신부 들러리

maid of honor 신부 들러리

mother-in-law 시어머니(장모)

father-in-law 시아버지(장인)

dowry 지참금

daughter-in-law 며느리

son-in-law 사위

guest 하객

officiator 주례

marriage certificate 결혼증서

engage oneself to 약혼하다

ex-wife 전부인

ex-husband 전남편

bachelor 총각

maid 처녀

domestic battle 부부싸움

domestic violence 가정폭력

mate(=spouse) 배우자

couple 부부

on the father's side 친가의

on the mother's side 외가의

a cousin on the mother's side 외사촌

matchmaker 결혼중매인

bridal shower 신부를 위한 파티

baby shower 태어날 아기를 위한 파티

214

season
[síːzən]

v. (육식에) 맛을 내다. 양념하다.

연상 음식은 season (계절)(→시ː즌)에 양념하는 것이 다르기 때문에 시즌(season)이라 한다.

예문 She usually **seasons** the meat well with salt and pepper.
그녀는 보통 소금과 후추로 고기에 양념한다.

---

cereal
[síəriəl]

n. (오트밀·콘플레이크 등의) 곡물식; 곡류, 곡물

연상 모든 씨(앗) 중에서 가장 real(실제적인)(→시리얼)한 것이 곡물이다.

예문 Cornflakes are a popular breakfast **cereal** in Britain.
콘플레이크는 영국 에서 인기 있는 아침 식사용 곡물식이다.

---

roast
[roust]

n. 구운 고기 **v.** 굽다 **a.** 구운

연상 로스트(→로우스트) 비프는 구운 쇠고기다.

예문 Let's have a **roast** for lunch.
점심식사로 불고기를 먹읍시다.

파생 roasting a. 타는 듯한; 몹시 더운

---

pork
[pɔːrk]

n. 돼지고기

연상 돼지고기는 꼭 포크(fork)(→포ː크)로 찍어 먹도록 하자.

예문 His favorite food is roast **pork**.
그는 구운 돼지고기를 좋아한다.

---

carrot
[kǽrət]

n. 당근; 보상, 달래는 수단

연상 당근도 다이아몬드처럼 캐럿(carat,무게 단위) (→캐럿) 단위로 팔았을까?(옛날에 너무 귀해서)

예문 Would you like put any **carrot** in this soup?
이 수프에 당근을 넣어드릴까요?

예문 They adopted the **carrot**-and-stick approach.
그들은 당근과 채찍(회유와 협박)의 수단을 택했다.

flour
[flauər]

n. 밀가루, (곡물의)가루   **v.** 가루로 빻다;

연상 플라워(flower, 꽃)(→플라워)에는 밀가루와 같은 꽃가루가 묻어 있다.

예문 We make **flour** into bread.
밀가루로 빵을 만든다.

---

mushroom
[mʌ́ʃru(ː)m]

n. 버섯: **a.** 버섯의:

연상 뭣이? room(방)(→머쉬루:움) 같이 생긴 것이 버섯이라고?

예문 **mushroom** soup 버섯 스프

예문 There has been the **mushroom** growth of Seoul suburbs.
서울 교외의 급속한 발전이 있어왔다.

---

liquor
[líkər]

n. (독한) 술, 알코올음료

연상 니가 컸으니까, 즉 니(가) 커(→리커)서 술을 마셔도 좋은데 시골에서 술을 마시면 시골마을, 리(里)가 커(→리커) 보인다.

예문 **Liquor** includes drinks like whisky and gin, but not beer or wine.
리커에는 위스키나 진 같은 음료는 포함되나 맥주나 포도주는 포함되지 않는다.

---

sour
[sáuə:r]

a. 시큼한, 신(acid); 불쾌한

연상 그들은 싸워(→사워:)서 시큼한 관계가 되었다며?

예문 These grapes taste a bit **sour**.
이 포도는 약간 시큼하다.

예문 Their relationship soon went **sour**.
그들의 관계는 곧 틀어졌다

---

spice
[spais]

n. 양념: 향료   **v.** ~ 맛을 내다.

연상 라면 스프와 파도 있어(→스파이스)! 양념은 충분해!

예문 The dish is **spiced** with ginger.
이 요리는 생강으로 양념되어 있다.

파생 spicy a. 양념을 넣은; (비판 등이) 신랄한

---

flavor
[fléivər]

n. (독특한) 맛: 풍미   **v.** ~ 맛을 내다.

연상 옷을 풀(밭)에서 입어, 즉 풀에 입어(→플레이버) 풀의 맛과 풍미가 묻어난다.

예문 Which **flavor** do you want - chocolate or vanilla?
초콜릿 맛과 바닐라 맛 중 어느 것을 드릴까요?

파생 flavored a. ~ 맛이 나는

vinegar
[vínigər]

n. 식초

연상 속이 빈 이거(→비니거) 식초병이냐?

예문 Would you like oil and **vinegar** on your salad?
샐러드에 기름과 식초를 넣어 드릴까요?

pepper
[pépər]

n. 후추: 고추(red pepper);

연상 식탁의 페이퍼(냅킨) 옆에는 후추(→페퍼) 병이 놓여 있어.

예문 Add salt and **pepper** at the end.
소금과 후추는 마지막에 넣으세요.

herb
[hə:rb]

n. 풀. 약초. 양용 식물

연상 '허브(→허:브)큐'라는 사탕은 여러 가지 **약초**로 만들었지?

예문 Do you prefer dried or fresh **herbs** to cook with?
요리할 때 양념 식물로 마른 것을 쓰니, 아니면 신선한 것으로 쓰니?

blend
[blend]

v. 혼합하다 **n.** 혼합, 혼합물 **ant.** sort 분류하다

연상 브랜드(→브렌드) 커피는 혼합하여 만든 커피다.

예문 She **blended** the sugar, eggs, and flour.
그녀는 설탕, 계란, 밀가루를 잘 섞었다.

예문 green **blended** with blue
파란색이 섞인 녹색

peel
[pi:l]

n. (채소·과일 등의) 껍질 **v.** 껍질을 벗기다

연상 동물의 껍질을 벗기면 필(피를)(→피일) 흘린다.

예문 Wash but don't **peel** the sweet potato.
고구마 껍질을 벗기지 말고 씻으세요.

파생 peeler 껍질을 벗기는 기구

recipe
[résəpì:]

n. 요리법; 방안[비법]

연상 요리법의 첫째는 생고기에서 피를 빼내는 것이다. 그래서 요리사는 옆 사람보고 늘 물었다. "(빼)냈어? 피?"(→레서피)

예문 The dish is made to a traditional Korean **recipe**.
그 음식은 전통적인 한국의 요리법으로 만들어진다.

예문 What's your **recipe** for success?
당신의 성공 비결은 무엇인가?

rot
[rɑt]

v. 썩다, 부패하다 **n.** 부패

연상 음식 같은 것이 랏(lot;많이)(→랏) 쌓여 있으면 썩는다.

예문 Foods are inclined to **rot** quickly in summer.
여름철에는 음식물이 부패하기 쉽다

파생 rotten a. 썩은; 타락한; 불쾌한

slice
[slais]

n. (빵 등의) 얇은 조각 **v.** 얇게 썰다

연상 식용으로 쓸 아이스(ice; 얼음)(→슬라이스)는 얇은 조각으로 되어 있다.

예문 She cut the meat into thin **slices**.
그녀는 고기를 얇은 조각으로 썰었다.

wheat
[hwi:t]

n. 밀

연상 보통 밀은 보리보다 지대가 높은 지역, 즉 위 터(→위:트)에 재배 한다.

예문 Whole-**wheat** flour contains a great deal of nutriment.
통밀가루는 영양분이 풍부하다.

delicious
[dilíʃəs]

a. 맛있는; 유쾌한

연상 내 친구 딜이 서서(→딜리셔스) 먹을 정도로 맛있는 음식.

예문 She served us a **delicious** banquet.
그녀는 우리에게 진수성찬을 베풀었다.

relish
[réliʃ]

n. 맛(taste). 풍미(flavor); (식욕을 돋우는) 양념

연상 가수 렐리쉬, 방송인 래리 킹이 쉬(→렐리쉬) 먹는 것은 맛이 좋은 렐리쉬 치즈 핫도그일까요?

예문 Ann made a tomato and onion **relish**.
앤은 토마토와 양파 양념을 만들었다.

starve
[stɑːrv]

v. 굶주리다. 굶어 죽다

연상 인기 star(스타) 아부(→스타:브)하다가 굶주린다. (방송국에 아부, 제작사에 아부, 팬들 앞에 아부해야 하니까.)

예문 A lot of Africans were left to **starve** to death.
많은 아프리카인들이 굶어 죽도록 내버려졌다.

nutrition
[njuːtríʃən]

n. 영양; 영양 섭취 **반** malnutrition **n.** 영양실조

연상 새로운 품종의 나무, 즉 뉴(new) 트리(tree)에선(→뉴:트리션) 영양(소)와 자양물이 많다.

예문 Good **nutrition** is essential to health.
충분한 영양 섭취는 건강에 필수적이다.

파생 nutritious a. 자양분이 많은

appetite
[ǽpitàit]

n. 식욕; 욕구

연상 애들의 피, 즉 애 피를 타이트(tight, 단단하게)(→애피타이트)하게 하는 것은 식욕이다.
(식욕이 피를 건강하게 한다는 뜻)

예문 He had no **appetite** and began to lose weight.
그는 식욕을 잃고 체중이 줄기 시작했다.

파생 appetizer n. 식욕을 돋우는 것, 전채

skip
[skip]

v. (식사를) 거르다; 빠뜨리다. 뛰어넘다.

연상 ski(스키)의 입(앞부분)(→스킵)은 장애물을 뛰어넘는다.

예문 I'm trying to lose weight, so I'm **skipping** lunch today.
나는 살빼기 작전 중이라 오늘 점심은 거를 거야.

stew
[stjuː]

v. (약한 불로) 끓이다. **n.** 스튜요리

연상 약한 불로 끓인 스튜요리를 좋아하는 스튜어디스(→스튜) 친구가 있었지.

예문 The beef needs to **stew** for two hour.
쇠고기는 두 시간 동안 끓여야 한다.

sip
[sip]

v. 홀짝 홀짝 마시다 **n.** (마실 것의) 한 모금,

연상 술맛을 음미할 때 씹어서(→싶)을 때 한 모금씩 홀짝 홀짝 마신다.

예문 The tea is very hot, so **sip** it carefully.
이 차는 아주 뜨거우니 홀짝 홀짝 조심해서 마셔라.

bitter
[bítər]

n. (맛이)쓴; 쓰라린(painful); (비평 등이) 신랄한

연상 네가 나의 팔을 비트(→비터)니 팔이 쓰라리고 입맛은 쓰다.

예문 The food leaves a **bitter** taste in the mouth.
그 음식은 먹으면 입에 쓴 맛이 남는다.

파생 bitterness n. 쓴 맛; 괴로움

tender
[téndə:r]

ⓐ (고기 따위가) 부드러운; 상냥한

연상 누구에게나 ten(10개)을 더(→텐더) 달라고 할 땐 부드럽게 말해야 한다.

예문 The meat is **tender** and lacks fat.
고기의 육질이 부드럽고 지방질도 적다.

leftover
[léftòuvə:r]

ⓝ 남은 음식; 잔존물

연상 left(남아서) 식탁 over(위에)(→레프토우버:) 있는 것이 남은 음식

예문 My mother often eats **leftover** food.
어머니는 가끔 남은 음식을 먹는다.

cuisine
[kwizí:n]

ⓝ 독특한 요리; 요리솜씨

연상 ① 요즘 독특한 요리를 뜻하는 퀴진(→퀴지인)이란 이름의 음식점이 많아요. 예를 들어 홍대 앞 퀴진 라따뚜이 같은.
② 라디오 프로에서 하는 퀴즈 in(안에)(→퀴지인)는 독특한 요리에 대한 질문도 있다.

예문 The restaurant is noted for its excellent **cuisine**.
그 식당은 요리 솜씨가 좋기로 유명하다.

connoisseur
[kànəsə́:r/-súər]

ⓝ (음식, 미술의)감식가, 감정가

연상 여러 가지 음식을 따로따로 여러 칸에 넣(어)서(여러 칸에 넣어 두고)(→칸너서:) 하나씩 꺼내 맛을 보는 사람이 감식가이다

예문 He is a wine **connoisseur**.
그는 와인 감식가다.

perishable
[périʃəbəl]

ⓐ 부패하기 쉬운; 말라죽기 쉬운

연상 ① 음식이 멸망(perish)할 수 있다(able)(→페리서벌)는 것은 부패하기 쉽다는 뜻이다.
② 패리스(Paris, 파리)에서 벌(→페리서벌)받는 것은 부패하기 쉬운 음식을 방치하는 것.

예문 Fruit, vegetables and meat are **perishable** foods.
과일과 야채, 그리고 육류는 부패하기 쉬운 식품이다.

chef
[ʃef]

ⓝ 주방장; 요리사, 쿡(cook)

연상 화재나 세균으로부터 주방을 늘 세이프(safe: 안전한)(→셰프) 곳으로 해야 하는 사람이 주방장이다.

예문 A **chef's** knife is very expensive.
전문 요리사가 사용하는 칼은 비싸다.

beverage
[bévəridʒ]

n. 음료(drink), (보통 물 이외의) 마실 것

연상 음료를 많이 마시면 배 버리지(→베버리지)!(배 탈이 나지요)

예문 They don't sell any alcoholic **beverage** at that store.
그 가게에선 알코올음료를 팔지 않는다.

starch
[stɑːrtʃ]

n. 녹말, 전분

연상 식품 중에서 스타 취(→스타ː취)급 받는 것이 녹말이다. 그래서 인기 스타들이 취(→스타ː취)하는 식품이 녹말이다.

예문 There's too much **starch** in your diet.
당신 식사엔 녹말이 너무 많이 포함되어 있다.

carbohydrate
[kàːrbouháidreit]

n. 탄수화물

연상 운전할 때 car를 보우하려면 hy(매우) 더 높은 rate(비율)(→카ː보우하이드레이트)로 먹어야 하는 것이 탄수화물이다. (탄수화물이 부족하면 운전자가 거칠게 차를 몰기 때문에)

예문 Your energy will be then coming from your **carbohydrate** reserves.
에너지는 저장된 탄수화물에서 나오게 된다.

indigenous
[indídʒinəs/ -ənəs]

a. 지역 고유의, 토착의(native), 원산의

연상 인디언들은 지녀서(→인디지너스), 지역 고유의 특징을!

예문 The food is **indigenous** to Korea.
그것은 한국 고유 음식이다.

voracious
[vouréiʃəs]

a. 게걸스레 먹는, 식욕이 왕성한; (새로운 정보·지식을) 열렬히 탐하는

연상 그 동물은 미각돌기가 입안 쪽 볼에 있어서(→보우레리셔스) 식욕이 왕성하다

예문 He is a **voracious** eater and his wife is a voracious reader.
그는 식욕이 왕성한 사람이고 그의 아내는 열렬한 독서광이다

devour
[diváuər]

v. 게걸스럽게 먹다; (바다·어둠 따위가) 삼켜 버리다

연상 영화에서 악마 디브(dev)가 our(우리 인간를)(→디바워) 게걸스럽게 먹는다.(dev=devil 악마)

예문 He **devoured** the food greedily.
그는 음식을 게걸스럽게 먹었다.

예문 High wave **devoured** the ship.
높은 파도가 배를 삼켜 버렸다.

UNIT 07 TEST

[1~12] 보기에서 영어에 해당되는 우리말을 찾아 쓰시오.

1. season _____   2. blend _____

3. flavor _____   4. peel _____

5. recipe _____   6. nutrition _____

7. sour _____   8. carbohydrate _____

9. leftover _____   10. connoisseur _____

11. chef _____   12. sip _____

보기 ① 영양 ② 껍질 ③ 시큼한 ④ 탄수화물 ⑤ 양념하다 ⑥ 맛 ⑦ 주방장
      ⑧ 감식가 ⑨ 혼합하다 ⑩ 홀짝 홀짝 마시다 ⑪ 남은 음식 ⑫ 요리법

[13~17] 다음 빈칸에 들어갈 적절한 어휘를 고르시오.

13. Fruit, vegetables and meat are _____ foods.

14. We need laws governing the sale of alcoholic _____ .

15. Losing the match was a _____ disappointment for the team.

16. She suffered from toothaches and loss of _____ .

17. You takes too much _____ in your diet.

보기 ① bitter ② perishable ③ beverages ④ starch ⑤ appetite

[18~21] 다음 빈칸에 들어갈 적절한 어휘를 고르시오.

18. The animal quickly _____ its prey.

19. I'm trying to lose weight, so I'm _____ lunch today.

20. The kangaroo is _____ to Australia.

21. His friends regards him as a _____ eater.

보기 ① indigenous ② devoured ③ voracious ④ skipping

정답 1.⑤ 2.⑨ 3.⑥ 4.② 5.⑫ 6.① 7.③ 8.④ 9.⑪ 10.⑧ 11.⑦ 12.⑩ 13.② 14.③
      15.① 16.⑤ 17.④ 18.② 19.④ 20.① 21.③

Further Study

edible 먹을 수 있는

ingredient (음식의) 성분, 재료

additive (식품의) 첨가물

preservative 방부제; 보존의

mellow 달콤한

aroma 향기

condiment 양념, 조미료

palatable 입에 맞는

recommendation 추천요리

entree 주요리(main course)

specialty 특선요리

salty (음식이) 짠

tough (육질이) 질긴

greasy 기름기가 있는

snack 간식, 가벼운 식사

quench (갈증을) 풀다.

spirits 독한 술(whisky 따위의)

saute 살짝 튀기다

rare (고기가) 덜 익은

medium (고기가) 중간 정도로 익은

well-done (고기가) 완전히 익은

defrost 해빙하다

cupboard 찬장

caster 양념 병

grab a bite 간단히 먹다

lay the table 식탁을 준비하다

sweets 사탕, 단 음식

tap water 수돗물

bottled water 생수

pulp 과육

topping 토핑(요리에 곁들인 것)

catering 음식조달

calory 칼로리

fridge 냉장고

foodstuffs 식품

smoked fish[meat] 훈제품

deli(delicatessen) 조제식품

dehydrated food 건조식품

nourishment 음식

fodder (= forage) 마초, 먹이

appetizer 전채

supper 저녁

junk food 불량식품

attendant
[əténdənt]

ⓝ 승무원; 안내원; 참석자

연상 ① attend(참석하다) + ant(사람) = 비행기 같은 데 참석해 있는 사람이 승무원이다.
② a(한 사람)이 ten(열사람)을 든든(→어텐던(트))하게 하는 사람 이 승무원이다.

예문 He works as a parking lot **attendant**.
그는 주차 관리원으로 일한다.

파생 attendance n. 출석(자); 시중

---

vehicle
[víːikəl]

ⓝ 운송 수단, 차, 탈것. 비커

연상 어린이들이 실험실의 비컬(비커(beaker)를)(→비ː컬)보고 장난감 탈것으로 생각한다.

예문 Language is the **vehicle** of thought.
언어는 사상의 전달 수단이다.

---

immigration
[iməgréiʃən]

ⓝ (입국) 이주; 입국; (공항·항구 등에서의) (출) 입국 심사

연상 이미 그 레이슨(race은: 민족은)(→이미그레이션) 다른 나라로 이주했다.(이스라엘 민족이 나른 나라로 이주했다)

예문 There are laws restricting **immigration** into the US.
미국으로 오는 이민자 수를 제한하는 법률이 시행되고 있다.

파생 immigrate v. 이주하다, 이민을 오다 immigrant n. 이민자 a. 이주해 오는, 이주에 관한

---

fare
[fɛər]

ⓝ 운임, 요금

연상 운임은 언제나 fair play(공정한 경기)할 때와 마찬 가지로 페어(fair, 공정)해야 하기 때문에 fare(→페어)다.

예문 Train **fares** are going up again.
기차 요금이 다시 오르고 있다.

---

transfer
[trænsfə́ːr]

ⓥ 갈아타다; 옮기다 ⓝ 환승, 이전

연상 ① 저장된 전기를 트랜스(변압기)가 퍼내(→트랜스퍼)서 다른 곳으로 옮긴다.
② 전기 트랜스(변압기)가 퍼런(→트랜스퍼) 곳에서 차를 갈아타라.

예문 At Boston, we **transferred** from a train to a bus.
보스턴에서 우리는 기차에서 버스로 갈아탔다.

pedestrian
[pədéstriən]

n. 보행자 **a.** 도보의

연상 피대(皮帒 : 동물 가죽으로 만든 손가방)를 들고 스트릿(street, 거리) 언저리(→퍼데스트리언)을 지나는 사람이 보행자다.

예문 Pedestrian should be careful in crossing the street.
보행자는 거리를 횡단할 때 주의해야 한다.

emigrate
[émigrèit]

v. (타국으로)이주하다 **반** immigrate 이주해 오다

연상 에미는 그 rate(비율)(→에미그레잇)을 통과해서 미국으로 이주했다. (신청자가 많아 비율이 높았다)

예문 His grandfather emigrated from Korea to Hawaii.
그의 할아버지는 한국에서 하와이로 이주했다.

파생 emigration n. 이주 emigrant a. 이주하는 n. 이주민, 이민

aviation
[èiviéiʃən]

n. 비행(술), 항공(술)

연상 ① A, V에 있어선(→에이비에이션)(영어를 배우는 데 있어선) 비행하는 것이 제일 좋아.(항공기로 외국에 나가니까)

② 애비에(게) 있어선(→에이비에이션) 비행 기술밖에 없어. (조종사의 말)

예문 His father is an aviation mechanic.
그의 아버지는 항공기 기술자이다.

파생 aviate v. 비행하다

freight
[freit]

n. 화물 **v.** 화물을 싣다

연상 옛날엔 놀이터가 없어서 주로 화물을 쌓아둔 곳을 플레이터(play터, 놀이터)(→프레이트)로 쓰기도 했었지

예문 The ship had a freight of coal.
그 배는 석탄 화물을 싣고 있었다.

navigate
[nævəgèit]

v. 항해하다, 비행하다; 조종하다

연상 자동차에 네비게이션(→네비게이트)은 배가 항해하듯이 자동차가 거리를 항해하다는 뜻이다.

예문 The steamer navigates around the world.
그 증기선은 세계 전역을 항해한다.

파생 navigation n. 항해(술), 비행(술)

avenue
[ǽvənjù:]

n. 대로, 큰 길(남북으로 된)

연상 애 버리는 뉴욕(→애버뉴 :)의 큰 길. (불량배가 많아서 자칫하면 애 버릴 수 있기 때문에)

예문 Working hard is an avenue to success.
열심히 일하는 것이 성공에 이르는 길이다.

steer
[stiə:r]

v. (탈 것 따위를) 조종하다; (진로, 방향으로)나가다; 키를 잡다

연상 배의 키를 잡고 조종하면, 수(水: 물) 튀어(→스티어)요!

예문 Sailors **steered** the ship west.
선원들은 배를 서쪽으로 조종해 나갔다.

bypass
[báipæs]

v. 우회하다   **n.** 우회로(detour)

연상 by(옆으로) + pass(지나가는)(→바이패스) 것이 우회하는 것이다.

예문 He took the **bypass** to avoid a traffic jam.
그는 교통 혼잡을 피하기 위해 우회로를 택했다.

cargo
[ká:rgou]

n. 화물(freight)

연상 화물을 싣고 car(차)가 go(간다)(→카:고우).

예문 The ship is loaded with **cargo**.
그 배는 화물이 적재되어 있다.

fasten
[fǽsn]

v. 묶다. 죄다

연상 페선(廢船, 못 쓰는 배)(→패슨)은 움직이지 않게 묶어 둔다.

예문 **Fasten** your seat belt, please.
좌석 벨트를 매어 주세요.

accelerate
[æksélərèit]

v. 가속하다; 촉진시키다

연상 자동차 액셀레이터(→액셀러레이트)는 가속할 때 밟는 페달.

예문 The car **accelerated** to overtake the bus.
그 자동차는 버스를 따라잡기 위해 속도를 냈다.

파생 acceleration n. 가속; 가속도 accelerator n. 가속 페달

canal
[kənǽl]

n. 운하   **v.** 운하를 만들다

연상 ① 그 사람은 자신의 큰 아들, 즉 큰 앨(애를)(→커낼) 데려가서 운하를 만들었다.
② can + all(→커낼) = 운하엔 모든 배들이 지나갈 수 있다.

예문 The **canal** connects Asia with Europe.
그 운하는 아시아와 유럽을 연결한다.

cruise
[kruːz]

v. (함선이) 순항하다 **n.** 순항

연상 크루즈 여행선은 전세계를 순항하는 여행선이다.

예문 The battleship **cruised** along the shore looking for enemy submarines.
전함은 적의 잠수함을 찾아 해안을 순항했다.

harbor
[háːrbər]

n. 항구, 피난처 **v.** (배가 항구에)정박하다

연상 호주 시드니 하버 브리지(→하ː 버)는 항구에 놓인 다리다.

예문 The **harbor** is not frozen all the year round.
그 항구는 일년 내내 얼지 않는다.

ferry
[féri]

n. 나룻배, 연락선 **v.** ~을 나룻배로 건너다

연상 부산과 일본 후쿠오카의 연락선이 페리(→페리) 호다.

예문 The sailing of the **ferry** was canceled because of high wave.
높은 파도 때문에 연락선은 결항되었다.

port
[pɔːrt]

n. 항구, 항구 도시 **동** harbor

연상 ① 미국의 포트랜드(portland)(→포트)는 오리건 주의 항구 도시야.
② 옛날 항구에는 포를 설치한 터, 즉 포터(→포트)가 있었다.

예문 Busan is the largest **port** in Korea.
부산은 한국에서 제일 큰 항구다.

departure
[dipáːrtʃər]

n. 출발; 이탈

연상 옛날에 차를 처음 만들었을 때 차의 A, B, C, D 중에서 D part(부분)을 (손으로)
쳐서(→디파ː쳐) 차를 출발시켰다.

예문 **Departure** time has been changed to 8:20 P.M.
출발 시간이 오후 8시 20분으로 변경되었다.

파생 depart v. 출발하다; ~에서 벗어나다

congestion
[kəndʒéstʃən]

n. 혼잡(overcrowding); 밀집

연상 공공장소에서 큰 제스쳔(제스처는; 큰 동작은)(→컨제스쳔) 혼잡을 일으킨다.

예문 The **congestion** in the city gets even worse during the summer.
그 도시의 혼잡은 여름철에 훨씬 더 심해진다.

destination
[dèstənéiʃən]

n. 목적지, 행선지

연상 우리나라가 가야할 목적지는, 대수(대 운수) 터진 nation(ᅡ라)(→데스터네이션)일거야.

예문 What is the destination of the train?
그 열차의 목적지는 어디입니까?

파생 destine v. (차, 화물이) ~행이다; ~할 운명이다

---

vessel
[vésəl]

n. (대형의)배; 그릇, 용기

연상 ① 옛날엔 배가 슬슬 간다고 해서 배를 배슬(→베셀)이라 했다.
② 배에서 배설(→베셀)할 때 용기가 필요하다.

예문 a fishing vessel 어선

예문 Empty vessels make the most sound.
빈 수레가 요란하다.

---

transport
[trænspɔ́ːrt]

v. 수송하다(carry) **n.** 수송; 수송수단

연상 트랜스(변압기)를 port(항구)(→트랜스포트)에 가져다 놓는 것이 수송하는 것이다.

예문 They transport goods by truck.
그들은 트럭으로 화물을 나른다.

파생 transportation n. 수송, 운송; 교통수단

---

shuttle
[ʃʌ́tl]

n. (근거리) 왕복 운행(열차·버스 따위); 정기 왕복 교통수단

연상 셔틀(→셔틀)버스는 행사장이나 공항을 왕복 운행하는 교통수단이다.

예문 There is a shuttle service between two cities.
두 도시 사이에 정기 왕복 교통수단이 있습니다.

예문 a space shuttle 우주 왕복선

---

vacant
[véikənt]

a. (집, 방, 좌석 등이) 비어 있는; (직위 등이) 공석인

연상 냉장고에 베이컨(bacon)을 넣는 터(장소)(→베이컨트)가 비어 있군.

예문 There were lots of vacant seats on the train.
기차엔 빈자리가 많았다.

파생 vacancy n. (호텔 등의)빈 방; 비어 있음; 빈자리

---

baggage
[bǽgidʒ]

n. 수하물 **cf.** (영국 영어) luggage

연상 ① 수하물을 들고서는 오랫동안 배기지(→배기지) 못하는 법.
② 수화물은 남에게 빼앗기기 쉬우니까 " 뺏기지(→배기지) 마라!"고 말하곤 했다.

예문 Where do we check in our baggage?
수화물은 어디에서 탁송하나요?

예문 a baggage check 수화물 물표   a baggage office 수화물 취급소

---

booking
[búkiŋ]

n. 예약(reservation); 장부 기입

연상 예약은 book(메모하는 책)에 적어야 하니까 booking(→부킹)이다.

예문 We made the **booking** three month ago.
우리는 석 달 전에 예약을 했다.

파생 book v. 예약하다; 장부에 기입하다.

package
[pǽkidʒ]

n. 꾸러미, 소포 **v.** 포장하다

연상 패키지(→패키지) 여행은 여행사가 여행지, 항공권, 숙박 등을 짐 꾸러미처럼 하나로 엮어서 관리하는 여행이다.

예문 Please **package** it neatly.
예쁘게 포장해 주세요.

journey
[dʒə́ːrni]

n. 여행(travel), 여정 **v.** 여행하다

연상 걸어서 여행을 다니느라 다리를 저니(→저ː 니)?

예문 It is a day's **journey** from here.
여기서 하루 걸리는 여정이다.

declare
[diklέər]

v. (세관 등에) 신고하다; 선언하다(proclaim)

연상 그는 가방에서 외제 디칼(디카를) 내어(→디클레어) 세관에 신고했다.

예문 Do you have anything to **declare**?
과세 품 신고할 물건 있어요?

aisle
[ail]

n. (열차 등의 좌석 사이) 통로; 복도

연상 아일(아이를)(→아일) 열차나 비행기의 통로에 세워두면 안돼요.

예문 We want to reservation the seat two on the **aisle**.
우리는 통로 쪽 두 좌석을 예약하고 싶습니다.

accommodate
[əkámədèit]

v. 편의를 제공하다; 숙박시키다. 조절하다

연상 ① 어카머(어떻게 하면) 데이트(→어카머데이트)하는 데 편의를 제공할까 신경 쓰는 결혼 중매업체들.
② 아이를 외지에서 공부시키려고 a(하나) com(컴퓨터)로 mo(모母; 엄마)가 date(데이트)(→어카머데이트)를 잡아서 편의를 제공하고, 숙박시켰다.

예문 The hotel **accommodates** 1,000 guests.
그 호텔은 1,000명의 손님을 수용할 수 있다.

파생 accommodation n. 편의(숙박)시설

reserve
[rizə́ːrv]

v. 예약하다; 보존하다(keep) **n.** 보존(물); 보류

연상 시골 마을 리(里)에 serve(봉사하는)(→리저ː브) 것이 자연을 보존하는 것이다.

예문 You should **reserve** the money for the future.
이 돈은 장래를 위해 남겨 두어야 한다.

파생 reserved a. 예약된 보류된 reservation n. 예약; 보류; 자제

---

terminate
[tə́ːrmineìt]

v. 끝내다; 종결시키다; 기한이 끝나다.

연상 ① 영화 터미네이터(→터미네이트)는 종결시키는 사람이란 뜻이다.
② 터미널(terminal)에 도착해서 ate(밥 먹고)(→터미네이트) 여행을 끝냈다.

예문 The contract of employment was abruptly **terminated**.
그 고용 계약은 갑작스럽게 끝났다.

---

courier
[kə́ːriər]

n. 여행 안내인; 특사

연상 여행 안내인이나 정부 특사나 모두가 커리어(career;직업)(→커ː리어)의 일종이다.

예문 You will be met by the **courier** at the airport.
공항에서 여행 가이드의 안내를 받게 될 것이다.

---

amenity
[əménəti]

n. 편의시설; (장소·기후의) 쾌적함; (사람이) 상냥함

연상 a(어떤) men이(사람들이) 티(셔츠)(→어메너티)를 넣어 두는 곳이 바로 편의시설이다.

예문 The hotel is furnished with all the **amenities**.
그 호텔은 온갖 편의 시설이 다 갖춰져 있다.

---

souvenir
[sùːvəníə]

n. 기념품, 선물

연상 가는 곳마다 수번(=여러번) 이어(→수ː버니어)서 사게 되는 것이 기념품이다.

예문 I promise to bring my wife a pretty **souvenir**.
나는 아내에게 예쁜 기념품을 사 주기로 약속했다.

---

embassy
[émbəsi]

n. 대사관; 대사관원

연상 엠(m)이란 벗이(→엠버시) 대사관에 근무한다.

예문 He is a diplomat in the Chinese **Embassy** in Korea.
그는 한국 주재 중국 대사관의 외교관이다

duty
[djúːti]

n. 의무; 임무

연상 여행할 때 두 개의 티(셔츠)(→두ː티)는 의무다. (티를 여러 벌 가져가야 한다는 뜻)

예문 I felt it was my moral **duty** to help the poor.
나는 가난한 사람을 돕는 것이 나의 도덕적 의무라고 느꼈다.

예문 on **duty** 근무 중에   off **duty** 근무 시간 외에

voyage
[vɔ́idʒ]

n. 항해; 우주여행, 항공여행   **v.** 항해하다

연상 항해하면 신대륙이 보이지(→보이ː지)!

예문 The couple is now on a **voyage** round the world.
그 부부는 지금 세계 일주여행 중이다.

파생 voyager n. 항해자

itinerary
[aitínərèri/ -rə]

n. 여행일정, 여행 일정 계획(서)

연상 중남미 여행 중에 아이티에 너(가) 내리(→아이티너레리)는 것은 너의 여행일정이다.

예문 The next place on our **itinerary** was Monaco.
여행 일정상 다음 장소는 모나코이다.

lavatory
[lǽvətɔ̀ːri / -təri]

n. (특히 기내의) 화장실, 화장실

연상 화장실에 물 내리는 레버(손잡이) 틀이(장치가)(→레버터리) 들어 있다.

예문 There are **lavatory** and kitchen facilities downstairs.
일층에 화장실과 부엌 시설은 있다.

UNIT 08 TEST

[1~12] 보기에서 영어에 해당되는 우리말을 찾아 쓰시오.

1. terminate _____
2. freight _____
3. fare _____
4. navigate _____
5. pedestrian _____
6. souvenir _____
7. aviation _____
8. amenity _____
9. fasten _____
10. transfer _____
11. transport _____
12. itinerary _____

보기 ① 갈아타다 ② 항공술 ③ 묶다 ④ 여행일정 ⑤ 끝내다 ⑥ 항해하다
      ⑦ 수송하다 ⑧ 운임 ⑨보행자 ⑩ 편의시설 ⑪ 기념품 ⑫ 화물

[13~17] 다음 빈칸에 들어갈 적절한 어휘를 고르시오.

13. You can contract with us to deliver your _____ .

14. If you want to be a sailor, you must learn how to tie ropes and _____ the ship.

15. There are laws restricting _____ into the US.

16. Exposure to the sun can _____ the ageing process.

17. The battleship _____ along the shore looking for enemy submarines.

보기 ① immigration ② cruised ③ accelerate ④ cargo ⑤ steer

[18~21] 다음 빈칸에 들어갈 적절한 어휘를 고르시오.

18. His sudden _____ threw the office into chaos.

19. The _____ in the city gets even worse during the summer.

20. Do you know what the train's final _____ is?

21. The government has _____ the end of war.

보기 ① destination ② departure ③ declared ④ congestion

정답 1.⑤ 2.⑫ 3.⑧ 4.⑥ 5.⑨ 6.⑪ 7.② 8.⑩ 9.③ 10.① 11.⑦ 12.④ 13.④ 14.⑤
      15.① 16.③ 17.② 18.② 19.④ 20.① 21.③

Further Study

swap 맞바꾸다, 교환하다

exotic 이국적인

agenda 의사일정, 여행 일정

backpack 배낭여행

day-tripper 당일치기여행자

farer 여행자

field trip 실지 여행연구

guidebook 편람, 여행안내서

hitchhiker 자동차 편승여행자

layover 여행중단, 도중하차

luggage 수하물, 여행가방

outfit (여행 따위의) 채비, 도구

be locked out

열쇠를 안에 둔 채 밖에서 문을 잠그다

wake-up call 깨워주는 전화

rail pass 철도 승차권

airsick 비행기에서 멀미가 난

siting (집합적인) 좌석 설비; 조석 배열

overhead compartment

(비행기의)좌석 위에 있는 짐칸(bin)

tourism 관광 여행

tourist 관광객

attraction 관광 명소

declaration card 관세 신고서

customs clearance 통관 수속

immigration office 출입국 관리 사무소

security checkpoint 보안 검색대

forbidden items 금지 물품

carry-on baggage (기내용) 휴대 수하물

baggage claim area 수화물 찾는 곳

baggage claim tag 수화물 물표

stand-by passenger 탑승 대기 승객

waiting list 대기자 명단

connecting flight 연결 항공편

duty-free shop 면세점

exchange rate 환율

boarding pass (비행기의)탑승권

boarding area 승차장, 탑승장

Lost and Found 유실물 보관소

limousine 공항버스

board 탑승하다

economy class 일반석

Further Study

in-flight meals 기내식

bound for ~행

embarkation card 출국 카드

take off 이륙하다

land 착륙하다

aircrew 기내 승무원(flight attendant)

confirm a reservation 예약 확인하다

reconfirm 예약을 재확인하다

registration card[form] 숙박 카드

rate (숙박)요금

vacancy 빈 방

double occupancy 2인 1실

single occupancy 1인 1실

concierge 관리인, 안내계

continental breakfast 간단한 조식

make-up 객실 청소

general manager 총지배인

valet service 대행 서비스

gratuity 봉사료, 팁(service charge, tip)

transit 운송, 운반

route 노선

jet lag 시차 병

aisle seat 통로 쪽 좌석

surcharge 추가 요금

stipulation 약정, 계약; 계약 조건

Unit 9
Traffic

path
[pæθ]

n. 작은 길 (alley), 오솔길 (pathway)

연상 사람들이 패스(pass;지나가는)(→패스) 곳이 바로 작은 길이다.

예문 He used to stroll down a **path**.
그는 오솔길을 거닐곤 했다.

---

drift
[drift]

v. 표류하다, 떠돌다 **n.** 표류

연상 배들은 주로 큰 바다로 들어가는 해역, 들입(入) 터(→드리프트)에서 표류할 때가 많다더군.

예문 The boat **drifted** out to sea.
그 배는 바다로 표류했다.

---

anchor
[æŋkər]

n. 닻; 뉴스 진행자 **v.** (배를) 정박시키다

연상 뉴스진행자인 앵커(→앵커)맨은 뉴스의 닻을 오리는 사람이라고 할 수 있지.

예문 We **anchored** off the coast of Canada.
우리는 캐나다 연안에 정박했다.

예문 cast **anchor** 닻을 내리다 weigh **anchor** 닻을 올리다

파생 anchorage n. 정박(지), 계류(지)

---

platform
[plætfɔ̀:rm]

n. (정거장의) 플랫폼; 단(檀), 연단

연상 정거장에 프래트(flat; 평평한) form(형태)로 되어 있는 곳이 프래트폼(→플랫포옴)이다.

예문 We saw grandmother off on the **platform**.
우리는 플랫폼에서 할머니를 전송했다.

---

wheel
[hwi:l]

n. 바퀴; (자동차의) 핸들

연상 차체의 중량으로 바퀴는 휠(→휘일) 것이다.

예문 I sat behind the steering **wheel** along the way.
나는 운전 중이었다.

lane
[lein]

n. 차선; 좁은 길

연상 ① 레인(rain;비) 올 때 꼭 차선(→레인)을 지켜야 한다.
② 궁중의 내인(궁녀)(→레인)들은 좁은 길로 다녔다.

예문 a bus-only lane 버스 전용차선

예문 The road is divided into three lanes.
그 도로는 3차선으로 나뉘어 있다.

passenger
[pǽsindʒər]

n. 승객, 여객

연상 차나 비행기를 타고 어떤 곳을 pass(통과해 가는) 종교의 신자(→패신저)이 승객이다.

예문 Last year the airline carried 4.6 million passengers.
지난해 항공기가 460만 승객을 수송했다.

ladder
[lǽdəːr]

n. 사다리 **v.** 사다리로 오르다

연상 lad(소년)들이 더(→래더:) 잘 오르는 것이 사다리다. (놀이터에 사다리 놀이시설이 있다)

예문 He climbed up the ladder.
그는 사다리로 올라갔다.

clutch
[klʌtʃ]

n. (자동차의) 클러치; 움켜잡음 **v.** 움켜잡다

연상 자동차의 클러치(→클러치)는 축으로부터 오는 동력을 움켜잡는 기능을 한다.

예문 She clutched her daughter to her breast.
그녀는 딸을 가슴에 꼭 껴안았다.

collide
[kəláid]

v. 충돌하다 (crash)

연상 클 아이들은 더(→컬라이드) 자주 서로 충돌한다. (툭하면 싸우니까)

예문 The bus collided with a truck.
버스가 트럭과 충돌했다.

파생 collision n. 충돌

pavement
[péivmənt]

n. 인도, 포장 도로

연상 길에서 폐 입으면 (→페이브먼(트))안되니까 인도를 만드는 거야.

예문 The car mounted the pavement and crashed into a lamp post.
그 자동차가 인도로 올라와서 가로등 기둥에 부딪쳤다.

파생 pave v. (도로를) 포장하다

track
[træk]

n. (기차의) 선로; 경주로; 지나간 자국 **v.** 추적하다

연상 육상 경기장 트랙(→트랙)에서 뒤 선수가 앞 선수의 지나간 자국을 추적한다.

예문 The frozen road showed many **tracks** of cars.
그 얼어붙은 도로에는 자동차가 지나간 자국이 많이 있었다.

---

row
[rou]

v. (노로) 배를 젓다 **n.** 줄, 열

연상 노(→로우)로 배를 젓는다.

예문 in a row 일렬로

예문 We **rowed** into the sea.
우리는 바다로 배를 저어 나갔다.

---

route
[ru:t]

n. 길 (road), 노선

연상 적의 침공 루트(→루: 트)라 할 때 루트는 길을 말한다.

예문 The bus driver did not seem to know the **route**.
버스 기사는 그 길을 모르는 것 같았다.

---

load
[loud]

n. 짐; (정신적) 부담 **v.** 짐 을 싣다; (총에) 장전하다

연상 로드(road: 길)(→로우드)는 짐을 싣고, 짐을 나르는 곳이다.

예문 The tanker is **loading** oil.
유조선은 기름을 싣고 있다.

파생 loaded a. 짐을 실은; (총이) 장전 된

---

gratuity
[grətjúːəti]

n. 선물(gift); 팁(tip)

연상 그 러(러시아) 투어(tour, 여행) 때 입은 티(셔츠)(→그러투:어티)가 팁으로 받은 선물이다.

예문 We add a 10-percent **gratuity** to the bill.
서비스 요금으로 10%를 가산한다.

---

alleviate
[əlíːvièit]

v. 경감하다; 완화하다,

연상 시에서 새로운 정수시설을 만들어, 이전에 all이(모든 사람이) 비(물)을
ate(먹던)(→얼리:비에이트) 것을 경감한다.

예문 These measures have helped to **alleviate** our difficulties.
이들 조치는 우리의 어려움을 경감시키는데 도움이 되었다.

obstruct
[əbstrʌ́kt]

v. (길 따위를) 막다; 차단하다.

연상 잎어진 수(水;물) 트럭(→업스트럭(트))이 길을 막다.

예문 You shouldn't **obstruct** the way of the other drivers.
다른 운전자의 진로를 방해해선 안된다.

cite
[sait]

v. 인용하다; 언급하다

연상 보통 우리는 정보를 컴퓨터 사이트(site)(→사이트)에서 인용한다

예문 He **sited** his gratitude to her.
그는 그녀에 대한 감사의 뜻을 언급했다.

equip
[ikwíp]

v. 갖추다, …에 설비하다,

연상 사람은 이, 귀, 입(→이퀴잎)을 갖추고 있는 것처럼 어떤 시설물에도 이, 귀, 입에 해당되는 시설을 설비해야 한다.

예문 This car is **equipped** with GPS.
이 차는 위성항법장치가 장착되어 있다

emphatic
[imfǽtik]

a. 강조하는, 단호한

연상 헤어진 임(의) 패(거리)가 틱틱(→임패틱)거리는 것은 그들을 강조하는 행동이다.

예문 He was **emphatic** that he had nothing to do with her.
그는 그녀와 아무런 관계가 없다고 강조했다.

malfunction
[mælfʌ́ŋkʃən]

n. 오작동, 기계불량

연상 작동을 맬(매어버릴) 기능(function)(→맬펑션)을 하면 오작동이 생긴다. (function ; 자동차가 장애물 앞에서 펑하고 선(→펑션) 것은 자동차의 기능이다)

예문 Did her computer **malfunction**?
그녀의 컴퓨터가 오작동되고 있나?

obtain
[əbtéin]

v. 얻다, 획득하다

연상 어부 태인(→업테인)씨가 바다에서 고기를 얻다.

예문 Such information is easily **obtained** from the Internet.
그런 정보는 인터넷을 통해 쉽게 얻을 수 있다.

official
[əfíʃəl]

ⓝ 공무원, 관리 ⓐ 공무상의, 공식의

🔵연상 정부 오피슬(= office를; 사무실을)(→어피셜)를 쓰는 사람이 공무원이다.

🔵예문 You should report the incident to the responsible **official**.
그 사건을 담당 공무원에게 보고해야 한다.

detour
[díːtuər]

ⓝ 우회; 우회도로

🔵연상 큰 도로 뒤로 tour(여행)(→디:투어)하는 것이 바로 우회 도로로 여행하는 것이다.

🔵예문 We had to make a long **detour** owing to road construction.
도로 공사 때문에 먼 길을 우회해야 했다.

tow
[tou]

ⓥ 견인하다, (배·자동차를) 밧줄로 끌다

🔵연상 신라시대에 큰 토우(→토우)를 옮길 때는 밧줄로 끌어 견인했을 거야.

🔵예문 Our car was **towed** away by the police.
우리 차가 경찰에 견인되었다.

🔵파생 towage n. 견인

deplane
[diːpléin]

ⓥ 비행기에서 내리다 ⓢ disembark ⓦ enplane 비행기에 타다

🔵연상 여행 시 D급 plane(비행기)(→디;플레인)은 타지 말고 비행기에서 내려라.(사고 위험성이 있기 때문에)

🔵예문 Be considerate of other passengers when you **deplane**.
비행기에서 내릴 때 다른 승객을 배려하세요.

berth
[bəːrθ]

ⓝ (기차·여객선 따위의 1인용)침대

🔵연상 여객선 1인용 침대에선 옷을 다 벗어(→버:쓰)도 된다.

🔵예문 You will be given a wide **berth**.
넓은 침대가 제공될 것이다.

fumes
[fjuːmz]

ⓝ 매연, 가스,

🔵연상 자동차가 매연을 피움(→퓨움스)니다.

🔵예문 He killed himself by breathing car exhaust **fumes** in a locked garage.
그는 잠긴 차고에서 자동차 배기가스를 마시고 자살했다.

prolong
[proulɔ́ːŋ]

v. 늘이다, 연장하다(lengthen)   **⑧** extend

연상 텔레비전 연속극 pro(프로)를 long(길게)(→프로우로옹) 늘어 방영한다면 프로를 연장하는 것이다.

예문 We decided to **prolong** our stay.
우리는 체류를 연장하기로 결정했다.

UNIT 09 TEST

[1~12] 보기에서 영어에 해당되는 우리말을 찾아 쓰시오.

1. detour _____   2. deplane _____

3. tow _____   4. clutch _____

5. lane _____   6. drift _____

7. passenger _____   8. anchor _____

9. malfunction _____ 10. row _____

11. gratuity _____   12. prolong _____

보기 ① 차선 ② 닻 ③ 승객 ④ 배를 젓다 ⑤ 선물, 팁 ⑥ 오작동 ⑦ 움켜잡다 ⑧ 우회도로
      ⑨ 표류하다 ⑩ 견인하다 ⑪ 연장하다 ⑫ 비행기에서 내리다

[13~17] 다음 빈칸에 들어갈 적절한 어휘를 고르시오.

13. His car and the van _____ head-on in thick fog.

14. He was _____ that he could not work with her.

15. These measures have helped to _____ our difficulties.

16. Such information is easily _____ from the Internet.

17. The hotel is _____ with all modern comforts and conveniences.

보기 ① obtained ② equipped ③ collided ④ alleviate ⑤ emphatic

[18~21] 다음 빈칸에 들어갈 적절한 어휘를 고르시오.

18. They walked along the railroad _____ .

19. You shouldn't _____ the way of the other drivers.

20. Automobile exhaust _____ greatly influences pollution in the atmosphere.

21. The government made a _____ apology.

보기 ① official ② tracks ③ fumes ④ obstruct

정답 1.⑧ 2.⑫ 3.⑩ 4.⑦ 5.① 6.⑨ 7.③ 8.② 9.⑥ 10.④ 11.⑤ 12.⑪
      13.③ 14.⑤ 15.④ 16.① 17.② 18.② 19.④ 20.③ 21.①

Further Study

overpass 고가도로, 육교

alley 골목길

underpass 지하도

boulevard 대로, 넓은 가로수 길

crossroad 교차로

jaywalk (도로를) 무단 횡단하다

ramp 도로 연결 경사로

round-trip 왕복의, 왕복 여행

hub (교통의) 중심지

tie-up 교통 체증

speeding 속도위반

traffic violation 교통 법규 위반

drive-in 차에 탄 채 이용할 수 있는

honk (자동차의) 경적소리

licence number 차량 번호

sidewalk 인도, 보도

crosswalk 횡단보도

traffic congestion 교통 체증(=traffic jam)

mileage 주행 거리, 총 마일 수

pastime 오락

charter (차량) 전세, 전세 내다

sound barrier 방음벽

traffic lights 신호등

intersection 교차로

median 중앙 분리대

speed bump 과속 방지턱

pavement 보도블록

airlines 항공사

first class 일등석

business 비즈니스석

economy 일반석

air shuttle 정기 항공편

runaway 활주로

passager terminal 승객 터미널

check in 탑승 수속

board 탑승하다

passing lane 추월선

tollbooth 도로 요금 징수소

congested 혼잡한

stopover 비행기의 중간 경유지

tailgate 앞차를 바싹 따라 가다

dirty road 비포장 도로

Further Study

illegal lane change 차선 위반

parking ticket 주차 위반 딱지

speeding ticket 속도위반 딱지

registration 차량 등록증

charter(ed) bus 전세 버스

exhausted fumes 배기가스

deserted street 인적이 드문 거리

traffic accident 교통사고

traffic ticket 교통위반 딱지

Unit 10
Health

---

slender

[sléndə:r]

ⓐ 날씬한, 가냘픈; 얼마 안되는

연상 날씬한 아가씨를 보니 가슴이 설렌다(→슬렌더).

예문 Those jeans make you look very **slender**.
그 진을 입으니 날씬해 보인다.

---

cure

[kjuər]

ⓥ 치료하다 (heal); 구제하다 ⓝ 치료(법) (remedy)

연상 면역을 키워(→큐어)서 치료하다.

예문 A doctor **cures** a patient of disease.
의사는 환자의 병을 치료한다.

---

operate

[ápərèit]

ⓥ (기계를) 작동시키다; 수술하다;작용하다

연상 기계를 작동시키면 힘들어서, 수술하면 진짜 몸이 아파서
아퍼레이(아프구나)!(→아퍼레잇)라는 말이 나온다.

예문 The machine will not **operate** properly.
그 기계는 잘 작동되지 않는다.

파생 operation n. 가동; 수술; (pl.) 군사 행동

---

sneeze

[sni:z]

ⓥ 재채기를 하다 ⓝ 재채기

연상 ① 재채기를 하는 원인 중에 하나가 쓴 이지(→스니;즈). (이에 쓴 것이 묻어 있으면 재채기가
나니까.)
② 반에서 재채기를 잘하는 아이가 선희지(→스니;즈).

예문 He kept **sneezing**.
그는 연달아 재채기를 했다.

---

thin

[θin]

ⓐ 얇은; 가는(slender); 야윈; 묽은 ⓟ thick 두꺼운

연상 가늘고, 야윈 사람들이 신(→씬)나는 세상. (야윈 게 유행 이니까.)

예문 Her husband is tall and rather **thin**.
그녀의 남편은 키가 크고 다소 야위었다.

---

slim
[slim]

ⓐ 호리호리한, 가냘픈; 불충분한   **ⓟ** stout 뚱뚱한

연상 몸이 가냘픈 사람은 바람에 잘 쓸립(→슬림)니다.

예문 How do you keep so **slim**?
어떻게 그렇게 몸매를 날씬하게 유지하죠?

wound
[wu:nd]

ⓝ 부상, 상처   **ⓥ** 상처를 입히다 (injure)

연상 아이들은 상처를 입으면 운다(→우운드).

예문 Her words **wounded** his feelings.
그녀의 말이 그의 감정을 상하게 했다.

파생 wounded a. 상처를 입은, 부상당한

heal
[hi:l]

ⓥ (병·상처를) 고치다, 치료하다

연상 ① 병을 치료하면 날마다 희일(喜日; 기쁜 날)(→히일)이 된다.
② 요즘 힐링 캠프, 실링 카페(→히 일) 등은 몸과 마음을 치료하는 캠프, 카페라는 뜻이다.

예문 Time **heals** all sorrows.
세월은 모든 슬픔을 잊게 한다.

cancer
[kǽnsər]

ⓝ 암; (사회적)병폐

연상 잘못 만들어진 불량 깡통인 can(캔)서(캔에서)(→캔서) 암을 유발하는 물질이 나오는 것은 아닐까?

예문 She got breast **cancer**.
그녀는 유방암에 걸렸다.

surgery
[sə́:rdʒəri]

ⓝ 외과 수술(operation); 외과   **ⓒⓛ** medicine 내과

연상 서 있을 때 발이 저리(→서:저리)면 외과 수술을 받아야 한다.

예문 He had **surgery** on his left knee six weeks ago.
그는 6주일 전에 왼쪽 무릎 수술을 받았다.

파생 surgeon n. 외과 의사   **ⓒⓛ** physician (내과 의사)
surgical a. 외과의 . 수술의

undergo
[ʌ̀ndərgóu]

ⓥ (수술 등을) 받다; 경험하다(experience); 겪다(suffer)

연상 어떤 것의 under(아래로) go(가는)(→언더고우) 것이 그것을 경험하거나, 겪는 것이다.

예문 She is **undergoing** surgery.
그녀는 수술을 받고 있는 중이다.

예문 He has **undergone** many hardships.
그는 많은 고난을 겪었다.

remedy
[rémidi]

n. 요법(cure); 치료; 교정 수단 **v.** 치료하다; 교정하다

연상 너의 굽은 다리에 대한 요법은 네 미디 스커트(중간 길이의 치마)(→레미디)를 입는 것이다.

예문 Alcohol is the best **remedy** for colds.
알코올은 감기에 가장 좋은 치료약이다.

therapy
[θérəpi]

n. 치료(cure. healing); 요법(remedy)

연상 몸에 새로(다시) 피(→쎄러피)를 보충하는 것도 치료하는 요법이다.

예문 The patients undergo radiation **therapy**.
그 환자들은 방사선 치료를 받는다.

pulse
[pʌls]

n. 맥박; 진동 **v.** 맥이 뛰다; 고동치다

연상 팔을 들어 올리니 팔서(팔에서)(→팔스) 맥박이 뛰는 것이 느껴져.

예문 I had my blood pressure and **pulse** checked.
나는 혈압과 맥박을 검사받았다.

immune
[imjúːn]

a. 면역성의; (책임 들을) 면한; (세금 등이) 면제된

연상 사랑하는 임이 미운(→임뮤운) 것은 사랑의 열병에 면역성의 결과다.

예문 He is **immune** to the disease.
그는 그 병에 면역되어 있다.

파생 immunity n. 면역(성): (책임 등의) 면제

virus
[váiərəs]

n. 바이러스. 병원체. (도덕적)악영향

연상 감기는 바이러스(→바이러스), 즉 병원체가 원인이다.

예문 He was infected with the AIDS **virus**.
그는 AIDS 바이러스에 감염되었다.

nightmare
[náitmɛ̀əːr]

n. 악몽; 불안감

연상 night(밤)에 목을 매어(→나이트메어) 무섭게 한다면 그것이 악몽이다.

예문 I was oppressed by a **nightmare** last night.
어젯 밤에 악몽에 시달렸다

plague
[pleig]

n. 역병, 전염병 **v.** 역병에 걸리게 하다

연상 play 그(→플레이그)것이 전염병을 퍼뜨릴 수 있다.(운동장에 사람이 많이 모이기 때문)

예문 Nearly a third of the population died in the Great **Plague**.
대 역병으로 인구의 거의 3분의 1이 죽었다.

epidemic
[èpidémik]

a. (병이)유행성인: (사상. 풍속 등이) 유행하는(prevalent)
n. 유행병. 전염병

연상 애 피(애들의 피)에 다른 피가 대(大, 많이) mix(믹스, 섞이면)(→에피대믹)되면 유행성인,
전염병에 걸리기 쉽다.(수혈에 주의)

예문 Over fifty people died during the flu **epidemic** last winter.
지난겨울 유행성 독감으로 50명 이상이 죽었다.

antibody
[æntibàdi]

n. 항체, 항독소

연상 ① Ann은 티셔츠를 즐겨 입는데, Ann(앤)의 티(셔츠)는 body(몸)(→앤티바디)에
(감기)항체를 만들었다.
② 병원균에 anti(반대하는) body(→앤티바디)에 있는 것이 항체다.

예문 Scientists found **antibodies** in breast milk.
과학자들은 모유에서 항체를 발견했다.

syndrome
[síndroum]

n. 증후군: (어떤 감정·행동이 일어나는) 일련의 징후

연상 몸에 신이 들어옴(신들린 것)(→신드로움)과 같은 현상이 증후군이지.

예문 This phenomenon has become known as the 'Californian **syndrome**'.
이 현상은 캘리포니아 증후군으로 알려져 있다.

예문 Acquired Immune Deficiency **Syndrome** 후천성 면역 결핍증 AIDS

soothe
[suːð]

v. 달래다; (감정을) 진정시키다; 가라앉히다(calm)

연상 그녀는 학년말 성적으로 "우"보다 "수"를 더(→수ː드) 받은 것이 마음을 달래고,
진정시켰다.

예문 She tried to **soothe** the crying child.
그녀는 우는 아이를 달래려 했다.

파생 soothing a. 마음을 안정시키는

stomach
[stʌ́mək]

n. 위; 복부

연상 스타들이 먹(→스터먹)는 것은 위로 들어간다.

예문 You shouldn't drink wine on an empty **stomach**.
빈속에 술을 마셔서는 안 된다.

swell
[swel]

ⓥ 부풀다; 붓다; 증대하다; 팽창하다 ⓝ 부풀기; 증가

연상 수예를, 즉 수옐(→스웰) 오래 하면 손끝이 부풀어 오른다.

예문 A tire **swells** as it is filled with air.
타이어는 바람을 채우면 부풀어 오른다.

---

itch
[itʃ]

ⓝ 가려움 ⓥ 가렵다

연상 가려운 데는 다 가려운 원인, 즉 이치(→이치)가 있다

예문 My back **itches**.
나는 등이 가렵다.

파생 itching a. 가려운

---

stout
[staut]

ⓐ 뚱뚱한(fat); 단단한, 억센

연상 몸이 너무 뚱뚱하면, 스타에서 아웃(→스타웃)될 텐데. (스타에서 빠지게 될 텐데)

예문 The **stout** woman exercised every day.
그 뚱뚱한 여인은 날마다 운동을 했다.

---

numb
[nʌm]

ⓐ (추위 따위로) 감각을 잃은, 마비된

연상 추위로 마비된 손이 남(→넘)의 손 같구나.

예문 My fingers were **numb** with cold.
추위로 내 손가락이 감각을 잃었다.

---

symptom
[símptəm]

ⓝ (병의) 증상; 징후

연상 심(心,마음)에 틈(→심텀)이 생기는 것도 병의 증상이다.

예문 If **symptoms** persist, you had better consult your doctor.
만약 증상이 지속된다면 의사의 진찰을 받아보아라.

---

fever
[fíːvər]

ⓝ 열, 발열; 열병 ⓥ 열광시키다

연상 열이 나면 얼굴에 피가 벌(→피버)겋게 드러난다.

예문 He has a slight **fever**.
그는 미열이 있다.

infect
[infékt]

v. 감염시키다, 전염시키다; 물들게 하다

연상 몸 in(안에서) 팩이 터(→인펙트)지면 몸을 감염시킬 위험이 있다.

예문 He is **infected** with influenza.
그는 유행성 감기에 전염되었다.

파생 infection **v.** 전염; 감염 infectious **a.** 전염되는

---

clinic
[klínik]

n. 전문병원, 진료소; 임상 실습

연상 깨끗한 것, 즉 클린(clean)이 크(→클리닉)게 중요한곳이 전문병원, 진료소이다.

예문 The new health **clinic** opened Friday.
새 진료소가 금요일에 문을 열었다.

파생 clinical **a.** 진료소의, 임상의

---

organ
[ɔ́ːrgən]

n. (인체의) 기관; (정부 따위의) 기관; 오르간

연상 악기 오르간(→오:건)의 조직이 인체나 정부의 기관과 비슷하다고 볼 수 있다.

예문 He is waiting an **organ** transplant.
그는 장기 이식을 기다리고 있다.

파생 organism **n.** 유기체; 생물

---

prescribe
[priskráib]

v. 처방하다; 규정하다, 지시하다

연상 약국에 가기 전에(pre) 의사가 글로 써 주다(scribe) → 처방하다

예문 The doctor has **prescribed** a long rest for me.
의사는 나에게 장기간 휴식하라고 처방했다.

파생 prescription **n.** 처방(전)

---

recover
[rikʌ́vəːr]

v. (건강을) 회복하다; 되찾다

연상 무성한 풀로, 황폐화된 시골 마을 리(里)를 cover(덮는)(→리커버) 것이 시골 마을의 환경을 회복하는 것이다.

예문 He is **recovering** his health.
그는 건강을 회복하고 있다.

파생 recovery **n.** 회복; 복구

---

sprain
[sprein]

v. (발목. 손목을) 삐다 (wrench)

연상 숲풀에 rain(비)(→스프레인)이 오면 등산객들이 자주 발목을 삔다.

예문 He **sprained** his ankle.
그는 발목을 삐었다.

asthma
[ǽzmə, ǽs]

n. 천식

연상 아줌마(→애즈머)들이 천식이 많다더군.(옛날엔 부엌에서 연기를 많이 마셨기 때문에)

예문 The old man suffers from asthma.
그 노인은 천식을 앓고 있다.

diagnose
[dáiəgnòus]

v. (병을)~라고 진단하다; (문제 등의) 원인을 규명하다

연상 그녀가 병원에 갔더니 의사는 다이어(반지)가 그(의) nose(코)(→다이어그노우스)에 들어가서 생긴 병이라고 진단했다.

예문 The doctor diagnosed his case as smallpox.
의사는 그의 증상을 천연두로 진단했다.

파생 diagnosis n. 진찰, 진단

vein
[vein]

n. 정맥, 혈관 반 artery 동맥

연상 칼에 베인(→베인) 자리에 정맥이 드러났군.

예문 She uses make-up to hide the thread veins in her cheeks.
그녀는 뺨의 실핏줄을 감추려고 화장을 이용했다.

예문 a vein of gold 금광맥

circulation
[sə̀ːrkjəléiʃən]

n. (혈액 등의) 순환, (화폐 따위의) 유통

연상 서클(circle)에서 하는 레이슨(race는, 경기는)(→서클레이션) 혈액 순환에 도움이 된다.

예문 Regular exercise will improve blood circulation.
규칙적인 운동은 혈액 순환을 개선 시켜준다.

파생 circulate v. 순환하다; 유포하다

toxic
[táksik]

a. 독성이 있는, 유독한 (poisonous)

연상 남의 집에 밥을 얻어먹는 탁식(託食)을 하거나 탁식(탁한 음식)(→탁식)엔 독성이 있을 수 있다.

예문 The river was contaminated by toxic wastes.
유독성 폐기물로 강이 오염되었다.

파생 toxication n. 중독

fatigue
[fətíːg]

n. 피로 **v.** 피로하게 하다

연상 얼굴에 퍼런 티, 그(→퍼티그)것이 바로 피로 때문이야.

예문 Correcting your posture prevents muscle fatigue and injury.
자세를 바르게 하는 것이 근육 피로와 근육이 상하는 것을 막아준다.

sanitary
[sǽnitəri]

ⓐ 위생적인 (hygienic); 위생의

연상 센 치아 틀(구조), 즉 센 이틀이(→새니터리) 위생적이다.

예문 There was no cooking or sanitary facilities in the hut.
그 오두막에는 조리 시설도 위생 시설도 없었다.

파생 sanitize v. 위생 처리를 하다

dose
[dous]

ⓝ (1회분 약의)복용량, (약의)한 첩 **ⓥ** 복용시키다, 투약하다

연상 ① 약을 복용시킬 때는 약을 어느 도(度=한도)까지만 쓰도록(→도우스) 복용량을 조절한다.
② 약을 복용하는 것이 치료를 도우소서(→도우스), 하면서 투약한다.

예문 The doctor dosed the girl with quinine.
의사는 그 소녀에게 키니네를 복용시켰다

patient
[péiʃənt]

ⓝ 환자 **ⓐ** 인내심이 강한 **ⓟ** impatient 참을성이 없는

연상 ① 페이(pay;보수)가 선 터(=그대로로 머물러 있는 곳)(→페이션트)에선 직원들이 인내심이 강해야 한다.
② 병이 나을 때까지 페에션드(인내심)을 가져야 하는 것이 환자다.

예문 The Smiths are patients of mine.
나는 스미스씨 댁의 주치의다.

예문 in patient 입원 환자 out patient 외래환자

파생 patience n. 인내(력), 참을성

inject
[indʒékt]

ⓥ 주사하다, 주입하다, 끼워 넣다

연상 전기 접속용 잭(jack:플러그를 꽂는 구멍) 안에(in)(→in +jack)(→인젝) 플러그를 꽂는 것은 사람 몸에 주사하는 것과 같은 원리다.

예문 The veterinarian injected the horse with vitamins.
수의사는 말에게 비타민제를 주사했다.

파생 injection n. 주입; 주사

agony
[ǽgəni]

ⓝ 고민, (심신의) 고통

연상 무리하게 이것저것을 해 달라는 애(=아이) 건의(→애거니)가 부모를 고민에 빠뜨린다..

예문 He endured the agonies of loneliness.
그는 외로움의 고통을 참아야 했다.

파생 agonize v. 몹시 괴로워하다; 번민하다

germ
[dʒəːrm]

ⓝ 병원균 세균 **ⓥ** 싹트다

연상 현미경으로 보면 병원균은 점(→저엄)처럼 보인다.

예문 Some people have a germ phobia.
어떤 사람들은 세균 공포증이 있다.

alcoholic
[ǽlkəhɔ́(:)lik]

a. 알코올(성)의, 알콜중독의 **n.** 알코올 중독자

연상 알콜에 홀린(→앨커호릭) 사람이 알콜중독자다.

예문 David became an **alcoholic** because of loneliness.
David는 외로움 때문에 알콜 중독자가 되었다.

파생 alcohol n. 알코올, 알코올성 음료

poison
[pɔ́izən]

n. 독(약) **v.** 독을 넣다

연상 군대에서 다른 곳으로 포를 이전(→포이전)하면 포를 설치했던 그 자리에 독(약)이 남는다.(화약 가루도 독이다)

예문 The old man killed himself by taking **poison**.
그 노인은 음독자살했다.

파생 poisonous a. 유독한; 유해한(toxic)

digest
[didʒést]

v. 소화하다; 요약하다

연상 잡지 '리더스 다이제스트(→다이제스트)는 독자가 소화할 수 있도록 내용을 잘 요약해서 다루고 있습니다.

예문 He has to avoid fat because his body can't **digest** it.
그는 소화 능력이 약하기 때문에 지방질은 피해야 한다.

파생 digestion n. 소화

fatal
[féitl]

a. 치명적인; 운명의

연상 ① 사고로 인체에서 폐(가) 이탈(→페이틀)한다면 치명적인 것이다.
② 가난한 노동자가 노상강도에게 페이(pay) 털리면(→페이틀) 치명적이다.

예문 Her disregard of the advice was ultimately **fatal**.
그 충고를 무시한 것이 결국 그녀에게 치명적인 결과가 되었다.

파생 fatality n. 사망자, 치사율, 숙명론

feeble
[fíːbəl]

a. (체력 따위가) 약한, 연약함

연상 피부를(→피블) 인체의 연약한 부분이라 할 수 있다.

예문 She is **feeble** in body.
그녀는 몸이 약하다.

파생 feebleness n. 약함

faint
[feint]

a. (체력이)약한(weak) **v.** 기절하다, 실신하다. **n.** 기절

연상 심한 페인트(paint)(→페인트) 냄새는 체력이 약한 사람을 기절하게 할 수 있다.

예문 His voice sounded **faint** and far away.
그의 목소리가 멀리서 희미하게 들렸다.

예문 She **fainted** away.
그녀는 기절했다.

pneumonia
[njumóunjə]

n. 폐렴

연상 그는 회사에서 새로 생산된 암모니아, 다시 말해 뉴(new;) 암모니아(→뉴모우니어) 냄새를 너무 맡아 폐렴에 걸렸다.

예문 The child suffered from **pneumonia**.
그 아이는 폐렴을 앓았다.

contagion
[kəntéidʒən]

n. 접촉 전염, 감염

연상 접촉감염은 병원균이 학교나 수용소 같은 큰 테두리 안에서 이사람 저 사람에게 이전(→컨테이전)되기 때문에 큰테이전이라 하는 거야.

예문 The doctor says there's no chance of **contagion**, so she can go to school.
의사가 전염 가능성이 없다고 말하고 있으므로 그녀는 학교에 갈 수 있다.

파생 contagious a. 접촉해서 옮는

sore
[sɔːr]

a. (상처가) 아픈, 욱신거리는(painful)

연상 벌이 쏘(→소)면 쏘인 자리가 아프다.

예문 My legs were really **sore** after aerobics last week
지난주에 에어로빅을 한 뒤 다리가 아주 아팠어.

파생 sorely a. 아파서; 심하게

pale
[peil]

a. 창백한; (빛깔 따위가) 엷은(dim, faint)

연상 찬바람에 살이 패일(→페일) 때 창백한 얼굴이 된다.

예문 You look **pale**.
네 얼굴이 창백해 보인다.

bruise
[bruːz]

n. 타박상 **v.** 타박상을 입히다; 멍들다

연상 타박상을 입으면 피부색은 블루지(blue지; 푸른색이지)(→브루즈)!

예문 The blow **bruised** my arm.
그것에 맞아서 나는 팔에 타박상을 입었다.

pill
[pil]

n. 환약, 알약

연상 몸에 필(=피를)(→필) 보면 구급 알약이 생각난다.

예문 The doctor said the birth control **pill** almost killed her.
의사는 피임약이 그녀를 죽음의 지경에 이르게 했다고 말했다.

ache
[eik]

n. 아픔, 통증(pain) **v.** 아프다

연상 그는 몸이 아파서 '에이쿠(→에이크), 에이쿠'하면서 통증을 호소한다.

예문 I have a fever and ache all over.
열이 나고 온몸이 아프다.

allergy
[ǽlərdʒi]

n. 알레르기; 이상 과민증; 거부감

연상 이상 반응인 알레르기(→엘러지)는 이상과민증이다.

예문 Your skin problems are caused by an allergy to wheat.
당신의 피부 질환은 밀에 대한 알레르기 때문에 생긴 것입니다.

dental
[déntl]

a. 치과의, 이의

연상 치아를 교정하기 위해서 치아에 댄 (금속)틀(→덴틀)은 치과의 의료 제품이다.

예문 Nowadays I spends most of time curing dental disease.
요즘 치아 질환을 치료하는데 대부분의 시간을 보낸다.

파생 dentist n. 치과의사

injure
[índʒər]

v. 상처를 입히다(hurt); 훼손하다(damage)

연상 병원균 인자 (→인저)가 몸에 상처를 입힌다.

예문 He was badly injured by the accident.
그 사고로 큰 상처를 입었다.

파생 injury n. 상처, 손상

meditation
[mèdətéiʃən]

n. (종교적인) 명상, 묵상; 숙고

연상 그는 메디컬 센터 상징 마크인 테(=테두리) 선이 이선(= 2개 선)(→메더테이션)으로 된 이유가 뭘까 하며 명상에 잠겼다.

예문 He is buried in meditation.
그는 명상에 잠겨 있다.

파생 meditate v. 명상하다

antibiotic
[æ̀ntibaiátik]

n. 항생제 **a.** 항생의, 항생 물질의

연상 병원균에 anti(대항하는) boi(생명의) 티크(목재)(→앤티바이아틱)가 있다면 그것이 바로 항생제와 같다.

예문 The doctor prescribed antibiotics.
의사는 항생제를 처방해 주었다.

comprehensive
[kàmprihénsiv]

ⓐ 포괄적인, 종합적인

연상 com(컴퓨터)가 풀이한 hen(닭)이 십(→캄프리헨십) 마리라면 그 계산은 포괄적인 계산일 것이다.

예문 The data we used were **comprehensive**.
우리가 이용한 자료는 광범위했다.

deprivation
[dèprəvéiʃən]

ⓝ 박탈, 상실

연상 방송국은 대(大) 프로(그램) 출연기회를 여배우 배이션(→데프러베이션)에게서 박탈했다.

예문 A lot of people suffer from serious sleep **deprivation**.
많은 사람들이 수면 부족에 시달린다.

파생 deprive v. 빼앗다, 박탈하다

eradicate
[irǽdəkèit]

ⓥ 뿌리째 뽑다; 근절하다

연상 간호사인 이 래디(lady)는 애인 cate(→이래디케이트)의 병을 근절했다.

예문 These insects are very difficult to **eradicate**.
이들 해충들은 근절하기가 매우 어렵다.

파생 eradication n. 뿌리째 뽑음; 근절

medicinal
[mədísənəl]

ⓐ 의약의, 약용의

연상 양귀비 같은 약용의 식물은 겉보기가 멋있어 늘(→머디서늘)!

예문 They not only raise crops but also **medicinal** herbs.
그들은 곡물뿐만 아니라 약초도 키운다.

pharmaceutical
[fà:rməsú:tikəl]

ⓝ 제약의, 약학의

연상 파머(약에) 수(개의) 티끌(→파머수티컬)이 들어 있으면 제약의 문제다.

예문 Her son is working for a **pharmaceutical** company.
그녀의 아들은 제약회사에 근무한다.

prevention
[privénʃən]

ⓝ 방지, 예방

연상 ① 야외에서 풀이 벤 손(→프리벤션)은 덧나지 않게 예방해야 한다.
② 풀을 베기 pre(전에) 풀에 벤 손(→프리벤션)이 생기지 않도록 예방해야 된다.

예문 **Prevention** is better than cure.
예방은 치료보다 낫다.

relieve
[rilíːv]

v. (고통 따위를) 완화시키다. 덜다; 구원하다

연상 시골 마을 리(里)에서 live(사는)(→릴리:브) 것이 스트레스를 완화시켰다.

예문 No words will **relieve** my sorrow.
어떤 위안의 말도 나의 슬픔에 위로가 되지 않는다.

recovery
[rikʌ́vəri]

n. (병의) 쾌유; 회복, 복구

연상 recover(되찾다, 회복하다) + y(명사어미)(→리커버리) = 회복

예문 Best of luck for a speedy **recovery** from illness.
빨리 쾌유하시길 빕니다.

psychiatric
[sàikiǽtrik]

a. 정신병학의, 정신과의.

연상 조명기사가 사이키에(사이키조명에) 트릭(trick;속임수)(→사이키애트릭)을 쓴다면 정신과의 진료를 받아야 하는 것 아닐까?

예문 His wife is suffering from some form of **psychiatric** disorder.
그의 아내는 일종의 정신 장애를 앓고 있다.

metabolic
[mètəbálik/]

a. 신진 대사의

연상 누구를 met(만나서) 볼이 익은(→메터볼릭) 것처럼 빨갛게 된다면 신진대사의 작용 때문이다.

예문 The athletes had taken pills to stimulate their **metabolic** rate.
운동선수들이 그들의 신진 대사률을 활성화시키기 위해 약을 복용했다.

lifespan
[láifspæ̀n]

n. 수명

연상 ① life(생명) + s + pan(한 뼘, 짧은 길이)(→라이프스팬) = 수명
② life(생명) + pan(냄비)= 냄비의 생명은 냄비의 수명이다.

예문 Small animals were found to have a shorter **lifespan** than larger ones.
작은 동물들이 큰 동물보다 수명이 더 짧은 것으로 밝혀졌다.

obesity
[oubíːsəti]

n. 비만, 비대.

연상 ① 비만은 먼저 배가 나와서 "오! 배(에)서 티(모양)"(→오비:서티)가 난다.
② 옛날엔 비서 중에 비만인 사람이 많아서 비만인 사람을 보고 " 오! 비서 티"(→오비:서티) 난다"고 했다.

예문 A diet that is high in fat can lead to **obesity**.
지방질이 많은 식사는 비만에 이를 수 있다.

artery
[áːrtəri]

n. 동맥 **반** vein 정맥

연상 팔뚝에 아! 털이(→아:터리) 나 있는 부분에 동맥이 있군.

예문 The **arteries** in his neck had become nearly congested.
그의 목 동맥이 거의 막혔다.

deter
[ditə́ːr]

v. 막다, 방해하다; 단념시키다

연상 상태가 나쁜 D급 터(→디:터)가 집짓는 것을 단념시켰다.

예문 She **deterred** him from doing so.
그녀는 그가 그렇게 하는 것을 단념시켰다.

파생 deterrent a. 방해하는 n. 제지하는 것

tablet
[tǽblit]

n. 정제, 알약; 서판(書板)

연상 태블릿(→태블릿) PC 옆에 알약을 두었다. 바닥보다는 table이 놓아두기에 좋아서.

예문 Take this **tablet** after breakfast and dinner while symptoms persist.
증세가 지속되면 아침과 저녁 식사 후 이 알약을 복용하세요.

painkiller
[péinkìlər]

n. 진통제

연상 pain(고통)을 killer(죽이는 것)(→페인킬러)이 바로 진통제다.

예문 There are some **painkillers** in the bathroom cabinet .
욕실 캐비닛에 진통제가 있다.

insomnia
[insámniə/ -sɔ́m-]

n. 불면증

연상 인삼을 이어(→인삼니어)서 너무 많이 먹으면 불면증이 생길까?.

예문 She has suffered from **insomnia**.
그녀는 불면증에 시달려왔다.

파생 insomniac a. n. 불면증의 (환자).

hypertension
[háipərtènʃən]

n. 고혈압

연상 hyper(초월하여, 과도한) + tension(긴장)(→하이퍼텐션) 혈관에 과도한 긴장을 주는 것이 고혈압이다

예문 Those who are overweight or indulge in high-salt diets are candidates for **hypertension**.
과체중이거나 고염분의 식사를 자주하는 사람은 고혈압에 걸릴 가능성이 많은 사람들이다.

amnesia
[æmníːʒə]

n. 기억상실, 건망증(forgetfulness)

연상 엠(M)자를 잊어(→앰니ː저)버리면 건망증 증세가 있다.

예문 In his later life he suffered periods of amnesia.
그는 말년에 건망증으로 고생했다.

workout
[wə́ːrkàut]

n. 운동, 연습

연상 work(일하러) out(밖에)(→워ː카우트) 나가는 것이 운동하는 것이다

예문 He used to do an arduous workout in the gymnasium.
그는 체육관에서 힘 드는 운동하기를 즐기곤 했다.

hiccup
[híkʌp]

n. 딸꾹질

연상 he(그가) cup(컵)(→히컵)을 잘못 써서 딸꾹질을 한다. (종이컵 앨러지가 있어서)

예문 I ate too quickly and got hiccups.
음식을 너무 빨리 먹어 딸꾹질이 났다.

robust
[roubʌ́st/ róubʌst]

a. 강건한, 튼튼한

연상 ① 영화에 나오는 로봇(robot) 스타(→로버스트)는 강건한 인물이다.
② 도로, 즉 로(路) bus 터(타는 곳)(→로버스트)에 늘 강건한 청년들이 서 있다. (청년들은 버스를 즐겨 타니까)

예문 His grandfather is almost 90, but still robust.
그의 할아버지는 나이가 거의 90이지만 아직 강건하다.

physician
[fizíʃən]

n. 내과의사 **반** surgeon 외과의사

연상 ① 지방을 분비하는 피지선(皮脂腺)(→피지션)에 이상이 있으면 내과의사에게 진료를 받아야 한다.
② 태평양의 피지섬(→피지션)엔 내과의사가 부족하다.

예문 You need to take counsel with a physician about your health.
당신은 건강에 대해서 의사의 진찰을 받아볼 필요가 있다.

acne
[ǽkni]

n. 여드름

연상 애(아이)가 크니(→애크니) 여드름이 생겼다.

예문 My son is suffering from acne.
아들이 여드름에 시달리고 있다.

inhale
[inhéil]

ⓥ 흡입하다, (공기 따위를) 빨아들이다 ⑱ exhale (숨을) 내쉬다

(연상) 휴식시간에 친구 인해(가 하는) 일(→인헤일)담배 연기를 흡입하는 것이다.

(예문) Janet **inhaled** sharply when she saw her old sweetheart.
Janet은 옛 애인을 보았을 때 깊이 숨을 들이마셨다.

deliver

ⓥ (아기를) 출산하다; 배달하다

(연상) ① 아이를 이 세상에 deliver(배달하는) 것이 출산하는 것이다
② 내 친구 딜(del)이 딜딜거리는 오토바이를 타고 live(살아가는)(→딜리버) 일이 바로 배달하는 것이다.

(예문) His daughter was **delivered** of a healthy boy.
그의 딸이 건강한 사내아이를 출산했다.

UNIT 10 TEST

[1~12] 보기에서 영어에 해당되는 우리말을 찾아 쓰시오.

1. cure ＿＿＿＿＿＿＿   2. immune ＿＿＿＿＿＿＿

3. wound ＿＿＿＿＿＿＿   4. plague ＿＿＿＿＿＿＿

5. therapy ＿＿＿＿＿＿＿   6. epidemic ＿＿＿＿＿＿＿

7. operate ＿＿＿＿＿＿＿   8. antibody ＿＿＿＿＿＿＿

9. sneeze ＿＿＿＿＿＿＿   10. bruise ＿＿＿＿＿＿＿

11. robust ＿＿＿＿＿＿＿   12. insomnia ＿＿＿＿＿＿＿

보기   ① 치료, 요법 ② 재채기를 하다 ③ 항체 ④ 치료하다 ⑤ 강건한 ⑥ 상처
        ⑦ 불면증 ⑧ 타박상 ⑨ 수술하다 ⑩ 면역성의 ⑪ 전염병 ⑫ 유행성의

[13~17] 다음 빈칸에 들어갈 적절한 어휘를 고르시오.

13. The disease has now been successfully ＿＿＿＿＿＿＿ from the world.

14. The plant is grown for ＿＿＿＿＿＿＿ purposes.

15. The doctor says there's no chance of ＿＿＿＿＿＿＿ , so she can go to school.

16. This ＿＿＿＿＿＿＿ helps you to burn off fat and tone muscles.

17. They try to ＿＿＿＿＿＿＿ the symptoms of depression by drinking.

보기   ① contagion ② relieve ③ workout ④ eradicated ⑤ medicinal

[18~21] 다음 빈칸에 들어갈 적절한 어휘를 고르시오.

18. ＿＿＿＿＿＿＿ is considered to be a severe health risk.

19. Finally she decided to go to a local ＿＿＿＿＿＿＿ for a medical opinion.

20. Small animals were found to have a shorter ＿＿＿＿＿＿＿ than larger ones.

21. He has an extremely rare ＿＿＿＿＿＿＿ disorder.

보기   ① metabolic ② physician ③ obesity ④ lifespan

정답   1.④ 2.⑩ 3.⑥ 4.⑪ 5.① 6.⑫ 7.⑨ 8.③ 9.② 10.⑧ 11.⑤ 12.⑦
        13.④ 14.⑤ 15.① 16.③ 17.② 18.③ 19.② 20.④ 21.①

Further Study

susceptible 감염되기 쉬운

metabolism 신진대사

respire 호흡하다, 숨 쉬다

checkup 건강 검진

fit 건강한(=healthy)

health care 건강관리

fitness 건강함

fitness center 헬스클럽

wholesome 건강에 좋은

unconscious 의식을 잃은

cough 기침

nausea 구토

indigestion 소화불량

abortion 낙태, (임신)중절

heart attack 심장발작, 심장마비

morning sickness 입덧

cast 깁스

ultra-sound 초음파

flu 유행성 감기, 독감

under the weather 몸이 안 좋은

acute 급성의

chronic 만성의

disabled 장애가 있는, 불구의

diabetes 당뇨병

collapse (과로 등으로) 쓰러지다.

come down with ~로 몸져눕다.

administer first-aid 응급조치를 취하다

apply ointment 연고를 바르다

fatal disease 불치병

first aid 응급조치

clinical thermometer 체온계

instinctive response 본능적인 반응

Further Study

shock therapy 충격 요법

life expectancy 예상 수명

personality type 성격 형

intake 흡수, 섭취

solution 물약

medicine 약

prevent (병을) 예방하다

treatment (의사의) 치료

virulent 유독한, 독성이 있는

mistaken diagnosis 오진

pharmacy 약국

pharmacist 약사

side effect 부작용

nutrient 영양제, 영양소

overweight 중량초과의

unsanitary 비위생적인

release 퇴원하다

depression 우울(증)

anesthetize 마취시키다

come to onese lf 의식을 되찾다

after effect 후유증

complication 합병증

tooth decay 충치

cavity 충치

public health center 보건소

run a fever 열이 나다

stomach cramp 위경련

scan 정밀 검사

nursing home 요양원

nosebleed 코피(가 남)

M.D = medicine doctor 의학 박사

immune system 면역체계

Further Study

nausea 메스꺼움

phobia 공포증

burned out 피곤한

touch and go (환자 등의 상태가) 불확실한

splitting 머리가 쪼개질 듯한

chocking 숨 막히는

wiped out 지친, 녹초가 된

premium 보험료

perspire 땀을 흘리다

relieve 다시 살아나게 하다

sterilize 살균하다

induce 유발하다

treadmill 러닝머신

sunscreen 선크림

put on weight 체중이 늘다

get in shape 몸매를 회복하다

dental floss 치실

artificial respiration 인공호흡

drops (한 방울씩 떨어지는) 물약

diarrhea 설사

throw up 토하다

first-aid kit 구급약 세트

endoscope 내시경

puffy 부은

kidney 신장.

medication 약물치료/약물

stuffy 코가 막힌

smallpox 천연두

ulcer 궤양

obsession 강박관념

Further Study

dung 똥

take life 생명을 빼앗다

adverse reaction 부작용

dizzy spell 현기증

food poisoning 식중독

unhygienic 비위생적인

vegetarian 채식주의자

slim down (절식해서) 날씬해지다

put on 체중이 늘리다

plant-centered 채식중심의

death rate 사망률

plastic surgery 성형수술

blow one's nose 코를 풀다

stomach upset 배탈

keep-fit 건강 유지의

optic 눈의, 시각의

longevity 장수

acuity 예민함

bifocal 이중초점의

aging 노화

weepy 눈물을 흘리는

ultraviolet ray 적외선

near-sighted 근시의

egg 난자

sperm 정자

mood disorder 기분장애

runny nose 콧물

saliva 타액, 침

euthanasia 안락사

dermatologist 피부과 의사

orthopedics 정형외과

Further Study

coagulation (혈액의) 응고

oculist 안과 의사

internist 내과 의사

cerebral (대)뇌의

muscular 근육의

mentality 정신 상태

ailment 질병

speech problem 언어 장애

hospitalize 입원시키다

medical history 과거 병력

intestine 장(bowels)

womb 자궁

massage 마사지하다

be allergic to ~에 알레르기가 있다

anesthetic 마취제[약]

addict (마약 등의) 중독자

cardiologist 심장병 의사

case (병의) 증세, 병상(病狀) 환자

case history 병력

coma 혼수(상태)

complexion 안색

contraception 피임(법)

contraceptive 피임약

cramp 쥐, 경련

crippled 다리를 저는, 불구의(=lame)

dentist 치과 의사

disabled 신체장애가 있는, 불구의

disability 불구

dispensary (병원·학교 등의) 조제실, 약국

overdosage (약의) 과잉 투여

emergency room 응급실

endemic 풍토병

Further Study

handicapped 신체[정신]적 장애가 있는

backache 요통

health certificate 건강 증명서

health inspector 위생 검사 반원

health insurance 의료 보험

healthcare facility 의료 시설

heredity 유전(형질)

hereditary 유전하는

immunize 면역이 되게 하다

immunization 면역

infirmary (학교 등의) 양호실, 부속 진료소

inoculate 예방 접종하다

inoculation 예방 접종

intensive care unit 중환자실(=ICU)

low-fat diet 저지방 식사

medical examination 건강 진단

neurologist 신경과 의사

malnutrition 영양실조

obstetrician 산부인과 의사

operating room 수술실

organ transplant 장기 이식

outpatient (병원에 다니면서 치료받는)

외래환자 (↔inpatient: 입원환자)

perspiration 발한(작용) 땀

plastic surgery 성형수술

(=cosmetic surgery)

take[feel] one's pulse 맥박을 재다

regimen 식이요법

respiration 호흡

artificial respiration 인공호흡

respiratory 호흡(기)의

Further Study

runny 콧물[눈물]이 나오는

transfusion 수혈

transplant

(신체의 기관·조직을) 이식하다. 이식(수술)

transplant surgery 이식 수술

vaccinate 백신[예방]접종을 하다

vaccination 백신[예방]접종

venereal disease 성병

burp (belch) 트림 (하다)

bloated 부은, 부푼

congested(congestion) 코가 막힌

antidote(antitoxin) 해독제

insect(mosquito) bite 벌레(모기) 물림

appendix(appendicitis) 맹장(염)

high blood pressure(hypertension) 고혈압

alcoholism 알코올중독

cerebral palsy 소아마비(뇌성마비)

paralysis 중풍

gastric ulcer 위궤양

sunburn 햇빛 화상

eczema 습진

corn 티눈

blister 물집

eye drop 안약

snore 코골다

joint 관절

anemia 빈혈

tuberculosis(TB) 결핵

stiff neck 뻣뻣한 목

crutches 목발

scab 딱지

(cerebral) apoplexy 뇌졸중

stroke 뇌졸중

indigestion 소화불량

athlete's foot 무좀

Alzheimer's disease 알츠하이머병, 치매

acute disease 급성 질병

naked eye 육안

visually impaired person 시각 장애인

overdose 과다 복용

underweight 저체중의

dissection 해부

mild
[maild]

ⓐ (기후가) 온화한; (술 따위가) 순한; 온순한
연상 남쪽으로 mile(마일)을 더(→마일드) 가면 갈수록 온화한 기후가 된다.
예문 The weather is **mild** in the region.
그 지역은 날씨가 온화하다

blast
[blæst]

ⓝ 돌풍(gale); 폭발(explosion) ⓥ 폭발하다(explode)
연상 자동차에 불이 났을 때 그 불의 last(마지막)(→블래스트)은 돌풍을 일으키며 폭발하는 것이다.
예문 The yacht was turned over a **blast** of wind.
돌풍에 요트가 전복되었다.

chilly
[tʃíli]

ⓐ (날씨가) 쌀쌀한; (태도 등이) 냉담한
연상 그 시골마을 칠리(七里)(→칠리)는 날씨가 쌀쌀하다.
예문 It turned **chilly** in the afternoon.
오후가 되자 기온이 쌀쌀해졌다.

frost
[frɔːst]

ⓝ 서리 ⓥ 서리가 내리다
연상 ① 미국 시인 프로스트는 '서리'라는 시를 썼을까?
② 서리가 내리면 푸른 것은 lost(잃어버린)(→프로스트) 것이 된다.
예문 The windows are covered with **frost**.
창문이 서리로 덮여 있다.
파생 frosty a. 서리가 내릴 만큼 추운, 쌀쌀한

gust
[gʌst]

ⓝ 돌풍; 분출; (감정의) 폭발 ⓥ 분출하다; (감정이) 폭발하다
연상 천연 가스가 나오는 터, 즉 가스 터(→가스트)엔 가스가 돌풍처럼 분출한다.
예문 The wind blew in **gusts**.
바람은 돌풍이 되어 불었다.

hail
[heil]

🔵 우박; (총알, 돌맹이, 욕설, 질문 등의) 빗발

🟢 우박이 내리다; (욕설, 질문, 주먹 등을) 퍼붓다

〔연상〕 바다에 해일(→헤일)이 일면 우박이 내린다는 가설은 맞을까?

〔예문〕 **Hail** is falling on the roof.
지붕에 우박이 떨어지고 있었다.

〔예문〕 a **hail** of bullets 빗발치는 총탄

freeze
[fri:z]

🟢 얼다; 얼리다; (임금, 물가, 자산을) 동결하다   〔반〕 melt 녹다

〔연상〕 ① 겨울이 되면 먼저 어는 것이 들에 풀이지(→프리즈)!
② 겨울에 어름이 어는 것은 물의 free지(자유지)(→프리즈)!

〔예문〕 The lake has **frozen** up.
그 호수는 얼어붙었다.

〔파생〕 freezing 몹시 추운; (태도가) 쌀쌀한

flood
[flʌd]

🔵 홍수; 범람   🟢 범람하다 (overflow); 쇄도하다

〔연상〕 강바닥에 풀(이) 나(서) 더(→플라드) 홍수가 심해지고 강이 잘 범람한다. (풀이 물의 흐름을 막기 때문)

〔예문〕 The town was destroyed by the **floods** after the storm.
도시는 폭풍우가 지나간 뒤 홍수에 의해 파괴되었다.

drought
[draut]

🔵 가뭄, 한발; 결핍

〔연상〕 가뭄이 들면 들(이) 아웃(out)(→드라웃)(들이 못쓰게) 된다.

〔예문〕 The crops died during the **drought**.
가뭄으로 농작물이 죽었다.

moisture
[mɔ́istʃər]

🔵 습기, 수분; 수증기

〔연상〕 ① 화장품 중 모이스쳐(→모이스쳐) 로션은 피부에 수분을 공급하는 로션이다.
② 습기, 수분은 모이어서 밑으로 쳐지게(→모이스쳐) 된다.

〔예문〕 All the cooking has caused so much **moisture** in the kitchen.
요리를 하느라 부엌에 아주 많이 습기가 생겼다.

〔파생〕 moist a. 축축한, 습기 있는   moisten v. 축축해지다; 축축하게 하다

barometer
[bərámitər]

🔵 기압계, 청우계; (여론 따위의) 지표

〔연상〕 기압계는 때를 놓치지 말고 미터기를 그 때 바로바로 보아야 한다고 바로미터(→버라미터)이다.

〔예문〕 Newspapers are often **barometers** of public opinion.
신문은 종종 여론의 지표가 된다.

thermometer
[θəːrmάmitəːr]

n. 온도계

연상 그래 쓰마. 그 미터기(→써마미터)를 온도계로 쓰마.

예문 Last night the **thermometer** fell below degree of frost.
어젯밤 온도계가 빙점 아래로 내려갔다.

---

forecast
[fɔ́ːrkæst]

v. (날씨를) 예보하다; 예상[예측]하다　**n.** 예상, 예보

연상 ① 포를 쏠 때, 즉 포(砲)를 cast(쏠)(→포캐스트) 때 그것이 떨어질 곳을 예측해야 된다.

② 날씨를 fore(앞서서) cast(던지는)(→포·캐스트) 것이 예보하는 것.

예문 What the weather **forecast** is like for Saturday?
토요일 일기 예보가 어떻게 나왔습니까?

---

climate
[kláimit]

n. 기후, 풍토; 환경

연상 한창 클 아이 밑(→클라이밋)을 받쳐주는 것이 기후다.(기후가 좋아야 아이가 잘 자라니까)

예문 The **climate** in this country is generally mild.
이 나라의 기후는 대체로 따뜻하다.

---

breeze
[briːz]

n. 산들바람, 미풍　**v.** 산들바람이 불다

연상 브리지(bridge, 다리)(→브리:즈) 위에는 늘 강으로부터 미풍이 불어 온다.

예문 A **breeze** camp up beyond the hill.
언덕 너머로 산들바람이 불어왔다.

---

pressure
[préʃər]

n. 기압, 압력

연상 ① press(누르는) 힘이 가장 sure(확실한)(→프레셔) 것이 기압, 압력이다.

② 풀밭의 풀에서(→프레셔) 기압을 측정할 수 있다.(기압이 높은 곳은 풀이 잘 자라지 않기 때문에)

예문 A band of high **pressure** is moving across the country.
고기압대가 전국에 걸쳐 이동 중입니다.

예문 low **pressure** 저기압　blood **pressure** 혈압

파생 press v. 누르다, 압박하다 n. 신문; 언론

---

blow
[blou]

v. (바람이) 불다; 폭발하다(~up); (나팔을) 불다　**n.** 강풍; 강타

연상 바람은 불로(불쪽으로)(→블로우) 부는 법이야.

예문 The wind is **blowing** hard on the field.
들판엔 바람이 심하게 불고 있다.

temperature
[témpərətʃuəːr]

n. 온도; 기온; 체온

연상 ① 그는 드럼을 빠른 템포(tempo)로 쳐(→템퍼러쳐)서 몸의 체온이 올랐다.(힘들어서 열이 오름)

② 그가 나의 temper(기질)를 쳐(건드려)(→템퍼러쳐)서 체온을 올렸다.(열 채게 했다)

예문 The temperature in this room is too high.
이 방의 온도는 너무 높다.

---

gale
[geil]

n. 강풍, 질풍

연상 흐린 날씨가 개일(→게일) 무렵, 강풍이 분다.

예문 The gale knocked over trees in the street.
강풍이 거리의 나무들을 강타했다.

예문 gale of laughter 웃음의 폭발

---

arid
[ǽrid]

a. 건조한(dry), 불모의

연상 사막과 같은 건조한 지역에선 살이 아리더(→애리드)라!

예문 A desert is hot and arid.
사막은 덥고 건조하다.

---

haze
[heiz]

n. 옅은 안개; 아지랑이; (정신이) 몽롱(한 상태)

연상 옅은 안개 속에서 길을 잃었을 때 사람을 부르는 소리가 헤이(hey)지! (→헤이즈)

예문 There was a haze around the lake.
호수 주변에 옅은 안개가 끼어 있었다.

---

humid
[hjúːmid]

a. (날씨 등이) 습기 찬

연상 "휴-"하고 숨을 내쉬는 mid(중간)(→휴:미드)의 공기는 습기 차다.(입안의 습기 때문에)

예문 The area is hot and humid in the summer.
그 지역은 여름에는 덥고 습하다.

파생 humidity n. 습기, 습도

---

thunder
[θʌ́ndəːr]

n. 우뢰, 천둥 **v.** 천둥치다

연상 천둥이 치면 선득(→선더)거리는 느낌이 든다. (천둥칠 때 기온이 내려가니까)

예문 The thunder was getting louder and louder.
천둥소리는 점점 더 크게 들렸다.

파생 thunderbolt n. 우레를 수반하는 번개

frigid
[frídʒid]

ⓐ 몹시 추운, 혹한의(very cold); (사람이) 쌀쌀한

연상 몹시 추운 날씨에 풀이 지더(→프리지드)라!

예문 It was a frigid night in the mountain.
산 속의 밤은 추웠다.

predict
[pridíkt]

ⓥ 예상[예보]하다; 예언하다(foretell)

연상 내일은 바람이 불어서 풀이 딕-딕(→프리딕트) 소리를 내면 쓰러질 것이라고 일기 예보했다.

예문 The weather forecast predicts sunshine for tomorrow.
일기 예보에 의하면 내일은 해가 날 거라고 한다.

파생 prediction n. 예언, 예보

inclement
[inklémənt]

ⓐ (날씨가) 험악한, 혹독한; (성격 따위가) 냉혹한

연상 잉크(ink)에 레몬(lemon) 터뜨려(→인크레먼트) 놓은 것 같은 날씨가 험악한 날씨다.(색깔이 엉망진창인 날씨가 바로 험악한 날씨다)

예문 The bridge has been closed due to inclement weather.
그 교량은 악천후로 인해 폐쇄되었다.

precipitation
[prisìpətéiʃən]

ⓝ 강수량, 강우량

연상 비 내리기 pre(전에) 용기에 ci, pi 테(두리) 선(→프리시피테이션)을 표시해 둔 것은 강수량을 측정하기 위해서다.

예문 The statistics show an increase in annual precipitation.
통계에 따르면 연강수량이 증가했다.

meteorology
[mìːtiərálədʒi]

ⓝ 기상학; 기상 상태

연상 기상학을 연구하는 사람들이 (연구용 비행기를 타고) 구름 밑을 (여러번) 이어 날으지(→미:티어나러지)!

예문 He is an expert in tropical meteorology.
그는 열대 기상학 전문가다

파생 meteorologist n. 기상학자

blizzard
[blízərd]

ⓝ 강한 눈보라 ⓥ 눈보라치다

연상 심한 눈보라에 거리에 불이 꺼져, 즉 불이 저 더(→ 브리저드) 걸어 갈 수 없었다.

예문 The city was hit by a severe blizzard.
그 도시에 심한 눈보라가 몰아쳤다.

272

temperate
[témpərit]

ⓐ 온화한; 절도있는, 중용을 지키는

연상 온화한 태도로 도를 넘지 않고, 절도 있어야 하는 것이 바른 일을 처리하는 속도(tempo), 즉 템포리!(→템퍼리→템퍼릿)

예문 He is **temperate** in eating and drinking.
그는 음식을 먹거나 술을 마실 때면 절도가 있다.

파생 temperance n. 중용, 절제

genial
[dʒíːnjəl/ -niəl]

ⓐ (봄 날씨 따위가) 온화한; 다정한, 상냥한

연상 여친 지니(의) 얼굴(→지:니얼)은 온화하다

예문 The climate of the island is **genial**.
그 섬의 기후는 온화하다

bleak
[bliːk]

ⓐ 황폐한, 쓸쓸한; 차가운, 살을 에는 듯한.

연상 산에 불이 크(→블리:크)게 나서 산이 황폐하고, 나무가 없어서 살을 에는 듯이 춥다.

예문 The weather is **bleak** today.
오늘은 날씨가 무척 스산하다

damp
[dæmp]

ⓝ 습기 ⓐ 습기 찬 ⓥ 적시다 ⓢ wet

연상 댐(dam)이 푸(→댐프)른 것은 습기 때문이다.

예문 The cottage was cold and **damp**.
그 오두막집은 춥고 습기 찼다.

UNIT 11 TEST

[1~12] 보기에서 영어에 해당되는 우리말을 찾아 쓰시오.

1. drought _____
2. freeze _____
3. forecast _____
4. moisture _____
5. pressure _____
6. arid _____
7. blast _____
8. thunder _____
9. frigid _____
10. chilly _____
11. inclement _____
12. blizzard _____

보기 ① 습기 ② 몹시 추운 ③ 가뭄 ④ 돌풍 ⑤ 쌀쌀한 ⑥ 얼다 ⑦ 예보하다
⑧ 기압 ⑨ 강한 눈보라 ⑩ (날씨가) 험악한 ⑪ 천둥 ⑫ 건조한

[13~17] 다음 빈칸에 들어갈 적절한 어휘를 고르시오.

13. The winter in Tokyo is more _____ than in Seoul.

14. Temperatures were _____ to reach 40℃.

15. The area is hot and _____ in the summer.

16. His elder brother has a _____ personality.

17. On the centigrade _____ , the freezing point of water is zero degrees.

보기 ① genial ② thermometer ③ forecast ④ humid ⑤ temperate

[18~21] 다음 빈칸에 들어갈 적절한 어휘를 고르시오.

18. The warm _____ air attracts a lot of mosquitoes.

19. The weather forecast _____ sunshine for tomorrow.

20. The day was _____ from the rain that drizzled all day long.

21. The annual _____ rate in this area amounts to 3,000 millimeters.

보기 ① bleak ② precipitation ③ damp ④ predicts

정답 1.③ 2.⑥ 3.⑦ 4.① 5.⑧ 6.⑫ 7.④ 8.⑪ 9.② 10.⑤ 11.⑩ 12.⑨
13.⑤ 14.③ 15.④ 16.① 17.② 18.③ 19.④ 20.① 21.②

Further Study

fair 맑은

current 조류 기류

rainstorm 폭풍우

thunderstorm 뇌우, 천둥폭우

rainfall 강우량

tornado 회오리바람, 선풍

downpour 호우, 폭우

clement (기후가) 온난한

shower 소나기

drizzle 이슬비(가 내리다)

overcast (하늘이) 흐린

cloudy 구름이 낀

windy 바람이 부는

snowy 눈이 오는

rainy 비가 오는

sunny 햇볕이 내리쬐는

foggy 안개가 낀

capricious (날씨가) 변덕스러운

hazy 흐릿한

smog 연무

freezing 어는, 몹시 추운

cloudless 청명한

drizzly 가랑비 내리는

windbreak 바람막이

stormy 폭풍우가 부는

twister 회오리바람

dull 흐린

sleet 진눈깨비(가 오다)

sultry 찌는 듯이 더운

muggy 후덥지근한

hygrometer 습도계

dew 이슬

lightning 번개

satellite
[sǽtəlàit]

n. (인공)위성; 위성 도시　**a.** 위성의

연상 밤하늘에 새 터를 잡아 새털 같은 라이트(빛)(→새털라이트)을 내는 것이 위성이다.

예문 The soccer game will be broadcast via satellite.
그 축구 게임은 위성을 통해 중개될 것이다.

예문 communications satellite 통신 위성　satellite cities 위성 도시

orbit
[ɔ́:rbit]

n. 궤도　**v.** 궤도를 그리며 돌다

연상 오! 빛(→오:빗)이 궤도를 그리며 돌고 있네.(저녁엔 비행 물체가 빛으로 보이므로)

예문 They put the satellite into orbit.
그들은 인공위성을 궤도에 올려놓았다.

beam
[bi:m]

n. 광선, 빛; (건축용) 들보　**v.** 빛나다

연상 빔 프로젝트(beam projector)(→비임)는 빛으로 영상을 투사하는 기계다.

예문 A beam of sunlight shone in through the window.
창문 사이로 한 줄기 햇빛이 비췄다.

파생 beaming　a. 밝게 빛나는; 명랑한

oxygen
[ɑ́ksidʒən]

n. 산소

연상 산소가 없으면 인간이 살 수 없는 아주 나쁜 계절, 즉 악 시즌(→ 악시전)이 올 겁니다.

예문 Without oxygen, man could not survive.
산소가 없다면 인간은 살 수 없을 것이다.

volcano
[vɑlkéinou]

n. 화산; 분화구

연상 ① 불의 신, 발칸이 노(怒)(→발케이노우)하면 화산이 터진다.
② 화산의 발이 있는가, 발(을) 캐니(캐어보니) no(→발케이노우)(아무 것도 없었다).

예문 An active volcano may erupt at any time.
활화산은 언제든지 폭발할 수 있다.

파생 volcanic 화산의

glacier
[gléiʃər]

ⓝ **빙하**

연상 그래 있어(→글레이셔) 빙하는, 남극에 있어.

예문 A **glacier** is a large mass of ice which moves slowly.
빙하는 천천히 움직이는 큰 얼음 덩어리이다.

파생 glacial　a. 빙하(기)의; 몹시 찬

---

fossil
[fásl]

ⓝ **화석**　ⓐ **화석의**

연상 실험실에 그 화석은 모두가 땅속에서 팠을(→파슬)거야.

예문 We know about many ancient animals from the **fossils**.
우리는 화석을 통해 고대의 많은 동물들에 대해서 안다.

---

geography
[dʒiːágrəfi]

ⓝ **지리(학)**

연상 ① 지(地, 땅) 오(五 다섯 개)를 그래프(→지아:그러피)로 그렸으니 그게 지리학이 아니겠어?
② 내셔널 지오그라피(national gedgraphy)(→지아:그러피) 방송은 지리를 다루는 방송이다.

예문 The **geography** of Hawaii is particular and interesting.
하와이 섬의 지리는 특별하고 재미있다.

파생 geographical　a. 지리적인; 지리학의　geology　n. 지질학

---

substance
[sʌ́bstəns]

ⓝ **물질(material), 물체; 실질**

연상 섶(나무)과 식기 스텐서(스텐에서)(→섭스턴스) 나온 것이 바로 물질이다.

예문 Some frogs produce toxic **substances** in their skin.
어떤 개구리는 피부에서 독성 물질을 생성한다.

파생 substantial　a. 실질적인

---

pesticide
[péstəsàid]

ⓝ **살충제**

연상 pest(해충)의 cider(사이다)(→페스터사이드)가 바로 살충제다. (사이다처럼 맛있게 만들었다)

예문 These vegetables are grown without the use of **pesticides**.
이 야채는 살충제를 쓰지 않고 재배된다.

---

dissolve
[dizálv]

ⓥ **용해하다, 용해시키다; (의회를) 해산시키다**

연상 ① 어떤 문제를 d급으로 solve(해결하는)(→디잘브) 것이 용해하는 것이다.
② 창문 앞에 저 물체를 용해해 버리면 디(매우) 잘 보일(→디잘브) 거야.

예문 She **dissolved** the honey in the warm tea.
그녀는 따뜻한 차에 꿀을 녹였다.

파생 dissolution　n. 분해; 용해; 해제; 해산

ecology
[iːkálədʒi]

ⓝ 생태학; 생태 환경

연상 생태학을 알게 하는 것이 바로 자연의 이 칼러(색깔)지(→이칼리지).

예문 I am majoring in **ecology** at graduate school.
나는 대학원에서 생태학을 전공하고 있다.

파생 ecologist n. 생태학자   ecological a. 생태상의

---

enzyme
[énzaim]

ⓝ 효소

연상 아시아 경제의 효소 역할을 한다고 일본 화폐인 엔은 자임(→엔자임)하고 있다.

예문 An **enzyme** is used to make bread.
효소는 빵을 만드는 데 쓰인다.

---

friction
[fríkʃən]

ⓝ 마찰(rubbing); 불화

연상 철선 등이 깔려있는 작업장에선 쁘릭 쁘릭하는 선(→프릭션)의 마찰소리가 자주 난다.

예문 There is **friction** between the two nations.
양국 간에 마찰이 있다.

---

gravity
[grǽvəti]

ⓝ 중력(gravitation); 중대함; 진지함

연상 지구가 오랫동안 그래 버티(→그래버티)는 것은 중력 때문이다.

예문 There is no **gravity** in space.
우주에는 중력이 없다.

---

magnet
[mǽgnit]

ⓝ 자석; 마음을 끄는 사람

연상 자석 속에 맥(脈)은 net(그물)(→매그닛)처럼 깔려 있어서 철을 끌어 들인다.

예문 The scent of flowers acts as a **magnet** to bees.
꽃향기가 벌들에게 자석과 같은 역할을 한다.

파생 magnetic 자석의; 매력적인

---

microwave
[máikrouwèiv]

ⓝ 극초단파; 전자레인지(microwave oven).

연상 micro(아주 작은) +wave(파장, 초단파)(→마이크로웨이브)가 바로 극초단파다.

예문 Put the milk in the **microwave** (oven) and warm it up.
우유를 전자레인지에 넣고 데워라.

278

molecule
[mάləkjùːl]

n. 분자; 미립자

연상 연구원들이 물에 말아(서) 키울(배양할)(→마러큐울)수 있는 것이 물질의 분자, 미립자다.

예문 A **molecule** of water consists of two atoms of hydrogen and one atom of oxygen.
물의 분자는 두 개의 수소 원자와 하나의 산소 원자로 이루어져 있다.

파생 molecular a. 분자의; 분자로 된

---

gene
[dʒiːn]

n. 유전자

연상 인간에게 가장 진(眞)(진실)(→지인)한 것이 유전자다.

예문 We inherit our **genes** from our parents.
우리는 부모에게서 유전자를 물려받는다.

파생 genetic a. 유전 인자[학]의 genetics n. 유전학

---

reproduce
[rìːprədjúːs]

v. 생식[번식]시키다; 재생시키다,

연상 시골 마을, 리(里)에서 produce(생산하는)(→리:프러듀:스) 것들은 주로 가축을 생식시키는 것들이다.

예문 Lobsters can **reproduce** claws when they are torn off.
바다가재는 발이 끊어져 나가면 발을 재생할 수 있다.

파생 reproduction 번식, 재생, 복제

---

drain
[drein]

v. 배수하다; 물이 빠지다

연상 들에 rain(비)(→드레인)이 내리면 배수해야 한다.

예문 The water will soon **drain** away.
물은 곧 빠질 것이다.

파생 drainage 배수(로), 하수(로)

---

petroleum
[pitróuliəm]

n. 석유

연상 패트롤(patrol.순찰대) 차의 이음(끊어지지 않고 이어짐)(→피트로울이엄)이 있으려면 석유가 필요하다.

예문 **Petroleum** is nonrenewable resource.
석유는 재생이 불가능한 자원이다.

---

mercury
[mə́ːrkjuri]

n. 수은; 수은주 **cf.** Mercury **n.** 수성

연상 유해물질인 수은으로 뭐 키우리(→머:큐리)? 인체공해만 키우리!

예문 **Mercury** is used in batteries, pesticides and thermometers.
수은은 건전지, 살충제 그리고 온도계에 사용된다.

예문 The **mercury** stood at 26°C.
수은주는 섭씨 26도를 가리켰다.

파생 mercurial a. 수은의, 수은을 함유하는

---

mineral
[mínərəl]

ⓝ 광물; 무기물 ⓐ 광물(성)의

⟨연상⟩ 요즘은 광물이 포함된 광천수 미네랄(→미니럴)워터가 유행한다.

⟨예문⟩ The province is rich in **mineral** resources.
그 지방은 광물 자원이 풍부하다.

⟨파생⟩ mine n. 광산

solar
[sóulə:r]

ⓐ 태양의 ⓟ lunar 달의

⟨연상⟩ 태양의 빛이 너무 강하면 목장의 소(가) 울어(→소울러)요!

⟨예문⟩ Venus is the nearest planet to Earth within the **solar** system.
금성은 태양계에서 지구와 가장 가까운 행성이다.

equator
[ikwéitər]

ⓝ 적도

⟨연상⟩ 이집트와 쿠웨이트(→이웨이터)는 적도보다 위에 위치하고 있다.

⟨예문⟩ The island is just 8 miles north of the **equator**.
그 섬은 적도에서 북쪽으로 8마일 떨어져 있다.

⟨파생⟩ equatorial a. 적도의

galaxy
[gǽləksi]

ⓝ 은하(수)(the Milky Way). 은하계

⟨연상⟩ ① 전설에 갤(개를) 넋이(→갤럭시) 빠지도록 하는 것이 은하수라고 한다. 개가 은하수를
보고 짖어대느라 넋이 빠진다.
② 그 회사의 갤럭시(→갤럭시) 휴대폰은 은하수까지 통화될까?

⟨예문⟩ The **galaxy** is a very large group of stars and planets.
은하계는 큰 항성과 행성들의 거대한 집합체다.

planet
[plǽnit]

ⓝ 행성; the ~ 지구

⟨연상⟩ 미 항공 우주국의 계획, plan이(→플래닛) 행성을 탐사하는 거다.

⟨예문⟩ Mercury is the closest **planet** to the sun.
수성은 태양에 가장 가까운 행성이다.

⟨파생⟩ planetary a. 행성의

pole
[poul]

ⓝ 극(極); 막대기, 장대

⟨연상⟩ 장대높이뛰기 선수는 막대기만 있으면 남극에서 북극까지의 극도 폴짝(→포울) 뛰어넘을
수 있을까?

⟨예문⟩ Amundsen was the first person to explore the South **Pole**.
Amundsen은 남극을 최초로 탐험한 사람이었다.

Mars
[mɑːrz]

n. 화성

연상 지구와 마주(→마ː즈) 보고 있는 행성이 화성이다.

예문 We can calculate the size of **Mars**.
우리는 화성의 크기를 계산할 수 있다.

---

lunar
[lúːnər]

a. 달의. 달에 관한; 음력의

연상 ① 촉석루와 같은 누(樓) 너(→루ː너)머엔 늘 달의 모습이 보였다.
② 누나(→루ː너)를 닮은 달의 모습 (달은 여성이니까)

예문 The **Lunar** New Year falls on late January 25th this year.
올해의 음력설은 1월 25일이다.

---

desert
[dézərt]

n. 사막 a. 사막의 v. 버리다; 도망하다

연상 수많은 사람들이 사막에서 뒈졌다 (→데졌다).(죽었다의 속어)

예문 The beauty and silence of the Sahara **Desert** is fantastic.
사하라 사막의 아름다움과 고요함은 환상적이다.

예문 a deserted street 사람의 왕래가 없는 거리

파생 deserted a. 황폐한; 버림받은

---

tide
[taid]

n. 조수. 조류 v. 밀물처럼 밀어닥치다

연상 우리나라보다 타이(태국)가 더(→타이드) 조수의 차이가 심할까?

예문 high **tide** 만조 low **tide** 간조

예문 Time and **tide** wait for no man.
세월은 사람을 기다리지 않는다.

---

reap
[riːp]

v. 수확하다. (작물을) 베다

연상 시골 마을인 리(理)에서 식물의 잎(→리잎)을 수확하다.

예문 They will **reap** great rewards from their efforts.
그들은 노력에 대한 엄청난 보상을 거둬들일 것이다.

---

seed
[siːd]

n. 씨(앗). 종자 v. 씨를 뿌리다(sow)

연상 농부들은 씨앗 용 씨를 더(→씨ː드) 뿌리려 한다.

예문 Farmers sow **seeds** in the ground.
농부는 땅에 씨를 뿌린다.

harvest
[háːrvist]

n. 수확(기), 추수 **v.** 수확하다

연상 그는 수확기에 성이 하씨인 하 비서(의) 터(밭)(→하;비스트)에서 추수했다.

예문 During the **harvest** we work from dawn to dusk.
수확기에는 새벽부터 해질 때까지 일해야 한다.

meadow
[médou]

n. 풀밭. 목초지(pasture)

연상 풀밭은 목축업자에게 매도(賣渡)(→매도우)해야 한다.

예문 There is a path through the **meadow** to the village.
목초지를 관통해 마을로 이어지는 길이 있다.

thorn
[θɔːrn]

n. (식물의) 가시; 고통을 주는 것

연상 장미의 손인 가시는 벌처럼 쏜(→쏘온)다.

예문 No rose without a **thorn**.
가시 없는 장미는 없다.

bud
[bʌd]

n. 싹. 봉우리 **v.** 싹이 트다

연상 봄에 버드(→버드)나무에 제일 먼저 싹이 트다.

예문 The tree branches have already begun **budding**.
나뭇가지에서 벌써 싹이 트기 시작했다.

파생 budding a. 신진의; 싹트는

weed
[wiːd]

n. 잡초 **v.** 잡초를 뽑다

연상 We(우리가) 더(→위:드) 좋아하는 것이 잡초다.(잡초는 서민의 상징)

예문 The back yard was overgrown with **weeds**.
뒤뜰에는 잡초가 우거져 있었다.

bush
[buʃ]

n. 관목(shrub), 수풀

연상 ① 부시(→부쉬) 대통령의 별장은 관목 숲 속에 있다던데.
② 관목은 부스스(→부쉬)한 모습으로 서 있다.

예문 A bird in the hand is worth two in the **bush**.
손 안의 새 한 마리는 숲 속의 새 두 마리의 가치가 있다.

sprout
[spraut]

v. 싹트다, 발아하다   **n.** 새싹

연상 수풀이 out(없어지면)(→스프라웃) 그 자리에 싹 튼다.

예문 It only takes a few days for beans to **sprout**.
콩이 싹이 트는데는 겨우 며칠이 걸릴 걸린다.

trunk
[trʌŋk]

n. 나무줄기; 코끼리 코: 여행용 가방

연상 자동차 트렁크(→트렁크)에 나무줄기와 코끼리 코, 여행용 가방을 넣었다. (그러면 안돼요)

예문 Bark protects the **trunk** and branches of trees.
나무의 껍질은 나무의 줄기와 가지를 보호해 준다.

moor
[muə:r]

n. 황야. 황무지(wildness)   **v.** 배를 매어두다

연상 007의 배우 로저 무어(→무어)가 주연한 영화로「사랑의 황무지」.

예문 I scanned the bleak **moor** for sheep grazing.
나는 양들을 방목하기 위해 황량한 황무지를 자세히 조사했다.

ash
[æʃ]

n. 재, 화산재, 유골

연상 옛날에 불장난을 하고 놀다가 불이 꺼지면 애들이 쉬(→애쉬)하는 곳이 재였다.

예문 Clouds of **ash** are extremely dangerous.
화산재 구름은 매우 위험하다.

erupt
[irʌ́pt]

v. (화산 등이) 분출하다; (감정이) 폭발하다; (사건이) 발생하다

연상 화산이 분출하고 나서 생긴, 이 늪 터(→이럽트)에서 요즘은 가스가 분출한다.

예문 The volcano has **erupted** for two hours.
화산이 두 시간 동안 분출했다.

파생 eruption n. 분출 eruptive a. 분화성의; 폭발하기 쉬운

erode
[iróud]

v. 부식하다; 침식하다; (병 등이) 심신을 좀먹다

연상 강물이 이 로드(road, 길)(→이로우드)를 서서히 침식하고 있다.

예문 The river bank had been steadily **eroded** over the years.
그 강둑은 여러 해 동안 서서히 침식되었다.

파생 erosion n. 침식; 부식

stream
[striːm]

n. 시내, 개울; 흐름 **v.** 흐르다

연상 개울은 물의 길(street), 즉 물의 **스트릿입**(→스트리임)니다. 그런데 수(水,물)가 트림(→스트리임)하는 현상이 일어납니다.

예문 Rivers are wider, deeper and longer than **streams**.
강은 개울보다 폭이 넓고 깊이가 깊고 길이도 길다.

lumber
[lʌ́mbər]

n. 목재 **v.** 벌목하다

연상 목재를 수출하거나 벌목할 때 그 목재에 일련번호, 즉 **넘버**(number)(→럼버)를 붙인다.

예문 He had to purchase all his **lumber** at full retail price.
그는 필요한 목재를 모두 소매가격으로 사야 했다.

rustle
[rʌ́səl]

v. (나뭇잎 등이) 바스락거리다; 옷 스치는 소리를 내게 하다
n. 바스락거리는 소리

연상 너슬너슬(→러슬 러슬)한 커튼자락이 바람에 날리면 옷 스치는 소리를 낸다.

예문 The breeze **rustled** the leaves.
산들바람이 나뭇잎을 살랑살랑 흔들었다.

파생 rustling a. 바스락 소리가 나는

hibernate
[háibərnèit]

v. 동면하다. 겨울잠을 자다.

연상 곰이 **하이버**(헬멧) 쓰고 **내의**(→하이버네잇)를 입고 동면한다고 생각해봐.(추위에 대비해서)

예문 Snakes **hibernate** during the winter.
뱀은 겨울 동안 동면을 한다.

파생 hibernation n. 동면 hibernant n. 동면의 동면하는 동물

migration
[maigréiʃən]

n. (새, 동물 등의) 이동. 이주

연상 **마이**(my) 그 **레이슨**(race는, 경주는)(→마이그레이션) 목숨을 걸고 다른 나라로 이주하는 것이었다. (난민의 말)

예문 Bird **migration** begins in the fall.
새의 이동은 가을에 시작된다.

파생 migrant a. 이주하는 n. 이주자; 철새
migrate v. 이주(이민)하다 migratory a. 이주하는

rust
[rʌst]

v. 녹슬다. 부식하다 **n.** (금속의)녹. 부식

연상 금속은 **라스트**(last,마지막)(→러스트)엔 녹슬게 된다.

예문 Better wear out than **rust** out.
녹슬어 못쓰게 되느니 써서 없애는 편이 낫다.

파생 rusty a. 녹슨

shade
[ʃeid]

n. 그늘; 명암, 색조 **v.** 그늘지게 하다

연상 사람들이 그늘에서 바람을 쇠이더(→쉐이더)군.

예문 They were sitting under the **shade** of a big tree.
그들은 큰 나무 그늘 아래 앉았다.

bloom
[blu:m]

n. (관상용)꽃 **v.** 꽃이 피다 **cf.** blossom (과수나무의)꽃

연상 봄의 부름(→블루움)을 받고 꽃이 핀다.

예문 The roses are in full **bloom**.
장미꽃들이 활짝 피어 있다.

파생 blooming a. 꽃이 만발한 : 번영한

boundary
[báundəri]

n. 경계선; 경계. 범위

연상 농구장에서 경계선은 알게 해 주는 것은 공이 bound(튀는 것이)리(→바운더리)!

예문 She had never strayed beyond the city **boundaries**.
그녀는 시 경계를 넘어가지는 않았다.

continent
[kántənənt]

n. 대륙. 육지

연상 철학자 칸트는(→칸터넌(트)) 대륙(유럽대륙)출신이다.

예문 The ice cap covers more than 97% of the Antarctic **Continent**.
만년설이 남극대륙의 97% 이상을 덮고 있다.

파생 continental a. 대륙의 대륙성의

tropical
[trápikəl]

a. 열대(지방)의. 열대성의

연상 우승 트로피의 컬러(→트라피컬)는 주로 열대 지방의 색깔이다.

예문 The plant grows well only in **tropical** regions.
그 식물은 열대 지역에서만 잘 자란다.

파생 tropic n. 회귀선   the tropics n. 열대지방

fertile
[fə́:rtl]

a. (땅이) 비옥한; 다산의 **반** sterile, barren (불모의)

연상 퍼런 털(→ 퍼:틀) 같은 풀이 자라는 땅은 비옥할 거야.

예문 The lands near lakes are usually very **fertile**.
호숫가의 땅은 보통 매우 비옥하다.

파생 fertility n. 다산, 풍부; 번식력   fertilizer n. 비료

soil
[sɔil]

ⓝ 흙, 토양; 오물 **ⓥ** 더럽히다
연상 농부들은 흙과 함께하면서 소일(→소일)한다
예문 The soil in this area is good for farming.
이 지역의 흙은 농사짓기에 좋다.

cave
[keiv]

ⓝ 동굴(den) **ⓥ** 움푹 들어가다
연상 마치 개입(개의 말), 케이(K)자 형태의 입(=입구)(→케입)을 가진 것이 동굴이다. (입구가 고르지 않고 바위가 삐죽삐죽 튀어나와 마치 K자 같다)
예문 The cave was a shelter for the refugees.
그 동굴은 피난민들에게 은신처였다.

reed
[riːd]

ⓝ 갈대, 갈대밭
연상 식물의 삶을 리드(→리드) 하는 것이 갈대다, 생각하는 갈대이니까.
예문 The woman writer wrote 'the living reed'
그 여류 작가가 살아 있는 갈대라는 작품을 썼다.

insect
[ínsekt]

ⓝ 곤충, 벌레
연상 먹이에 인색(→인섹(트))한 것이 곤충이다. (절대 나누어 먹지 않는다)
예문 An insect was buzzing around the room.
곤충 한 마리가 방 주변을 윙윙 날아다녔다.
파생 insecticide 살충제

altitude
[ǽltitjùːd]

ⓝ 고도, 높이 (pl) 높은 곳
연상 고도가 높은 곳에 올라 갈 땐 엘(L)자 형태의 티셔츠를 두 개 더, 앨 티 투 더(→앨티튜:더) 입어라.(높은 곳은 날씨 변화가 심하니까)
예문 We are now flying at an altitude of 7000 feet.
우리는 지금 7,000피트 고도로 날고 있습니다.

blossom
[blásəm]

ⓝ 과수의 꽃 (한 나무 전체의 꽃) **ⓥ** 꽃이 피다
연상 과수원에 꽃이 피면 마치 불이 나 섬(→블라섬)이 타고 있는 것처럼 보인다.(붉은 꽃이 피는 과수원)
예문 The plum tree is in full blossom.
자두나무 꽃이 만발했다.

antarctic
[æntáːrktik]

n. 남극 (지방) **a.** 남극의 **반** Arctic 북극(의)

연상 앤 여왕이 발견해서, 탁 트인 공간에 티크(→앤타악틱)나무 푯말을 꽂아 둔 곳이 남극이다.

예문 Marine life on the **Antarctic** seafloor is unique.
남극의 해저 해양 생물들은 독특하다

파생 Antarctica 남극 대륙

garbage
[gáːrbidʒ]

n. 음식물 찌꺼기, (부엌의) 쓰레기; 폐기물

연상 쓰레기 처리 비용은 쓰레기를 내놓은 값이지(→ 가:비지)!

예문 Pick up all the **garbage** you can find.
쓰레기란 쓰레기는 다 주워라.

contaminate
[kəntǽmənèit]

v. 오염시키다(pollute) **반** clarify 정화하다

연상 큰 댐이 나의 이 터전, 내 이 터(땅)(→컨탬이네잇트)를 오염시켰다. (물이 흐르지 않아 그 아래 땅이 오염됨)

예문 Smog **contaminates** the air.
스모그는 대기를 오염시킨다.

파생 contamination n. 오염 contaminant n. 오염 물질

radioactive
[rèidiouǽktiv]

a. 방사성의, 방사능의

연상 radio(라디오)의 active(활동적인)(→레이디오우액팁) 것과 마찬가지로 작용하는 것이 바로 방사능이다.

예문 They have revealed no **radioactive** contamination in the area.
그들은 그 지역이 방사능에 오염되지 않은 것을 밝혀냈다.

circumstance
[sə́ːrkəmstæns]

n. (보통 pl.) 상황, 환경; 주위의 사정

연상 서 있는 컴컴한 스탠(에)서 (→서: 컴스탠스) 그곳의 환경을 알 수 있었다.

예문 He died in tragic **circumstances**.
그는 비극적 환경에서 죽었다.

atmosphere
[ǽtməsfiər]

n. 대기; 분위기

연상 ① atom(원자) + sphere(지구) = 어떤 물질의 원자가 지구를 덮고 있는 것이 대기다.
② 어른들이 담배를 애(들) 틈에서 어서(빨리) 피워(→애트머스피어) 대기를 오염시켰다.

예문 There is a very friendly **atmosphere** in our office.
우리 사무실에는 아주 우호적인 분위기가 감돈다.

예문 the **atmosphere** of Venus 금성을 둘러싼 대기

pure
[pjuər]

a. 순수한, 순결한 **반** impure 불순한

연상 순수한 사랑만이 꽃을 피워(→퓨어)요.

예문 This shirt is made of **pure** cotton.
이 셔츠는 순면으로 만들어졌다.

파생 purify v. 정화하다, 깨끗이 하다

acid
[ǽsid]

a. 시큼한(sour), 산성의 **n.** 산(酸), 신 것

연상 '에, 시더라'(→애시더)고 말했을 때, 음식에 산이 들어 있어 시큼한 것을 말한다.

예문 What is the key component in **acid** rain?
산성비의 주요 성분이 무엇인가?

sewage
[súːidʒ]

n. 하수 오물, 하수

연상 하수 오물도 물이니까 역시 수(水)이지(→수이지).

예문 The city doesn't have proper facilities for disposal of **sewage**.
그 도시엔 하수 처리를 위한 적절한 설비가 갖추어져 있지 않다.

pollute
[pəlúːt]

v. 더럽히다, 오염시키다(contaminate)

연상 폐수가 바닷가 펄에 이르는 루트(→펄루:트)를 오염시킨다.

예문 The exhaust fumes are **polluting** our cities.
배기가스가 도시를 오염시키고 있다.

파생 pollution n. 오염 pollutant n. 오염 물질

emit
[imít]

v. (빛. 액체. 열 따위를) 발하다. 내다.

연상 태양은 하늘 아래 이 밑(→이밋)으로 빛을 발한다.

예문 The sun **emits** light and heat.
태양은 열과 빛을 방사한다.

파생 emission n. 방사, 발사, 발행

environment
[inváiərənmənt]

n. 환경(surroundings), 주위를 에워싸는 것[사정, 정황]

연상 인도에서 바이론 시인이 ment(멘트, 말)(→인바이어런먼트)한 것은 주변 환경에 관한 것이다. (낭만주의 시인니까)

예문 Nowadays people work in increasingly competitive **environments**.
오늘날 사람들은 점점 더 경쟁적인 환경에서 일하고 있다.

파생 environmental a. 환경의, 주위의

preserve
[prizə:rv]

v. 보존하다(conserve), 보호하다

연상 겨울이 되면 풀이 잎을 접어(→프리저브)서 자신을 보존한다.

예문 They try to **preserve** historical monuments.
그들은 사적을 보존하려고 애쓰고 있다.

파생 preservation n. 보존, 보호

dispose
[dispóuz]

v. 배열하다, 처리하다

연상 사진사는 '디스(this,이) pose(자세)(→ 디스포우즈)'를 취해요' 하면서 사람들을 배열한다.

예문 They have difficulty **disposing** of nuclear waste.
핵폐기물 처리에 어려움을 겪고 있다.

파생 disposition 정리, 배열; 타고난 성질; (문제의) 처리

dump
[dʌmp]

v. 털썩 내려뜨리다; (쓰레기 따위를)버리다 **n.** 쓰레기 더미

연상 덤프(→덤프)트럭은 쓰레기 더미를 싣고 가서 쓰레기하치장에 버린다.

예문 The truck **dumped** the gravel on the road.
트럭이 자갈을 도로에 쫙 내려놓았다.

recycle
[ri:sáikəl]

v. 재활용하다

연상 시골 마을인 리(里)에선 cycle(사이클, 자전거)(→리사이클)를 재활용한다. (농기구로 재활용함)

예문 We should **recycle** newspaper.
신문지를 재활용해야 한다.

virtue
[və́:rtʃu:]

n. 미덕(goodness), 선행 ; 장점 **반** vice (악덕)

연상 버리면 추(→버:츄)해지는 것, 그것이 바로 미덕이다.

예문 **Virtue** is its own reward.
(속담)덕행은 스스로 보답을 받는다.

fume
[fju:m]

n. (냄새가 독한 또는 유독성) 가스, 매연; 냄새 **v.** 내뿜다, 발산하다

연상 유독성 가스는 냄새를 피웁(→퓨움)니다.

예문 The automobile exhaust **fume** is very harmful.
자동차 배기가스는 매우 해롭다.

deplete
[diplíːt]

ⓥ 고갈시키다, 써버리다 (exhaust)

연상 친목 단체들은 주로 행사 뒤에 여는 여흥장소, 즉 뒤풀이 터(→디플리이트)에서 돈을 다 써버리고 재정을 고갈시킨다.

예문 The country's coal reserves were rapidly **depleted**.
그 나라의 석탄 보유고는 급속도로 고갈되었다.

파생 depletion n. 고갈; 감소

---

detergent
[ditɔ́ːrdʒənt]

ⓝ 세제, (특히) 합성세제

연상 합성세제를 많이 쓰면 우리 삶의 터전은 D급 터전(→디터:전(트))이 된다.

예문 No one should throw away any more **detergent** bottles.
더 이상 세제 병을 버려선 안 된다.

UNIT 12 TEST

[1~12] 보기에서 영어에 해당되는 우리말을 찾아 쓰시오.

1. orbit _____
2. oxygen _____
3. dissolve _____
4. fossil _____
5. satellite _____
6. substance _____
7. beam _____
8. volcano _____
9. ecology _____
10. friction _____
11. gene _____
12. enzyme _____

보기 ① 위성 ② 광선 ③ 화산 ④ 궤도 ⑤ 산소 ⑥ 화석 ⑦ 마찰 ⑧ 용해하다
     ⑨ 효소 ⑩ 유전자 ⑪ 생태학 ⑫ 물질

[13~17] 다음 빈칸에 들어갈 적절한 어휘를 고르시오.

13. Azaleas are among the first flowers to _____ in the spring.

14. The volcanic soil is extremely _____ and this are supports a large population.

15. Organic vegetables and crops are grown without the use of _____ .

16. An active volcano may _____ at any time.

17. Chipmunks are diurnal animals and they do _____ , but not right now.

보기 ① fertile ② pesticide ③ bloom ④ hibernate ⑤ erupt

[18~21] 다음 빈칸에 들어갈 적절한 어휘를 고르시오.

18. The drinking water has become _____ with lead.

19. The river bank had been steadily _____ over the years.

20. A _____ of water consists of two atoms of hydrogen and one atom of oxygen.

21. The seeds will _____ in a few days.

보기 ① molecule ② sprout ③ contaminated ④ eroded

정답 1.④ 2.⑤ 3.⑧ 4.⑥ 5.① 6.⑫ 7.② 8.③ 9.⑪ 10.⑦ 11.⑩ 12.⑨
     13.③ 14.① 15.② 16.⑤ 17.④ 18.③ 19.④ 20.① 21.②

291

Further Study

pollutant 오염 물질

waste 폐기물, 쓰레기

endangered 멸종위기에 처한

conserve 보존하다

acid rain 산성비

ozone layer 오존층

recyclable 재활용이 가능한

seismic 지진의

toxication 중독

organic farming 유기 농업

natural habitate 자연 서식지

terrestrial 지구상의

radiation 방사선

thermostat 온도 조절장치

logging 벌목

purify 정화하다

overflow 범람하다

hydrogen 수소

the protection of environment 환경보호

solar power 태양전력

environmental problems 환경문제

natural phenomenon 자연현상

preservation of resources 자원보존

disposable goods 일회용품

global warming 지구온난화

weather change 기후변화

greenhouse gases 온실가스

soil pollution 토양오염

natural resources 천연자원

fossil oil(=fossil fuel) 석유

natural gases 천연가스

solar system 태양열시스템

Further Study

environmental pollution 환경오염

trash 쓰레기

water pollution 수질 오염

earthquake 지진

tidal storm(=great waves) 해일

air pollution 공기오염

wind power 풍력

electric power 전력

generator 발전기

scrubland 관목지

cyclone 열대성 저기압

landslide 산사태

tornado 토네이도

ecosystem 생태계

carbon dioxide 이산화탄소

rainforests 다우림

tundra 툰드라

wetlands 습지대

watershed 분수령

hydropower 수력전기

greenhouse effect 온실효과

lava 용암

puddle (흙탕물의) 웅덩이

panorama 전경, 장관

typhoon 태풍

waterfall 폭포

fountain 샘, 분수

spa 광천, 온천

hot springs 온천(휴양지)

cascade (작은) 폭포

lagoon 늪, 못

channel 해협, 수로

ebb 썰물

flow 밀물

surf (밀려드는) 파도

journal
[dʒə́ːrnəl]

ⓝ 신문, 잡지, 정기 간행물

연상 언론사 너무 많아서 저, 널(→저ː널)려 있는 신문과 잡지들!

예문 How many weekly **journals** do you read?
주간지를 몇 종류나 보시나요?

파생 journalist n. 신문[잡지]편집인, 언론인 jurnalism n. 언론: 신문[잡지]업

article
[áːrtikl]

ⓝ (신문의)기사; (물건의) 품목; (법률 등의) 항목

연상 요즘 아, 티끌(→아티클) 같은 신문의 기사들!

예문 The **article** appears in this week's edition of Time
그 기사는 Time지 이번 호에 실렸다.

예문 a few **articles** of clothing 의류 몇 점

column
[káləm]

ⓝ (신문의) 칼럼, 기고란: 둥근 기둥 : 종렬

연상 ① 펜의 칼을 늠름하게(→칼럼) 쓰는 것이 바로 신문의 **기고란**이다.
② 신문의 칼럼(→칼럼)은 신문을 지탱하는 둥근 기둥과 같은 것.

예문 I always read the **column** about economics in the paper.
나는 항상 신문의 경제 칼럼을 읽는다.

예문 a **column** of smoke 똑바로 피어오르는 연기 기둥

파생 columnist n. (신문의) 특별 기고가

deadline
[dédlàin]

ⓝ 마감 시간: 넘을 수 없는 (경계)선

연상 시간을 넘기면 dead(죽은) line(선)(→데드라인)(죽음의 선이) 되는 것이 바로 **마감 시간**이다.

예문 The **deadline** for the manuscript is 6 P.M.
원고 마감 시간은 오후 6시다.

gossip
[gásip]

ⓝ 잡담(chatter), 한담, 세상 이야기 ⓥ 잡담하다

연상 어떤 일의 가(변두리)에서 남을 씹(→가십)는 잡담이 바로 가십.

예문 Someone has been spreading malicious **gossip** about me.
어떤 사람들은 나에 대한 악의적인 소문을 퍼뜨린다.

feature
[fíːtʃər]

n. (이목구비 따위) 얼굴의 생김새

pl. 용모, 얼굴; 특징, 특색, (신문·잡지 따위) 특집기사

v. (사건 등을) 대서특필하다, 크게 다루다.

연상 박찬호 같이 특징이 뚜렷한 피처(pitcher)(→피:쳐)가 잘하면 신문들이 특집기사로 다루어 대서특필한다.

예문 The new model has many **features**.
그 새 모델은 특성이 많다.

broadcast
[brɔ́ːdkæst]

v. 방송[방영]하다 **a.** 방송의, 방송된

연상 전파를 broad(넓게) cast(던지는)(→브로드케스트) 것이 방송하는 것이다.

예문 The game was **broadcast** to many countries.
그 경기는 많은 나라에 방송되었다.

파생 broadcasting n. 방송(업)

subscribe
[səbskráib]

n. 구독하다: 서명하다 (sign) : 기부하다(contribute)

연상 그는 섶서(=섶나무 있는 곳에서) 크게 라이브(live)(→섭스크라이브) 공연이 열린데 참가하기로 서명동의하고 돈을 기부했다.

예문 I **subscribe** to the Washington Post.
나는 워싱턴 포스트를 구독한다.

예문 The President **subscribed** his name to the document.
대통령은 그 문서에 서명하였다.

예문 He **subscribes** regularly to charities.
그는 정기적으로 자선 단체에 기부하다

파생 subscription n. 구독; 기부(금)

sensation
[senséiʃən]

n. 선풍적 인기; 감각(sense)

연상 그 가수의 노래가 센세이션(→센세이션)을 일으켰다는 말은 선풍적인 인기를 얻었다는 뜻이다.

예문 Her book created a **sensation**.
그녀의 책은 센세이션을 일으켰다.

예문 a worldwide **sensation** 세계적인 평판

파생 sensational a. 선풍적인: 선정적인

leaflet
[líːflit]

n. 작은 잎; 어린 잎; 낱장으로 된 인쇄물; 전단광고

연상 나무의 잎(leaf)과 풀이(→리플릿) 바로 작은 잎이고, 낱장 인쇄물도 잎과 풀을 닮았다.

예문 Campaigners handed out **leaflets** to passers by.
사회 운동을 하는 사람들이 행인들에게 전단지를 나누어 주었다.

booklet
[búklit]

n. 소책자, 팸플릿(brochure)

연상 Book(책)+리틀(little;작은)(→북리트)= 작은 책이 팸플릿과 같은 소책자이다,

예문 There are many kinds of **booklet** advertising the company.
그 회사를 선전하는 여러 가지 종류의 소책자가 있다.

---

rumor
[rú:mər]

n. 소문, 풍문   **v.** 소문을 내다

연상 누가 뭐(→루머)뭐했다고 말하는 것이 소문을 내는 것.

예문 **Rumor** has it that he has found a new job.
소문에 의하면 그는 새 직장을 얻었다고 한다.

---

edition
[idíʃən]

n. (간행물의) 판(版), 간행

연상 이 책은 발명가 에디슨(Edison)(→이디션)이 간행한 판이다.

예문 The article appeared in the evening **edition** of 'The Guardian'.
그 기사는 'Guardian'지의 석간 판에 실렸다.

파생 edit v. 편집하다   editor n. 편집자
editorial n. (신문의) 사설   a. 편집에 관한; 사설의

---

census
[sénsəs]

n. 인구조사   **v.** 인구 조사를 하다

연상 사람을 감지하는 센서를 써(→센서스)서 인구조사를 할 수 있는 날이 올까?

예문 A national **census** is taken every ten years.
국민 인구조사가 10년마다 이루어진다.

---

satire
[sǽtaiər]

n. 풍자, 풍자 문학: 비꼬기

연상 새 신발을 보고 "새 타이어(→새타이어) 샀군요" 한다면 그것은 풍자다.

예문 Her play was cruel **satire** on life in the 80's.
그녀의 연극은 80년대의 삶에 대한 신랄한 풍자였다.

---

cartoon
[kɑːrtúːn]

n. 시사만화, 풍자만화 : 만화 영화

연상 car(자동차)와 투운(투우는)(→카투운) 풍자만화에 자주 등장한다

예문 The newspaper **cartoon** depicted the president as weasel.
신문의 시사만화는 대통령을 족제비로 묘사했다.

dub
[dʌb]

ⓥ 재녹음하다; 효과음을 넣다

연상 녹음한 것에 다른 녹음을 덥(→덥)어 씌우는 것이 재녹음하는 것이다.

예문 The film was dubbed in korea.
그 영화는 한국말로 재녹음되었다.

파생 dubbing n. 복제판; 더빙

---

copyright
[kápiràit]

ⓝ (서적 등의)저작권; 판권 ⓐ 판권으로 보호된

연상 copy(카피; 복사)할 수 있는 right(권리)(→카피라이트)가 바로 저작권이다.

예문 I hold copyright on the book.
나는 그 책에 대한 판권을 가지고 있다.

---

mode
[moud]

ⓝ 양식, 방식; 유행(fashion)

연상 사람들 모두(→모우드)가 따라가는 것이 바로 유행이고, 어떤 양식이다.

예문 They have a different mode of life from ours.
그들은 우리와 다른 생활양식을 가지고 있다.

---

vogue
[voug]

ⓝ 유행(fashion); 인기

연상 유행하는 것은 보고(→보우그) 또 보게 된다.

예문 High boots are in vogue among young women.
젊은 여자들 사이에서 긴 부츠는 인기다.

---

announce
[ənáuns]

ⓝ 알리다, 발표하다

연상 아나운서(→어나운스)는 뉴스를 알리는 사람.

예문 The government announced the data.
정부는 그 자료를 발표했다.

파생 announcement n. 발표 announcer n. 아나운서

---

audience
[ɔ́:diəns]

ⓝ 청중, 관객; (의견 등의) 청취

연상 오디오와 언어를 써(→오디언스)서 듣는 사람이 청중이다.

예문 There was a large audience in the hall.
홀에 청중이 많았다.

파생 audible a. 들을 수 있는

compile
[kəmpáil]

v. (자료 등을) 편집하다, 편찬하다

연상 com(컴퓨터) pile(파일)(→컴파일)로 문서를 편집한다.

예문 The document was compiled by the department of genetic research.
그 문서는 유전학 연구부에서 편찬한 것이다.

파생 compiler n. 편집자   compilation n. 편집, 편찬

---

caption
[kǽpʃən]

n. (기사 따위의) 표제, 제목; (삽화의) 설명문, (영화의) 자막

연상 신문 기사가 cap(모자)를 쓴(→캡션)것 같은 것이 표제다.

예문 The movie has caption in English.
그 영화는 영어로 자막처리 되어 있다.

---

expert
[ékspə:rt]

n. 전문가(specialist), 숙달자   **a.** 익숙한, 노련한

연상 수학 전문가는 미지수 엑스(x)를 퍼뜩(→엑스퍼:트) 알아낸다.

예문 He is an expert in linguistics.
그는 언어학 전문가다.

예문 an expert carpenter   솜씨 좋은 목수.

---

documentary
[dɑ̀kjəméntəri]

a. 문서의, 서류의; 기록에 의한   **n.** 기록 영화

연상 다큐멘터리(→다큐멘터리)는 기록에 의한 기록 영화이다.

예문 She has made a television documentary on poverty in our cities.
그녀는 도시에서 빈곤을 다룬 텔레비전 다큐멘터리를 제작했다.

파생 document n. 서류 문서

---

tragedy
[trǽdʒədi]

n. 비극; 비극적인 사건   **반** comedy 희극

연상 제도의 틀과 싸워 져(서), 틀에 져(서) D(급)(→트레저디) 인간이 된다면 그것이 비극이다.

예문 Hamlet is a tragedy written by Shakespeare.
햄릿은 셰익스피어가 쓴 비극이다.

파생 tragic a. 비극적인; 비참한

---

narration
[næréiʃən]

n. 이야기(story), 이야기하기

연상 "내래 이 손(→네레이션)을 이야기 할 것 같으면 이 손으로 호랑이를 잡았어."(북한사투리)

예문 Novels and short stories are forms of narration.
소설이나 단편은 다 서사의 형식이다.

파생 narrator n. (연극 등의) 해설자; 이야기하는 사람   narrative a. 이야기, 이야기 (체)의

tune
[tjuːn]

n. 곡조(melody) **v.** 조율하다, (주파수 등을) 맞추다

연상 소와 싸우는 투우는 즉, 투운(→투운) 투우사가 소를, 곡조를 연주하듯, 악기를 조율하듯 다루어야 하지 않을까?

예문 My sister was humming a familiar **tune**.
누이는 귀에 익은 곡조를 흥얼거리고 있었다.

preview
[príːvjùː]

n. (연극 등의) 시사회; 예고편; 사전 검토 **v.** 사전 검토하다.

연상 ① pre(앞에) + view(보다) = 개봉보다 앞에 보는 것이 시사회다.
② 어떤 것을 풀이하여 view(보는(→프리뷰) 것이 시사회이고, 사전에 검토하는 것이다.

예문 Journalists were given a **preview** of a new film.
기자들을 대상으로 새 영화의 시사회가 열렸다.

characteristic
[kæriktərístik]

n. 특질; 특성 **a.** 특색을 이루는

연상 연극에 캐릭터(등장인물) 립스틱(→캐릭터리스틱)은 특성이 뚜렷하다.

예문 The two species have several **characteristics** in common.
그 두 종(種)은 몇 가지 공통적인 특성을 가지고 있다.

파생 character n. 특성; 인격; 등장인물

UNIT 13 TEST

[1~12] 보기에서 영어에 해당되는 우리말을 찾아 쓰시오.

1. feature _____
2. revise _____
3. subscribe _____
4. documentary _____
5. booklet _____
6. broadcast _____
7. satire _____
8. rumor _____
9. mode _____
10. caption _____
11. audience _____
12. announce _____

보기 ① 방송하다 ② 소책자 ③ 소문 ④ 특집 기사 ⑤ 구독하다 ⑥ 양식 ⑦ 발표하다
⑧ 풍자 ⑨ 청중 ⑩서류의 ⑪ 수정하다 ⑫표제

[13~17] 다음 빈칸에 들어갈 적절한 어휘를 고르시오.

13. A family's outing ended in _____ when their boat capsized.
14. He hummed a little _____ as he washed the dishes.
15. High boots are in _____ among young women.
16. Journalists have been given a sneak _____ of the singer's latest album.
17. Its story-within-a-story method of _____ is confusing.

보기 ① preview ② vogue ③ narration ④ tragedy ⑤ tune

[18~21] 다음 빈칸에 들어갈 적절한 어휘를 고르시오.

18. The two species have several _____ in common.
19. Do you know who owns the _____ on this book?
20. The document was _____ by the department of genetic research.
21. A piece of silly _____ was going around the school.

보기 ① compiled ② characteristics ③ gossip ④ copyright

정답 1.④ 2.⑪ 3.⑤ 4.⑩ 5.② 6.① 7.⑧ 8.③ 9.⑥ 10.⑫ 11.⑨ 12.⑦
13.④ 14.⑤ 15.② 16.① 17.③ 18.② 19.④ 20.① 21.③

Further Study

headline 표제, 주요 뉴스

press release 보도 자료

reporter 기자

scoop 특종기사

news agency 통신사

release 뉴스를 발표하다

editorial 사설, 편집의

supplement 증보면, 보완, 추가

newsstand 신문 가판대

newsletter 사보, 화보

obituary 사망기사, 부고

issue (출판물의) ~호

syndicate (신문, 잡지 등에) 동시 발표하다.

contribute 기고하다

sensational 선정적인, 대호평의

reveal 밝히다, 폭로하다

publication 출판(물)

publisher 출판업자

periodical 정기 간행물, 잡지

subscription rate 구독료

subscriber 정기 구독자

air 방송하다

newsbreak 긴급 뉴스

on-the-air 방송중인

broadcaster 방송자, 방송인

telecast 텔레비전 방송을 하다

relay 중계하다

anchor 종합 뉴스 집행자

flash (신문, TV등의) 속보

commentator 뉴스 해설자

correspondent 특파원

viewer TV 시청자

satellite broadcaster 위성방송

live 생방송의, 실황의

rating 시청률, 프로의 인기 등급

coverage 취재, 방송(범위)

television station TV 방송국

radio station 라디오 방송국

commercial 광고 방송

campaign
[kæmpéin]

n. (조직적인) 사회 운동; 선거 운동

연상 시민 단체에서 사회 운동으로 바르게살기 캠페인(→캠페인)을 벌이고 있다.

예문 They started the election **campaign**.
그들은 선거 운동을 시작했다.

---

propaganda
[prɑ̀pəgǽndə]

n. (주의·신념의) 선전; 선전 활동

연상 정치 후진국에선 집권자들이 정치 선전을 위해 정치선전 방송을 기존 방송 pro(프로)에 포갠다(겹치게 한다)(→프라퍼갠더)

예문 The movie was made in 1940 for **propaganda** purposes.
그 영화는 1940년에 선전 목적으로 만들어졌다.

---

constitution
[kɑ̀nstətjú:ʃən]

n. 헌법; 구성; 체질

연상 칸(영화제)에서 스타를 투(two 두명)명을 선(選)(→칸스터튜:션)발하는 것도 헌법에 근거한 것인가?

예문 Our **constitution** was recently rewritten.
우리의 헌법은 최근에 개정한 것이다

파생 constitute v. (법률을) 제정하다; 구성하다   constitutional a. 구조상의; 헌법의

---

pardon
[pɑ́:rdn]

v. 용서하다, 허락하다; 사면하다   **n.** 용서; 사면

연상 ① 파던(father는, 아버지는)(→파:든) 아이들을 잘 용서하신다.
② 경찰은 문화재를 도굴하기 위해 땅을 파든(→파:든) 도굴범을 용서했다.

예문 The governor will not **pardon** your crime.
통치자는 네 죄를 사면하지 않을 것이다.

---

poll
[poul]

n. 투표, 투표서   **v.** 투표하다(vote)

연상 옛날엔 큰 대포, 포를 울(→포울) 투표를 알렸는데, 투표소엔 포를 울(→포울)타리처럼 세워두고 투표했다. (투표소를 지키기 위해)

예문 Almost everyone walked to the local **polling** centre to cast his vote.
거의 모든 사람들은 투표를 하기 위해 투표소로 걸어갔다.

senator
[sénətər]

n. 상원의원

연상 강도가 센 말, 센 어(語, 말) 터(→세너터)져 나오는 상원의원의 입이다.

예문 In 1997 he became a US **Senator**.
1997년에 그는 미국 상원 의원이 되었다.

파생 senate n. (미국 · 캐나다 등의) 상원

---

legislation
[lèdʒisléiʃən]

n. 입법; 법률 제정

연상 다방 영업을 자유화 법률제정을 한다는 말에 레지(다방 종업원)들의 가슴이 설레이(어)선(→레지슬레이션) 안되지요. (70년대 상황)

예문 **Legislation** on this issue is urgently needed.
이 문제에 대한 입법제정이 긴급히 필요하다.

파생 legislature n. 입법부 legislate v. 입법하다

---

reform
[ri:fɔ́:rm]

v. 개혁하다, 개선하다 **n.** 개혁, 개량

연상 새마을 운동은 시골 마을인 리(里)의 form(형태)(→리포옴)을 개혁, 개선했다.

예문 They **reformed** the system of education.
그들은 교육 제도를 개혁했다.

파생 reformation n. 개혁, 개량

---

radical
[rǽdikəl]

n. 급진적인, 과격한; 근본적인(fundamental)

연상 숙녀(lady)들이 숨겨 다니는 칼. 즉 레이디 칼(→래디컬)은 너무 급진적인 호신 수단이듯이, 숨겨 가진 네 뒤(의) 칼(→래디컬)도 과격해.

예문 I was shocked by her **radical** views.
나는 그녀의 급진적인 견해에 충격을 받았다.

파생 radicalism n. 급진주의

---

liberal
[líbərəl]

a. 자유주의의; 관대한 (generous)

연상 사람이 사는 리버(live)를(→리버럴) 자유주의의 원칙에 맡겨야 한다.

예문 His attitudes are quite **liberal**.
그의 태도는 매우 자유주의적이다.

파생 liberate v. 해방하다 liberty n. 자유

---

conservative
[kənsə́:rvətiv]

a. 보수적인 **n.** 보수주의자

연상 배구할 때 큰 서브(serve)를 하는 선수에게 팁(→컨서;버팁)을 준다면 그것은 보수적인 격려 방법이겠죠.

예문 He is **conservative** in his view.
그는 견해가 보수적이다.

code
[koud]

ⓝ 법전; 규약; 암호

연상 시험답지 OMR 카드의 코드(→코우드)는 법전만큼이나 정확히 기재해야 하는 암호이지.

예문 The **code** was difficult to crack.
그 코드는 풀기 어렵다.

예문 the civil **code** 민법전   a telegraphic **code** 전신 암호

congress
[káŋgris/kóŋgris]

ⓝ 의회, 국회

연상 넓이가 큰 글래스(grass;풀밭)(→캉그리스)가 있는 곳에 큰 그래스(glass 유리) 건물이 의회다.

예문 **Congress** has approved the new education laws.
의회는 새 교육법들을 통과시켰다.

파생 congressional a. 의회의; 회의의

amnesty
[ǽmnəsti]

ⓝ 대사면, 특별 사면   **ⓥ** 특사하다

연상 특별 사면으로 풀려나는 죄수들에게 엠(M)자를 넣(어)서 티(→엠너스티) 셔츠를 만들어 주면 어떨까?(사면을 기념하는 뜻에서)

예문 The president granted **amnesty** to offenders.
대통령은 죄인들에게 특사를 내렸다.

demonstrate
[démənstrèit]

ⓥ 시위하다; (감정 등을) 나타내다; 증명하다

연상 데몬(데모는) 스트레이트(straight; 곧장)(→데먼스트레이트) 시위하거나 자신들의 주장을 나타내는 것이다.

예문 They **demonstrated** against the new law.
그들은 새로운 법에 반대하는 시위를 했다.

파생 demonstration n. 시위; 증명; 감정의 표현   demonstrative a. 지시적인; 시위적인

resign
[rizáin]

ⓥ (관직 등을) 사직하다; 단념하다; (권리 따위를) 포기하다.

연상 시골마을, 리(里)에서 살겠다고 sign(→리자인)하고 회사를 사직했다.(시골마을에 전입신고하고 사직했다는 뜻)

예문 My father **resigned** from office last month.
아버지는 지난달 관직에서 물러났다.

파생 resignation n. 사직; 단념

anarchy
[ǽnərki]

ⓝ 무정부, 무정부 상태, 무질서(chaos)

연상 애(아이), 너 키(→애너키)만한 정부가 바로 무정부 상태다.(보잘 것 없다는 뜻)

예문 The country has been in a state of **anarchy** since the election.
그 나라는 선거 이후 무정부 상태이다.

파생 anarchism n. 무정부주의

exile
[égzail]

n. 망명, 추방; 망명자 **v.** 추방하다

연상 에그, 자일(등산용 밧줄)(→에그자일)로 묶어서 망명자를 추방하고 있구나!

예문 He was **exiled** from his country.
그는 국외로 추방당했다.

asylum
[əsáiləm]

n. (고아 등의) 보호시설, (정치적 망명자에 대한) 피난처, 수용소

연상 조선시대에 암행어사의 이름(→어사일럼)은 백성들에게 보호시설이 나 피난처와 같은 역할을 했다.

예문 She was sent to an **asylum**.
그녀는 보호소로 보내졌다.

예문 ask for political **asylum**
정치적 망명을 신청하다.

refugee
[rèfjudʒíː]

n. 피난자, 망명자

연상 일본의 내(內)후지(=후지산속)(→래퓨지ː)산은 피난자들의 은거지였다지?(무사정권 시절에 패해서 도망한 자들)

예문 Thousands of **refugees** crossed the river.
수천 명의 난민들이 강을 건넜다.

파생 refuge n. 피난(처), 대피소

regime
[reiʒíːm]

n. 정치 제도, 정권; 제도

연상 루이 13세 "내, 이(사람), 짐(→레이짐)이 국가다"는 말은 "내 자신, 짐이 바로 정치제도고 정권이다"는 뜻이다.

예문 In 1942 a puppet **regime** was established by the invaders.
1942년 침략군에 의해서 허수아비 정권이 들어섰다.

doctrine
[dáktrin]

n. (정치의) 정책, 주의; (종교의) 교의; (학문의) 학설

연상 ① 닉슨 독트린(→닥트린)은 아시아 안보에 관한 정책이다.
② doctor(닥터, 의사) 린(→닥트린) 씨의 의료 정책은 무료 치료다.

예문 They denounced impractical political **doctrines**.
그들은 현실성 없는 정책들을 비난했다.

ratify
[rǽtəfài]

v. 승인하다(approve), 비준하다.

연상 ① 내 터에서 파이(→래터파이)를 구워 파는 것을 내가 승인한다.
② 정부에서 rat(쥐)로 만든 파이(→래터파이)로 만들어 파는 것을 승인했다.

예문 The president **ratified** the decision.
대통령은 그 결정을 재가했다.

파생 ratification n. 승인, 인가

realm
[relm]

n. 범위(scope), 영역; 분야

연상 뱀은 혀를 낼름(→랠름)거리면서 영역과 세력 범위를 넓힌다.

예문 The research has opened up new **realms** for investigation.
그 연구는 조사의 새로운 영역을 가능하게 했다.

reign
[rein]

v. 통치하다, 지배하다 **n.** 통치, 지배

연상 태초 이래 비, 즉 레인(rain)(→레인)이 인간을 지배해 왔다.

예문 It happened in the **reign** of King George.
그것은 조지왕의 통치 기간 동안에 일어났다.

protest
[prətést]

v. 항의하다; 주장하다 **n.** 항의

연상 pro(프로) 선수들은 자신들의 실력을 test(테스트) (→프러테스트)하는 것에 항의한다.

예문 They **protested** against the decision.
그들은 그 결정에 항의했다.

riot
[ráiət]

n. 폭동, 소동 **v.** 폭동을 일으키다

연상 동물농장에서 라이언(lion,사자)(→라이엇)이 폭동을 일으켰다.

예문 Three prison guards were killed when a **riot** broke out in the jail.
그 교도소 내에서 폭동이 발생하여 교도관 세 명이 숨졌다.

parliament
[páːrləmənt]

n. 의회, 국회

연상 파(派:정파)로(=파로 나뉘어서) ment(멘트, 말)(→파;러먼(트)) 하는 곳이 의회다.

예문 **Parliament** will be in session until December.
의회 회기 만료는 12월까지다.

파생 parliamentary a. 의회의

elect
[ilékt]

v. 뽑다(choose), 선거하다 **a.** 뽑힌, 선발된

연상 우리는 이 과즙 음료를 그 일할 때 먹는 넥타(과일 주스), 즉 일 넥타(→일렉트)로 뽑았다.

예문 He was **elected** president.
그는 대통령으로 선출되었다.

파생 election n. 선거

treaty
[tríːti]

n. 조약(agreement_), 협정

연상 옛날엔 tree(트리, 나무)와 티(tea, 차)(→트리:티)에 대한 조약이 많았다.

예문 All the members have voted to ratify the **treaty**.
모든 회원들은 조약의 비준을 위해 투표했다.

예문 enter into a treaty ~와 조약을 맺다

sovereign
[sάvərin]

n. 독립국; 주권자

연상 어떤 나라에서 사버린(→사버린) 땅은 독립국이 되거나, 주권자가 바뀐다.

예문 All the people were given **sovereign** rights.
모든 국민은 주권을 부여받았다.

sanction
[sǽŋkʃən]

n. v. 제재 조치; 허가, 인가(permission)

연상 일부 국가에서 생선(→생선)판매는 허가를 받아야하고 그것을 어기면 제재조치가 뒤따른다.

예문 economic **sanctions** 경제 제재 조치

예문 We have the **sanction** of the law to play ball in this park.
이 공원에서 공놀이를 해도 좋다는 것이 법률로 허가되어 있다.

summit
[sʌ́mit]

n. 정상 회담; 정상, 꼭대기(top) **반** bottom 바닥

연상 서서 밑(→서밋)이 다 내려다보이면 그 곳이 정상이지!

예문 The president is attending the **summit** (meeting) in paris.
대통령은 파리 정상 회담에 참석 중이다.

petition
[pitíʃən]

n. 청원, 탄원 **v.** 청원하다

연상 ① 폭력으로 몸에 피가 튀어선, 즉 몸에 피 튀(어)선(→피티션) 청원하는 수밖에.
② 그는 군에서 physical training 체조, PT(피티)체조를 선택(→피티션)택하겠다고 청원했다.

예문 Many people signed the **petition**.
많은 사람들이 그 청원서에 서명했다.

territory
[térətòːri]

n. 영토; 구역; 영역

연상 영토란 지키기 위해 테러할 가치가 있는 토(土)리(땅이리)(→테러토:리)!

예문 The **territory** had been controlled by Spain for many years.
그 영토는 많은 세월 동안 스페인의 지배를 받아왔다.

federal

[fédərəl]

a. (국가적) 동맹의; 연방의

연상 서로 도와주는 관계를 맺고 있는 패들을(→패더럴) 동맹의, 연방의 관계에 있다고 한다.

예문 In the year **federal** expenditures accounted for only 10% of GNP.
그해 연방 정부의 지출은 GNP의 단지 10%를 차지했다.

파생 federation n. 동맹; 연방

UNIT 14 TEST

[1~12] 보기에서 영어에 해당되는 우리말을 찾아 쓰시오.

1. ratify _____
2. elect _____
3. realm _____
4. federal _____
5. protest _____
6. summit _____
7. riot _____
8. sanction _____
9. reign _____
10. treaty _____
11. parliament _____
12. sovereign _____

보기 ① 범위 ② 통치하다 ③ 폭동 ④ 선거하다 ⑤ 승인하다 ⑥ 의회 ⑦ 조약
⑧ 독립국 ⑨ 동맹의 ⑩ 정상 ⑪ 제재 조치 ⑫ 항의하다

[13~17] 다음 빈칸에 들어갈 적절한 어휘를 고르시오.

13. When he was young, he was more politically _____ .

14. He was forced to _____ due to ill health.

15. The movie was made in 1940 for _____ purposes.

16. The government denies that any of its _____ is under rebel control.

17. He went into _____ after the overthrow of the government

보기 ① resign ② exile ③ propaganda ④ radical ⑤ territory

[18~21] 다음 빈칸에 들어갈 적절한 어휘를 고르시오.

18 . The country desperately needs broad political and constitutional _____ .

19. There are four _____ running for president.

20. The tyrannical _____ violently repressed any opposition.

21. Those who did not qualify as _____ were returned to their home countries.

보기 ① regime ② refugees ③ candidates ④ reform

정답 1.⑤ 2.④ 3.① 4.⑨ 5.⑫ 6.⑩ 7.③ 8.⑪ 9.② 10.⑦ 11.⑥ 12.⑧
13.④ 14.① 15.③ 16.⑤ 17.② 18.④ 19.③ 20.① 21.②

Further Study

vote 투표(하다)

voter 투표자

run for 입후보하다

nominate (후보자로)지명하다

referendum 국민투표

suffrage 선거권

give the franchise 선거권을 주다

turnout 투표율

stump 선거유세(하다)

canvass 선거유세(하다)

ballot (무기명)투표

ballot box 투표함

ballot paper 투표용지

absentee 부재투표자

voting observer 투표참관인

runner-up 차점자

unseat 낙선시키다

eligible 뽑힐 자격이 있는

minute book 회의록

speaker 국회의장

party in power 집권당

legislation 법률제정, 입법

platform 연단

secretary 서기

visitor's gallery 방청석

party in opposition 반대당

absent seat 불참석

congressman 국회의원

impeach 탄핵하다

session (의회의)개최, 회기

House 의회, 하원

dissolve (의회를) 해산시키다

coalition 제휴, 연합

regime 정권, 제도

auditor 방청인

interrupter 방해자

suspect [səspékt]	**ⓥ 의심하다; 혐의를 두다 ⓝ 용의자** 연상 경찰은 사람이 많은 거리에 서(서) 팩을 터뜨린(→서스펙트) 사람을 범죄 용의자로 의심하였다. (팩 안에 독극물이 들어 있을 지도 모르니까) 예문 Police **suspects** him of murder. 경찰은 그에게 살인 혐의를 두다 파생 suspicion n. 혐의 의심 suspicious a. 의심스러운
evidence [évidəns]	**ⓝ 증거, 증거물(proof)** 연상 애비의 머리에 들어 있는 묘수, 즉 애비 던 수(→에비던스)는 애비가 고수라는 증거란다 예문 We found no credible **evidence** to support this allegation 우리는 이 주장을 뒷받침하는 믿을 만한 증거를 찾지 못했다.. 파생 evident a. 분명한
inspect [inspékt]	**ⓝ 조사하다(examine), 검사하다** 연상 스펙트럼 안(in)에서, 즉 in 스펙트럼(→인스펙트)에서 빛을 조사한다. 예문 He **inspects** our work every evening. 그는 매일 저녁 우리 일을 점검한다. 파생 inspection n. 조사, 검사 inspector n. 검사자
clue [klu:]	**ⓝ (문제 해결의) 단서, 실마리** 연상 큰 그루(→크루:)의 나무는 여러 가지 단서가 된다. (나무의 나이에 대한 단서, 옛 마을에 대한 단서 등) 예문 Police must have missed some vital **clue**. 경찰이 중요한 단서를 놓쳤음이 틀림없다.
accuse [əkjú:z]	**ⓥ 고소하다, 고발하다 : 비난하다 ⓐ defend 변호하다** 연상 ① a(한번의) cue(큐; 연기 신호)만 use(사용)(→어큐:즈)하면 배우들이 촬영감독을 고소했다. ② 돈을 내지 않고 a(한번) cue(큐; 당구대)를 use(사용)(→어큐:즈)하면 주인이 고소한다. 예문 Her assistant was **accused** of theft and fraud by the police. 그녀의 조수가 절도와 사기혐의로 경찰에 의해 기소당했다. 파생 accusation n. 고발, 고소 accuser n. 고소인

arrest
[ərést]

n. 체포, 구속　**v.** 체포하다(seize), 구속하다

연상 체포되어 감옥에 있는 것을 a(하나의) rest(휴식)(→어레스트)으로 보는 사람도 있다.

예문 He was **arrested** by the police.
그는 경찰에 체포되었다.

jail
[dʒeil]

n. 감옥, 교도소(prison)　**v.** 투옥하다

연상 인간이 견디기에 제일(→제일)힘든 곳이 감옥이라고 볼 수 있어.

예문 How long has she been in **jail**?
그녀는 얼마 동안 감옥에 있었는가?

jury
[dʒúəri]

n. 배심원; 심사원

연상 가수 주얼리(jewelry)(→주어리)가 배심원으로 나온다면?

예문 The **jury** decided that she was guilty.
배심원들은 그녀가 유죄라고 결정했다.

violence
[váiələns]

n. 폭력, 난폭; (행동 등이) 격렬함

연상 연주회에서 바이어린을 써(서)(→바이얼런스) 폭력하면 안된다.

예문 She had suffered years of **violence** and abuse.
그녀는 여러 해 동안 폭력과 학대를 겪어왔다.

파생 violent a. 폭력적인: 격렬한

violation
[vàiəléiʃən]

n. (법률 등의) 위반; 침해　**반** observance 준수

연상 ① 100m 경주에 바이얼린 들고 참가하는 레이슨(레이스는, race는)(→바이얼레이션)은 법률 위반이다.
② 고액 바이얼린 레슨(→바이얼레이션)은 법률 위반이니 삼가시오.

예문 It is **violation** of law to park here.
여기에 주차하는 것은 법률 위반이다.

파생 violate v. 위반하다, 침해하다

vice
[vais]

n. 악덕, 비행　**반** virtue 미덕

연상 파업 중에 바이스(vise)(→바이스)를 들고 과격한 행동을 하면 악덕을 저지르는 것이다.(바이스; 공작실에서 공작물을 끼워 고정시키는 기계)

예문 Drunkenness is a **vice**.
취태는 악덕이다.

파생 vicious a. 사악한, 결점 있는

sue
[suː]

v. 소송을 제기 하다; 간청하다

연상 요즘은 수(水; 물)(→수:) 때문에 소송을 제기하는 일이 많다. (각 지역 간에, 국가 간에 물로 인한 싸움으로)

예문 He sued her for damages.
그는 그녀에게 손해 배상 소송을 제기했다.

파생 suit n. 소송; 탄원; (양복의) 한 벌

---

penalty
[pénəlti]

n. 형벌, 처벌(punishment); 벌금(fine) 반 reward 보상

연상 축구 경기에서 페널티(→페널티) 킥은 반칙에 대한 처벌이다.

예문 Penalty points are given to drivers who speed.
과속 운전자에게 벌점이 부과된다.

---

justice
[dʒʌ́stis]

n. 정의(righteousness), 공정; 정당함; 사법, 재판.

연상 just(정당한) 것이 있어(→저스티스)야 정의가 있는 것이다.

예문 Laws are based on the principles of justice.
법은 정의의 원칙에 기반을 둔다.

파생 justify v. 옳다고 주장하다 justification n. 정당화

---

bribe
[braib]

n. 뇌물 **v.** 뇌물을 주다. 매수하다

연상 뇌물이란 코브라 입(→브라 입)마큼이나 위험한 것이다

예문 He paid out millions of dollars in bribes.
그는 수백만 달러를 뇌물로 썼다.

파생 bribery n. 뇌물수수

---

corruption
[kərʌ́pʃən]

n. 타락, 부패

연상 미희들이 있는 술집인 클럽(에)선(→커럽션) 타락하기 쉬우니 가지 마라.

예문 The big problem in that country is political corruption.
그 나라의 큰 문제는 정치의 부패이다.

파생 corrupt a. 타락한, 부패한 v. 타락시키다

---

bail
[beil]

n. 보석(금) **v.** 피고를 보석하다 (~out)

연상 보석금을 내고 피고를 보석하는 일은 늘 법원의 베일(veil)(→베일)에 가려져 있는 것 같아.(일반인은 잘 모른다)

예문 She was release on bail of £5,000.
그녀는 5000파운드의 보석금을 내고 석방되었다.

custody
[kʌ́stədi]

n. 보호 ,관리; 자녀 양육권; 감금 (captivity, detention)

연상 자동차 학원에서는 차(카; car) 에 대한 공부, 즉 카 스터디(study)(→카스터디)를 할 때 교습자를 보호와 관리를 해야 한다.

예문 Parents have **custody** of their young children.
부모님들은 어린 자식을 보호 한다.

release
[rilíːs]

v. 석방하다; 풀어놓다; (레코드 등을) 발매하다 **n.** 석방;발매

연상 ① 대기업이 시골 마을 리(里)를 리스(lease, 빌리는)하는 (→릴리:스) 것은 시골마을을 가난에서 석방하는 것이다.
② 닐(너를) 니스(→릴리:스)해변으로 보내는 것은 너를 가정에서 석방하는 것이다.

예문 The zoo keepers **released** the lions from their cage.
동물원 사육사들이 우리에서 사자를 석방했다.

intrigue
[intríːg]

n. 음모, 계략 **v.** 음모를 꾸미다

연상 inter(안에)+리그(연맹경기)(→인트리:그)= 리그 전 안에서는 이기기 위해 계략이 필요하다.

예문 It is a story of great **intrigue** and murder.
그것은 엄청난 음모와 살인에 관한 이야기이다.

파생 intriguing a. 음모를 꾸미는; 흥미를 끄는

patrol
[pətróul]

n. 순찰; 순찰대 **v.** 순찰하다

연상 밤마다 경찰 패트롤(→퍼트로울) 차가 우범 지대를 순찰한다.

예문 The Police **patrolled** a crime-ridden district.
경찰은 우범 지대를 순찰했다.

commit
[kəmít]

v. (죄 따위를) 범하다; 위임하다, 위탁하다

연상 ① 해커들은 com(컴퓨터) 밑(mit)(→커밋)에서 범죄를 범한다.
② 직원들은 com(컴퓨터) 밑(mit)(→커밋)에 딸린 여러 장치에 일을 위임한다. (프린트기 같은 것)

예문 She **committed** a crime in a fit of jealous rage.
그녀는 질투에 눈이 멀어 범죄를 저질렀다.

파생 commitment n. n. 범행; 위임; 약속

suicide
[súːəsàid]

n. 자살 (killing oneself) **v.** 자살하다

연상 수어(水魚; 민물고기)가 사이드(물가)(→수:어사이드)로 나가면 자살 행위다. (사이드엔 물이 없으니까)

예문 She committed **suicide** last night.
어젯밤 그녀는 자살했다.

파생 suicidal a. 자살의: 자포자기한

massacre
[mǽsəkəːr]

n. 대학살. 대량 살육　**v.** 학살하다

연상 ① 대학살이 있었던 곳은 메스꺼(→ 매서커)워 있을 수 없더군.
② 그 미친 의사의 수술용 칼 메스(mes)가 커(→메서커:)서 대학살을 할 수 있었다.

예문 The massacre of the Indian elephant almost made them .
인도코끼리들은 대량 살육되어 거의 멸종 상태이다.

---

murder
[mə́ːrdəːr]

n. 살인　**v.** 살인하다

연상 딸이 마더(mother 어머니)(→머:더)를 살해한 이야기가 신화에 나온다.

예문 The lady was brutally murdered.
그 여자는 잔인하게 살해되었다.

파생 murderer n. 살인자　murderous a. 살인의; 흉악한

---

torture
[tɔ́ːrtʃəːr]

n. 고문; 심한 고통(torment)　**v.** 고문하다; 고통을 주다

연상 옛날엔 사람을 가까이 있는 토(土:땅)에 쳐(→토:쳐)서 고문했다.

예문 The prisoners were routinely tortured.
죄수들은 일상적으로 고문을 당했다.

---

rob
[rɑb]

v. 강탈하다; 빼앗다

연상 옛날에는 납이 비싸서 도둑들이 납(→랍)을 강탈했다고 한다.

예문 A highwayman robbed him of his money.
노상강도가 그에게서 돈을 빼앗았다.

파생 robber n. 강도, 도둑　robbery n. 강도(행위), 강탈

---

kidnap
[kídnæp]

v. 납치하다, 유괴하다

연상 kid(아이)가 nap(낮잠)(→키드냅)잘 때 유괴하는 일이 많다지?

예문 The boy was kidnapped yesterday.
그 소년이 어제 납치되었다.

---

outlaw
[áutlɔ̀ː]

n. 무법자; 법익 피박탈자(法益被剝奪者)　**v.** 법률의 보호 밖에 두다.

연상 법(law) 밖에(out), 즉 out law(→아웃로:) 사람이 무법자다.

예문 He is an outlaw, and one to be avoided.
그는 무법자이고 피해야 할 사람이다.

---

testify
[téstəfài]

v. 증명하다(prove); 증언하다(witness)

연상 검사원이 테스트 한 파이(→테스트 파이)는 품질을 증명한다.

예문 The fact **testified** to his innocence.
그 사실이 그의 무죄를 증명했다.

testimony
[téstəmòuni]

n. 증거, 증언; 증명

연상 여러 번 테스트한 것을 모으니(→테스터모우니) 객관적으로 증명해주는 증거가 된다.

예문 His laughter is **testimony** of his happiness.
그의 웃음은 행복하다는 증거이다.

verdict
[vé:rdikt]

n. (배심원의)평결; 판단

연상 그 골프선수에게 버디(를) 익힌(→버:딕(트)) 후에 시합에 들어가라는 배심원의 평결이 있었다. (버디 실수로 다른 사람을 방해하지 않도록)

예문 After a week the jury had still not reached a **verdict**.
일주일이 지났는데도 배심원들은 아직 평결을 내리지 못했다.

convict
[kənvíkt]

v. 유죄로 판결하다   **n.** 죄수, 죄인

연상 개인이 부당하게 큰, 빅(big) 터(넓은 땅)(→컨빅트)를 가지고 있으면 유죄로 판결한다.

예문 The jury **convicted** him of murder.
배심원은 그에게 살인죄의 판결을 내렸다.

파생 conviction n. 유죄 판결; 신념, 확신

guilty
[gílti]

n. 유죄의, ~의 죄를 범한(criminal),

연상 죄를 범한 사람은 감옥으로 가는 길(이) 트(→길티)여 있다.

예문 The man was declared **guilty**.
그 남자는 유죄 선고를 받았다.

파생 guilt n. 죄, 범죄 행위

inmate
[ínmèit]

n. (병원·교도소 따위의)입원자, 피수용자

연상 in(안에) + mate(친구)(→인메잇)= (교도소 병원 등의) 안에 있는 친구가 바로 피수용자다.

예문 One of the **inmates** has escaped.
피수용자 한 명이 도망쳤다.

detective
[ditéktiv]

n. 탐정, 형사 **a.** 탐정의

연상 D급 tec(테크;기술)의 tv(→디덱티브)에서도 정보를 찾아내는 사람이 탐정, 형사다.

예문 The **detective** was on the track of the a bank robber.
형사는 은행 강도를 추적 중이었다.

파생 detect v. 발견하다; 탐지하다

---

abduct
[æbdʌ́kt]

v. 유괴하다, 납치하다(kidnap)

연상 애에게 하는 부덕(→애브덕(트)한 짓이 유괴하는 것이다.

예문 He was **abducted** from his car by terrorists.
그는 테러 분자들에 의해서 차에서 납치되었다.

---

smuggle
[smʌ́gəl]

v. 밀수입[밀수출]하다; 밀입국시키다

연상 이 나라에서 몰래 써 먹을(→스머글) 물건을 밀수입한다.

예문 He tried to **smuggle** diamonds into Korea.
그는 다이아몬드를 한국에 밀수입하려고 했다.

---

outrage
[áutrèidʒ]

n. 폭행, 난폭 **v.** 폭행하다,

연상 ① 여린 피부를 폭행하는 것이 집 out(밖에) 레이(ray)지(→아우트레이지)! (광선이지)!
② out(밖에서) 레이저(laser)(→아우트레이지)로 폭행하는 일이 일어난다.

예문 He committed an **outrage** on humanity.
그는 인간성에 어긋나는 포악한 짓을 했다.

파생 outrageous a. 난폭한

---

menace
[ménəs]

n. 위협, 협박 **v.** 위협하다(threaten)

연상 악당들은 밥줄로 지하실에 나를 매(어) 넣어서(→매너스) 위협했다.

예문 Nuclear weapons development a **menace** to world peace.
핵무기 개발은 세계 평화에 대한 위협이다.

---

detain
[ditéin]

v. 감금하다; 붙들다, 지연시키다

연상 ① 죄수들을 감옥이라는 d급 테(테두리) in(안에)(→디테인)에 감금한다.
② 뒤(에 쳐진) 태인(→디테인)이 우리가 갈 길을 지연시켰다.

예문 The police **detained** him as a suspect.
경찰은 그를 용의자로 구금했다.

예문 I was **detained** by business.
일 때문에 늦었다.

파생 detention n. 저지, 억류; 감금

abuse
[əbjúːz]

v. (지위 특권 등을) 남용[오용]하다; 학대하다 **n.** 남용; 학대

연상 아무 데나 자신이 하는 업(業, 업무)을 use(사용)(→어뷰:즈)하는 것이 지위를 남용하는 것이다.

예문 He abused his official authority.
그는 직권을 남용했다.

crime
[kraim]

n. 죄, 범죄 **cf.** sin (종교 도덕상의)죄

연상 범죄의 결과는 감옥에서 크라이(cry)임(→크라임) (우는 것임)

예문 He confessed his crime to police.
그는 자신의 범죄를 경찰에 자백했다.

파생 criminal a. 범죄의 n. 범인

burglar
[bə́ːrglər]

n. 밤도둑, 강도

연상 ① 강도들은 자물쇠나 문을 버그러(→버:글러)뜨리다
② 요즘 밤강도들이 버글(버글) 굴러(→버:글러) 다닌다.

예문 A burglar broke the lock and stole my gold ring
강도가 자물쇠를 부수고 내 금반지를 훔쳐갔다.

pilfer
[pílfər]

v. (~을)좀도둑질하다, 슬쩍 훔치다;[야구] 도루하다

연상 혈액 저장소에서 몰래 필(피를) 퍼(→필터)내는 것이 좀도둑질하는 것이다.

예문 He was caught pilfering sweets from the shop.
그는 가게에서 사탕을 좀도둑질하다 붙잡혔다.

fraud
[frɔːd]

n. 사기(행위)(=deceit);사기꾼

연상 풀이 우거진 로드(road:길), 즉 풀 로드(→플로:드)엔 사기행위를 하는 사기꾼들이 많다.
(등산객들에게 가짜 물건을 파는 행상인들)

예문 An official got money by fraud.
공무원이 돈을 사취했다.

파생 fraudulent a. 사기의, 부정한

judicial
[dʒuːdíʃəl]

a. 재판[사법]의 : 재판에 의한

연상 주디(주둥이 속어) 쓸 (→주:디셜) 일이 많은 것이 재판의 일이다.(말로써 증명하고 변론하고 해야 하니까)

예문 They started to reform the judicial system.
그들은 사법 제도의 개혁을 착수했다.

legal
[líːgəl]

a. 법률(상)의; 합법적인　**반** illegal 불법의

연상 경기의 조별 리글(리그를)(→리·걸) 합법적으로 해야 한다.

예문 Should the use of this drug be made **legal**?
이 약물의 사용이 합법화 될까요?

파생 legality　n. 합법(성); 법률상의 의무

forbid

v. 금지하다(ban); 방해하다

연상 나라에선 개인이 포(대포)나 비도(秘刀;비밀스레 숨겨둔 칼)(→퍼비드)를 가지는 것을 금지한다.

예문 Wine is **forbidden** here.
여기서 음주는 금지되어 있다.

confine
[kənfáin]

v. 한정[제한]하다(restrict); (어떤 장소에) 가두다

연상 큰 fine(크게 좋은)(→컨파인) 물건은 수입을 제한한다. 적발된 것은 뺏어 창고에 가두어 둔다. (불법 사치품이므로)

예문 Please **confine** your comments to relevant issues.
당신의 논평을 관련된 논점에 국한시켜 주세요.

파생 confinement　n. 제한; 구속, 감금

plead
[pliːd]

v. 간청[탄원]하다 (entreat); (소송에서) 주장[항변]하다

연상 제발 폐수를 흘려보내지 말라고 사람보다 풀이 더(→프리ː 드) 간청하더군.

예문 She **pleaded** for the life of her father.
그녀는 아버지의 목숨을 살려달라고 간청했다.

파생 pleading n. 변론, 해명

valid
[vǽlid]

a. (법적으로)유효한: 확실한　**반** invalid 무효인

연상 법적으로 유효한 것이 val(= value, 가치)이 더(→배리드) 있다.

예문 The contract is **valid** for two years.
그 계약은 2년 동안 유효하다.

파생 validity　n. 정당(성): 효력

incident
[ínsidənt]

n. 사건(event), 일어난 일(happening)

연상 옛날 사건이 일어난 시간이 주로 인시(寅時 새벽 3-5시)던데 (→인시던트)!

예문 There was an awful **incident** at the school.
학교에서 끔찍한 사건이 있었다.

파생 incidental　a. 우연한　incidentally　ad. 우연히

suit
[suːt]

n. 소송(lawsuit); (옷의)한 벌　**v.** 적합하게 하다

연상 ①사건을 법원에 슈웃(shoot)(→수웃) 해 넣는 것이 소송하는 것이다.
②머리 숱(→수웃)이 많은 사람은 보통 한 벌 옷이 잘 어울린다.

예문 He brought a **suit** against his friend.
그는 친구를 상대로 소송을 제기했다.

예문 a **suit** of clothes 옷 한 벌

파생 suitable a. 적당한

confess
[kənfés]

v. 자백[고백]하다; 인정하다

연상 다른 사람에게 마음속에 숨겨두었던 큰 (것을) 패스(→컨패스)해 주는 것이 바로 자백하는 것이다.

예문 He **confessed** his guilt.
그는 죄가 있음을 자백했다.

파생 confession n. 고백, 자백

investigate
[invéstəgèit]

v. 조사하다, 연구하다

연상 invest(투자)하려면 그 회사의 gate(문)(→인베스터게잇) 앞에 가서 재정 상태를 조사해야 한다.

예문 Police is **investigating** the cause of fire.
경찰은 화재의 원인을 조사하고 있다.

파생 investigation n. 고백, 자백

witness
[wítnis]

v. 목격하다; 증언하다.　**n.** 목격자; 증언

연상 나는 지붕 위 터에 니스가(→위트니스)가 칠해진 것을 목격한 목격자다.

예문 I **witnessed** the accident.
나는 그 사건을 목격했다.

steal
[stiːl]

v. 훔치다; 도주하다　**n.** 도둑질

연상 ①건설 현장에서 스틸(steel; 강철)(→스티일)을 훔치는 일이 많다지?
②야구에서 스틸(→스티일)이 도루, 달리기를 훔치는 것

예문 I had my watch **stolen**.
나는 시계를 도둑맞았다.

파생 stealth n. 몰래하기, 비밀 stealthy a. 남몰래 하는

fine
[fain]

a. 훌륭한, 세련된; 미세한　**n.** 벌금　**v.** 벌금을 부과하다

연상 너무 앞이 파인(→파인) 옷, 너무 좋은 옷, 너무 미세한 옷을 입고 다니는 사람에게 벌금을 부과한다면 어떻게 될까? (경범죄로)

예문 **fine** thread 가느다란 실

예문 I was **fined** 20 dollars.
나는 20달러의 벌금에 처해 졌다.

proof
[pru:f]

n. 증거(evidence), 증명 **pl.** 증거 서류

연상 푸른 roof(지붕)(→프루:프)는 온실이라는 증거가 아닐까?

예문 I gave her a ring as a **proof** of one's gratitude.
나는 그녀에게 감사의 표시로 반지를 주었다.

파생 prove v. 증명하다;~로 밝혀지다

enforce
[infɔ́:rs]

v. (법률 등을) 시행[실시]하다; 강요하다

연상 ① en(=make) + force(→인포:스) = 힘 있게 만드는 것이 힘을 쓰게 만드는, 즉 시행하는 것이다
② 연상. 인(人;사람)에게 force(힘)(→인포:스)을 가하는 것이 강요하는 것.

예문 The regulations should always be strictly **enforced**.
규정들은 항상 엄격히 시행되어야 한다.

파생 enforced a. 강제적인, 강요된

innocent
[ínəsnt]

a. 순진한; 무죄의, 결백한 **반** guilty (유죄의)

연상 '이 느슨(→이너슨(트))한 사람'하면 순진하고, 무죄한 사람이라는 느낌을 준다.

예문 The court found her **innocent** of the crime.
법정에서 그녀가 죄가 없다는 것이 밝혀졌다.

condemn
[kəndém]

v. 비난하다, 책망하다(blame); (유죄로) 선고하다

연상 환경 보호론자들은 큰 댐(→컨뎀)의 건설을 비난한다.

예문 The prisoner was **condemned** to die.
그 죄수는 사형을 선고받았다.

파생 condemnation n. 비난; 유죄 판결

hijack
[háidʒlǽk]

v. (배·비행기를) 납치하다; 강탈하다

연상 범인은 비행기가 하이(high;높은) 하늘에 있을 때 자동차용 잭(jack;기중기)(→하이잭)을 사용해서 비행기를 납치했다.

예문 The plane was **hijacked** by two armed men on a flight from Paris to LA.
그 비행기는 파리서 LA로 가던 중 두 명의 무장 괴한에게 납치되었다.

detention
[diténʃən]

n. 구류, 구금

연상 ① 사람에게 D급 텐션(tension;긴장)(→디텐션)을 주는 것이 감옥에 구금하는 것일까?
② D급 ten(10개) 선(→디텐션)을 쳐놓은 곳에 가두어 두는 것이 구금이다.

예문 He was sentenced to 10 months' **detention**.
그는 10개월의 구류를 선고받았다.

파생 detain v. 붙들다, 억류하다

attire
[ətáiər]

n. 옷차림새; 복장

연상 a(하나) tire(타이어)(→어타이어)는 자동차의 복장이라 할 수 있다.

예문 I don't think jeans are appropriate **attire** for a wedding.
나는 진 차림이 결혼식에는 적절한 의상이라 생각하지 않는다.

---

prosecute
[prásəkjù:t pró -]

v. 기소하다; 해내다

연상 프로서(프로 경기에서) 열심히 게임은 안하고 cute(귀여운)(→프로서큐:트) 행동만 했다고 그 선수를 기소했다. (연봉만 받고 게임을 소홀히 했기 때문에)

예문 Trespassers will be **prosecuted**.
무단 침입자는 고소함(게시문).

파생 prosecutor n. 검찰, 검사

---

interrogate
[intérəgèit]

v. 질문하다; 심문하다

연상 in(안에)+terror(테러)+gate(문)(→인테러게이트)= 테러가 일어난 문 안에 들어가서 혐의자를 심문했다.

예문 Police is **interrogating** the suspect now.
경찰이 지금 용의자를 심문하고 있다.

파생 interrogation n. 심문

UNIT 15 TEST

[1~12] 보기에서 영어에 해당되는 우리말을 찾아 쓰시오.

1. clue _____
2. violation _____
3. accuse _____
4. sue _____
5. suspect _____
6. inspect _____
7. jail _____
8. penalty _____
9. violence _____
10. justice _____
11. evidence _____
12. arrest _____

보기 ① 의심하다 ② 증거 ③ 단서 ④ 체포하다 ⑤ 조사하다 ⑥ 고소하다
      ⑦ 처벌하다 ⑧ 폭력 ⑨ 정의 ⑩ 소송을 제기하다 ⑪ 위반 ⑫ 감옥

[13~17] 다음 빈칸에 들어갈 적절한 어휘를 고르시오.

13. The court heard her _____ against the accused.

14. This police unit was established to fight _____ .

15. He was _____ on a drug charge.

16. The prime minister engaged in political _____ against the king.

17. He called for the immediate _____ of all political prisoners.

보기 ① corruption ② testimony ③ release ④ convicted ⑤ intrigues

[18~21] 다음 빈칸에 들어갈 적절한 어휘를 고르시오.

18. This is a man who has _____ murder.

19. There are unconfirmed reports he tried to commit _____ .

20. She was arrested and charged with _____ the two children.

21. The police are convinced that she was _____ and killed.

보기 ① tortured ② committed ③ suicide ④ murdering

정답 1.③ 2.⑪ 3.⑥ 4.⑩ 5.① 6.⑤ 7.⑫ 8.⑦ 9.⑧ 10.⑨ 11.② 12.④
      13.② 14.① 15.④ 16.⑤ 17.③ 18.② 19.③ 20.④ 21.①

323

Further Study

racket 공갈, 협박

infringement 침해

violate 위반하다

appeal court 항소 법원

court 법정

regulation 법규, 규정

provision 조항

decree 법령, 법령을 포고하다

observe (규칙을) 준수하다

illegal 불법의

prohibit 금지하다

ban 금지(령), 금지하다

thief 도둑

pick pocket 소매치기(하다)

culprit 범죄자

homicide 살인(행위), 살인범

break-in 침입

arson 방화(죄)

fugitive 도망자, 도주한

trial 재판, 공판

juror 배신원

bribery 수뢰, 뇌물

litigation 소송

attorney 변호사

defendant 피고(의)

plaintiff 원고

plea (소송에서의) 진술

appeal 항소(하다)

dismiss 기각하다

capital punishment 극형, 사형

prison 교도소

law enforcement officer 경관

lead 단서 (cue)

lethal weapon 흉기

manslaughter 과실치사

misdemeanor 경범죄

Further Study

warrant (형사상의) 영장

defraud 횡령하다, (속여서 물품을) 빼앗다

slander 명예훼손

concentration camp 수용소

unauthorized use 무단 사용

claim damages 손해 배상을 청구하다

detention center 구치소

alcoholic 알콜 중독자

assassin 암살자

assault 폭행

attempted murder 살인미수

bandit 강도

battery 구타

bogus note 위조지폐

bribery 뇌물(주는 행위)

bugging 도청

complainant 원고, 고소인

convict 유죄선고를 받은 자

ex-convict 전과자

eyewitness 목격자

fake note 위조지폐

fingerprint 지문

firebug 방화범

forcible entry 불법침입

forfeiture 몰수

forged note 위조지폐

fraud 사기

fugitive 도망자

handcuff 수갑

hideout 도피처, 은닉처

hired killer 청부살인업자

hit-and-run 뺑소니(범)

hit man 암살자

homicide 살인

hoodlum 불량배

hooligan 깡패

hostage 인질

housebreaker 가택 침입 강도

Further Study

.imposter 사기꾼, 협잡꾼

intimidation 협박

investigation 취조, 조사

missing 행방불명

molester 치한

mug shot 얼굴 사진, 수배 사진

narcotic 마약

narcotics ring 마약 밀매 조직

offender 범죄자

opium 아편

parole 가석방

petty theft 좀도둑

pickpocket 소매치기

pilferage 좀도둑

plainclothesman 사복형사

postmortem examination 검시

pot 마리화나

prowler 빈집털이

pusher 마약 밀매자

questioning 심문

ransom 몸값

rape 강간

red-handed 현행범으로

roundup 일제검거

safecracker 금고털이

search 수배

sexual harassment 성적인 학대

sheriff 군 보안관

shoplifting 들치기

snatcher 날치기

sneak thief 좀도둑

speed cop 순찰경관

squatter 무단 점거자

stickup 피스톨강도, 노상강도

tapping 도청

thug 흉악범, 살인청부업자

time bomb 시한폭탄

trespass 불법 침입하다

underworld 암흑가

vagrant 부랑자, 실업자

vested rights 기득권

wanted 수배중인

Further Study

wiretap 도청

on charges of ~의 죄로, ~한 혐의로

searching investigation 철저한 조사

wiretap 도청

Unit 16
Religion

religion
[rilídʒən]

ⓝ 종교

연상 ① 종교 시설을 시골 마을 리(리)로 이전(→릴리전)하는 추세다.
② 신에게 닐(=니를) 이전(→릴리전)하는 것이 종교에 귀의하는 것이다.

예문 I think we should respect all **religions** of the world equally.
세상의 모든 종교를 동등하게 존중해야 한다고 나는 생각한다.

파생 religious a. 종교(상)의

---

worship
[wə́:rʃip]

ⓥ 숭배하다, 예배하다 ⓝ 예배, 숭배

연상 사람들은 전쟁(war)이 일어나면 배(ship)(→워: 쉽) 숭배했다.(타고 도망갈 수 있으니까)

예문 There has been the custom of ancestor **worship** in Japan.
일본엔 조상숭배의 관습이 이어져 오고 있다.

---

soul
[soul]

ⓝ 영혼, 정신 (spirit)

연상 흑인들의 영혼이 담긴 음악, 흑인영가가 바로 소울(→소울) 음악이다

예문 I believe in the immortality of the **soul**.
나는 영혼의 불멸성을 믿는다.

---

holy
[hóuli]

ⓐ 신성한, 거룩한

연상 교회나 절에 가면 신성한 분위기에 흘리게(→호올리) 된다.

예문 As a nun, she led a **holy** life humbly attending to the sick.
수녀로서, 그녀는 병든 사람을 친절히 돌보면서 거룩한 삶을 살았다.

---

sacred
[séikrid]

ⓐ 신성한(holy), 거룩한; 신성시되는

연상 신성한 종교를 리드하는 사람들은 세이(say, 말소리)가 크서 리드(→세이크리드)를 잘한다.

예문 Cows are **sacred** to Hindus.
소는 힌두교도들에게는 신성시된다.

pilgrim
[pílgrim]

n. 순례자　**v.** 순례하다

연상 그 성지엔 성자의 필(피를) 그림(→필그림)으로 그려 놓은 것을 보러오는 순례자들이 많다.

예문 The **pilgrims** built their church in Plymouth.
순례자들은 Plymouth에 자신들의 교회를 세웠다.

파생 pilgrimage　n. 순례; 성지 참배

pious
[páiəs]

a. 경건한, 신앙심이 깊은　**반** impious 불신앙의, 불경한

연상 아이들에게 경건한 마음을 갖게 하는 것은 초코파이와 같은 파이었어!(→파이어스)(아이들에겐 먹는 것을 최고다)

예문 She is a very **pious** Buddhist.
그녀는 신앙심이 아주 깊은 불교 신자다.

파생 piety　n. (종교적인) 경건

ceremony
[sérəmòuni/ -məni]

n. 의식, 의례

연상 골을 넣은 선수의 세러모니(→세러머니)는 자신만의 의식이다.

예문 Many a citizen is attending the groundbreaking **ceremony**.
많은 시민들이 기공식에 참석하고 있다.

파생 ceremonial　a. 의식의, 정식의

priest
[pri:st]

n. 성직자, 목사, 사제

연상 메마른 땅에 풀과 같고 빵을 굽는 데 이스트(yeast)와 같은, 즉 풀 이스트(→프리:스트)와 같은 사람이 성직자, 목사다.

예문 She was ordained as the first woman **priest** of her church.
그녀는 자기가 다니는 교회의 첫 여성 목사로 임명되었다.

sermon
[sə́:rmən]

n. 설교; 훈화

연상 목사는 교회의 연단에 서면(→서: 면) 설교를 한다.

예문 He preached a **sermon** on forgiveness.
그는 용서에 대해서 설교했다.

preach
[pri:tʃ]

v. 설교하다; 전도하다

연상 예수님이 설교할 때 나무와 풀이 취(→프리: 치)해서(감동해서) 말을 들었다고 한다.

예문 That clergyman **preaches** every Sunday.
그 목사는 일요일마다 설교를 한다.

파생 preacher　n. 설교자; 전도사

anthem
[ǽnθəm]

n. 축가; 찬송가

연상 18세기 초, 영국 국민들은 앤 여왕의 섬(→앤섬), 즉 영국을 위해서 축가를 불렀다.

예문 The band played the Royal **Anthem**.
악단은 영국 국가를 연주했다.

taboo
[təbúː/ tæ-]

n. 금기 **a.** 금기의 **v.** 금기시하다; 금지하다

연상 어떤 터(=장소)에 출입을 부(不;부정, 못하게)(→터부ː) 하는 것이 금기다.

예문 The subject of death was strictly **taboo** in their society.
죽음에 대한 주제는 그들의 사회에서 금기로 되어 있었다.

angel
[éindʒəl]

n. 천사; 수호신

연상 나에게 애인이 절(→에인절)하면 천사 같지요.

예문 He thinks of himself as an avenging **angel** fighting for justice.
그는 자신을 정의를 위해 싸우는 복수의 화신으로 생각하고 있다.

파생 angelic a. 천사 같은

myth
[miθ]

n. 신화; 그릇된 통념

연상 신화엔 미스(miss; 잘못된 것)(→미쓰)가 많다고 생각된다.
a Greek myth 그리스 신화

예문 the **myth** of male superiority
남성 우월의 그릇된 통념

파생 mythology n. 신화, 신화학

dialect
[dáiəlèkt]

n. 방언, 사투리

연상 어떤 지방에서 전화 다이얼(dial)를 넥타(음료수)(→다이얼렉트)라고 한다면 그게 바로 방언이다.

예문 Many Italians still spoke only local **dialect**.
아직도 지역 방언만을 사용하는 이태리인들이 많다.

feast
[fiːst]

n. 축제; 잔치 **v.** 축연을 베풀다.

연상 꽃이 피(어)서 터지면 봄 축제가 열리고, 여름 피서지, 즉 피서 터(→피ː 스트)에는 늘 여름 축제가 열린다.

예문 Villagers used to hold a great **feast** at harvest time.
마을 사람들은 추수철에 큰 축제를 열곤 했다.

tradition
[trədíʃən]

n. 전통; 전설

연상 예부터 삶의 일부가 된 제도, 관습과 같은 큰 틀이 어디선가(→트러디션) 지금도 살아있다면 그것을 전통이라 부를 수 있겠지.

예문 Many a westerner values Korean **traditions**.
많은 서구인들은 한국의 전통을 존중한다.

파생 traditional a. 전통의, 전통적인

bar
[bɑːr]

n. 술집; 막대기; 장애(물); 법정 **v.** 막다(prevent)

연상 ① 뒷골목의 바(=술집)(→바ː)에는 도둑을 막으려고 장애물, 막대기를 많이 쳐두었더군.
② 청소년들이 바(=술집)(→바ː)에 출입시키면 법정에 서게 된다.

예문 He installed **bars** in the window of his office.
그는 자기 사무실 창문에 창살을 설치했다.

castle
[kǽsl]

n. 성; 대저택 **v.** 성곽으로 둘러싸다

연상 트로이 성과 같은 옛날 성은 땅 속에서 캤을(→캐슬) 거야.(발굴했을 거야)

예문 The **castle** perches on a high rock.
그 성은 높은 바위 위에 서 있다.

예문 castles in the air 공중누각

paradise
[pǽrədàis]

n. 낙원, 천국

연상 파라다이스(→패러다이스) 호텔은 낙원동에 있나요?

예문 Hawaii is a **paradise** for surfers.
하와이는 파도타기를 즐기는 사람들의 천국이다.

legend
[lédʒənd]

n. 전설, 설화

연상 어떤 이야기가 옛날부터 한 지역에서 내리 전달(→레전드)되어 온 것이 전설이다.

예문 **Legend** has it that the river is a goddess.
전설에 의하면 그 강은 한 여신이었다고 한다.

파생 legendary a. 전설(상)의; 전설에 남을만한 n. 설화집

rite
[rait]

n. 의식(ceremony); 관습

연상 옛부터 라이트(light;빛)(→라이트)을 밝히고 종교 의식을 거행했다.

예문 They think this happening as a **rite** of passage.
그들은 이 해프닝을 일종의 통과 의례로 생각한다.

파생 ritual n. (종교적)의식 a. 의식의

funeral
[fjúːnərəl]

n. 장례식, 장례 행렬 **a.** 장례식의

연상 퓨우(=탄식하는 말)! 널(=관, 널빤지)을(→퓨ː 너럴) 장례식(장)에 옮기고 있군!

예문 She had a simple **funeral**, as she had requested.
그녀의 요청대로, 그녀의 장례식은 간소하게 치러졌다.

---

prophet
[práfit]

n. 예언자

연상 풀(=민초) 앞이(=미래가)(→프라핏) 어떻게 될까, 아는 사람이 예언자다.

예문 He was a **prophet** of uncommon wisdom.
그는 비범한 지혜를 가진 예언자였다.

파생 prophecy n. 예언 prophesy v. 예언하다

---

pray
[prei]

v. 기도하다, 기원하다

연상 ① 플레이(play;경기)(→프레이)할 때 기도 세러모니하는 선수들 많다.
② 중요한 플레이(play;경기)(→프레이)는 기도하듯이 해야 한다.

예문 He **prayed** to God for help.
그는 신에게 도움을 빌었다.

파생 prayer n. [pr囗r] 기도; [préi囗r] 기도하는 사람

---

mission
[míʃən]

n. 임무; 전도; 사절단

연상 톱 크루즈 주연 '미션(→미션) 임파서블(mission impossible)'이란 영화는 불가능한
임무라는 뜻.

예문 Many people regard his task as **mission** impossible.
많은 사람들은 그의 과업을 불가능한 임무로 간주했다.

파생 missionary n. 선교사 a. 선교사의

---

almighty
[ɔːlmáiti]

n. 전능자 **a.** 전능한

연상 ① all(모든 것) + mighty(힘센, 힘있는)(→오올마이티)=모든 것에 다 힘센 것이 전능한
것이다.
② all(모든) 마이(my;나의) 티(셔츠)(→오올마이티)는 전능하신 하느님이 주신 것이다.(모든
물질은 하느님이 주신 것이다)

예문 We all are thankful to the God **Almighty**.
우리 모두는 전능하신 하나님께 감사한다.

---

ghost
[goust]

n. 유령, 망령

연상 죽은 스타들, 다시 말해 고(故) 스타(→고우스트)들은 이제 유령이되어 있겠지?

예문 The **ghost** of a hanged man is said to haunt the house.
목을 매어 죽은 사람의 유령이 그 집에 나타난다고 한다.

faith
[feiθ]

n. 신념, 신앙; 신뢰

연상 사람의 페이스(face;얼굴)(→페이쓰)엔 그 사람의 신념이 나타나 있다.

예문 Her **faith** in human nature had been badly shaken.
인간의 본성에 대한 그녀의 믿음이 심하게 흔들렸다.

파생 faithful a. 충실한; 신의 있는

---

devil
[dévl]

n. 악마, 악귀

연상 끝에 가서 큰 벌, 즉 대(大) 벌(→데블)을 받게 되는 것이 악마다.

예문 Talk of the **devil** and he will appear.
호랑이도 제 말하면 온다.

---

witch
[witʃ]

n. 마녀, 여자 마법사 v. ~에게 마법을 걸다

연상 중세 유럽에선 마녀사냥을 위해 그들이 있는 위치를(→위치) 파악했다.

예문 **Witches** were persecuted all over western Europe.
마녀들은 서유럽 전역에서 박해를 받았다.

---

superstition
[sùːpərstíʃən]

n. 미신

연상 수퍼(에)서 티(셔츠)를 모자 대신에 뒤집어 쓴(→수: 퍼티션) 사람은 제수 없다고 믿는다면 그것은 미신이다.

예문 These ideas are based on myths and **superstitions**.
이러한 생각들은 신화와 미신에 근거한 것들이다.

파생 superstitious a. 미신적인; 미신을 믿는

---

sin
[sin]

n. (도덕·종교상의) 죄, 죄악(vice)

연상 신에게(→신) 인간은 다 지은 죄가 있다.

예문 The God will forgive our **sin** in mercy.
신은 우리의 죄를 자비롭게 용서해 주실 것이다.

파생 sinful a. 죄 지은, 죄 많은

---

gamble
[gǽmbəl]

v. 도박하다; 투기하다 n. 도박

연상 게임(game) 해서 벌(→갬블) 받는 것이 바로 도박이란 게임이다.

예문 He lost his money **gambling** at cards.
그는 카드놀이 도박으로 돈을 잃었다.

파생 gambling n. 도박, 내기 gambler n. 도박자, 투기꾼

bachelor
[bǽtʃələr]

n. 미혼남자; 학사 **대** spinster(미혼녀)

연상 미혼남자는 배에 철을 넣어(→배철러) 다닌다는데, 글쎄.(많이 굶고 다니는 것을 풍자함)

예문 He says that he's enjoying his bachelor life and has no plans to marry yet.
그는 자신의 독신 생활을 즐기고 있으며 아직 결혼할 생각이 없다고 말하고 있다.

clergyman
[klə́:rdʒimən]

n. 성직자

연상 성직자가 되어야 클(=크게 될) 너지, man(인간)(→클러:지면)아!

예문 It's something you can't get over, you can see a clergyman.
이겨내지 못할 어떤 일이 있으면 성직자를 찾아보아라.

shaman
[ʃá:mən]

n. 무당

연상 사(死; 죽은) man(사람)(→샤:먼)과 통하는 사람이 무당이다.

예문 A spirit entered into the shaman.
무당에게 신이 들리다.

mythology
[miθálədʒi]

n. (집합적) 신화

연상 인간아, 신화를 읽으면 스스로 미스(miss; 잘못)을 알(=알게 될)너지(→미쌀러지)! (신화엔 인간의 실수 이야기가 많다)

예문 Zeus is the king of the gods in Greek mythology.
제우스는 그리스 신화의 최고신이다

pastor
[pǽstər/ pá:s-]

n. 목사

연상 past(과거) + -or(사람)(→패스터)= 과거에 것(예수님 시대의 것; 성경)에 대해 주로 말하는 사람이 바로 목사다.

예문 The pastor blessed the congregation.
목사님이 교인을 위하여 축복하였다.

parson
[pá:rsən]

n. 교구 목사(vicar)

연상 감리교, 장로교와 같은 어떤 파(派; 종파)의 son(아들)(→파:선)이 교구 목사다.(기독교인은 다 하느님의 아들이다)

예문 His son became an Anglican country parson.
그의 아들은 성공회 교구 목사가 되었다.

Easter
[íːstər]

n. 부활절

연상 부활절은 예수께서 바다 East(동쪽)(→이:스터)에서 부활하셨다고 붙여진 이름이 아니라 다산의 여신 이스트 여신에서 나왔다.

예문 The house opens to the public at Easter.
그 집은 부활절에 대중에게 개방되었다.

UNIT 16 TEST

[1~12] 보기에서 영어에 해당되는 우리말을 찾아 쓰시오.

1. priest _____   2. sermon _____

3. ceremony _____   4. legend _____

5. anthem _____   6. feast _____

7. tradition _____   8. dialect _____

9. pilgrim _____   10. pious _____

11. worship _____   12. sacred _____

보기   ① 경건한   ② 의식   ③ 숭배하다   ④ 순례자   ⑤ 신성한   ⑥ 성직자   ⑦ 축가
⑧ 전설   ⑨ 전통   ⑩ 축제   ⑪ 방언   ⑫ 설교

[13~17] 다음 빈칸에 들어갈 적절한 어휘를 고르시오.

13. Most traditional societies have transition _____ at puberty.

14. A clergyman friend of the family conducted the _____ .

15. Fortune-telling is a very much debased art surrounded by _____ .

16. He _____ away his family estate on a single throw of the dice.

17. Dr. Martin Luther King Jr. was an American _____ , peace activist, and leader in the
African-American civil rights movement.

보기   ① gambled   ② superstition   ③ clergyman   ④ rites   ⑤ funeral

[18~21] 다음 빈칸에 들어갈 적절한 어휘를 고르시오.

18. He thought if he _____ hard enough God might eventually listen.

19. In spite of the _____ of doom, her business proved very successful.

20. Salisbury sent him on a diplomatic _____ to North America

21. England shifted officially from a Catholic to a Protestant _____ in the 16th century.

보기   ① faith   ② prayed   ③ prophets   ④ mission

정답   1.⑥   2.⑫.   3.②   4.⑧   5.⑦   6.⑩   7.⑨   8.⑪   9.④   10.①   11.③.   12.⑤
13.④   14.⑤   15.②   16.①   17.③   18.②   19.③   20.④   21.①

Further Study

sect 종파, 교파

doctrine 교리

grace (신의) 은총, 은혜

bibliology 성서학

congregation 회중, (종교적)집회

mission 전도(하다)

minister 목사

clergy 성직자(집합적)

cathedral 대성당

meditation 묵상(종교적인)

monk 수도사, 승려

orthodox 정통파의, (종교상의)정설의

heathen 이교도

pagan 이교도

atheist 무신론자

Sabbath 안식일

christianity 기독교

Catholicism 가톨릭교

judaism 유대교

Buddhism 불교

animism 애니미즘, 물활론

Hinduism 힌두교

Islamism 이슬람교

thesis
[θíːsis]

ⓝ 학위 논문; 논제, 주장

연상 그는 시(詩)를 쓰는 시스터(sister;자매)(→씨:시스)에 대한 논문을 썼다.

예문 He wrote a doctoral **thesis** on set theory.
그는 집합론에 대한 박사학위 논문을 썼다.

---

semester
[siméstər]

ⓝ 학기

연상 국문과엔 시(詩)를 마스터(→시 메스터)해야 하는 학기가 있어.

예문 How much are your school fees for this **semester**?
이번 학기 등록금이 얼마인가?

---

academic
[ækədémi]

ⓐ 학문상의, 학구적인

연상 아카데미(→아카데믹) 상은 학구적인 영화인들이 받는다고 생각합니까?

예문 You know better than neglecting your **academic** work.
너는 학업을 소홀히 해서는 안된다.

파생 academy a. 전문학교; 예술원

---

laboratory
[lǽbərətɔ̀ri]

ⓝ 실험실; 연구소

연상 labor로(노동으로) 토리(→레버러토리)인형을 연구하는 곳이 실험실.

예문 Did you get the results back from the **laboratory** yet?
실험실에서 연구한 결과를 건졌니?

---

principal
[prínsəpəl]

ⓝ 교장; 장 ⓐ 주요한, 중요한

연상 프린스(prince;왕자)처럼 펄(→프린서펄)펄 힘이 남아도는 사람이 학교 교장 선생님이라네!(수업 없이 사무만 보니까)

예문 The **principal** of our school is quite a generous man.
우리 학교 교장선생님은 매우 관대한 분이다.

예문 The **principal** food of the people is rice.
그 사람들의 주식은 쌀이다.

파생 principally ad. 주로(chiefly)

---

gym
[ʤim]

n. 체육관(gymnasium); 체조(gymnastics)

연상 역기 같은 짐(→짐)을 지고 운동하는 곳이 체육관이다.

예문 We used to play basketball in the **gym**.
우리는 체육관에서 농구를 하곤 했다.

파생 gymnastic a. 체조의; 체육의

---

review
[rivjúː]

n. 복습; 재검토; 비평 **v.** 복습하다; 재검토하다; 비평하다.

연상 ① re(다시) + view(보다)(→리뷰:)= 배운 것을 다시 보는 것이 복습하는, 재검토하는 것이다.
② 나는 정부가 시골마을 리(里)를 view(보는)(→리뷰:) 태도를 비평한다.(시골 마을을 푸대접하고 있기 때문에)

예문 The writer **reviewed** his manuscript repeatedly.
그 작가는 반복해서 자기 원고를 재검토했다.

---

seminar
[sémənà]

n. 세미나; 연구집회

연상 연구집회인 세미나에선 서로 샘이 나서 (→세머나!)말을 더 많이 하려 한다는데?

예문 Many a scholar attended the **seminar**.
많은 학자들이 그 세미나에 참가했다.

---

experiment
[ikspérimənt]

n. 실험 **v.** 실험하다

연상 조선소에 근무하는 익서는 페리(ferry; 나룻배)를 먼 터(→익스페리먼트)로 끌고 나가서 실험했다.

예문 I believe that **experiment** on animals should be banned.
나는 동물 실험은 금지되어야 한다고 믿는다.

파생 experimental a. 실험의, 실험적인

---

grade
[greid]

n. 학년; 성적(mark); 등급 **v.** 등급을 매기다.

연상 ① 레이더 기지에 있는 그 레이더(radar)(→그레이드)엔 사정거리에 따른 등급이 있지.
② 학교 실험실에 있는 그 레이더(radar)(→그레이드)는 성적, 학년에 상관없이 만져볼 수 있다.

예문 Jane is in the sixth **grade**.
제인은 6학년이다.

---

lecture
[léktʃəːr]

n. 강의, 강연 **v.** 강의하다

연상 선생님은 손으로 자신의 렉(leg;다리) 쳐(→렉쳐) 가면서 강의한다. (졸고 있는 아이를 깨우려고)

예문 He **lectures** on chemistry in a college.
그는 대학에서 화학 강의를 한다.

파생 lecturer n. 강사, 강연자

register
[rédʒəstəːr]

v. 등록(기록)하다; 등기로 부치다.　**n.** 등록(기); 등록(부)

연상 그는 레저활동에 스타(→레저스터ː)로 등록했다.

예문 How many students have **registered** for English classes?
영어 강좌에 얼마나 많은 학생이 등록했나요?

파생 registration n. 등록, 기록

enroll
[enróul]

v. 등록하다; (인명 등을 명단에) 기록하다.(enlist)

연상 앤은 roll(로울) 케익(→엔로울)을 주문하려고 베이커리에 가서 이름을 등록했다.

예문 About 500 students were newly **enrolled** in the school.
약 500명의 학생이 새로 그 학교에 등록되었다.

파생 enrollment n. 등록; 기재; 임대; 입회

absence
[ǽbsəns]

n. 결석; 부재; 불참

연상 스마트 폰에서 앱을 다운받을 때 하는 선서, 앱 선서(→엡선스)는 부재, 없습니다.

예문 Nobody had noticed her **absence**.
그녀가 불참한 것을 아무도 알아채지 못했다.

파생 absent a. 결석한; 부재의

diploma
[diplóumə]

n. 졸업 증서, 졸업 증명서

연상 그녀석이 디쁠로(=D+ 학점으로) 로마(→디플로마) 대학에서 졸업증서를 받았다고?

예문 He received a **diploma** from Harvard in 1930.
그는 하버드 대학을 1930년에 졸업했다.

faculty
[fǽkəlti]

n. 학부, 학부 교수단; 능력, 재능(talent)

연상 패(거리)가 클 티(→패컬티)가 나는 학부 교수단이야. 학연, 파벌만 커져가는 대학 교수세계.

예문 He is currently on the **faculty** at the University of Maryland.
그는 지금 Maryland 대학 교수단 소속이다.

mop
[map / mɔp]

v. (자루걸레로) 닦다; (물·땀 등을) 닦다.　**n.** 자루걸레

연상 마포(삼배)(→맙)로 자루걸레를 만들어 마루를 닦자.

예문 He **mops** the floor every day.
그는 날마다 자루걸레로 바닥을 닦는다.

corridor
[kɔ́:ridə]

n. 복도, 회랑(回廊)

연상 복도는 대개 현관보다 골이 더(→코리더) 깊지?

예문 Room 101 is at the end of the **corridor**.
101호 방은 복도 끝에 있다.

dormitory
[dɔ́:rmətɔ̀:ri]

n. 기숙사; 교외 주택지

연상 학교 기숙사에서는 생선인 도미를 털이(→도미토리)해 가는 일이 가끔 있을 테지.

예문 There is no recreation service in the **dormitory**.
기숙사엔 오락 시설이 전혀 없다.

degree
[digrí:]

n. 등급; 정도; 학위

연상 형편없는 D급 글이(→ 디그리:) 높은 등급의 학위를 받았다니 믿어지지 않아.

예문 I agree with you to a certain **degree**.
어느 정도는 당신 의견에 동의한다.

예문 My son has the doctor's **degree** in biology from London University.
아들이 런던 대학에서 생물학 박사 학위를 취득했다.

blame
[bleim]

v. 책망하다, 비난하다; **n.** 비난

연상 불에 임(→블레임)을 밀어 넣으면 사람들이 비난할 것이다.

예문 I don't **blame** you for doing that.
그랬다고 해서 당신을 비난하는 것은 아니다.

파생 blameless a. 비난할 여지가 없는, 결백한

formula
[fɔ́:rmjələ]

n. 공식; (일정한)방식

연상 생활의 형식, 즉 form(폼)이 어려(→포:멀러) 있는 것이 바로 일정한 방식이고, 공식이야.

예문 This is the **formula** for finding the area of a circle
이것은 원의 면적을 계산하기 위한 공식이다.

파생 formulate v. 공식화하다.

sophomore
[sάfəmɔ̀:r / ̀ -sɔ-]

n. a. (고교, 대학의) 2학년생(의)

연상 ① 사(砂, 모래)를 퍼 모으듯이 more(더 많이)(→사퍼모:) 공부를 해야 하는 학년이
2학년생이다.
② 소포를 more(더 많이)(→소퍼모:) 받는 학생이 2학년이다. (아는 사람이 많이 생겨서)

예문 He is a **sophomore** at Yale.
그는 예일대학 2학년생이다.

cheat
[tʃiːt]

v. 기만하다, 속이다(deceive) **n.** 속임수, 사기

연상 ① 사람들은 남을 속이는 사람들을 보고 "치잇!"(→치잇)하며 비웃는다.
② 치타(→치잇)는 먹잇감을 잘 속인다.

예문 He **cheated** me into buying the watch.
그는 나를 속여 그 시계를 사게 했다.

construct
[kənstrʌ́kt]

v. 건축하다(build), 건설하다; 구성하다

연상 건설하는 곳엔 물을 나르는 큰 수(水) 트럭을 세워둘 터(→ 컨스트럭트)가 필요하다.

예문 You are to learn how to **construct** a logical argument.
너는 논리적인 주장을 구성하는 법을 배워야 한다.

파생 construction n. 건축, 건설

connect
[kənékt]

v. 연결하다; 관련시키다; 연결되다

연상 도로에서 큰 넥(neck; 잘록한 부분, 목 모양의 부분)을 터서(→ 컨넥트) 큰 도로에 연결한다.

예문 Downstairs toilets are **connected** directly to the drains.
아래층 화장실은 배수구와 바로 연결되어 있다.

파생 connection n. 연결, 접속; 관계

decrease
[díːkriːs]
[dikríːs]

v. 줄다, 감소하다; 감소시키다
n. 감소, 축소 **반** increase 증가. 증가하다

연상 요즘 뒷거리서 (→디크리스) 날뛰던 불량배 수가 줄었다.

예문 His influence slowly **decreased**.
그의 영향력은 서서히 줄었다.

analysis
[ənǽləsis]

n. 분석, 분석 결과

연상 그 집은 식구를 분석해 보니 어, 내리 시스터(자매)(→어낼러시스) 뿐이군.

예문 **Analysis** of the wine showed that it contained dangerous additives.
그 와인은 분석해 본 결과 유해 첨가물이 포함되어 있는 것으로 밝혀졌다.

파생 analyze v. 분석(분해)하다 analytic a. 분석적인

analogy
[ənǽlədʒi]

n. 유추; 유사

연상 타인과 내가 같다는 피아일체 사상으로 유추해 보면, 어! 내(가) 너지!(→어낼러지).

예문 The professor explained the phenomenon by **analogy**.
교수는 그 현상을 유추로 설명했다.

파생 analogous a. 유사한 analogize v. 유추하다

theory
[θíːəri]

ⓝ 이론; 학설

⟨연상⟩ 어떤 학문에서 씨와 얼(=정신)이(→씨어리) 되는 것이 이론이다.

⟨예문⟩ Your proposal is all right in **theory**.
당신의 제안은 이론상으로는 훌륭하다.

---

synthesis
[sínθəsis]

ⓝ 종합, 통합; 합성

⟨연상⟩ 신(申)씨와 서(徐)씨의 시스트(sister;누이)(→신써시스)들이 서로 통합해서 한 집에 살기로 했단다. (의형제를 맺어서)

⟨예문⟩ It is a **synthesis** of African and Latin rhythms.
그것은 아프리카 리듬과 라틴 리듬의 합성이다.

⟨파생⟩ synthetic a. 종합적인 n. 합성물

---

principle
[prínsəpəl]

ⓝ 원리, 원칙; 주의; 방침

⟨연상⟩ 프린스(prince;왕자)님이 풀(pool : 연못)(→프린서플)에 빠졌다면 건져 올리는 원리(원칙)가 있을 거야. (부력의 원리)

⟨예문⟩ He has studied the **principle** of economics.
그는 경제학 원리를 연구했다.

---

ethics
[éθiks]

ⓝ 윤리, 도덕; 윤리학

⟨연상⟩ 옛날 윤리는 적어도 아이 여섯 명, 즉 애 씩스(six)(→애씩스)를 가져야 한다고 생각했음.

⟨예문⟩ I don't care much for the **ethics** of her behavior.
나는 그녀의 행동 윤리가 싫다.

⟨파생⟩ ethical a. 윤리의, 도덕적인

---

dogma
[dɔ́(ː)gmə]

ⓝ 교리, 교의(doctrine), 신조(creed); 독단

⟨연상⟩ 나는 간식으로 핫도그만(→도그머) 먹는다는 신조를 정했으니 핫도그 사줘.

⟨예문⟩ The newspaper seeks to be independent of political **dogma**.
그 신문은 정치적 독단으로부터 벗어나기를 추구했다.

⟨파생⟩ dogmatic a. 교리의, 교리상의; 독단적인

---

rescue
[réskjuː]

ⓥ 구조하다, 구출하다 ⓝ 구원, 구출

⟨연상⟩ 익사자를 탄광에 갇힌 광부를 구조하기 위해서 구조 요원들은 탄광 내(에)서 큐(cue)(→레스큐ː)(시작을 알리는) 신호를 보냈다.

⟨예문⟩ He **rescued** a drowning child.
그는 물에 빠진 아이를 구출했다.

relief
[rilíːf]

n. 안심, (고통 등의) 경감; 구원, 구제

연상 구원 투수인 릴리프(→릴리:프)는 팬들을 안심시키고 팀을 위기에서 구원했다.

예문 They are in need of **relief**.
그들은 구호품이 필요하다.

파생 relieve v. (고통 따위를) 경감시키다; 구원하다

---

psychology
[saikάlədʒ]

n. 심리학, 심리

연상 심리학이 인간을 정상과 비정상의 두 부류로 사이 갈렸지.(→사이칼러지).

예문 The answers we give will reflect our own **psychology**.
우리가 제시하는 이 답은 인간 심리를 반영할 것이다.

파생 psychologist n. 심리학자 psychologic(al) a. 심리학(상)의,

---

wreck
[rek]

n. (배의) 난파 ; (차량의) 파손 **v.** 난파시키다; 파손하다

연상 렉카(→렉)는 파손된 차량을 끌고 가는 차다.

예문 The ship was **wrecked**.
그 배는 난파되었다.

---

logical
[lάdʒikə]

a. 논리적인 **반** illogical 비논리적인

연상 논리학은 범위가 라지(large 크고) 앞으로 더 클(→라지 컬) 학문이다.

예문 Some people think men tend to be more **logical** than women.
어떤 사람들은 남자가 여자보다 더 논리적인 경향이 있다고 생각한다.

파생 logic n. 논리(학)

---

enlighten
[inláitn]

v. 계몽하다, 교화하다

연상 ① en(=make + lighten(밝게 하다)(→인라이튼) = 밝게 하도록 만드는 것이 계몽하는 것이다.
② 인(人;인간)이 밝힌 라이튼(light는, 불은)(→인라이튼) 미개인을 계몽했다.

예문 He was a great man who **enlightened** our country.
그는 나라를 계몽시킨 위인이었다.

파생 enlightenment n. 계몽, 교화.

---

institute
[ínstətjùːt]

n. 협회(society); 연구소 **v.** 설립하다(set up)

연상 건물 In(안에) 스터디(study)하는 튜터(tutor;강사)(→인스터튜트)가 있는 곳이 협회이거나 연구소이다.

예문 He is a key figure in the **Institute** of Mathematics.
그는 수학 연구소의 핵심 인사다.

파생 institution n. 학회, 협회; 설립

technique
[tekníːk]

n. (과학·학문 등의) 전문 기술; 전문적인 방법

연상 그 공을 다루는 테크닉(→테크니익)이 공을 다루는 전문기술이다.

예문 The students are struggling to master the new technique.
학생들은 새로운 기술을 숙달하기 위해서 노력하고 있다.

파생 technical a. 전문 기술의 technician n. 기술자

specialist
[spéʃəlist]

n. 전문가(expert)

연상 어떤 일을 하는 special(특별한) -ist(사람)(→스페셜리스트)이 그 일의 전문가다.

예문 My elder brother is a specialist in diseases of the heart.
내 형은 심장병 전문의다.

linguistic
[liŋgwístik]

a. 말의, 언어의; 언어학(상)의

연상 그는 링(ring;귀걸이)을 귀에 달고 스틱(stick;막대기)(→링귀스틱)까지 꽂아 언어의 청각능력을 실험했다.

예문 I'm interested in the linguistic development of young children.
나는 어린 아이들의 언어 발달에 관심이 많다.

파생 linguistics n. 언어학 linguist n. 언어학자

harm
[hɑːrm]

n. (정신적·물질적인) 해(害), 손상(damage) **v.** 해치다

연상 남을 모함(→하암)하는 것이 남에게 해를 끼치는 것이다.

예문 There is no harm in doing so.
그렇게 해도 해는 없다.

파생 harmful a. 해로운

license
[láisəns]

n. 면허(증), 허가 **v.** 면허를 주다

연상 나이가 들면 생기는 센스(→라이선스)가 바로 인생 면허증이야.

예문 Show me your driver's license, please.
운전면허증을 보여주세요.

category
[kǽtəgɔ̀ːri]

n. 범주; 종류; 구분

연상 cat(고양이)에게 고리(→캐터고리)를 다는 것은 고양이의 종류, 범주를 표시하기 위해서다.

예문 This unique virus is in a special category.
이 특이한 바이러스는 특별한 범주에 들어간다.

파생 categorize v. 분류하다

sophisticated
[səfístəkèitid]

ⓐ 교양 있는, 세련된; (시술 등이) 정교한,

연상 궤변론자 소피스트 보다는 내 친구 케이트가 더(→서피스터케이티드) 교양 있고, 세련되어 보이더라.

예문 The movie is a **sophisticated**, gorgeous screen tragedy.
그 영화는 정교하고 훌륭한 은막의 비극이다.

파생 sophistication n. 교양, 지성; 정교함

population
[pàpjəléiʃən]

ⓝ 인구, 주민수

연상 파퓰러 뮤직(popular music, 대중음악)에 A(급 노래로의) 선택은(→파퓰레이션) 그 노래를 좋아하는 인구에 의해서 결정된다. (좋아하는 인구가 많으면 A급 노래로 뜬다)

예문 The town has a **population** of 20,000.
그 도시의 인구가 2만 명이다.

contest
[kántest / kón-]

ⓝ 경연, 콘테스트 **ⓥ** 겨루다.

연상 콘테스트(→칸테스트)에서는 서로 경쟁을 통해 힘을 겨루다.

예문 Our city won the number two award in this year's **contest**.
우리 시가 올해 경쟁 부문에서 2위로 입상했다.

파생 contestant n. 경쟁자

discipline
[dísəplin]

ⓝ 훈련, 단련(training); 규율 **ⓥ** 훈련하다

연상 편안함 뒤에서 풀린(→디서플린) 마음을 바로 잡아 주는 것이 바로 훈련이나 규율이지.

예문 **Discipline** is necessary for young people.
젊은이들에게 단련이 필요하다.

insight
[ínsàit]

ⓝ 통찰(력), 간파

연상 사물의 in(안)을 꿰뚫어 보는 sight(시각)(→인사이트)이 통찰력이다.

예문 Our teacher is a man of great **insight**.
우리 선생님은 통찰력이 뛰어난 분이다.

adolescence
[ædəlésəns]

ⓝ 청춘기, 사춘기; 청년다움

연상 애들이 레슨서(lesson에서) (→애덜레선스) 시간 보내는 때가 바로 청춘기다.

예문 There was a lot of unhappiness in his **adolescence**.
그의 청년기에는 불행한 일들이 많았다.

파생 adolescent a. 청춘기의; 청소년의 n. 청소년

personality
[pə̀:rsənǽləti]

n. 인격; 개성; 성격; 인물

연상 퍼스널(personal) 컴퓨터도 이티(E.T.)(→퍼서낼리티)도 다 인격과 개성이 있다.

예문 His **personality** type is known as an introvert.
그의 성격은 내성적인 것으로 알려져 있다

파생 personal a. 개인의(individual), 일신상의

headmaster
[hédmǽstər, -má:s]

n. 교장

연상 학교에서 head(머리) 자리에 있는 master(주인, 장)(→헤드마스트)가 바로 교장이다.

예문 The **headmaster** praised me for my work.
교장선생님은 나의 작품을 칭찬해 주었다.

UNIT 17 TEST

[1~12] 보기에서 영어에 해당되는 우리말을 찾아 쓰시오.

1. laboratory _____   2. experiment _____

3. thesis _____   4. linguistic _____

5. specimen _____   6. lecture _____

7. register _____   8. diploma _____

9. faculty _____   10. semester _____

11. illiterate _____   12. sophisticated _____

보기 ① 언어의 ② 학부 교수단 ③ 실험실 ④ 학위 논문 ⑤ 학기 ⑥ 실험하다
⑦ 강의 ⑧ 표본 ⑨ 문맹의 ⑩ 교양 있는 ⑪ 졸업 증서 ⑫ 등록하다

[13~17] 다음 빈칸에 들어갈 적절한 어휘를 고르시오.

13. A thesis is an idea or theory that is expressed as a statement and is discussed in a _____ way.

14. H2SO4 is the molecular _____ of sulphuric acid.

15. These people lack all understanding of scientific _____ .

16. These appliances should not be _____ to power supplies.

17. The agreement _____ the last serious obstacle to the signing of the arms treaty.

보기 ① principles ② logical ③ removes ④ connected ⑤ formula

[18~21] 다음 빈칸에 들어갈 적절한 어휘를 고르시오.

18. We did an _____ of the way that government money has been spent in the past.

19. The unfolding energy crisis is very much a global _____ .

20. There seems to be a general _____ that nothing can be done about the problem.

21. Some people become very self-conscious in _____ .

보기 ① notion ② phenomenon ③ adolescence ④ analysis

정답 1.③ 2.⑥ 3.④ 4.① 5.⑧ 6.⑦ 7.⑫ 8.⑪ 9.② 10.⑤ 11.⑨ 12.⑩
13.② 14.⑤ 15.① 16.④ 17.③ 18.④ 19.② 20.① 21.③

Further Study

credit 학점

fee (수수료, 수업료 이외의) 납부금

tuition 수업료

apply 지원하다

lecture hall 강당

institute 연구소

prestige school 명문학교

attendance 출석

required 필수의

elective 선택의

tutor 개별지도 교수

curriculum 교과과정

course (학교의)교육과정, 강좌

compulsory 필수의, 의무적인

essay 소논문

report card 통지표

major requirements 전공 필수

graduate school 대학원

undergraduate school (대학) 학부

community college = junior college

전문대학

compulsory education 의무교육

a tower of ivory = an ivory tower

상아탑

SAT(Scholastic Aptitude Test)

미국의 대학수학능력시험

scholarship 장학금(student grant)

bachelor's degree 학사학위

master's degree 석사학위

doctor's degree 박사학위(doctorate)

honor student 우등생

graduate with honors 우등으로 졸업하다

a transfer (student) 전학생

major 전공

minor 부전공

Further Study

go abroad to study 유학가다

a student studying abroad 유학생

coed 남녀 공학의 여학생

grade point average 평균학점

assignment 과제, 숙제

student body 학생회

makeup exam 보충 시험, 재시험

illiteracy 문맹률

business office 업무과

department 학과

genetics 유전학

linguistics 언어학

rhetoric 수사학

freshman 1학년

division 부, 분과

junior 3학년

senior 4학년

drop-out 중퇴자

stop-out 휴학생

dean 학장, 교장

tutor 강사

instructor 전임강사

an alumni association 동창회

undergraduate 학부생

a commencement ceremony

학위 수여식

school tuition 학비

curriculum 교과과정

letter grades 학점

Grade Point Average 평점(GPA)

MBA

경영학 석사(Master of Business Administration)

prom 대학 내 무도회

dry run 모의고사

Further Study

decent grade 좋은 성적

academic probation 유급

academic suspension 정학

fail course 낙제과목

prerequisite Courses 필수과목

schedule of classes 수업 시간표

bulletin board(=notice board) 게시판

reference 추천서

application 응시

burn the midnight oil 늦게까지 공부하다

play hooky 땡땡이치다

crack a book 수업을 시작하다

hit a book 정독하다

locker 사물함

staff room 교무실

librarian 사서

periodical 정기간행물

journal 간행물

serial 연재물

check out 도서 대출

shelf 서가

stacks 책의 진열대, 서고

fine 도서반납연체료

due date 도서반납일자

abstract 요약

excerpt 발췌

reference book 참고도서

session (구분 없이) 학기

degree requirement 졸업 요건

finals(=final exams) 기말고사

admission 입학

Further Study

extra-curricular activities

특별 교과외 활동

catalogue 요강

nursery school 유아원

kindergarten 유치원

attendance 출석

academic standing 학업성적

ace 일등(하다)

transcript 성적 증명서

matriculate 대학 입학을 허가하다

academic advisor 지도 교수

grade on a curve 상대 평가

straight scale 절대 평가

monograph 특수 연구서, 전공 논문

flunk 낙제하다

make-up course 보충 강의

postgraduate 대학원의; 대학원 학생

chemistry 화학

botany 식물학

archaeology 고고학

physiology 생리학

alchemy 연금술

anthropology 인류학

astronomy 천문학

sociology 사회학

literature 문학

biology 생물학

medicine 의학

engineering 공학

psychiatry 정신의학

biology 생물학

geology 지질학

geography 지리학

economics 경제학

spine
[spain]

n. 척추(backbone), 등뼈; 가시(thorn)

연상 그 스파인(spy는)(→스파인) 등뼈가 굽었고, 몸에 가시를 숨겨 다녔다. (무기로 쓸 독가시)

예문 She needs an operation to correct curvature of the **spine**.
척추 굴곡 교정 수술을 받아야 한다.

파생 spineless a. 등뼈[가시]가 없는

---

muscle
[mʌsəl]

n. 근육, 완력

연상 육체미 선수들은 근육으로 멋을(→머슬) 낸다.

예문 We must exercise the body's **muscles**.
우리는 인체 근육의 운동을 해야 한다.

파생 muscular a. 근육의, 근육이 발달한

---

bare
[bɛər]

a. 벌거벗은; 가까스로의

연상 벌거벗은 몸은 칼이나 유리에 곧잘 베어(→베어)요.

예문 I saw him running with **bare** feet.
나는 그가 맨발로 달리는 것을 보았다.

파생 barefoot a. 맨발의 ad. 맨발로

---

naked
[néikid]

a. 나체의, 벌거벗은(bare); 노출된

연상 벌거벗은 몸으로 있으면 내의가(속옷이) 키득(→네이키드)거리지요!(속옷이 비웃는다)

예문 She had been left **naked** and alone.
그녀는 벌거벗은 채 홀로 남겨졌다.

---

throat
[θrout]

n. 목구멍, 목

연상 목구멍과 목이 서로 웃터에(→쓰로웃) 있다고 우기고 있네. <우화>

예문 He cleared his **throat**, then began to speak.
그는 헛기침을 하고 말하기 시작했다.

chest
[tʃest]

n. 가슴; 상자

연상 서양장기인 체스(chess)를 넣어 두는 터는(→체스트) 가슴 모양의 상자라고 생각하세요.

예문 She clutched her baby tightly to her **chest**.
그녀는 자신의 아이를 가슴에 부둥켜안았다.

belly
[béli]

n. 배, 복부, 위

연상 벨리(→벨리)댄스는 배, 복부를 흔드는 춤이다.

예문 He fell asleep with a full **belly** and a happy heart.
그는 배를 채우고 행복한 마음으로 잠이 들었다.

shoulder
[ʃóuldəːr]

n. 어깨 **v.** 짊어지다

연상 여성용 어깨걸이, 즉 숄이 더(→쇼올더) 필요한 곳은 당연히 어깨지.

예문 The woman is looking over his **shoulder**.
여자가 그의 어깨 너머로 보았다.

trim
[trim]

v. (손톱, 잔디 등을)깎아 다듬다, 깎다. **n.** 정돈; 준비; 깎기

연상 식사 후의 트림(→트림)은 손톱이나 잔디를 깎아 다듬듯 뱃속을 정돈하는 일이 아닐까요?

예문 My elder sister **trims** her nails.
누나가 손톱을 깎는다.

cheek
[tʃiːk]

n. 뺨, 볼

연상 ① 더운 지방의 사람들은 보통 뺨이 칙칙(→치익)한 색이다. 햇볕을 많이 받아서.
② 그는 햇볕에 나갈 때 선크림을 뺨에 치-익 치-익(→치익)뿌렸다. (뿌리는 크림)

예문 She has rosy **cheeks**.
그녀의 볼은 장밋빛이다.

예문 What **cheek**!
이런 철면피 같으니!

knee
[niː]

n. 무릎

연상 니(→니;) 무릎을 꿇어라! (왕들이 했던 말)

예문 He is on his **knees**.
그는 무릎을 꿇고 있다.

ankle
[ǽŋkl]

n. 발목, 발목 관절

연상 선원들이 앵클(앵커를; 닻을)(→앵클) 올리다 발목을 자주 다친다.

예문 She sprained her **ankle**.
그녀가 발목을 삐었다.

beard
[biərd]

n. 턱수염

연상 ① 턱수염은 비어도(베어도 사투리)(→비어드) 자꾸 자란다.
② 턱수염 많은 사람은 소주보다 비어(beer맥주)를 더(→비어드) 잘 마실까?

예문 John no longer wears a **beard**.
존은 더 이상 턱수염을 기르지 않는다.

bald
[bɔ:ld]

a. 머리털이 없는, 대머리의

연상 대머리의 사람은 머리털이 없어서 축구할 때 머리에서 볼(ball)이 더(→보올드) 잘 굴러 떨어질 것 같다.

예문 My father started going **bald** in his fifties.
아버지는 50대 때 머리가 벗겨지기 시작했다.

corpse
[kɔ:rps]

n. 시체; 송장

연상 아프리카에는 배가 고퍼서(→코:프스) 죽은 시체가 많다.

예문 There are many victims' **corpses** in the field.
들에는 희생자들의 시체가 많았다.

ugly
[ʌ́gli]

a. 추한; 험악한

연상 '어글리 코리안(추한 한국인)'이란 책이 있는데 내 생각엔 그 책의 "어(語), 글이(말과 글이)"(→어글리)이 추한 것 같아.

예문 The accident left an **ugly** scar on his face.
사고로 그의 얼굴에 있는 흉한 상처 자국이 남았다.

skull
[skʌl]

n. 두개골; 머리

연상 동물은 태어나서 쓱-쓱 클(→스컬) 때 두개골이 먼저 커져요.

예문 His wife was later treated for a fractured **skull**.
그의 아내가 두 개골 골절로 늦게 치료를 받았다.

lung
[lʌŋ]

n. 폐, 허파

연상 낭랑한(→랑) 목소리는 허파의 호흡을 잘 조절해야 나올 거야.

예문 Parks are the **lungs** of a city.
공원은 도시의 허파다.

oral
[ɔ́:rəl]

a. 구두의, 구술의; 입의

연상 입의 용도는 옳을(→오·럴) 때만 사용하라는 거야. (말이 옳을 때, 음식이 나쁜 것이 아니고 옳을 때)

예문 An **oral** agreement is not enough.
구두 합의로는 충분치 않다.

파생 orally   ad. 구두로

sweat
[swet]

n. 땀   **v.** 땀을 흘리다

연상 스웨터(sweater)(→스웨트)를 입으면 땀이 나지.

예문 A good **sweat** sometimes cures a cold.
땀을 많이 흘리면 감기가 낫는 수가 있다.

파생 sweaty   a. 땀투성이의

breath
[breθ]

n. 호흡, 숨

연상 연기 나는 불속에서, 즉 불에서(→브레쓰) 호흡이 어렵다.

예문 The actress drew her last **breath** last night.
그 여배우는 어젯밤 마지막 숨을 거두었다.

파생 breathe   v. 숨쉬다   breathless   a. 숨찬, 숨 막히는

vocal
[vóukəl]

a. 목소리의, 음성의

연상 보컬(→보우컬)그룹은 목소리의 화음이 중요하다.

예문 As a singer, he is now at the height of his **vocal** powers.
가수로서 그는 지금 목소리의 힘이 최고조에 달해 있다.

파생 vocalization   n. 발성(법)

fit
[fit]

a. 건강한; 알맞은   **n.** (병의)발작; 적합   **v.** ~에 적합하다

연상 피트니스 센터(→피트)에서 적합하게 운동을 해야 건강한 몸이 된다.

예문 This movie is not **fit** for children.
이 영화는 아이들에게 적합하지 않다.

파생 fitness   n. 건강함; 적당함   fitting   a. 적당한   v. 가봉, 입어 보기

fur
[fəːr]

n. 털, 모피　**n.** 모피 제품　**a.** 모피의

연상 퍼렇게(→퍼:) 살아 있는 동물을 죽여서 모피 옷을 만드는 거야. 저 여자의 퍼런 옷은 모피야!

예문 Every woman does not love **fur** coat.
모든 여자들이 다 모피 코트를 좋아하는 것은 아니다.

---

laundry
[lɔ́ːndri, láːn-]

n. 세탁물; 세탁소(실)

연상 ① 난(나는) **dry**(드라이클리닝, 세탁)(→난드리)하는 세탁물이 많아.
② 세탁소에 난들이(→난드리) 많은 이유는 난이 베젠 냄세를 제거해 주기 때문이야.

예문 The hotel offers a free **laundry** service.
그 호텔에서는 무료 세탁 서비스를 제공한다.

파생 launder v. 세탁하다　laundromat n. 셀프 서비스 세탁소

---

sleeve
[sliːv]

n. (옷의) 소매　**v.** 소매를 달다

연상 ① 보통 여성 속옷 슬립(slip)(→슬리입)은 소매가 없다.
② 옷에서 슬(쩍) 입(→슬리입)을 벌리고 있는 부분이 소매다.

예문 He rolled up his **sleeves** and got down to work.
그는 소매를 걷어 올리고 일을 시작했다.

파생 sleeveless a. 소매 없는

---

thread
[θred]

n. 실　**v.** 실을 꿰다

연상 옛날엔 글로 쓸 것과 **read**(읽은)(→쓰레드) 것을 모두 실로 매어 놓았다. (파일이 없었기 때문에 실로 철해 두었다)

예문 She is trying to **thread** a needle with one eye closed.
그녀는 한쪽 눈을 감은 채로 바늘에 실을 꿰려고 노력하고 있다.

---

textile
[tékstail/-til]

n. 직물, 옷감　**a.** 직물의, 직물로 짠

연상 택(턱)의 스타일(→텍스타일)에 따라서 직물, 옷감을 골라야 얼굴을 살리지.

예문 What trends are being noticed in the **textile** industry?
섬유 산업에서 어떤 경향을 파악할 수 있는가?

---

vest
[vest]

n. 조끼, 구명동의

연상 구명조끼는 여름철의 베스트(best)(→베스트) 상품입니다.

예문 I've sweated through my shirt and my **vest**.
내 셔츠와 조끼까지 땀에 젖었다.

wig
[wig]

n. 가발   **v.** 가발을 씌우다

연상 머리 위에 그(→위그) 것이 가발이다.

예문 She wore a blonde **wig** to look younger.
그녀는 젊게 보이려고 금발의 가발을 썼다.

ragged
[rǽgid]

a. 누더기를 걸친; 누더기의

연상 너 옷보다 내꺼 더(내 것이 더)(→래기드) 누더기의 옷이구나.

예문 He couldn't help wearing the **ragged** clothes.
그는 누더기 옷을 입지 않을 수 없었다.

파생 rag n. 넝마 조각, 헝겊 조각

leather
[léðə:r]

n. 가죽 제품; 무두질한 가죽   **a.** 가죽으로 만든   **v.** 가죽을 대다

연상 가죽은 레드(red;빨간)(→레더) 색이 많다.

예문 He bought a **leather** jacket.
그는 가죽 재킷을 하나 샀다.

UNIT 18 TEST

[1~12] 보기에서 영어에 해당되는 우리말을 찾아 쓰시오.

1. belly _____   2. trim _____

3. lung _____   4. ankle _____

5. naked _____   6. corpse _____

7. wig _____   8. ragged _____

9. spine _____   10. leather _____

11. stout _____   12. laundry _____

보기 ① 가발 ② 벌거벗은 ③ 척추 ④ 뚱뚱한 ⑤ 복부 ⑥ 발목 ⑦ 세탁물
       ⑧ 깎아 다듬다 ⑨ 허파 ⑩ 시체 ⑪ 누더기를 걸친 ⑫ 가죽 제품

[13~17] 다음 빈칸에 들어갈 적절한 어휘를 고르시오.

13. She rolled up her _____ and got down to work.

14. He has had to _____ the responsibility of his father's mistakes.

15. He keeps his cards pretty close to his _____ . I don't know whether he plans to buy the

    house or not.

16. Wash the mushrooms clean and _____ them on a string.

17. The lawyer stood up, cleared his _____ and began to address the jury.

보기 ① thread ② chest ③ sleeves ④ shoulder ⑤ throat

[18~21] 다음 빈칸에 들어갈 적절한 어휘를 고르시오.

18. Jonson used his _____ to persuade Congress to change the law.

19. The country was being brought to its _____ by the loss of 2.4 million manufacturing

    jobs.

20. The man's _____ head was beaded with sweat.

21. You should encourage good _____ hygiene for your child.

보기 ① oral ② muscle ③ knees ④ bald

Further Study

outfit 한 벌의 옷

snug (옷이)몸에 딱 맞는

fad 일시적 유행

obsolete 구식의

perfume 향수

coordinate 조화시키다

undress 옷을 벗기다

old-fashioned 구식의

fashionable 유행의

put on 입다, 신다

take off 벗다

try on 입어보다

dress 옷을 입다

tailor 재봉사

clothe 옷을 입히다

shabby 초라한

casual 평상복의

up-to-date 최신의

out-of-date 구식의

dress shirts 와이셔츠

go with ~와 어울리다

become 어울리다

match 어울리다

Sunday best 나들이 옷

slack 느슨한

loose 느슨한

tidy 단정한

costume 복장,(특수)복장

pleat (치마의)주름

necklace 목걸이

bracelet 팔찌

earrings 귀걸이

Further Study

jewelry 보석류

wallet (남자)지갑

purse (여성용)지갑

hairdresser 미용사

make up 화장

intestines 창자

blood vessels 혈관

bald head 대머리

mustache 콧수염

whisker 구레나룻

chin 아래턱

eyelash 속눈썹

eyelid 눈꺼풀

jaw 턱

wrist 손목

palm 손바닥

thumb 엄지손가락

toenail 발톱

elbow 팔꿈치

calf 장딴지

abdomen 배, 복부

rib 갈비뼈

skeleton 골격, 해골

urine 오줌

excrement 대변

nervous system 신경계통

grasp 숨을 헐떡이다

yawn 하품하다

military
[mílitèri / təri]

ⓐ 군대의, 군용의, 육군의 **ⓝ** (총칭) 군대

연상 적의 영토를 몇 미리미터 단위까지도 털이(→밀리터리)하는 것이 군대의 임무다.

예문 The country maintains a strong **military** purely for defence.
그 나라는 순수하게 방어의 목적으로 강한 군대를 유지하고 있다.

파생 militia n. 민병, 의용군

soldier
[sóuldʒə:r]

ⓝ 군인, 병사

연상 ① 서울을 등에 져(→소울저)서(지고) 방어하는 군인들.
② 국토를 쇼울더(shoulder, 어깨)((→소울저)에 메고 있는 군인들.

예문 He was deeply affected by the death of one of his fellow **soldiers**.
그는 동료 병사 한 사람이 죽자 깊은 충격을 받았다.

battle
[bǽtl]

ⓝ 전투, 싸움 **ⓥ** 싸우다

연상 ① '카카오 배틀 그라운드'(→배틀)는 전투 게임이지요.
② 옛날엔 배틀(bat를, 방망이를)(→배틀) 가지고 전투를 했다.

예문 Napoleon was defeated at the **Battle** of Waterloo.
나폴레옹은 워터루 전투에서 패배했다.

bullet
[búlit]

ⓝ 총알 , 총탄

연상 총 부리(→부릿)에서 튀어나오는 것이 총알이다.

예문 The second **bullet** hit her in the back.
두 번째 총알이 그녀의 등에 맞았다.

bomb
[bɑm]

ⓝ 폭탄 **ⓥ** 폭격하다

연상 먹는 밤(→밤) 모양으로 생긴 폭탄. (날아갈 때 바람의 저항을 피하려고)

예문 Enemy planes dropped **bombs** on the airport
적의 비행기가 비행장에 폭탄을 투하했다.

bombard
[bɑmbάːrd]

v. 포격[폭격]하다; (비유)공격하다

연상 전투기가 적진영의 밤 바다(→밤바ː드)를 폭격하다.

예문 They **bombarded** southern Lebanon for seven days and nights.
그들은 남부 레바논에 칠일동안 주야로 공격을 퍼부었다.

defense
[diféns]

n. 방어; 방어물; 변호

연상 집 뒤 펜스(fence;울타리)는 도둑으로부터 집을 방어해 준다.

예문 Many soldiers died in **defense** of their country.
많은 군인들이 그들의 나라를 방어하다 죽었다.

파생 defensive a. 방어용의, 수비의 defendant n. 피고
defend v. 방어하다; (피고를) 변호하다

attack
[ətǽk]

v. 공격하다; (병이) 침범하다 **n.** 공격; 발병

연상 저 권투 선수가 어, 택(턱)(→어택)을 공격하네! (턱이 급소니까)

예문 **Attack** is the best form of defense.
공격은 최선의 방어다

submarine
[sʌ́bmərìːn]

n. 잠수함 **a.** 해저의

연상 ① sub(아래) + marine(바다의)(섭머리인) = 바다 밑에 있는 것이 잠수함이다.
② 섭 나무 머린(머리는)(→섭머리인) 해저의, 잠수함처럼 생겼네.

예문 He served in a nuclear **submarine** for one year.
그는 핵잠수함에서 1년간 복무했다.

disarm
[disάːrm]

v. ~의 무장을 해제하다, 군비를 축소하다

연상 dis(=not) + arm(무기)(→디사암) → 무장을 해제하다

예문 The police **disarmed** the gangsters.
경찰은 폭력배들의 무장을 해제했다.

파생 disarmament n. 무장 해제, 군비 축소

fleet
[fliːt]

n. 함대, (비행기 전차 등의) 대(隊) **v.** 쏜살같이 지나가다.

연상 함대가 깃발을 푸릿푸릿(→플리잇) 날리며 쏜살같이 지나가네.

예문 That did the damage to the British maritime **fleet**.
그것은 영국 해군의 함대에 피해를 입혔다.

spear
[spiə:r]

n. 창, 투창 **v.** 창으로 찌르다

연상 영국의 대문호 셰익스피어(shake+spear)(→스피어)는 펜을 창처럼 막강하게 사용했던 사람이래요.

예문 He learned how to **spear** salmon.
그는 작살로 연어를 잡는 법을 배웠다.

triumph
[tráiəmf]

v. 승리를 거두다 **n.** 승리

연상 ① 일본의 속옷 브랜드 트라이엄프는 그 옷을 입으면 승리한다고 선전한다.
② 그는 싸울 때 트라이앵글로 엄포(→트라이엄프)를 놓아서 승리했다.

예문 We will **triumph** in battle .
전투에서 우리가 승리할 것이다.

파생 triumphant a. 승리를 거둔, 의기양양한

strategy
[strǽtidʒi]

n. 전략, 전술

연상 수영복 입는 전략을 잘 세워야 물에 세워 놓은 놀이 틀(시설). 즉 수(水)틀에(서) 튀지(→스트레티지)! (돋보이지)

예문 At this point, waiting is a good **strategy**.
이 시점에서는 기다리는 것이 좋은 전략이다.

파생 strategic(al) a. 전략상의, 전략적인

maneuver
[mənú:vər]

n. 기동 작전(연습) **v.** 기동 연습하다

연상 그 군함이 뭐, 누워서(→머누:버) 기동 작전을 한다고?(군함이 바다에 떠 있는 모습이 누워있는 것 같으니까)

예문 Every year the army and navy hold **maneuver** for practice.
매년 육군과 해군은 기동 작전 훈련을 한다.

morale
[mouræl]

n. (군대의) 사기, 의기

연상 적의 총격을 막기 위해 모랠(모래를)(→모우랠) 자루에 넣어서 진지를 쌓으면 군인들의 사기가 높아진다.

예문 Mail from home is a great **morale** booster for our soldiers.
고향에서 온 우편물은 병사들에게 대단히 사기를 높이는 것이다.

raid
[reid]

n. (불의의) 습격, 급습 **v.** 급습하다, 습격하다

연상 레이더(radar;전파탐지기)(→레이드)는 적의 습격(raid)을 막기 위해 있다.

예문 More than 50 soldiers were injured in the **raid**.
50명이 넘는 군인들이 습격으로 부상당했다.

shield
[ʃiːld]

n. 방패, 방어물　**v.** 보호하다

연상 적의 침입이 많았던 옛날엔 쉬(쉽게) 일을 더(→쉬일드) 할 수 있게 마을에 방어물을 쌓았다.

예문 The car had acted as a **shield**, protecting him from the blast.
그 차가 방어물의 역할을 해서 폭발로부터 그를 보호해 주었다.

---

surrender
[səréndər]

v. 항복하다, 넘겨주다, 양도하다　**n.** 항복, 양도

연상 아메리카 인디언들은 미국과의 전쟁에서 항복하고 미국의 서쪽지방. 즉 서랜드(land)(→서랜더)를 넘겨주었지.

예문 He **surrendered** voluntarily to his enemies.
그는 자발적으로 그의 적에게 항복했다.

---

martial
[máːrʃəl]

a. 호전적인, 군대의, 전쟁의

연상 인디언과의 전쟁에서 마샬(→마:셜) 장군이 호전적이면서도 용감한 군대의 모습을 보여주었어.

예문 He was convicted at a court **martial**.
그는 군법회의에서 유죄 선고를 받았다.

---

moral
[mɔ́(ː)rəl]

a. 도덕의, 도덕적인　**n.** 도덕, 교훈　**반** immoral 부도덕한

연상 모를(→모럴) 때 비난받는 것이 도덕적인 행동이야.

예문 **moral** sense 도덕심　live a **moral** life 도덕적인 삶을 살다.

---

truce
[truːs]

n. 휴전, 정전, 휴전 협정

연상 ① 한국 전쟁의 트루쓰(truth;진실)는 종전이 아니라 휴전(→트루:스)이다.
② 트루먼(대통령) 스스로(→트루:스) 휴전을 원했다.

예문 The two countries called a **truce** to avoid further bloodshed.
두 나라는 더 이상의 유혈 사태를 피하기 위해 휴전을 선포했다.

---

retreat
[ritríːt]

n. 퇴각, 퇴거, 은퇴　**v.** 물러나다

연상 ① 도시 사람들은 시골마을 리(里)를 treat(취급)(→리트리:트)한다. 퇴각, 은퇴하는 곳으로!
② 사람들은 불볕더위가 오면 시골마을 리(里) 트리(tree) 터(나무가 있는 곳)(→리트리:트)로 물러난다.

예문 The troops **retreated** from the front.
그 부대는 최전방에서 후퇴했다.

fort
[fɔːrt]

n. 요새, 성채, 보루

연상 포(砲)를 설치해 놓은 터(→포ː트)가 요새다.

예문 The remains of the ancient English **fort** are well preserved.
고대 영국의 요새 유적이 잘 보존되어 있다.

파생 fortify v. 강화하다 요새화하다

siege
[siːdʒ]

n. 포위, 포위공격 **v.** 포위하다

연상 전쟁 중에 상대 국가를 공격할 때 포위하는 것을 그 나라의 중심 도시, 즉 시(市)지(→시ː지).

예문 An angry mob laid **siege** to City Hall.
성난 군중들이 시청을 포위했다.

warrior
[wɔ́(ː)riəːr]

n. 전사, 군인

연상 옛날에 war(전쟁)용 리어카(→워ː리어)를 끌고 가는 사람들이 군인, 전사들이었다. (무기를 실은 리어카)

예문 A **warrior** is a soldier, usually one who has both experience and skill.
전사는 대개 경험과 노련함을 갖춘 군인이다.

mine
[main]

n. 지뢰; 광산; 보고(寶庫) **v.** 채굴하다

연상 테러분자들은 지뢰를 서로 mine(나의 것)(→마인) 이라 하고 광부들은 광산을 보고 서로 mine(나의 것)이라 한다.

예문 Charging a **mine** is very dangerous work.
지뢰를 장전하는 것은 매우 위험한 일이다.

예문 a coal mine 탄광

파생 miner n. 광부

ally
[əlái]

v. 동맹하다, 결연하다 **n.** 동맹자, 동맹국

연상 싸울 때 동맹하는 것은 주로 힘없는 얼라이(→얼라이)더라!(얼라- 아이의 방언)

예문 Germany was a good **ally** of Japan.
독일은 일본의 친한 동맹국이었다.

파생 alliance n. 동맹(국) allied a. 동맹한, 연합한

border
[bɔ́ːrdər]

n. 가장자리, 경제; 경계선, 국경선

v. 가장자리를 두르다; 경계선을 이루다

연상 국경선엔 두 나라가 마주 보더(→보ː더라).

예문 Ethiopia shares its longest **border** with Somalia.
에티오피아는 가장 긴 국경을 소말리아와 접하고 있다.

ambassador
[æmbǽsədər]

n. 대사, 사절

연상 앰배서더(→앰배서더) 호텔은 외국 대사들을 위한 호텔일까?

예문 She is the American **ambassador** to Korea.
그녀는 주한 미국 대사다.

retaliate
[ritǽlièit]

v. 보복하다, 앙갚음하다

연상 그가 고향 시골마을 리(里)에 가서 (보란 듯이) 이태리 음식을 ate(먹은)(→리탤리에잇) 것은 그 마을에서 가난했던 때를 보복하는 것이었다.

예문 We will **retaliate** against an attack.
우리는 공격에 대해 보복할 것이다.

파생 retaliation n. 보복

deport
[dipɔ́ːrt]

v. (외국인을) 국외로 퇴거시키다, 추방하다

연상 불법 입국자를 국외로 추방할 때는 시설이 나쁜 D급 port(항구)(→디포ː트)를 이용한다.(비용이 적게 들기 때문에)

예문 They **deported** the criminals from their country.
그들은 범죄자를 국외로 추방했다.

warfare
[wɔ́ːrfɛ̀ər]

n. 전투(행위), 교전(상태); 전쟁(war)

연상 war(전쟁)으로 페허(→워ː페어)가 되게 하는 것이 전투 행위, 전쟁이다

예문 The two countries are engaged in **warfare**.
그 두 나라는 교전 중에 있다.

envoy
[énvɔi]

n. (전권) 공사. 외교 사절, 특사(特使)

연상 이름 약자, 이니셜이 엔(N)인 보이(boy)(→엔보이)가 공사로 임명되었다.

예문 France hastily sent a senior **envoy** for three days of talks.
프랑스는 삼일간의 협상을 위해 급히 고위급 특사를 파견했다.

UNIT 19 TEST

[1~12] 보기에서 영어에 해당되는 우리말을 찾아 쓰시오.

1. soldier _____   2. bombard _____

3. bullet _____   4. disarm _____

5. maneuver _____   6. fleet _____

7. submarine _____   8. raid _____

9. military _____   10. triumph _____

11. strategy _____   12. morale _____

보기 ① 잠수함 ② 무장 해제하다 ③ 군인 ④ 승리 ⑤ 총알 ⑥ 군대의 ⑦ 폭격하다
⑧ 전략 ⑨ 사기 ⑩ 기동훈련하다 ⑪ 습격 ⑫ 함대

[13~17] 다음 빈칸에 들어갈 적절한 어휘를 고르시오.

13. The African National Congress threatened to _____ from the talks

14. The software provides a _____ against hackers, worms and viruses.

15. The President's remarks appear to signal that there will be no _____ from his position.

16. They may _____ with sanctions on other products if the bans are disregarded.

17. The paper was actually twice banned under the _____ regime.

보기 ① retaliate ② withdraw ③ shield ④ retreat ⑤ martial

[18~21] 다음 빈칸에 들어갈 적절한 어휘를 고르시오.

18. General Martin Bonnet called on the rebels to _____ .

19. The priest helped to negotiate a _____ between the warring sides.

20. This fortress could withstand a _____ for years if necessary.

21. The rebels waged guerrilla _____ against the army.

보기 ① truce ② surrender ③ warfare ④ siege

정답 1.③ 2.⑦ 3.⑤ 4.② 5.⑩ 6.⑫ 7.① 8.⑪ 9.⑥ 10.④ 11.⑧ 12.⑨
13.② 14.③ 15.④ 16.① 17.⑤ 18.② 19.① 20.④ 21.③

Further Study

security 안전, 보안

aircraft carrier 항공모함

officer 장교

pact 협정 조약

base 기지

front 전선

stalemate 교착상태

bilateral 양국 간의

credentials 신임장

delegate (정치적 회의 등의) 대표, 파견의원

troops 군대

air force 공군

army 육군

navy 해군

Marine Corps 해병대

commander 사령관

fighter 전투기

enlist (join in) the army 육군에 입대하다

leave the army 제대하다

captain 대위

major 육군 소령

a colonel 대령

an military officer 육군 장교

a mine detector 지뢰 탐지기

combatant 전투원

a battle zone 전투지구

launch an attack 공격을 개시하다

surprise attack 기습 공격

draft dodger 병역 기피자

behind-the-scene 이면의, 막후의

coax (달콤한 말로) 달래서 ~시키다

brinkmanship 벼랑 끝 전술

Further Study

deportation 국외 추방; (강제) 이송

dissident 반체제 인사, 반체제의

lift (세금 등을) 철폐하다(revoke)

conciliate 달래다; 환심을 사다

conciliation 회유; 화해, 조정

shirt–sleeve diplomacy 비공식 외교

diplomatic immunity 외교적 면책 특권

espionage 스파이 행위, 첩보활동

hostage 인질

donor 원조국

blue–ribbon committee 특별 위원회

snag (예상치 못한) 난제, 장애

crackdown 탄압, 강경 조치

repatriation 강제 송환

intervention 내정 간섭

war declaration 선전포고

mediation 중재

nuclear disarmament 핵군축

epic
[épik]

n. 서사시 **a.** 서사시의

연상 애들이 픽(→에픽)하고 싫어하는 것이 서사시다.(서사시는 어렵고 재미가 없으니까)

예문 Homer wrote **epic** poems.
호머는 서사시를 썼다.

---

irony
[áirəni]

n. 반어(反語); 풍자, 비꼬는 말

연상 아이를 어른이라고 말해도 아이러니(→아이러니)하게 한다면 그것이 반어(법)이다.

예문 He said it without a trace of **irony**.
그는 조금도 비꼬는 기색 없이 그 말을 했다

파생 ironic(al) **a.** 반어적인, 풍자적인, 비꼬는

---

metaphor
[métəfɔ̀ːr/ -fər]

n. 은유, 비유

연상 매가 사는 터에 포(→메터포)를 겨눈다는 것은 매와 싸움을 벌이겠다는 은유 표현이다.

예문 'The mind is an ocean' is a **metaphor**.
'마음은 바다다' 라는 말은 하나의 은유이다.

---

fable
[féibəl]

n. 우화, 지어낸 이야기

연상 못쓰게 된 이불, 즉 폐(廢) 이불(→페이블)이 동물을 태우고 하늘을 날아가는 이야기가
있다면 그것이 우화 이다.

예문 Even adults have a taste for **fable**, fantasy and magic.
성인들도 우화와 판타지, 마술을 좋아한다.

---

preface
[préfis]

n. 서문, 머리말 **v.** ~에 서문을 붙이다

연상 ① 그는 시집에 풀에(풀밭에) 피서(→프레피스)가자는 서문을 썼다.
② 책 pre(앞) 얼굴(face)(→프레피스)에 얼굴이 책의 서문이다.

예문 He usually **prefaces** his speech with something interesting.
그는 늘 연설의 서두에 재미있는 이야기를 꺼낸다.

masterpiece
[mǽstəːrpìːs/ máːs]

n. 걸작, 명작

연상 작가가 master한 piece(작품)(→마스터:피:스)이 작품이 걸작이다.

예문 The Last Supper is widely regarded as Leonardo davinci's **masterpiece**.
〈최후의 만찬〉은 레오나르도 다빈치의 걸작으로 널리 간주되고 있다.

파생 master n. 대가

paradox
[pǽrədàks]

n. 역설, 앞뒤가 맞지 않는 말

연상 표면적인 논리를 팔아 독설(→패러닥스)같은 진리를 말하는 것이 역설이다.

예문 'More haste, less speed' is a **paradox**.
'바쁠수록 돌아가라' 는 하나의 역설이다.

animation
[ǽnəméiʃən]

n. 생기, 활기; 동화(=움직이는 그림)

연상 애니메이션(→애너메이션)은 그림이나 인형에 활기를 불어넣어 동화(動畫)로 만드는 기법이다.

예문 The movie is a hybrid between acting and **animation**.
그 영화는 실제 연기와 애니메이션의 혼합이다.

파생 animate v. 생기[활기]를 주다 a. 활발한, 살아있는

sculpture
[skʌ́lptʃəːr]

n. 조각, 조각품 **v.** 조각하다

연상 그는 식칼로 쓱, 칼로써 부처(→스컬프처)상을 조각했다.

예문 She **sculptured** a statue out of bronze.
그녀는 청동상(像)을 하나 조각했다.

miniature
[míniətʃər]

n. 축소(모형) **a.** 소형의

연상 mini(미니;작은) 어(漁;물고기) 처럼(→미니어처) 작게 만든 축소 모형이다.

예문 He looks like a **miniature** version of his father.
그는 자기 아버지의 축소판처럼 보인다.

poet
[póuit]

n. 시인

연상 플라톤의 시인 추방론 때문에 한때 시인들은 모두 포위(→포우잇)될 뻔했다.

예문 He is a **poet** and novelist.
그는 시인이자 소설가이다.

파생 poem n. (한편의)시   poetic a. 시적인
poetry n. (문학 장르상의)시

carve
[kɑːrv]

ⓥ 새기다, 조각하다

연상 커브 길에 car(차)가 v자(→카브) 바퀴 자국을 새겼다.

예문 He **carved** his name on the tree.
그는 자기 이름을 나무에 새겼다.

---

chord
[kɔːrd]

ⓝ (악기의) 현, 줄; 화음

연상 기타 코드(→코드) 맞춘다는 말은 기타의 줄, 화음을 맞추는 것을 말한다.

예문 The singer strikes the right **chord** with his audience.
그 가수는 청중의 심금을 울린다.

---

biography
[baiágrəfi]

ⓝ 전기, 전기(문학)

연상 어떤 사람의 bio(생명)을 그래프(→바이아그러피)로 나타낸 것이 전기다.

예문 He wrote the **biography** of Lincoln.
그는 링컨의 전기를 썼다.

파생 biographer n. 전기 작가 autobiography n. 자서전

---

craft
[kræft]

ⓝ 기능, 솜씨; 선박; 항공기

연상 컴퓨터 게임 스타 크래프트(→크래프트)를 하는 아이들의 기능이 대단하다.

예문 His **craft** of furniture making was taught by his father.
그의 가구 제작 기술은 자기 아버지에게서 가르침 을 받았다.

---

rehearsal
[rihə́ːrsəl]

ⓝ 연습, 예행연습

연상 연극배우들은 공연을 앞두고 예행연습, 즉 리허설(→리허설)을 한다.

예문 I attended my friend's wedding **rehearsal**.
나는 친구의 결혼 예행연습에 참석했다.

파생 rehearse v. 예행 연습하다.

Renaissance
[rènəsáːns]

ⓝ 문예부흥; 부활, 부흥

연상 문예 부흥, 즉 르네상스(→레너사안스)때에는 예술에 많은 변화가 있었지?

예문 The bridge is a fine specimen of **Renaissance** structure.
그 다리는 르네상스식 구조물의 훌륭한 표본이다.

decorate
[dékərèit]

v. 장식하다; 훈장을 수여하다

연상 데크(목제 테라스)로 건물을 장식할 땐 데크의 레이트(rate 비율)(→데커레이트)을 적당히 해야 한다.

예문 The street is **decorated** with flags.
거리는 깃발로 장식되어 있다.

파생 decoration n. 장식; 훈장 decorative a. 장식(용)의

portrait
[pɔ́:rtreit]

n. 초상; 초상화

연상 그는 port(항구)와 레이트(rate 비율)(→포;트레이트)을 맞추어 선원들의 초상화를 그렸다.

예문 It's a **portrait** of his life.
그것은 그의 인생을 묘사한 것이다.

파생 portray v. (초상화 등을) 그리다; (글로) 묘사하다

absolute
[ǽbsəlùːt]

a. 절대적인; 확실한

연상 등산 중에 휴대폰 앱(app)을 쓸 수 있는 루트(route 길)(→앱설루트)는 통신기지국이 절대적인 역할을 한다.

예문 the **absolute** being 절대적 존재, 신

파생 absolutely ad. 절대적으로

cue
[kjuː]

n. 신호, 지시; 암시

연상 영화감독이 "큐(→큐)"하는 소리는 연기를 시작하라는 신호다.

예문 That was the **cue** for our beginning.
그것은 우리의 시작 신호였다.

statistics
[stətístiks]

n. (복수 취급)통계(자료); (단수 취급)통계학

연상 통계분야의 스타(star)티 나는 전문가들은 통계용 스틱(stick)을 써(서)(→스터티스틱스) 통계를 낸다?

예문 These **statistics** show a reduction in the number of job seekers.
이들 통계는 일자리를 찾는 구직자들의 수가 감소되었음을 보여준다.

파생 statistical a. 통계(상)의

trek
[trek]

v. 느릿느릿 여행하다, 고난을 견디며 여행하다 **n.** 길고 고된 여행

연상 요즘 유행하는 트레킹(→트렉)은 걸러서 느릿느릿 여행하는 것이다.

예문 We spent the day **trekking** through forests and over mountains.
우리는 숲과 산을 느릿느릿 여행하며 하루를 보냈다.

culture
[kʌ́ltʃər]

n. 문화; 교양; 경작

연상 곁가지를 칼로 쳐(→컬쳐)내는 과정이 문화 발전, 작물의 경작 과정이다.

예문 A **culture** can be changed by the environment.
문화는 환경에 의해 변화될 수 있다.

파생 cultivate v. 경작하다 cultural a. 교양의, 문화의

exhibition
[èksəbíʃən]

n. 전람; 전람[전시]회, 박람회

연상 그 회사의 엑스(X) 비션(비서는)(→엑서비션) 전람회 담당이야.

예문 An industrial **exhibition** was held in this city last year.
지난해 이 시에서 산업 박람회가 열렸다.

파생 exhibit v. 전시하다

talent
[tǽlənt]

a. (타고난) 재주, 재능; 탤런트

연상 탤런트(→탤런트)는 연기의 재능을 가진 사람들이다.

예문 My daughter has a **talent** for music.
내 딸아이에게는 음악에 대한 재능이 있다.

author
[ɔ́ːθər]

n. 저자, 작가(writer)

연상 중국 오서(五書; 5대 서적)의 저자는 누구인가?

예문 Barry Black is the **author** of two books on French history.
Barry Black은 두 권의 프랑스 역사서적 저자다.

literature
[lítərətʃər]

n. 문학, 문예.

연상 물의 무게를 표시하듯이 리터 단위로, 즉 리터(liter)로 쳐(→ 리터러쳐)서 계산할 수 없는 것이 문학이다.

예문 I majored in English **literature**.
나는 영문학을 전공했다.

파생 literary a. 문학의, 문예의 literate a. 글을 읽고 쓸 줄 아는

dye
[dai]

v. 염색하다 **n.** 물감, 염료

연상 ① 공장에서 염색하고 염료를 강으로 내보내서 물고기가 많이 다이(die;죽게)(→다이)했다.
② 어떤 색으로 염색하면 다른 색은 다이(die; 죽게)(→다이) 된다.

예문 She **dyed** the dress green.
그녀는 드레스를 녹색으로 염색했다.

brass
[bræs / brɑːs]

n. 금관악기; 놋쇠, 황동　**a.** 놋쇠로 만든

연상 육군 군악대의 브라스(→브라스) 밴드가 놋쇠로 만든, 금관악기를 연주한다.

예문 The door handles were made of **brass**.
문의 손잡이는 놋쇠로 만들어졌다.

artistic
[ɑːrtístik]

a. 예술(미술)적인, 예술을 이해하는; 예술(미술)가의

연상 지휘하는 지휘봉이나, 그림을 그리는 스틱(막대기), 즉 아트(art 예술)하는 이 스틱(→아:티스틱)이 예술적인 스틱 이다.

예문 He has an **artistic** temperament.
그는 예술적인 기질이 있다.

certificate
[sərtífikit]

n. 증명서; 면허증　**v.** 면허(증)를 주다

연상 글로 써서 티(표시)가 나는 피켓(picket; 판떼기)(→써티피킷)이 있다면 그것 또한 증명서다.(시위 허가 증명서)

예문 You will need a doctor's **certificate** to prove that you have been too ill to go to work.
당신이 너무 아파 직장에 갈 수 없었다는 것을 입증하기 위해서는 의사의 증명서가 필요할 것이다.

draft
[dræft]

n. 도안, 설계도; 초안; 징병
v. 밑그림을 그리다, 초안을 작성하다; 징병하다

연상 그는 집 앞에 있는 들을 먼저 그리고 after(뒤에)(→드래프트) 집 설계도를 도안했다.

예문 These details were not included in the preliminary **draft**.
이 세부 사항들은 초안에는 포함되지 않았다.

admission
[ædmíʃən / əd-]

n. 입장(허가), 입학(허가), 입국(허가); 입장료

연상 표를 얻어, 미션(→어드미션)은 극장에 입장했다.

예문 There ate too many applicants for **admission**.
입학 지망자가 너무 많다.

alumnus
[əlʌ́mnəs]

n. 동창생 (복수; alumni [əlʌ́mnai])

연상 기숙사에서 얼람(alarm;경보) 넣어서(→얼람너스) 깨워주던 동창생!

예문 We are the **alumni** of Winchester College.
우리는 Winchester대학 동창이다

censorship
[sénsərʃip]

n. 검열

연상 경찰이 sensor(감지기)를 가지고 ship(배)(→센서쉽)를 검열한다.

예문 Political censorship has been tightened under the new regime.
새로운 정권하에서 정치적 검열이 강화되었다.

matinee
[mǽtənei]

n. (연극, 연주 등의) 낮 공연, 마티네.

연상 연기자가 매트(mat) 위에서 내의(→매트네이)만 입고 낮 공연을 했다.

예문 The matinee performance begins at 2:30 p.m.
낮 공연은 오후 2시 30분부터입니다

archery
[ɑ́ːrtʃəri]

n. 양궁, 궁술

연상 화살이 정확하게 표적으로 향하도록 화살을 아! 처리(→아ː처리)를 잘 해야 하는 것이 양궁이군!

예문 Archery is the art or sport of shooting arrows.
양궁은 화살을 쏘는 기술이나 스포츠다.

UNIT 20 TEST

[1~12] 보기에서 영어에 해당되는 우리말을 찾아 쓰시오.

1. preface _____
2. sensation _____
3. culture _____
4. author _____
5. fable _____
6. dye _____
7. cue _____
8. alumnus _____
9. epic _____
10. literature _____
11. metaphor _____
12. talent _____

보기 ① 문학 ② 우화 ③ 서문 ④ 서사시 ⑤ 신호 ⑥ 은유 ⑦ 선풍적 인기 ⑧ 문화, 교양
⑨ 저자 ⑩ 동창생 ⑪ 재능 ⑫ 염색하다

[13~17] 다음 빈칸에 들어갈 적절한 어휘를 고르시오.

13. Ancient family _____ hung on the walls of the staircase.

14. My main reason for _____ to New Scientist is to keep abreast of advances in science.

15. They _____ from shop to shop in search of white knee-length socks.

16. The police are waiting for the doctor to issue a death _____ .

17. He _____ his room with pictures of all his favorite sports figures.

보기 ① subscribing ② certificate ③ portraits ④ trekked ⑤ decorated

[18~21] 다음 빈칸에 들어갈 적절한 어휘를 고르시오.

18. The men practised various traditional _____ .

19. The _____ is that the region's most dynamic economies have the most primitive financial systems.

20. He looked like a _____ version of his handsome and elegant big brother.

21. One of the prisoners has _____ a beautiful wooden chess set.

보기 ① miniature ② carved ③ paradox ④ crafts

정답 1.③ 2.⑦ 3.⑧ 4.⑨ 5.② 6.⑫ 7.⑤ 8.⑩ 9.④ 10.① 11.⑥ 12.⑪
13.③ 14.① 15.④ 16.② 17.⑤ 18.④ 19.③ 20.① 21.②

Further Study

conduct 지휘하다

conductor 지휘자

recital 독주회

encore 앙코르

ensemble 합주단, 앙상블

composer 작곡가

accompanist 반주자

chamber music 실내악

setting 무대장치

director (영화)감독, 연출가

curator (미술관)관리자

sci-fi 과학 공상소설(science fiction의 약자)

scenario 대본, 시나리오

gallery 화랑

curator (박물관, 미술관) 학예사

statue 조각상

play-off 결승시합

rain out (우천으로 연기된)운동시합

athletics 운동(경기)

favorite 우승후보

shutout 완봉승

double play 병살

make the cut 본선에 진출하다

sprint 단거리 경주

refreshment 다과, 가벼운 음식물, 원기회복

cater (음식물을)조달하다

gymnastics 체조

inning (야구의)이닝, 회(回)

final 결승

banquet 연회

luncheon 점심

feast 향연, 잔치

toast 축배, 건배

Further Study

pageant 야외극

spree 술잔치, 주연

revel 흥청거리며 놀다

pastime 오락, 기분전환

distraction 기분전환, 오락

hospitable (손님을) 환대하는

relaxation 휴식, 휴양

stroll 산책하다

perform 상연하다

all-day admission pass

자유 이용권, 전일 입장권

group discount 단체 할인

double feature 동시상영

release 개봉, 발매

preview (영화의) 시사

amusement park 놀이공원

carousel 회전목마

jump rope 줄넘기

screenplay 각본

adapted screenplay 각색

movie buff 영화광

box office 매표소, 흥행성적

a black-and-white film 흑백 영화

tear-jerker 눈물을 짜내는 멜로 영화

supporting actor(actress) 조연

visual effect 시각 효과

special effect 특수 효과

protagonist 주인공

slang 속어

prelude 서막, 전주곡

greedy
[grí:di]

a. 욕심 많은, 탐욕스러운

연상 그는 젊어서부터 돈을 그리디(=그리워하더니)(→그리: 디) 아주 탐욕스러운 사람이 되었더구만.

예문 Once upon a time a greedy king lived in a small country.
옛적에 한 작은 나라에 욕심 많은 왕이 살고 있었다.

---

hostile
[hástil]

a. 적의 있는, 적개심에 불타는; 반대하는

연상 하수도의 더러운 하수가 튈(→하스틸) 우려가 있는 곳에 사람들이 적개심이 불타는 마음을 가질 수 있다.

예문 There are many people hostile to reform.
개혁에 반대하는 사람이 많다.

---

easygoing
[í:zigóuiŋ]

a. 태평스러운, 편안한

연상 easy(쉬운) + going(가는)(→이지고잉)을 쉽게 살아가는 것이 태평스러운 것이다.

예문 an easygoing attitude
느긋한 태도

예문 My boss is easygoing.
사장님은 천하태평이다.

---

naughty
[nɔ́:ti]

a. 버릇이 없는, 행실이 나쁜; 장난꾸러기의

연상 티(셔츠)를 안 입은, 즉 노(no) 티(→노:티) 상태는 때로 버릇이 없는 행동일 수 있다.

예문 It's naughty of you to pull the dog's tail.
개의 꼬리를 잡아당기는 것은 장난꾸러기의 짓이다.

---

wicked
[wíkid]

a. 사악한 (evil); 심술궂은

연상 다른 사람의 슬픔 뒤에서 위(We;우리)가 키득(→위키드)거리며 웃는 것은 사악한 짓이다.

예문 It's wicked of you to say so.
그런 말을 하다니 너는 사악한 사람이구나.

amiable
[éimiəbəl]

a. 상냥한, 호감을 주는

연상 에미를 등에 업을(→에이미어블) 정도라면 상냥한 아들이다.

예문 I am deeply impressed her **amiable** manners.
나는 그녀의 사근사근한 태도에 매우 감명 받았다.

frank
[fræŋk]

a. 솔직한; 명백한

연상 프랭클(→프랭크)린 루즈벨트는 솔직한 대통령이었다. 그래서 네번이나 대통령을 했다.

예문 To be **frank** with you, I felt no pity.
솔직히 말해, 가엾은 생각이 전혀 들지 않았다.

bold
[bould]

a. 대담한; 뻔뻔스러운

연상 축구선수는 볼(ball)을 더(→보울드) 대담한 자세로 차야 한다.

예문 The exciting news had made him **bold**.
그 흥미진진한 소식은 그를 대담하게 만들었다.

brutal
[brú:tl]

a. 잔인한; 야만적인

연상 아이에게 손발이 부르틀(→브루:틀) 정도로 일을 시키는 계모는 정말 야만적이고, 잔인한 사람이다.

예문 It's a story of **brutal** behavior.
그것은 잔인한 행동에 대한 이야기이다.

brilliant
[bríljənt]

a. 찬란히 빛나는; 훌륭한.

연상 그것은 불이리! 언 터(얼어 붙은 땅)(→브릴리언트)에서 찬란히 빛나는 것은! (불은 빙판에서 더 빛나니까)

예문 Her performance was truly **brilliant**.
그녀의 공연은 참으로 훌륭했다.

crop
[krɑp]

n. 수확(harvest), 농작물, 곡식

연상 그는 수확한 농작물을 보면서 앞으로 자신이 농부로서 클 앞날(→크랍)을 기대했다.

예문 a rice [wheat] **crop** 쌀[밀] 수확
an abundant [average] **crop** 풍[평년]작.

cruel
[krúːəl]

ⓐ 잔인한; 가혹한

연상 선장이 스크루로 크루(crew;승무원)들을 얼굴(→크루;얼)을 때린다면 잔인한 짓이다.

예문 Don't be cruel to animals.
동물을 학대하지 마라.

terrible
[térəbəl]

ⓐ 무서운(awful) ; 끔찍한

연상 테러로 일어난 불(→테러벌)은 무섭고, 끔찍하다.

예문 The scene was terrible.
그 장면은 끔찍했다.

파생 terribly ad. 무섭게, 지독하게 terrify v. 겁나게 하다

timid
[tímid]

ⓐ 겁이 많은, 소심한

연상 선수 개인보다 팀(team)이 더(→티미드) 겁이 많은 경기를 하는 것은 팀의 성적에 너무 집착하기 때문이다.

예문 His father is as timid as a rabbit.
그의 아버지는 아주 겁이 많다.

tough
[tʌf]

ⓐ 강인한; 질긴; 어려운

연상 터프(→터프) 가이로 통하는 그 배우는 표정이 텁텁(→터프)하고 체력이 강인하다.

예문 He is as tough as nails.
그는 아주 강인하다.

sly
[slai]

ⓐ 교활한, 음흉한; 은밀한

연상 장차 쓸 아이(쓸만한 아이)(→슬라이)들이 가끔 교활한 행동을 할 때가 있는 것 같지?(머리가 좋으니 가끔 교활한 짓도 한다)

예문 The way he did it was really sly.
그가 그 일을 한 방식은 정말 교활했다.

파생 slyly ad. 교활하게, 음험하게

sober
[sóubəːr]

ⓐ 술 취하지 않은; 진지한, 냉정한

연상 소의 걸음, 즉 소 우보(牛步)(→소우버)는 술 취하지 않은, 진지한 태도의 상징이다.

예문 Our boss is a person of sober judgment.
우리 사장님은 냉정하게 판단하는 사람이다.

talkative
[tɔ́ːkətiv]

ⓐ 수다스러운, 이야기하기를 좋아하는

(연상) 연예인들이 나와 talk(이야기)하는 티브(TV)(→토:커티브)이 쇼는 너무 수다스러운 프로다.

(예문) She is very talkative.
그녀는 아주 수다스럽다.

reluctant
[rilʌ́ktənt]

ⓐ 마지못해 하는, 꺼리는

(연상) 그가 시골 마을 리(里, re)에 가서 마을의 럭(luck;행운)을 턴(도둑질한, tan)(→리럭턴트) 것은 두목이 시켜서 마지못해 한 짓이었다.

(예문) She was reluctant to marry him.
그녀는 마지못해 그와 결혼을 했다.

infamous
[ínfəməs]

ⓐ 평판이 나쁜, 악명 높은

(연상) in(=not) + famous(유명한)(→인퍼머스) →평판이 나쁜, 악명높은

(예문) The king put an infamous traitor to death.
왕은 악명 높은 반역자를 처형했다

notorious
[noutɔ́ːriəs]

ⓐ 악명 높은(infamous), 평판이 나쁜

(연상) 헤비급 챔피언 타이슨은 노(no) 털이어서(머리털이 없어서)(→노토:리어스) 더 악명 높아 보일까?

(예문) The region is notorious for its terrible snowstorms.
그 지역은 지독한 눈보라로 악명이 높다.

decent
[díːsənt]

ⓐ 고상한, 점잖은; 기품 있는

(연상) ① 에디슨이 발명을 했던 실험실 터(→디슨트)는 아마 고상한 곳이었을거야.
② 집 지을 터가 앞부분이 선 터보다는 뒤 부분이 높게 서 있는 터, 즉 뒤(가) 선 터(→디슨트)는 더 고상한 터이다.

(예문) Everyone says my father has been a pretty decent man.
모든 사람들은 내 아버지를 예의 바른 사람이었다고 말한다.

ingenious
[indʒíːnjəs]

ⓐ 창의력이 풍부한, (발명품 등이)교묘한; 정교한

(연상) 그 사람은 발명을 여러 번 해서, 그 습관인 인을 지니고 있어서. 다시 말해 인 지니어서(→인지:니어스) 창의력이 풍부하다.

(예문) My uncle was so ingenious as to invent a lot of new machines.
나의 숙부는 너무나 창의력이 풍부해서 새로운 기계를 많이 발명했다.

silly
[síli]

ⓐ 어리석은, 분별없는 (absurd)

연상 실리(實利;실제적인 이익)을 실리(失利;이익을 잃어버림)(→실리)라고 하는 것은 어리석은 짓이다.

예문 It's **silly** of you to do such a thing.
어리석게도 그런 일을 하다니.

---

adult
[ədʌ́lt / ǽdʌlt]

ⓝ 어른, 성인(grown-up) ⓐ 어른의

연상 아이들은 어른에게서 무엇인가를 얻을 터(→어덜트)이니 자주 가르침을 받아야 한다.

예문 **adult** education 성인 교육 **adult** movies 성인 영화

---

keen
[kiːn]

ⓐ 날카로운, 예리한(sharp); 예민한; 열심인

연상 킨(key는)(→키인) 날카롭고 예리한 것이라 잘 보관 해야 해.

예문 Bears are **keen** of scent.
곰은 후각이 예민하다

예문 He is **keen** to go abroad.
그는 외국에 몹시 가고 싶어 한다.

---

meek
[miːk]

ⓐ 유순한, 온순한 (mild)

연상 성격이 온순하면 그 사람이 가진 미(美 아름다움)가 크(크게) (→미ː크) 보인다.

예문 She is **meek** as a lamb.
그녀는 어린 양처럼 유순하다

---

obstinate
[ábstənit]

ⓐ 완고한(stubborn), 고집 센; (병 따위) 고치기 힘든

연상 완고한 사람은 일을 딴 방향으로 앞서서 트니(틀어 버리니) (→압스티닛) 문제야.

예문 He is **obstinate** about his son's misbehavior.
그는 아들의 나쁜 품행에 대해 완고한 태도를 취하고 있다.

---

eager
[íːgər]

ⓐ 열심인, 열망하는

연상 사람들은 열망하는 물건을 보고 "이거야, 이거(→이거)!"라고 한다.

예문 We are **eager** for peace.
우리는 평화를 열망한다.

clever
[klévər]

ⓐ 영리한; 솜씨 있는

연상 ① 클레버 tv(→클레버)는 키즈돌 비타민과 함께하는 유튜브 어린이전문 채널로 영리한 아이들이 많이 출연한다.
② 클 + ever(늘, 언제나)(→클레버) = 언제나 클 수 있는 것이 영리한 사람이다.

예문 He is so clever that he is not likely to do such a thing.
그는 너무 영리해서 그런 일을 하지 않을 것이다.

dull
[dʌl]

ⓐ 우둔한; (이야기 따위가) 지루한; (날 등이) 무딘(blunt)

연상 ① 덜(→덜) 된 사람은 우둔하다.
② 날이 무딘 기계는 덜-덜(→덜) 소리가 난다.

예문 All work and no play makes Jack a dull boy.
공부만 하고 놀지 않으면 바보가 된다.

cautious
[kɔ́ːʃəs]

ⓐ 주의 깊은, 조심스러운

연상 집안에 가스 유출이 있는지를 코를 써서(후각으로) (→코셔스) 주의 깊은 조사를 해라.

예문 Be cautious not to fall into the ditch
도랑에 빠지지 않도록 조심해라

earnest
[ə́ːrnist]

ⓐ 성실한, 진지한

연상 ①「큰 바위 얼굴」에 나온 주인공 어니스트(→어니스트)는 참으로 성실한 사람이다.
② earn(벌다) + -ist(사람) =earnest(→어:니스트) 돈을 많이 버는 사람은 성실한 사람들이다.

예문 His son is an earnest young man.
그의 아들은 성실한 젊은이다.

candid
[kǽndid]

ⓐ 솔직한(frank), 정직한

연상 can(할 수 있다)나 did(했다)(→캔디드)와 같은 것은 솔직한 말을 해야 한다.

예문 To be candid, he is eccentric .
솔직히 말해, 그는 괴짜다.

cunning
[kʌ́niŋ]

ⓐ 교활한, 간사한(sly) ⓝ 교활함, 간사함

연상 시험에 컨닝(→커닝)하면 교활한 사람이다.

예문 She is as cunning as a fox.
그녀는 여우처럼 교활하다

naive
[nɑːíːv]

a. 순진한 , 순수한

연상 나(의) 입(→나:이입)은 아직 순진해. (첫사랑의 입맞춤도 해본 적이 없으니까)

예문 She is a **naive** girl.
그녀는 순진한 소녀다.

melancholy
[mélənkɑli]

n. 우울, 침울(depression)   **a.** 우울한

연상 멜론 깎는 멜론 칼이(→멜런칼리) 나를 우울하게 해.(가난해서 먹을 멜론은 없고 칼만 있어서)

예문 Her mood was **melancholy**.
그녀의 기분은 우울했다

dare
[dɛər]

v. 감히 ~하다; (위험 등을) 무릅쓰다

연상 감히 그런 말을 하면서 나에게 대어(→데어) 들다니?

예문 How **dare** you say such a thing?
어찌 감히 그런 말을 하느냐?

resolute
[rézəlùːt]

a. 굳게 결심한, 결연한

연상 승려가 되려고 내(가) 절로 가는 루트(route;길)(→레절루:트)를 택한 것은 굳게 결심한 행동이다.

예문 He is **resolute** to fight.
그는 싸울 결심이 되어 있다

reckless
[réklis]

a. 무모한, 부주의한, 앞뒤를 가리지 않는

연상 그는 노래할 때 음계 레를 크게 소리낼 것이 less(보다 적다)(→레크리스)고 무모하게 노래했다.

예문 a **reckless** adventurer
무모한 모험가

예문 He is **reckless** of danger.
그는 위험을 개의치 않는다.

stubborn
[stʌ́bəːrn]

a. 완고한, 고집 센; (의지 등이) 불굴의

연상 스타는 번(→스터번) 돈과 인기를 지키는 데 완고한 법이다.

예문 My grandfather is as **stubborn** as a mule.
나의 할아버지는 지독하게 고집 세다.

savage
[sǽvidʒ]

ⓐ 야만적인, 잔인한 ⓝ 야만인 새 비

연상 남의 물건을 쌔비는 것은 야만적인 행동이니 쌔비지(→새비지) 마세요.

예문 He made a **savage** attack on the policies of the government.
그는 정부의 정책들에 대해 야만적인 공격을 했다.

---

mock
[mɑk]

ⓥ 조롱하다, 놀리다; 흉내 내다

연상 마크(→마크)의 목(→막)이 막(거칠게) 생겼다고 아이들이 조롱했다.

예문 He was **mocked** by the others.
그는 다른 사람들의 웃음거리가 되었다

파생 mockery n. 조롱, 놀림

---

betray
[bitréi]

ⓥ 배반하다; (희망 따위를) 저버리다; (비밀을) 누설하다

연상 배신하는 자들이 너의 손을 비틀레이!(→비트레이) 조심해라.

예문 One shouldn't **betray** one's friends.
사람은 친구를 배신해서는 안 된다.

파생 betrayal n. 배신; 밀고

---

hatred
[héitrid]

ⓝ 증오, 혐오, 싫어함

연상 ① 헤이, 트릿한(→헤이트리드) 사람! 당신은 다른 사람에게 혐오감을 준다는 것을 몰라?
② hat(모자) + red(빨간) = 사람에 따라선 빨간 모자가 증오감을 줄 수도 있다.

예문 **Hatred** may be the worst of all emotions.
증오는 모든 감정 중에서 가장 나쁜 것일 수 있다.

---

graze
[greiz]

ⓥ (가축이) 풀을 뜯어 먹다; 가축을 방목하다; 스쳐지나가다

연상 "목장은 소들이 풀을 뜯어먹는 곳이야?"고 물었을 때 대답은 "그래" 이지(→그레이지)!

예문 The cattle are **grazing** in the pasture.
소들이 목장에서 풀을 뜯어먹고 있다.

---

despise
[dispáiz]

ⓥ 경멸하다; 몹시 싫어하다

연상 판매원에게 "디스(this;이) 파이 줘."(→디스파이즈)라고 하면 판매원을 경멸하는 반말이다.

예문 She **despised** his unkind behavior.
그녀는 그의 불친절한 행동을 경멸했다.

entertain
[èntərtéin]

v. 즐겁게 하다; 대접하다

연상 그가 속한 엔터테인먼트(→엔터테인)는 노래로 사람들을 즐겁게 해주는 연예기획사다.

예문 The magician **entertained** us.
마술사는 우리를 즐겁게 했다.

파생 entertainment n. 대접; 연예   entertainer n. 연예인

---

amuse
[əmjúːz]

a. 즐겁게 하다. 흥겹게 하다

연상 어, 뮤즈(요정)(→어뮤:즈)가 제우스신을 즐겁게 하고 있네.

예문 The teacher's story **amused** the children.
선생님의 이야기는 아이들을 기쁘게 했다.

파생 amusing a. 즐거운   amusement n. 오락; 즐거움

---

obey
[oubéi]

v. (법, 규칙 등을) 지키다; 복종하다   **반** disobey (어기다)

연상 군인 한 명이 오우! (장군의) 칼에 베이(→오우베이)니 그제 서야 부하들이 수칙을 지키고, 말에 복종하는군!

예문 You should **obey** your parents.
부모님께 순종해야 한다.

파생 obedience n. 준수; 복종   obedient a. 순종하는

---

reward
[riwɔ́ːrd]

a. 보수, 보답   **v.** 보답하다

연상 시골 마을 리(里)에 가서 고맙다는 워드(word;말)(→리워:드)로써 보답해라.(시골에서 먹을 것을 재배해 주니까)

예문 My efforts were **rewarded** with success.
나의 노력은 성공으로 보상되었다.

---

greeting
[gríːtiŋ]

n. 인사; 인사말

연상 거리에서 하는 미팅, 즉 거리팅(→그리:팅)에선 우선 인사부터 해!

예문 She said nothing, but nodded a polite **greeting**.
그녀는 아무런 말을 하지 않았지만 공손히 고개를 숙여 인사했다.

---

assist
[əsíst]

v. 원조하다, 돕다

연상 축구할 때는 슈팅하도록 돕는 것이 어시스트(→어시스트)다.

예문 Please **assist** me in the project.
이 사업에서 나를 좀 도와주세요.

파생 assistance n. 원조, 도움

aid
[eid]

v. 원조하다, 돕다 **n.** 도움; 조력자

연상 어떤 국가는 도움을 주거나 원조하면 염치없게 "에이, 더 (→에이드) 줘" 라고 한다.

예문 US has increased its economic **aid** to developing countries.
미국은 개발도상국에 대한 경제 원조를 늘려왔다.

boycott
[bɔ́ikɑt]

v. (공동으로) 배척하다, 참가를 거부하다

n. 불매운동; 거래거부

연상 boy(소년)들에게 외제 코트(coat)(→보이캇)를 사 입으라는 지시를 학부모들이 배척했다.

예문 The group is calling for a consumer **boycott** of these products
그 단체는 이 제품에 대한 소비자 불매운동을 요구했다.

damn
[dæm]

v. 악담하다, 저주하다 **n.** 악담, 저주 댐

연상 '장마철이면 Dam(댐, 둑)(→댐)은 우리에게 저주와 같다.' 라고 댐 밑에 사는 사람들이 말했다.

예문 God **damn** you! What did you do to me?
이 빌어먹을 놈아! 나한테 무슨 짓을 한 거야?

revenge
[rivéndʒ]

v. 복수하다 **n.** 보복, 복수

연상 ① 그는 태어난 시골마을 리(里)에 벤츠(→리벤즈)를 타고 가서 가난했던 시절에 받았던 설움을 복수했다.
② 리벤저(→리벤즈)란 영화는 복수하는 내용의 영화다.

예문 He vowed to take his **revenge** on the man who had killed his mother.
그는 자기 어머니를 죽인 사람에게 복수하겠다고 맹세했다.

threat
[θret]

n. 협박, 위협 서래 쓰래

연상 그 불량배는 슬레이트(slate;석판)(→쓰레트) 지붕을 뜯어 들고 나를 위협 했다.

예문 His speech was full of **threats**.
그의 말은 온통 협박조였다.

파생 threaten v. 위협하다

UNIT 21 TEST

[1~12] 보기에서 영어에 해당되는 우리말을 찾아 쓰시오.

1. hostile _____   2. easygoing _____

3. wicked _____   4. notorious _____

5. ingenious _____   6. tender _____

7. greedy _____   8. obstinate _____

9. candid _____   10. frank _____

11. naughty _____   12. amiable _____

보기 ① 버릇이 없는 ② 사악한 ③ 솔직한 ④ 탐욕스러운 ⑤ 적개심에 불타는 ⑥ 태평스러운 ⑦ 창의력이 풍부한
      ⑧ 부드러운 ⑨ 상냥한 ⑩ 완고한 ⑪ 솔직한 ⑫ 악명 높은

[13~17] 다음 빈칸에 들어갈 적절한 어휘를 고르시오.

13. The scientists are _____ about using enzyme therapy on humans

14. Voters perceive him as a decisive and _____ international leader.

15. It's _____ to think that teachers are always tolerant.

16. He is charged with causing death by _____ driving.

17. The play subtly _____ the conventions of romance.

보기 ① naive ② reckless ③ resolute ④ mocks ⑤ cautious

[18~21] 다음 빈칸에 들어갈 적절한 어휘를 고르시오.

18. This was a _____ attack on a defenceless young girl.

19. She thoroughly _____ him for his weakness.

20. The President _____ them when he went back on his promise not to raise taxes

21. He vowed to take his _____ on the man who had killed his brother.

보기 ① despised ② revenge ③ savage ④ betray

정답 1.⑤ 2.⑥ 3.② 4.⑫ 5.⑦ 6.⑧ 7.④ 8.⑩ 9.⑪ 10.③ 11.① 12.⑨
      13.⑤ 14.③ 15.① 16.② 17.④ 18.③ 19.① 20.④ 21.②

Further Study

modest 겸손한

unselfish 이타적인

sincere 진실한

merciful 자비로운

benevolent 자애로운

open-minded 포용력이 큰

sociable 사교를 좋아하는

thoughtful 사려 깊은, 생각에 잠긴

considerate 사려 깊은

reliable 믿음직한

active 활동적인, 적극적인

talented 재능이 있는

whole-hearted 성의 있는, 전심전력의

sympathetic 동정적인

humane 인정이 있는

hardworking 근면한

creative 창의적인

level-headed 분별 있는

efficient 유능한

practical 실천적인, 실제로 쓸모 있는

aggressive 공격적인, 침략적인

impolite 무례한

bad-tempered 심술궂은

courageous 용기 있는, 용감한

hen-pecked 공처가의

good-natured 본성이 착한

people-oriented 사람지향적인, 사교적인

mean 비열한

impatient 성급한

jealous 질투심이 많은

arrogant 거만한, 건방진

dishonest 정직하지 않은

ruthless 무자비한

negligent 태만한

Further Study

disorganized 혼란스러운

moody 변덕스러운

forgetful 잘 잊는

stingy 인색한, 부족한

cold-blooded 냉정한

mischievous 짓궂은

malevolent 악의 있는

selfish 이기적인

warlike 호전적인

thoughtless 지각없는, 경솔한

conservative 보수적인

stern 엄격한, 완고한

handicapped 심신장애의

hot-tempered 다혈질의

unscientific 비과학적인, 비학술적인

warm-blooded 열렬한, 격렬한, 정열적인

progressive 진보적인, 진보하는

reserved 체면 차린, 말없는, 수줍어하는

introvert 내성적인 사람

ill-mannered 무뢰한

extrovert 외향적인 사람

lofty 고상한, 지위 높은

pretentious 잘난 체하는

sanguine 낙천적인, 쾌활한

partial 편파적인, 부분적인

pen
[pen]

n. (가축의) 우리, 축사; 펜

연상 가축의 우리를 만드는 말뚝이 pen(펜)(→펜)처럼 생겼다.

예문 He has a **pen** of chickens.
그는 닭을 한 우리 치고 있다.

play
[plei]

n. 연극. 희곡; 놀이 **v.** 연주하다

연상 연극도 play(놀이)(→플레이)의 일종이다.

예문 They put on a **play** by Shakespeare.
그들은 Shakespeare의 연극을 공연한다.

bank
[bæŋk]

n. (강)둑, 제방; 은행

연상 물을 가두는 강의 (강)둑은 돈을 가두어 두는 bank(은행)(→뱅크)와 비슷하다.

예문 She would walk along the **bank**.
그녀는 강둑을 따라 걷곤 했다.

blue
[bluː]

a. 우울한; 푸른색의

연상 blue(푸른)(→블루)색은 우울하게 보인다.

예문 I feel **blue** tonight.
나 오늘밤 기분이 울적하다

story
[stɔ́ːri]

n. (건물의) 층; 이야기

연상 건물의 층마다 다 그 나름대로의 story(이야기)(→스토리)가 있다.

예문 He own a fifty **story** building.
그는 50층 빌딩을 소유하고 있다.

side
[said]

n. 편; 측, 면, 쪽 **v.** 편들다

연상 우리 side(쪽)(→사이드)에 있는 사람이 우리를 편든다.

예문 on this side 이쪽으로

예문 We took sides with them.
우리들은 그들의 편을 들었다.

air
[ɛər]

n. 태도, 뽐내는 태도;공기; 방송

연상 자신이 마치 air(공기)(→에어)만큼이나 소중한 체 하는 것이 뽐내는 태도다.

예문 He glared at me with a lofty air.
그는 건방진 태도로 나를 노려보았다.

arm
[ɑ:rm]

n. 무기. 병기; 팔

연상 arms(팔이 여러 개)(→아암즈)가 사람을 때릴 때는 무기가 된다.

예문 an arms race 군비 확장 경쟁

예문 The gangster gave up his arms.
그 갱단원은 무기를 버리고 항복했다

but
[bʌt]

conj. 제외하고; 그러나 **ad.** 단지(=only)

연상 but(그러나)(→밧)란 말 속에는 '~제외하고'라는 의미가 내포되어 있다.

예문 There was no one left but me.
나를 제외하고는 아무도 남아 있지 않았다.

예문 This took him but a few minutes.
그가 그 일을 하는 데는 불과 몇 분밖에 걸리지 않았다.

make
[meik]

v. (성장하여) ~이 되다, 결국 ~이 되다; 만들다.

연상 make(만들다)(→메이크)를 수동적 의미로 해석하면 "~로 만들어지다" 즉 "~이 되다"의 뜻이 된다.

예문 She will make an excellent lawyer.
그녀는 우수한 변호사가 될 것이다.

calling
[kɔ́:liŋ]

n. 직업. 천직; 부름, 소집

연상 직업은 하늘이 calling(불러서)(→코올링) 시키는 것, 즉 신의 부름이다.

예문 I'm a carpenter by calling.
나는 직업이 목수다.

help
[help]

v. 피하다; 돕다

연상 창피스러운 상황에 처한 사람을 heip(돕는)(→헬프) 것은 그 장소에서 피해 주는 것이다.

예문 I can't **help** doing it.
나는 그것을 하지 않을 수 없다.

run
[rʌn]

v. 경영하다; ~라고 쓰여 있다; 달리다.

연상 ① 회사 같은 것을 run(달리게, 돌아가게)(→런) 하는 것이 경영하는 것이다.
② run(달리는) 사람 등에는 번호가 ~ 라고 쓰여 있다

예문 He **runs** a hotel.
그는 호텔을 경영한다.

예문 The letter **runs** as follow.
편지엔 다음과 같이 쓰여 있다.

till
[til]

v. 경작하다(=cultivate) pre. ~까지

연상 경운기가 틸-틸(→틸)거리는 소리를 내며 밭을 경작한다.

예문 A farmer is **tilling** fields.
농부가 밭을 갈고 있다.

fine
[fain]

n. v. 벌금(을 물게하다) **a.** 훌륭한. 멋진 : 날씨가 맑은 : 미세한

연상 벌금은 거두어들이는 쪽에선 fine(좋은)(→파인) 것이다.

예문 He was **fined** 100 dollars for illegal parking.
그는 불법 주차로 100 달러 벌금을 부과받았다.

follow
[fálou]

v. ~을 이해하다; 따라가다

연상 내용을 follow(따라간다)(→팔로우)는 것은 내용을 이해한다는 뜻이다.

예문 Do you **follow** me?
내 말을 알아듣겠습니까?

예문 Could you **follow** the lecture?
그 강의를 따라갈 수 있겠더냐?

rest
[rest]

n. 나머지; 휴식. **v.** 휴식하다

연상 rest(휴식)(→레스트)은 일하고난 나머지 시간에 한다.

예문 I`ll take care of the **rest**.
나머지는 내가 맡겠다.

예문 It **rests** a mystery.
그것은 여전히 수수께끼이다.

lot
[lɑt]

n. 제비뽑기, 추첨; 부지, 대지; 운명

연상 돈이 lot(많은)(→랏) 것은 제비뽑기 같이 타고난 운명이며 돈이 lot(많은) 사람이 집 지을 부지를 가졌다.

예문 He was chosen by **lot**.
그는 제비뽑기로 선발되었다.

예문 a parking **lot** 주차장

park
[pɑ:rk]

v. 주차시키다. **n.** 공원.

연상 park(공원)(→파악)에선 차를 주차시켜야 한다.

예문 The car is **parked**.
차가 주차해 있다.

예문 **Park** yourself here.
여기 있어라.

fire
[faiər]

v. (총포를) 발사하다. ~에 불을 붙이다. **n.** 발사; 불 .화재

연상 포의 화약에 fire(불 붙아는)(→파이어) 것이 발사하는 것이다.

예문 He **fired** a pistol at the target.
그는 표적에다 권총을 쏘았다.

예문 The rockets were **fired** from a launching pad.
로켓이 발사대로부터 발사되었다.

fast
[fæst]

n. v. 단식(하다). **a.** 빠른; 단단한, 고정된.

연상 단식하는 것은 fast(빠른)(→패스트) 기간에 끝내야 한다.

예문 He went on a **fast** of ten days.
그는 10일 동안 단식했다.

예문 Fast bind, **fast** find.
단단히 단속하면 잃을 염려가 없다.

club
[klʌb]

n. (무기로써) 곤봉; (골프. 하키 등의)타구봉:.클럽. 동호인

v. 곤봉으로 때리다; 클럽을 조직하다.

연상 골프 club(클럽)에선 타구봉인 클럽(→클럽)이 필요하고 술을 파는 나이트클럽에선 시비를 말리기 위해 가끔 경찰의 곤봉이 필요하다.

예문 A number of protesters were **clubbed** to the ground.
많은 반란자들이 곤봉에 맞아 진압되었다.

cool
[ku:l]

a. 멋진, 좋은; 침착한; 서늘한

연상 여름철에 cool(서늘한)(→쿠울) 것은 좋은 것이고 , 어떤 일에 서늘한 자세를 가지는 것이 침착한 태도다.

예문 You look really **cool** in those jeans.
그 진을 입으니 참 멋져 보인다.

예문 as **cool** as a cucumber 아주 냉정[침착]한

ball
[bɔ:l]

ⓝ 대무도회; 공

연상 무도회에선 사람들이 ball(공)(→보올)처럼 빙빙 돈다.

예문 They are going to give a fancy **ball**.
그들은 가장무도회를 열려고 한다.

end
[end]

ⓝ 목적; 결과; .죽음, 끝 ⓥ 끝내다.

연상 결과는 end(끝)에 있고 이루려고 하는 일, 즉 목적도 과정의 end(끝)(→엔드)에 있다.

예문 The **end** justifies the means.
목적은 수단을 정당화한다.

예문 Let`s bring this discussion to an **end**.
이 토론에 결말을 짓자.

game
[geim]

ⓝ 사냥감(동물);놀이; 경기

연상 사냥감을 쫓는 것도 game(→게임)의 일종이었다.

예문 Venison and pheasants are types of **game**.
사슴과 꿩은 사냥감의 일종이다.

day
[dei]

ⓝ 전성기, (인생의) 좋은 때; 승리; 날, 낮, 시대

연상 어떤 의미에서 하루하루의 모든 day(날)(→데이)가 삶의 전성기다. 그리고 승리는 day(낮)에 이루어지는 경우가 많다.

예문 Every dog has his **day**.
쥐구멍에도 볕들 날이 있다.

예문 win the **day** 승부에 이기다   lose the **day** 지다

break
[breik]

ⓝ 잠시의 휴식; 중단; 파괴 ⓥ ~을 깨다.

연상 휴식을 하려면 하던 일을 잠시 break(중단)(→브레이크)해야 한다.

예문 We take a ten - minute coffee **break**.
우리는 10분 간 휴식을 한다.

part
[pɑ:rt]

ⓥ 헤어지다; 나누다 ⓝ 부분; 역할

연상 part(부분)(→파:트)으로 나누는 것이 전체와 헤어지는 것이다.

예문 Let`s **part** as friends.
좋게 헤어지자.

예문 He played an important **part** in building the bridge.
그는 그 다리를 세우는데 중요한 역할을 했다.

dish
[diʃ]

ⓝ 음식; 큰 접시　ⓥ 접시에 담다.

[연상] 음식은 dish(접시)(→디쉬)에 담아야 한다.

[예문] Chinese **dish** 중국요리

[예문] My favorite **dish** is salad.
내가 좋아하는 음식은 샐러드다.

---

note
[nout]

ⓝ 지폐; (악기의)음조;각서　ⓥ ~을 적다.

[연상] 지폐엔 돈의 액수를 note(적어)(→노우트) 두었다.

[예문] There are two 5-pound **note** in my wallet.
내 지갑에 5파운드 지폐가 두 장 들어 있다.

[예문] a shrill **note** from the flute
플루트의 날카로운 음색.

---

plant
[plænt]

ⓝ 공장, 설비; 식물　ⓥ (초목을) 심다.

[연상] 땅에 plant(식물)(→플랜트)를 심듯이 땅에 공장을 세운다.

[예문] They built a chemical **plant** on the shore.
그들은 바닷가에 화학공장을 세웠다.

[예문] the heating **plant** 난방 장치

---

well
[wel]

ⓝ 우물, 샘　ⓐ 건강한　ⓐⓓ ⓥ 잘. 올바르게

[연상] 우물은 건강한 물이 well(잘)(→웰) 나와야 한다.

[예문] They pumped plenty of water from the **well**.
그들은 그 우물에서 많은 물을 퍼 올렸다.

---

novel
[nάvəl]

ⓐ 신기한　ⓝ 소설

[연상] novel(소설)(→나벌)은 원래 신기한 이야기였다.

[예문] His approach is **novel**.
그의 해결방법은 기발하다.

---

move
[mu:v]

ⓥ 감동시키다; (회의에서)동의하다; 이주하다. 움직이다.

[연상] 사람의 마음을 move(움직이는)(→무:브) 것이 감동시키는 것이고 회의에서 처음으로 자신의 생각을 밖으로 move(움직이는) 것이 동의(動議)하는 것이다.

[예문] We were **moved** to tears at her sudden death.
우리는 그녀의 갑작스런 죽음에 가슴이 아파서 눈물을 흘렸다.

stand

v. ~을 참다, 견디다; (어떤 상태. 입장에) 있다; 서다. **n.** 입장, 태도

연상 어떤 어려운 상황에 stand(서 있는)(→스탠드) 것이 그것을 견디는 것이다.

예문 I can't **stand** to hear the child crying.
어린애 우는 소리를 견딜 수 없다

예문 I **stand** accused.
나는 고소를 당하고 있다.

sentence
[séntəns]

n. 판결 **v.** 판결을 내리다(형을 선고하다); 문장

연상 법원에서 판결문을 선고할 때 판결문 sentence(문장)(→센턴스)를 작성해야 한다.

예문 He was **sentenced** to death.
그는 사형선고를 받았다.

minute
[mínit]
[mainjúːt]

n. (회의) 의사록; (시간 단위의) 분, (각도 단위의) 분

a. 미소한, 상세한

연상 의사록은 1 minute(일분)(→미닛)의 내용도 다 기록해야 하고, 보다 큰 시간 단위에서 볼 때 분은 미세하고 상세한 단위다.

예문 The secretary take the **minutes** of a convention.
비서가 회의의 의사록을 기록한다.

예문 **minute** particles 미립자   a **minute** report 상세한 보고

save
[seiv]

prep. ~을 제외하고(=except) **v.** 구하다; 저축하다

연상 save(저축하는)(→세입) 것은 사용에서 제외한 것들이다.

예문 He reads nothing **save** comic books.
그는 만화책 외에는 읽지 않는다.

dead
[ded]

a. 완전한, 전적인; 생기 없는 **ad.** 아주, 전적으로

연상 dead(죽은)(→데드) 것만큼 완전한 상실은 없다.

예문 The cottage fell in a **dead** silence.
그 오두막집은 절대적인 침묵에 빠져 있었다.

예문 a **dead** secret 극비   **dead** serious 아주 진지하여

book
[buk]

v. 예약하다; 장부에 기입하다 **n.** 책, 장부

연상 예약하면 book(책)(→북) 같이 생기 장부에 기입한다.

예문 The room is **booked** up.
그 방은 예약되어 있습니다.

below
[bilóu]

prep. ~ 가치조차 없는; ~보다 아래에 **ad.** 아래에

연상 어떤 기준보다 below(아래에 있는)(→빌로우) 것이 ~ 할 가치가 없는 것이다.

예문 His remark is **below** contempt.
그의 말은 경멸할 가치도 없다.

---

choice
[tʃɔis]

a. 고급의, 골라낸 **n.** 선택.

연상 일반적으로 choice(선택)(→초이스)된 것은 고급의 물건이다.

예문 It is the movie of **choice**.
그것은 최고의 영화다

---

free
[fri:]

a. 무료의; 한가한; 자유로운

연상 극장 같은 데서 free(자유로운)(→프리) 입장이 무료의 입장이며, free(자유로운) 시간이 많은 것이 한가로운 것이다.

예문 The charity distributes **free** food to the poor.
자선 단체가 가난한 사람들에게 무료 식량을 나누어 준다.

예문 Are you **free** now?
지금 시간 있어요?

---

very
[véri]

a. 바로 그 ~; ~조차도 **ad.** 매우

연상 매우 좋은 것, 매우 아름다운 것, 그 very(매우)(→베리)가 바로 그 것, 소중한 것이다.

예문 He is the **very** man we have been looking for.
그는 우리가 찾고 있던 바로 그 사람이다.

---

turn
[tə:rn]

n. 순번, 차례 **v.** 돌다

연상 차례는 순서가 turn(돌아)(→터언) 가는 것.

예문 It is your **turn** to read.
네가 읽을 차례다.

---

say
[sei]

v. 이를 테면; 말하다.

연상 say(말하다)(→세이)는 말 속에는 '이를 테면' 도 포함된다.

예문 You could master the art in, **say**, three years.
너라면 글쎄. 한 3년이면 기술을 익힐 수 있을 거야.

season
[síːzən]

v. 양념하다; (유머등으로) 흥미를 더하다　**n.** 계절

연상 season(계절)(→시:즌)에 따라 음식 양념하는 것도 달라지니까.

예문 She **seasoned** a dish with salt.
그녀는 요리의 간을 맞추었다.

long
[lɔːŋ]

v. 동경하다　**a.** 긴, 오래

연상 long(오래)(→로옹) 동안 마음속에 가져온 것이 동경하는 것이다.

예문 We are **longing** for peace.
우리는 평화를 갈망하고 있다.

gift
[gift]

n. 천부적 재능; 선물(=present)

연상 재능은 신이 준 gift(선물)(→기프트)이다.

예문 The man has a **gift** for poetry.
그 남자는 시를 쓰는 재능을 지녔다.

sport
[spɔːrt]

n. 농담; 스포츠

연상 농담도 sport(스포츠)(→스포:트)라면 스포츠다.

예문 I was only in **sport**.
그저 농담으로 한 말이야.

start
[stɑːrt]

v. (놀라) 움찔하다; 출발하다　**n.** 출발점.

연상 차가 갑자기 start(출발)(→스타:트)하면 사람들이 움찔한다.

예문 He **started** at the sight of a snake.
그는 뱀을 보고 움찔했다.

meet
[miːt]

v. 만족시키다, 충족시키다; 만나다

연상 원하는 것을 meet(만나게)(→미잍)해 주는 것이 그것을 만족시키는 것이다.

예문 The production is not able to **meet** the demand.
생산이 수요를 충족시키지 못하고 있다.

tell
[tel]

v. 구별하다; 말하다, 이야기하다.

연상 tell(말하려면)(→텔) 구별할 수 있어야 한다.

예문 I cannot **tell** him from his brother.
그와 그의 형을 구별할 수 없다.

will
[wil]

n. 의지; 유언장   **aux.** ~ 할 것이다.

연상 의지나 유언장엔 앞으로 will(~ 할 것이다)(→윌) 라는 뜻이 포함되어 있다.

예문 She has a strong **will**.
그녀는 의지가 강하다.

예문 draw up a **will**.
유서를 작성하다.

miss
[mis]

v. ~이 없어서 서운하다; 놓치다   **n.** 실책

연상 어떤 것을 miss(놓치고)(→미스) 나면 그것이 없어서 서운하다.

예문 We all **miss** you.
우리 모두는 당신이 없어서 서운하다.

debt
[det]

n. 은혜, 신세; 빚, 부채

연상 은혜 입은 것도 마음에 debt(빚)(→데트)진 것이다.

예문 We should not forget our **debt** to our parents.
우리는 부모님의 은혜를 잊어선 안된다.

leave
[liːv]

n. 허가, 허락; 휴가   **v.** 떠나다, 남기다.

연상 휴가는 직장을 잠시 leave(떠나는)(→리입) 것이고 leave(떠날) 때는 허락을 받아야 한다.

예문 He carried out the task without **leave**.
그는 허가 없이 그 일을 했다.

예문 The sales manager is on **leave**.
판매부장은 휴가 중이다.

ground
[graund]

n. 근거, 이유; 땅; 운동장

연상 ground(땅)(→그라운드)는 모든 사물의 근거가 되고 존재의 이유가 된다.

예문 on economic **grounds**   경제적 이유로

예문 His theory stands on the **ground** of superior evidence.
그의 이론이 보다 나은 증거에 근거를 두고 있다.

train
[trein]

n. 행렬; 연속;열차; **v.** 훈련하다.

연상 train(열차)(→트레인)은 차량의 행렬이 길고 차량이 연속으로 이어져 있다. 그리고 열차 운전은 훈련해야 한다.

예문 a funeral **train** 장례식 행렬

예문 The drought brought starvation in its **train**
가뭄 끝에 기근이 찾아왔다.

shoot
[ʃuːt]

n. 싹; 사격   **v.** 싹이 트다; 사격하다, 발사하다.

연상 마치 땅속에서 총을 shoot(쏘아)(→슈웉)올리듯 싹이 튼다.

예문 The new leaves **shot** forth.
새잎이 돋아났다.

shade
[ʃeid]

n. 미묘한 차이, 색조; 그늘, 차일   **v.** 그늘지게 하다.

연상 shade(그늘)(→쉐이드)의 밝기에 따라서 색조에 미묘한 차이가 있다.

예문 His remark had a delicate **shade** of meaning.
그의 말에는 미세한 의미의 차이가 있었다.

second
[sékənd]

v. 지지하다, 찬성하다   **a.** 둘째의, 두 번째의   **n.** (시간 단위의) 초

연상 내 주장을 second(두번째)((→세컨드)로 말해 주는 사람이 나를 지지하는 사람이다.

예문 He **seconded** our motion.
그는 우리의 제의에 찬성했다.

want
[wɔ(ː)nt / wɑnt]

n. 부족, 결핍   **v.** 부족하다; ~을 필요로 하다; 원하다

연상 어떤 것을 want(원하는)(→원트)는 것은 부족하거나 필요로 하기 때문이다.

예문 The company failed for **want** of capital.
그 회사는 자본부족으로 도산했다.

safe
[seif]

n. 금고   **a.** 안전한

연상 돈을 넣어 두는 safe(안전한)(→세잎) 곳이 금고다

예문 You had better place your valuables in this **safe**.
귀중품은 이 금고에 보관하는 게 좋습니다.

become
[bikʌm]

v. 어울리다; ~이 되다

연상 옷 따위가 그 사람과 하나가 become(되는)(→비컴) 것이 어울리는 것이다.

예문 That dress **becomes** my sister very well.
저 드레스는 내 여동생에게 잘 어울린다.

spring
[spriŋ]

n. 샘, 수원지; 용수철; 봄 **v.** ~의 출신이다; 튀어 오르다

연상 물이 샘에서 spring(용수철)(→스프링)처럼 튀어 오르듯 솟아난다.

예문 He **sprang** from the Imperial family.
그는 황실 출신이다

예문 hot **spring** 온천

read
[riːd]

v. ~라고 쓰여 있다; (온도계, 시계 등이) 가리키다; 읽다

연상 ~라고 쓰여 있는 것도 read(읽어야)(→리ː드) 이해되고 온도계 등이 가리키는 것도 그 눈금을 read(읽어야) 한다.

예문 The message **reads** as follows.
전언에는 다음과 같이 쓰여 있다.

예문 The thermometer **reads** 40℃.
온도계는 섭씨 40도이다.

fail
[feil]

v. 쇠약해지다; (꽃등이)시들다; (바람이)자다;
(빛, 냄새 등이)사라지다; ~하지 못하다; 실패하다

연상 몸이 쇠약해지거나 꽃이 시드는 것, 바람이 자고 빛이 사라지는 것은 fail(못하거나 실패하다)(→페일)의 의미 속에 포함되어 있다.

예문 His health **failed**.
그는 건강이 나빠졌다.

return
[ritə́ːrn]

n. 수익, 이익; 답례, 보수; 귀환 **v.** 돌아오다

연상 투자나 노력에서 return(돌아오는)(→리터언) 것이 수익이다.

예문 My investments have yielded small **returns**.
내 투자는 별로 수익을 올리지 못하고 있다.

single
[síŋɡəl]

v. 선출하다, 선발하다 **a.** 단 하나의

연상 single(단 하나의)(→싱글) 것을 골라내는 것이 선출하는 것이다.

예문 We **singled** out a student for praise.
우리는 표창하기 위해 한 학생을 선발했다

study
[stʌdi]

n. 서재; 연구, 학문 **v.** 공부하다

(연상) study(공부하는)(→스터디) 곳이 서재이고, study(공부하는) 것이 연구, 학문하는 것이다.

(예문) He was reading in his **study**.
그는 서재에서 독서중이다

(예문) human **studies** 인문학

might
[mait]

n. 힘 **auz.** may(~할 수 있는)의 과거

(연상) might= may(~할 수 있으려면)(→마이트) 힘이 있어야 한다.

(예문) He swung the axe again with all his **might**.
그는 다시 힘껏 도끼를 휘둘렀다.

(예문) **Might** is right. 힘은 정의다.

(파생) mighty **a.** 강한, 힘센

lean
[liːn]

a. 야윈(=thin); 부족한 **v.** 기대다; 기울어지다

(연상) 몸이 한쪽으로 lean(기울어지거나 기대는)(→리인)하는 것은 몸이 야위었기 때문이다. 기대야 한다.

(예문) He looks **leans**.
그는 야위어 보인다.

(예문) a **lean** meal 영양분이 없는 식사   **lean** soil 불모의 땅

good
[gud]

a. 상당한; 좋은; 정당한 **n.** (pl)상품; 선, 이익

(연상) ① 상당한 이익 상당한 친절들은 다 good(좋은)(→굳) 것이다.
② 상품은 원래 good(좋은) 것을 내다 파는 것이다.

(예문) We have had a **good** crop of apple.
우리는 상당한 양의 사과를 수확했다.

(예문) essential **goods** 필수품

flat
[flæt]

a. 솔직한; 단호한; 평평한

(연상) 감정의 기복 없이 flat(평평한)(→프랩) 마음의 상태에서 솔직하고 단호한 결정이 나온다.

(예문) Our requests were met with a **flat** refusal.
우리의 요구는 단호하게 거절을 당했다.

hand
[hænd]

n. 솜씨, 기량; 일꾼, 일손; 손 **v.** 건네주다

(연상) 사람의 hand(손)(→핸드)이 바로 일손, 일꾼이고 손으로 일하는 능력이 솜씨다.

(예문) He has the **hand** of a master.
그는 거장의 솜씨를 지녔다.

(예문) a top **hand** at office work
사무에 관해서는 최고로 능숙한 사람

everything
[évriθiŋ]

n. 가장 중요한 것(사람); 모든 것

연상 어떤 사람에게 everything(모든 것)(→에브리씽)에 해당되는 것이 가장 중요한 물건(사람) 이다.

예문 She is his **everything**.
그녀는 그에게 가장 중요한 사람이다

something
[sʌ́mθiŋ]

n. 중요한 것(사람), 상당한 것(사람); 어떤 것

연상 사람에게 something(어떤 것)(→섬씽)에 해당되는 것이 중요한 것, 상당한 것이다.

예문 Money is not everything, but still it's **something**.
돈은 가장 중요한 것은 아니지만 상당한 것이다.

nothing
[nʌ́θiŋ]

n. 보잘 것 없는 것[사람]; 존재하지 않는 것

연상 nothing(존재하지 않는)(→나씽)은 보잘 것 없는 것, 가치 없는 것이다.

예문 She is **nothing** without her money.
하잘 것 없는 여자다.

draw
[drɔː]

v. 무승부　**v.** 당기다. 끌다

연상 양 팀이 서로 팽팽히 draw(당기고)(→드로:) 있으면 무승부가 된다.

예문 The game ended in a **draw**.
게임은 무승부로 끝나다.

raise
[reiz]

v. 기르다; 모집하다; 올리다

연상 동물의 키를 raise(올리는)(→레이즈) 것이 동물을 기르는 것이고 돈의 액수를 raise(올리는) 것이 모금하는 것이다.

예문 They held events to **raise** money for help the aged.
그들은 노인을 돕기 위한 돈을 모금하기 위해서 행사를 열었다.

예문 **raise** cattle 소를 치다　**raise** a laugh 웃기다

touch
[tʌtʃ]

v. 감동시키다, 해치다, (손을) 대다　**n.** 접촉; 기미

연상 어떤 것이 마음을 touch(건드리는)(→터취) 것이 마음을 감동시키는 것이다.

예문 I was greatly **touched** by what you told me.
네가 한 말에 크게 감동했다.

예문 a **touch** of winter 겨울같은 스산함

top
[tɑp / tɔp]

n. 팽이; 꼭대기 **a.** 최고의

연상 팽이는 top(꼭대기)(→탑)가 있어야 돈다.

예문 A child is spinning a **top**.
한 아이가 팽이를 돌리고 있다.

예문 She sleeps like a **top**.
그녀는 단잠을 잔다.

---

smart
[smɑːrt]

v. (상처, 신체 부분이)쑤시고 아프다; 비탄에 잠기다, 괴로워하다

a. (아픔 등이)찌르는 듯한, 쑤시는; 현명한, 재미있는; (옷차림)단정한

n. 심한 아픔

연상 질투가 심한 사람은 smart(현명하고 단정한)(→스마트) 사람을 보면 (질투심으로) 마음이 쑤시고 아프다.

예문 The wound **smarted**.
상처가 쑤시고 아프다.

예문 The cold makes the skin **smart**.
추워서 살갗이 아프다.

---

line
[lain]

n. 가계, 계통; 직업, 전문, 취미; 선; 줄

연상 가족 관계가 line(선)(→라인)으로 이어진 것이 가계, 계통이고 일관된 line(선)상에서 하는 일이 직업이고 취미다.

예문 a **line** of emperors   역대 황제

예문 What **line** are you in?
무슨 직업에 종사하세요?

---

last
[læst / lɑːst]

v. 계속하다, 지속하다 **a.** ~할 것 같지 않은; **a.** 마지막의

연상 last(마지막)(→래스트)까지 있는 것이 지속하는 것이다.

예문 The rain **lasted** for three days.
비가 3일 간 계속 내렸다.

예문 He is the **last** man to tell a lie.
그는 거짓말 따위는 하지 않는 사람이다.

---

tongue
[tʌŋ]

n. 말, 말씨, 언어; 혀

연상 tongue(혀)(→텅)에서 언어, 말이 나온다.

예문 We should love our mother **tongue**.
우리는 모국어를 아껴야 한다.

UNIT 22 TEST

[1~12] 보기에서 영어에 해당되는 우리말을 찾아 쓰시오.

1. play _____　　　2. story _____

3. air _____　　　4. calling _____

5. till _____　　　6. blue _____

7. help _____　　　8. run _____

9. cool _____　　　10. ball _____

11. game _____　　　12. day _____

보기　① 직업　② 피하다　③ 멋진　④ 연극　⑤ 태도　⑥ 경영하다　⑦ 대 무도회
　　　⑧ 우울한　⑨ (건물의) 층　⑩ 사냥감　⑪ 전성기　⑫ 경직하다

[13~17] 다음 빈칸에 들어갈 적절한 어휘를 고르시오.

13. He was said to have lost his _____ to live.

14. Every worker will be entitled to four weeks' paid _____ a year.

15. San Marino held them to a goalless _____ .

16. These stories surprised and _____ me.

17. Steve _____ for the good old days.

보기　① draw　② moved　③ will　④ leave　⑤ longed

[18~21] 다음 빈칸에 들어갈 적절한 어휘를 고르시오.

18. I can't really _____ the difference between their policies and ours.

19. He was so good to me that I can never repay the _____ I owe him.

20. Owen was against it, on the _____ of expense.

21. Profits have picked up this year but the _____ on capital remains tiny.

보기　① return　② tell　③ debt　④ grounds

Further Study

asleep 손발이 저린; 잠든

radical 근본적인; 급진적인

steep 터무니없이 비싼; 가파른

abstract 개요, 요약, 발췌하다; a.추상적인

deliberate 심사숙고하다; 의도적인, 고의적인

fit (병의) 발작; 건강한, 몸 상태가 좋은; 꼭 맞다

mean 비열한; n. 평균; 의미하다

peer 응시하다; n. 동료

contract

수축하다, 줄어들다; 병에 걸리다; 계약하다

commit 공언하다, 약속하다, (죄를) 범하다

shot 주사; 촬영, 사진; 발사

condemn 형을 선고하다; 비난하다

abuse 학대하다; 남용하다

allowance 용돈; 허락, 허가; 참작, 고려

account 계좌; 설명; 설명하다

address 주소; 연설을 하다, 말하다

apply 지원하다; 적용하다

appreciate 이해하다; 감상하다; 감사하다

apprehend 이해하다; 염려하다; 체포하다

article 기사, 논설; 조항, 조목; 물품; 관사

attribute n. 특성 v. ~의 탓으로 돌리다

balance 균형; 저울; 나머지

bar 막대기; 술집; 법정; 장애

bark 짖다; 나무껍질

bill 계산서, 청구서; 지폐; 법안, 의안

break n. 휴식 v. 부수다; 거슬러 주다

cabin 선실; 오두막

certain 어떤; 확신하는

change 변화; 거스름 돈; 갈아타기

class 계급, 계층; 수업

coach 사륜마차; 객차; 코치

company 친구, 동석, 손님; 회사

contribute 기여하다; 기부하다; 기고하다

convention 회의; 관습 인습

count 중요성을 지니다; 간주하다; 세다

decline 거절하다; 기울다; 쇠퇴하다

direct 감독하다; 똑바른, 직접의

domestic 가정의; 국내의

even 평평한; 짝수의; ~ 조차도

express 급행열차; 표현하다

facility 쉬움, 용이; 시설, 설비

Further Study

fall 떨어지다; 무너지다; 가을

figure 인물; 모습; 숫자

figure out 이해하다; 계산하다

fire 불; 해고하다; 발사하다

grave n. 무덤 a. 중대한, 근엄한

hang 걸다; 교수형에 처하다

humor 해학; 기분

identify 확인하다; 동일시하다

illustrate 설명하다; 삽화를 넣다

interest 관심; 중요성; 이자

jam 교통마비; 잼

labor 노동; 산고

lean 기대다; 구부리다; 마른

loud 시끄러운; 야한

match 시합; 상대; 조화되다; 필적하다

moment 순간; 중요성

object n. 물건; 대상; 목적 v. 반대하다

occasion 기회; 근거

odd 남는, 나머지의; 홀수의; 이상한

odds 차이; 승산; 가망성

order 질서; 순서; 명령; 주문

own 자기 자신의; v. 소유하다

palm 손바닥; 야자

persist 고집하다; 지속하다

physical 육체의; 물질의; 물리학상의; 자연의

pitcher 투수; 물 주전자

plant n. 식물; 공장; 발전소 v. 심다

practice n. 실행; 관습; 개업 v. 연습하다

property 재산; 특질; 소유지

rather 오히려, 차라리; 다소, 약간, 좀

rear 뒤(의), 후방(의); 기르다

relate 관련시키다; 이야기하다

room 방; 공간; 여지

scale 규모; 저울, 저울의 눈금; 비늘

school 학교; 떼

score 득점, 점수; 악보; 20

shark 상어; 사기꾼

spot 점, 지점 v. 발견하다

stable n. 마구간 a. 안정된

step 걸음; 계단; 수단; 단계

well 우물; 건강한; 잘

Part.3

심화 단어

Intensive Vocabulary

Unit 1
fringe

adequate
[ǽdikwit]

ⓐ 적당한(suitable), 충분한 ⓐ inadequate 부적당한

⟨연상⟩ 내 친구 애디의 키(→애디큇)가 농구 선수에 적당하다.

⟨예문⟩ He is **adequate** to the task.
그는 그 일에 적임자다.

---

sigh
[sai]

ⓥ 한숨 쉬다; 한탄하다(lament) ⓝ 한숨, 탄식

⟨연상⟩ 그는 숨 쉬는 사이(→사이) 사이에 한숨을 쉬었다.

⟨예문⟩ My mother gave a **sigh** of relief.
어머니는 안도의 숨을 쉬었다.

---

disguise
[disgáiz]

ⓥ 변장[가장]하다 ⓝ 변장, 위장

⟨연상⟩ 디스(this) 가이즈(guys;남자들)(→디스가이즈) 수염으로 변장했군.

⟨예문⟩ in **disguise** 변장한

⟨예문⟩ Noble words can be the **disguise** of base intentions.
고상한 말은 야비한 의도의 위장이 되기도 한다.

---

limp
[limp]

ⓥ 절뚝거리다; (배·비행기가) 느릿느릿 가다 ⓝ 발을 절기

⟨연상⟩ 사람이 림프(→림프)관을 다치면 다리를 절뚝거린다.

⟨예문⟩ He has a bad **limp**.
그는 다리를 몹시 전다.

---

appeal
[əpíːl]

ⓥ (양심, 법, 무력 등에) 호소하다; 항소하다

ⓝ 간청, 간원; 호소; 상소

⟨연상⟩ ① 아이는 엄마의 등에 업히려고(→어필) 호소했다.
② 그는 여론의 등에 업히려고(→어필) 법원에 항소했다.

⟨예문⟩ They are confident they can **appeal** to her sense of duty.
그녀의 의무감에 호소할 수 있으리라고 그들은 확신하였다.

chat
[tʃæt]

v. 잡담하다 **n.** 잡담, 한담

연상 컴퓨터 chatting(→채팅)(→채트)이 다른 사람과 잡담하는 것이다.

예문 Let's **chat** over a cup of tea.
차라도 마시며 이야기하세.

파생 chatty a. 수다스러운

---

whisper
[hwíspəːr]

v. 속삭이다(murmur) **n.** 속삭임.

연상 그 연인들은 위스키를 퍼(→위스퍼) 퍼마시면서 밤새 속삭였다.

예문 He **whispered** her to go out with him.
그는 그녀에게 함께 나가자고 속삭였다.

---

yell
[jel]

v. 외치다, 고함치다

n. 외침소리; 옐 (대학에서 응원할 때 쓰는 특정한 외침 소리)

연상 그는 "옐(예를)→옐) 잡아 주세요" 하며 외쳤다.

예문 He **yelled** for help.
도와달라고 외치다

---

crawl
[krɔːl]

v. 네발로 기다, (식물의 덩굴 등이) 기다; 서행하다 **n.** 서행

연상 크롤(→크로올) 어선이 바다 위를 기어가는 것 같다.

예문 He **crawled** about on all fours.
그는 네발로 기어 다녔다.

---

creep
[kriːp]

v. 기다, 기어가다; 살금살금 걷다; 천천히 움직이다.

연상 서류집게 클립(clip)(→클리잎)이 종이 위에서 살금살금 기어가는 형태로 생겼다.

예문 When did he **creep** out?
그는 언제 몰래 빠져 나갔는가.

예문 Sleepiness **crept** over me.
졸음이 닥쳐왔다.

---

stroke
[strouk]

n. 한번 치기, 타격; (보트를) 한 번 젓기; 공을 한 번 치기, (수영의) 한 번 손발을 놀리기; (병의) 발작, (특히) 뇌졸중. **v.** 쓰다듬다

연상 그는 음료수 빨대 스트로로 크게(→스트로우크) 내 얼굴을 쳤다.

예문 Little **strokes** fell great oaks.
(속담) 열 번 찍어 안 넘어가는 나무 없다

예문 a backhand **stroke** (테니스의) 백핸드 스트로크.

sob
[sɑb]

v. 흐느껴 울다(weep) **n.** 흐느낌 삽삽한

연상 그녀는 가을날 날씨가 삽삽(→삽)해 지면 홀로 흐느껴 울었다.

예문 She **sobbed** herself to sleep.
그녀는 울다가 잠들었다

---

grind
[graind]

v. 갈다; 갈아서 가루로 만들다, 빻다 **n.** 갈기, 빻기

연상 공작실의 그라인더(→그라인드)는 금속을 갈아 가루로 만든다.

예문 **grind** one's teeth 이를 갈다

예문 This wheat **grinds** well.
이 밀은 잘 갈린다.

---

chew
[tʃuː]

v. 씹다; 깊이 생각하다 **n.** 씹기

연상 ① 츄잉(→츄) 껌은 씹는 용도로 만든 껌이다.
② 음식을 잘못 씹으면 추(→츄)해 보인다.

예문 Don't bite off more than you can **chew**.
힘에 겨운 일을 하려고 하지 마라.

---

swallow
[swálou]

v. 꿀꺽 삼키다 **n.** 삼킴; 한 모금(의 양); 제비

연상 ① 그는 자신의 약을 수(여러) 개의 알로(→스왈로우) 만들어 꿀꺽 삼켰다.
② 제비는 수 개의 알로, 즉 수 알로(→스왈로우) 새끼를 깐다.

예문 **Swallow** it down and have another.
그걸 들이켜고 한 잔 더 해라.

예문 One **swallow** does not make a summer.
(속담) 제비 한 마리 왔다고 해서 여름이 온 것은 아니다.

---

bite
[bait]

v. 물다. 물어뜯다 **n.** 물어뜯기

연상 바이트(→바이트)는 컴퓨터가 한 입 가득 물어뜯어 저장할 수 있는 용량단위다.

예문 Barking dogs seldom **bite**.
(속담) 짖는 개는 물지 않는다.

---

vomit
[vámit]

v. 토하다, (연기·용암 등이) 분출하다.

연상 채한 다람쥐 입에서 밤이(→바밋) 토해졌다

예문 He **vomited** what he has eaten.
그는 먹은 것을 토했다.

sniff
[snif]

ⓥ 냄새를 맡다, 코를 킁킁거리다; 낌새채다 ⓝ 냄새 맡음; 코웃음
연상 쌈을 싸 먹다가 쓴 잎(→스닢)이 있으면 냄새를 맡아 보아야 한다.
예문 The dog **sniffed** the stranger.
개는 낯선 사람에게 킁킁거리며 냄새를 맡았다.

---

lean
[li:n]

ⓥ 기대다; 기울다 ⓐ 여윈(thin); 부족한
연상 린(麟 기린→린)은 여윈 목을 자주 나무에 기댄다.
예문 The tower **leans** to the south.
탑이 남쪽으로 기울어져 있다

---

spit
[spit]

ⓥ (침·음식·피 따위를) 뱉다; (욕·폭언 따위를) 내뱉다
연상 ① 2차 대전에서 가장 유명했던 스피트 파이어(→스피트) 전투기는 폭탄을 침뱉 듯이 내뱉는 전투기다.
② 침을 뱉을 때는 스피드(speed)(→스피트)하게 뱉어야 한다.
예문 He **spat** in the man's face.
그는 그 사람의 얼굴에 침을 뱉었다.

---

glide
[glaid]

ⓥ 미끄러지다, 미끄러지듯 나아가다 ⓝ 활주
연상 행글라이더(→글라이드)가 창공에 미끄러지듯 날아간다.
예문 The years **glided** away swiftly.
세월은 빨리 지나갔다.
파생 glider n. 활공기

---

snatch
[snætʃ]

ⓥ 잡아채다, 낚아채다 ⓝ 잡아챔, 날치기, 강탈.
연상 ① 소매치기가 손을 슥 내치(→스내치)면서 내 손가방을 낚아챘어.
② 초밥 스내치 (Sushi Snatch)(→스내치) 퍼즐게임은 초밥 잡아채기 게임이다.
예문 The man **snatched** a purse from a woman's hand.
그 사람이 여자의 손에서 핸드백을 잡아챘다.

---

tumble
[tʌ́mbl]

ⓥ 넘어지다; 굴러 떨어지다; 뒹굴다 ⓝ 추락. 전도; 재주넘기
연상 ① 체육시간에 재주넘기인 텀블링(→텀블)을 하다가 넘어진 적이 있어.
② 그는 담쟁이 덤불(→텀블)에 걸려 넘어졌다.
예문 He **tumbled** down the stairs.
그는 계단에서 굴러 떨어지다.

snore
[snɔ:r]

ⓥ 코를 골다 ⓝ 코 골기.

연상 개는 스노우(snow; 눈)(→스노) 오는 밤엔 더 코를 곤다고 해.

예문 He snored away the whole night.
그는 밤새껏 코를 골았다.

grab
[græb]

ⓥ 움켜잡다; 붙잡다 ⓝ 잡아채기; 강탈

연상 그녀는 음식을 싼 그 랩(→그랩)을 움켜잡았다.

예문 He grabbed me by the arm.
그는 내 팔을 붙잡았다.

grip
[grip]

ⓥ 꽉 쥐다[잡다]; 이해[파악]하다(comprehend)
ⓝ 꽉 잡음; 이해, 파악

연상 그들은 그립다고(→그립) 손을 꽉 쥐었다.

예문 He gripped the audience.
그는 청중의 마음을 사로잡았다.

snap
[snæp]

ⓥ 덥석 물다, 찰깍[딱]하고 소리를 내다; 스냅 사진을 찍다.
ⓝ 덥석 물기; 걸쇠; 스냅사진

연상 스냅(→스냅) 사진은 찰깍 소리를 내며, 덥석 물듯 영상을 담는다.

예문 The dog snapped up a piece of meat.
개는 고깃점을 덥석 물었다.

scratch
[skrætʃ]

ⓥ 할퀴다; 긁다; 휘갈겨 쓰다. ⓝ 긁기, 할퀴기

연상 스크래치(→스크래치) 기법으로 그림을 그릴 때는 바탕색을 긁어낸다.

예문 They scratched out a hole in the ground.
그들은 땅을 긁어 구멍을 팠다.

drag
[dræg]

ⓥ (무거운 것을) 끌다; (발 따위를) 질질 끌다; (일 등을) 질질 끌다

연상 큰 가방을 바닥에 끌면, 드랙 드르랙(→드랙) 하는 소리가 난다.

예문 They dragged a net on the shore.
그들은 바닷가에서 그물을 당겼다.

418

marine
[mərí:n]

ⓐ 바다의; 해상의(maritime); 선박의

연상 지구의 머린(=머리는)(→머리인) 바다의 지역이다.

예문 Blue whales are **marine** animals.
흰긴수염고래는 해양 동물이다.

파생 mariner n. 선원

peninsula
[pinínsələ]

ⓝ 반도

연상 반도는 대륙문화와 해양문화를 연결하는 역할을 하기 때문에 펜(pen; 글 쓰는 도구)과
인술어(人術語; 의학용어)(→피닌설러)가 발달했다.

예문 The Korean **peninsula** is about the size of Minnesota.
한반도는 미네소타 주 정도의 크기다.

frontier
[frʌntíə]

ⓝ 국경(지방), 변경(border); 학문 등의 미개척 영역
ⓐ 국경지역에 있는; 변경의

연상 미국의 정신은 변경, 국경지역을 개척해 가는 프런티어(→프런티어) 정신이다.

예문 **frontier** dispute 국경 분쟁

예문 **frontier** town 국경도시

colony
[kάləni]

ⓝ 식민지, 거류지 ⓐ 식민지의; (생물이) 군락을 이루는
ⓥ 식민지로 개척하다

연상 강대국들은 식민지로 만들려고 그 나라에 칼 넣었니(칼을 드려 놓았니)(→칼러니)?

예문 Settlers established a new **colony** in the early 18th century.
정착인들은 18세기 초에 새로운 식민지를 세웠다.

예문 a **colony** of artists 미술가 부락

파생 colonial

lofty
[lɔ́:fti]

ⓐ 높은, 고결한, 고상한

연상 높디(→로:프티) 높은 저 봉우리.

예문 The bird's nest is on a **lofty** tree on the mountain.
독수리의 둥지는 산의 높은 나무 위에 있다.

apologize
[əpάlədʒàiz]

ⓥ 사죄하다, 사과하다

연상 아폴로(Apollo) 11호 달 착륙을 조작했다고 주장한 사람들,아폴로(Apollo)에 대해서
자(gi) 이제(ize)(→어팔로자이즈) 사과하세요.

예문 He **apologized** profusely for the damage he had caused.
그는 자신이 끼친 피해에 대해 깊이 사과했다.

파생 apology n. 사죄, 사과; 해

abstract
[æbstrǽkt]
[ǽbstrækt]

a. 추상적인(↔concrete) **n.** 발췌; 요약; 추상

연상 휴대폰 앱을 써(서) 트랙터(→앱스트랙트)를 타라고 한다면 그것은 추상적인 말로 들린다.

예문 Human beings are the only creatures capable of **abstract** thought.
인간은 추상적인 사고를 할 수 있는 유일한 피조물이다.

예문 Here is the **abstract** for the article.
그 기사에 대한 요약문이 여기 있다.

ambiguous
[æmbígjuəs]

a. 애매[모호]한, 분명치 않은 **n.** 모호함, 불명확함

연상 옷을 꿰매면서 M자를 B자 위에 기워서(→엠비규어스) M자인 B자인지 애매하다.

예문 I find your statement **ambiguous** at best.
당신의 진술은 기껏해야 모호할 뿐이다.

파생 ambiguity n. 애매(모호)함

humble
[hʌ́mbəl]

a. (신분 등이) 천한; 겸손한

연상 험불(→험상궂게 생긴 불상)(험블)은 얼핏 보면 천한 것 같은 모습으로 겸손한 기풍을 보여준다.

예문 The poet is a man of **humble** origin.
그 시인은 비천한 집안에 태어난 사람이다.

subtle
[sʌ́tl]

a. 미묘한; (감각 등이) 예민한 **n.** 미묘함; 섬세함

연상 그 공원의 셔틀(→셔틀) 버스 운행에 대한 업자와 이용자 사이에 미묘한 입장 차이가 있다.

예문 There are **subtle** differences in meaning.
의미상의 미묘한 차이가 있다.

파생 subtlety

rigid
[rídʒid]

a. 단단한(stiff); 고정된; 완고한; (체제 등이)엄격한

연상 시골 마을인 리(里)의 지도(→리지드)는 아직 단단한, 엄격한 형태를 유지하고 있어(그린벨트로 묶여 있기 때문에 옛날 그대로 고정된 경우가 많다).

예문 An entirely **rigid** system is impractical.
너무 엄격한 제도는 비실용적이다.

파생 rigidity n. 엄격(함)

splendid
[spléndid]

a. 화려한(gorgeous), 훌륭한, 눈부신; 멋진
n. 훌륭함; 화려함

연상 숲풀엔 어떤 일을 did(→해 놓으면)(→스프렌디드) 화려한 모습이 된다.

예문 What a **splendid** scene!
얼마나 화려한 광경인가!

파생 splendor n. 빛남, 광휘

stiff
[stif]

a. 뻣뻣한, 딱딱한, 굳은(hard); 엄한, 엄격한   **v.** 딱딱해 지다

연상 영화배우 스티브 매킨의 (→스팁) 얼굴은 딱딱한 표정이다.

예문 My body is **stiff** from heavy labor.
나의 몸은 중노동으로 굳어 있다.

파생 stiffen v. 뻣뻣하게 하다

precise
[prisáis]

a. 정확한(exact), 정밀한; 엄밀한   **n.** 정확, 정밀

연상 풀밭에 풀이 사이즈(size 크기)(→프리사이스)가 정확하게 같은 것은 품종이 같기 때문이다.

예문 We've tried to make the process as **precise** as possible.
우리는 가능한 그 과정을 정확하게 하려고 노력해왔다.

파생 precision n. 정확

sufficient
[səfíʃənt]

a. 충분한(enough), 넉넉한   **반** deficient 불충분한
n. 충분한 양[수]; 충분함

연상 섶나무가 서 있는 터, 즉 섶이 선 터(→서피션트)는 충분한 영양분이 있기 때문이다

예문 The child has **sufficient** courage for it.
그 아이는 그것을 할 만한 용기가 있다.

파생 sufficiency n. 충분(한 상태)

UNIT 01 TEST

[1~12] 보기에서 영어에 해당되는 우리말을 찾아 쓰시오.

1. limp _____   2. snatch _____

3. whisper _____   4. spread _____

5. creep _____   6. yell _____

7. grind _____   8. snap _____

9. swallow _____   10. ambiguous _____

11. sniff _____   12. tumble _____

[보기] ① 고함치다 ② 기어가다 ③ 갈다 ④ 절뚝거리다 ⑤ 속삭이다 ⑥ 꿀꺽 삼키다
       ⑦ 애매한 ⑧ 냄새를 맡다 ⑨ 펼치다 ⑩ 넘어지다 ⑪ 덥석 물다 ⑫ 잡아채다

[13~18] 다음 빈칸에 들어갈 적절한 어휘를 고르시오.

13. These measures are not considered _____ by conservationists.

14. In recent times, however, that _____ ideal has not always been attained.

15. He gave a great performance, but he was very _____ .

16. Our budget is hardly _____ to pay people, let alone buy any new equipment.

17. They lived together in a mixed household on the _____ of a campus.

[보기] ① lofty ② sufficient ③ adequate ④ fringe ⑤ humble

[18~21] 다음 빈칸에 들어갈 적절한 어휘를 고르시오.

18. Several colleges in our study have _____ rules about student conduct.

19. There are _____ differences between the two versions.

20. Our house has got a _____ view across to the Cotswolds.

21. Clean the mussels with a _____ brush under cold running water.

[보기] ① stiff ② splendid ③ rigid ④ subtle

[정답] 1.④ 2.⑫ 3.⑤ 4.⑨ 5.② 6.① 7.③ 8.⑪ 9.⑥ 10.⑦ 11.⑧ 12.⑩
       13.③ 14.① 15.⑤ 16.② 17.④ 18.③ 19.④ 20.② 21.①

Further Study

print-out 출력정보

storage 기억장치

compatible 호환성이 있는

computerize 컴퓨터로 처리하다

desktop 탁상용의

retrieve (정보를)검색하다

upgrade (소프트의 버전을) 상승시키다

boot 부팅하다

cursor (컴퓨터)커서

access 접속(하다)

input 입력(하다)

output 출력(하다)

delete 삭제하다

save 보존(하다)

transmit (신호를)보내다

download (컴퓨터상에서) 내려받다

surf the web 네트 서핑하다

hacker 해커

password 암호, 패스워드

down 고장 난

browser (인터넷용의 열람소프트)브라우저

insert 끼워 넣다

floppy disk 플로피 디스크,디스켓

click 클릭(하다)

simulate 모의실험을 하다

compute 계산하다

interact 상호작용하다

user ID 이용자 ID

e-commerce 전자상거래

semiconductor 반도체

electronic 전자의

intercom 내부통화

mobile 이동할 수 있는

scroll down (컴퓨터화면을)아래로 스크롤하다

technology 과학기술

automation 자동화

voice recognition 음성 인식

wireless device 무선 장치

surface tension 표면 장력

bionic 생체공학의

bionics 생체공학

terminal 단자

artificial intelligence 인공 지능

glitch (기계 등의) 사소한 고장

Unit 2
antique

antique
[æntíːk]

ⓐ 고대(풍)의 (ancient) ⓝ 골동품

(연상) 앤 공주의 티크(→앤티:크) 가구는 고대의 골동품 가치가 클 거야.

(예문) She has many valuable **antiques**.
그녀에겐 귀중한 골동품이 많다.

(파생) antiquity n. 낡음; 고대; 고대의 유물[문화]

---

ancient
[éinʃənt]

ⓐ 옛날의, 고대의 ⓐ modern 현대의

(연상) 물건을 선택하듯이 애인을 선택(→에인션트)했던 것은 고대의 일이다.(지금은 그런 일이 없다)

(예문) **ancient** civilization 고대문명

(예문) My younger sister majors in the ancient history of korea.
여동생이 한국 고대사를 전공한다.

---

medieval
[mìːdiíːvəl]

ⓐ 중세(풍)의

(연상) 중간 길이의 치마, 미디 스커트를 입으면 벌(→미:디:벌)을 준 것이 중세의 일이었다.

(예문) Great cathedrals were built by **medieval** Europeans.
중세 유럽인들에 의해서 거대한 성당이 세워졌다.

---

era
[íərə]

ⓝ 시대, 연대, 기원

(연상) 시대마다 놀라운 일들이 일어(→이러)났다.

(예문) The country has entered an **era** of high unemployment.
그 나라는 높은 실업률의 시대에 진입했다.

---

epoch
[épək]

ⓝ (획기적인) 시대, 시기; 신기원; (획기적인) 사건

(연상) 애들이 사용하는 포크, 즉 애 포크(→에퍼크)는 젓가락을 사용하던 풍습에 대해 하나의 신기원이 되고 있지?

(예문) The dropping of the first atom bomb marked a new **epoch** in warfare.
최초의 원자탄 투하는 전쟁에 새로운 시대를 열었다.

current
[kə́ːrənt]

ⓐ 현재의; 현행의, 유통되고 있는
ⓝ 흐름, 유동; 해류 ⓝ 통화, 화폐; 유통

⟨연상⟩ ① 베네딕트 컴버배치이가 출연하는 커런트 워(The current War)(→커런트)는 현재의 전쟁이란 뜻.
② 돈의 단위가 크(cur)게 rent(빌려주는)(→커런트) 것이 통화다.

⟨예문⟩ He swims against the current.
그는 해류와 반대방향으로 수영하고 있다.

⟨파생⟩ currency n. (화폐의) 통용, 유통

---

contemporary
[kəntémpəreri]

ⓐ 동시대의, 당대의; 현대의; 최신의 ⓝ 동시대의 사람

⟨연상⟩ 춤출 때 큰 템포로 몸을 내리(→컨템퍼레리) 흔드는 것이 현대의, 즉 동시대의 춤의 특징인 것 같다.

⟨예문⟩ Contemporary poems are difficult to understand.
현대시는 이해하기 어렵다.

⟨예문⟩ our contemporaries 같은 시대의 사람들

---

everlasting
[èvərlǽstiŋ]

ⓐ 영원한 불후의 (eternal)

⟨연상⟩ 언제나(ever) + 지속되는 (lasting)(→에버래스팅)= 언제나 지속되는 것이 영원한 것이다.

⟨예문⟩ His performance produced an everlasting impression on the audience.
그의 공연은 청중에게 영원히 남을 감명을 주었다

---

prior
[práiər]

ⓐ 앞의, 이전의(former); 보다 중요한 ⓝ (시간이) 앞섬; 우선함

⟨연상⟩ ① 소시지나 햄버그보다 더 앞의 이전의 음식인 달걀 프라이여(→프라이어)!
② 시멘트 바닥에 노는 도시 아이들보다 이전의 시골 풀밭에서 놀았던 풀 아이여(→프라이어)!

⟨예문⟩ It was done with prior approval.
그것은 사전 승인을 얻어서 행해졌다.

⟨파생⟩ priority n. (순서가 앞임), 우선권

---

frequent
[fríːkwənt]

ⓐ 빈번한; 자주 일어나는

⟨연상⟩ 1975년 월남에서 미군철수 작전인 프리퀀트 윈드(frequent Wind)(→프리:퀀트)는 미군의 빈번한 철수를 도왔다,

⟨예문⟩ Fires are frequent in the city.
그 시에서 화재가 빈번히 일어난다.

⟨파생⟩ frequency n. 빈번함; 빈도(수); 주파수

---

serial
[síəriəl]

ⓐ 일련의; 정기 간행의
ⓝ (신문 . 잡지의)연재물, (TV 등의) 연속극(물)

⟨연상⟩ 신문의 연재물이나 TV 연속극에서의 등장하는 시인이 사용하는 일련의 시어(詩語)들이 리얼(→시리얼)하더군.

⟨예문⟩ There are serial numbers on dollars bills.
달러지폐엔 일련의 번호들이 있다.

rapid
[rǽpid]

a. 급속한; 갑작스러운; 민첩한 **n.** 신속; 만첩 **반** slow, tardy 느린

연상 뜀뛰기를 할 때 내 피는 더(→래피드) 급속한 속도로 돈다.

예문 The epidemic is spreading at a **rapid** rate.
그 유행병은 빠른 속도로 퍼지고 있다.

파생 rapidity n. 민첩함 rapidly ad. 빨리 신속히

hasty
[héisti]

a. 급한(abrupt); 경솔한(reckless)

연상 너가 허가 없이 헤이스의 티셔츠(→헤이스티)를 입은 것은 경솔한 짓이었어.

예문 You had better not make any **hasty** decisions.
성급한 결론은 내리지 않는 것이 낫다.

파생 hastily ad. 성급하게, 서둘러 haste n. 급함. 경솔
hasten v. 서두르다

preliminary
[prilíminèri]

a. 예비의, 준비의 **n.** 예비 행위[단계], 예비시험

연상 ① 코리아 오픈 탁구대회의 예비의 경기, 즉 예선을 프리리미네리 라운드(Preliminary Rounds)(→프리리미네리)라 한다.
② 식물연구소의 풀이 시골마을 리(里), 미네리(→프리리미네리)에 예비로 심어졌다.

예문 He failed in the **preliminary** examination.
그는 예비시험에 합격하지 못했다.

imminent
[íminənt/ mənən]

a. 긴박한, 절박한; 임박한(impending)

연상 이미 넌(→이미넌(트)) 절박한 상황에 처해 있다.

예문 War is **imminent**.
전운이 감돈다.

dawn
[dɔːn]

n. 새벽; 시작 **v.** 동이 트다

연상 새벽이 되면 돈(→도온)을 벌러 일터로 나간다.

예문 The couple works hard from **dawn** till dusk.
그 부부는 새벽부터 해질 때까지 열심히 일한다.

update
[ʌpdéit]

n. 최신의 것, 최신 정보 **v.** 최신식으로 하다

연상 up(위에)+date(날짜)(→엎데트) = 날짜가 아래보다 위에 있는 것이 최신의 것이다.

예문 We need to **update** our commuter program.
우리는 컴퓨터 프로그램을 갱신할 필요가 있다.

파생 up-to-date a. 최신의, 현대적인

period
[píəriəd]

ⓝ 기간, 시대

연상 농구는 전반, 후반 4 기간을 나누어 1, 2기간을 1, 2 피리어드(→피리어드)
3,4기간을 3,4 피리어드히 한다.

예문 The study will be carried out over a six-month **period**.
그 연구는 6개월의 기간 동안에 행해질 것이다.

파생 periodic a. 주기적인 periodical n. 정기간행물

---

overestimate
[òuvəréstəmèit]

ⓥ 과대평가하다 ⓟ underestimate 과소평가하다

연상 over(지나치게) + estimate(평가하다)(→오우버에스터메잇) =지나치게 평가하는 것이
과대평가하는 것이다.

예문 The Sales Director **overestimated** the demand.
판매담당 이사는 수요를 과대평가했다.

---

circuit
[sə́:rkit]

ⓝ 순회; 주위; (전기)회로 ⓥ 순회하다

연상 요즘 노년층에선 회로를 따라 순회하면서 공을 쳐 넣는 서킷트 (→서: 킷)볼이
유행이라면서?

예문 The earth takes a year to make a **circuit** of the sun.
지구가 태양을 한 바퀴 도는 데 1년이 걸린다.

---

chase
[tʃeis]

ⓝ 추적; 추구 ⓥ 추적하다

연상 그는 애인에게 채이어서(→체이스) 그녀를 추적하고 있다.

예문 The policeman is **chasing** the thief.
경찰관이 도둑을 쫓고 있다.

---

relevant
[réləvənt]

ⓐ 관련된; 타당한 ⓟ irrelevant 관련이 없는

연상 렐러 선수가 번트(→렐러번트)볼을 친 것은 감독의 지시와 관련된 타당한 것이다.

예문 The **relevant** information was provided by many sources.
관련된 정보는 많은 곳으로부터 제공되었다.

---

acquaintance
[əkwéintəns]

ⓝ 아는 사람 , 면식, (사물에 대한) 지식

연상 어, 친구 케인이 인턴서(인턴으로 일하면서)(→어퀘인턴스)면식을 쌓아 아는 사람이
많이졌어.

예문 He is only an **acquaintance**, not a good friend.
그는 단지 아는 사람일 뿐 친구는 아니다.

ancestor
[ǽnsestər]

n. 조상, 선조 **(반)** descendant 자손, 후손

연상 ① 옛 영국 앤 여왕의 시스터 (자매)는(→엔세스터) 지금의 영국인에게는 조상이다.
② 앤 여왕의 세금 수입의 터전, 즉 앤 세수(의) 터(→엔세스터)는 조상이 물려준 자산이었다.

예문 People used to worship their **ancestors**.
사람들은 예전에는 조상을 숭배했었다.

---

offspring
[ɔ́ːfspriŋ]

n. 자식, 자손 (descendant), 결과

연상 부모에게서 off(떨어져 나가) spring(용수철)(→오프스프링)처럼 튀어오르는 것이 자식, 자손이다.

예문 Mary was our first **offspring**.
메리는 우리가 처음으로 낳은 자식이었다.

---

mate
[meit]

n. 친구 , 배우자 **v.** 짝짓다 , 동료가 되다

연상 룸메이트(→메잇)란 같은 방을 쓰는 친구를 말한다.

예문 We've been **mates** since our school days.
우리는 학창 시절부터 친구였다.

예문 Birds generally **mate** in spring.
새들을 보통 봄에 짝짓기를 한다.

---

heir
[ɛər]

n. 상속인, 후계자, 계승자, 전승자

연상 우리는 에어(air;공기)의 상속인(→에어)이다. (신에게서 상속받은)

예문 She is an **heir** to a large fortune.
그녀는 막대한 재산의 상속인이다.

---

adversary
[ǽdvərsèri/-səri]

n. 적(enemy), 적수 , (경기의) 상대

연상 ① 애드버세리얼 패치(Adversarial Patch)(→애드버세리)라 불리는 적대적 스티커를 사물 옆에 붙여 두면 이미지 인식 알고리즘이 제대로 작동하지 않게 된다.
② 적 앞에서 애들은 더 벗의 수를 세리(자기편 수를 셀 것이다)(→애드버세리)!

예문 He saw her as his main **adversary** within the company.
그는 그녀를 회사 내의 주요한 적으로 간주했다.

---

broker
[bróukər]

n. 중개인, 중매인

연상 ① 중개인은 부로(일부러) 크게(→브로우커) 부풀려서 말하는 경향이 있는 것 같죠?
② 우리가 사는 거주지 블록이 크면(→브로우커) 당연히 부동산중개인이 많겠지요.

예문 Her husband is a real estate **broker**.
그녀의 남편은 부동산 중개업자다.

파생 brokerage n. 중개(업), 중개 수수료

---

companion
[kəmpǽnjən]

n. 동료, 동반자　**반** antagonist 적대자

연상 com(컴퓨터)와 pan이(프라이팬이) 언제나(→컴페니언) 우리들의 동반자입니다.

예문 I won't go alone, I'll take a **companion**.
난 혼자 안 가, 동료를 데리고 갈 거야.

파생 companionship n. 교제 , 친교

---

foe
[fou]

n. 적(enemy), 반대자(opponent)

연상 미국의 시인이자 소설가인 포우→포우)에겐 적이 많았다고 하더군요.

예문 They were bitter **foes** for many years.
그들은 여러 해 동안 양숙 관계였다.

---

messenger
[mésəndʒər]

n. 사자(使者), 심부름꾼

연상 메시지를 전하는 인(人)이나 자(者)(→메신저)가 사자(使者)다.

예문 The documents were delivered to the president by special **messenger**.
그 서류들은 특사(特使)에 의해서 대통령에게 전해졌다.

파생 message n. 전갈, 통신, 전언

---

slave
[sleiv]

n. 노예　**a.** 노예의　**v.** 노예처럼 일하다 혹사하다.

연상 역사상 슬라브(→슬레이브)족도 노예가 된 적이 있었다.

예문 They treated the **slaves** like animals.
그들은 노예들을 동물처럼 취급했다.

파생 slavery n. 노예의 신분(제도)

---

dual
[djú:əl]

a. 둘의 , 이중의(double , twofold)

연상 ① 두 얼굴(→듀:얼)을 가진 사람을 이중의 인격자라 부릅니다.
② 듀얼 카메라(→듀:얼)는 두 개의 카메라를 사용해 하나의 이미지를 만들어 내는 카메라다.

예문 She has a **dual** character.
그는 이중인격자다.

---

versus
[vɜ́:rsəs]

pre. (소송·경기 등에서) ~대(對)(약: v., vs.)(=against)

연상 육체미 대회에서 참가자들이 팀 대 팀, 혹은 개인 대 개인으로 옷을 벗어서(→버:서스) 대결한다.

예문 It is France **versus** Korea in the final.
결승전은 프랑스 대 한국 경기이다.

monolog
[mǽnəlɔ̀:g]

n. 독백, (혼자서 하는) 긴 이야기

연상 모노로그(→마너로옥) 드라마는 독백으로 이루어진 드라마다.

예문 During his **monolog**, the actor had to tidy the room.
독백을 하면서 그 배우는 방을 정돈해야 했다.

client
[kláiənt]

n. 소송 의뢰인, 단골손님 , 고객(customer)

연상 ① 휴대폰에 **클라이언트** 앱(→클라이언트)은 회사가 고객에게 제공하는 게임 프로그램이라 할 수 있다.
② 한창 **클** 아이들은 언 터(스케이터장)(→클라이언트)의 고객이지.

예문 He is a lawyer with many famous **clients**.
그는 의뢰인이 많은 변호사다.

gender
[ʤéndər]

n. 성(性)

연상 남성은 남성대로 여성은 여성대로 자기 성이 낫다고 젠다(→젠더).

예문 We should not allow **gender** discrimination in our society.
우리 사회에서 성차별을 허용해서는 안된다.

rank
[ræŋk]

n. 지위 , 순위 , 열 (row), 횡렬   cf, file (종렬)
v. 등급 짓다, 정렬시키다

연상 3위에 **랭크**(→랭크)되었다면 순위가 3위임을 말한다.

예문 He holds a high **rank** in the company.
그는 회사에서 직급이 높다.

prey
[prei]

n. 먹이, 희생(자)

연상 플레이(경기)를(→프레이)를 하면 프레이, 즉 희생자가(지는 팀이) 생기는 법. (패자는 승자의 희생자다)

예문 The young deer are ideal **prey** for the leopard.
새끼 사슴은 표범에게 좋은 먹잇감이다.

superior
[səpíəriər]

a. 우수한(excellent), 상급(상위)의 **n.** 윗사람, 상관
반 inferior 열등한, 하급의

연상 미국의 5대호 중에서 슈퍼리어호(→슈퍼리어)가 이름처럼 가장 우수한 수질과 자원을 갖고 있을까?

예문 She is **superior** to me in every way.
그녀는 모든 점에서 나보다 낫다.

파생 superiority n. 우수, 우월

imitate
[ímitèit]

ⓥ 모방하다, 흉내 내다(mimic)

연상 청소년들이 이미 데이트(→이미데이트)를 한다면 어른들을 모방하고 있는 것이겠지.

예문 Do kids really **imitate** the violence they see on TV?
아이들이 텔레비전에서 보는 폭력 행위를 정말 모방하는가?

파생 imitation n. 모방, 모조품

---

meddle
[médl]

ⓥ 간섭하다(interfere), 쓸데없이 참견하다

연상 어머니는 매들고(→메들) (회초리를 들고) 나의 일에 항상 간섭한다.

예문 Don't **meddle** in my affairs.
나의 일에 간섭하지 마라.

---

status
[stéitəs]

ⓝ 지위 , 신분(rank)

연상 미국, 유나이티드 스테이트(state)(에)서 어서(us 우리는)(→스테이터스) 지위를 인정받고 있다. (영주권이 있어서)

예문 The **status** of a doctor is very high in the community.
의사의 지위는 지역 사회에서 매우 높다.

UNIT 02 TEST

[1~12] 보기에서 영어에 해당되는 우리말을 찾아 쓰시오.

1. ancient _____   2. current _____

3. serial _____   4. imminent _____

5. update _____   6. heir _____

7. medieval _____   8. ancestor _____

9. pause _____   10. adversary _____

11. offspring _____   12. contemporary _____

[보기] ① 중세(풍)의 ② 동시대의 ③ 최신의 것으로 하다 ④ 적수 ⑤ 고대의 ⑥ 현재의
⑦ 긴박한 ⑧ 상속인 ⑨ 자손 ⑩ 조상 ⑪ 잠시 멈추다 ⑫ 일련의

[13~17] 다음 빈칸에 들어갈 적절한 어휘를 고르시오.

13. She lived in the house as a _____ to our grandmother.

14. A genuine German musical does not try to _____ the American model.

15. Jane may be entitled to _____ nationality.

16. Italy _____ Korea is turning out to be a surprisingly well matched competition.

17. On behalf of my _____ , I would like to remind you of your obligations in this matter.

[보기] ① imitate ②versus ③ companion ④ dual ⑤ client

[18~21] 다음 빈칸에 들어갈 적절한 어휘를 고르시오.

18. Almost half the population are _____ to vote in today's election.

19. Already some people are asking whether scientists have any right to _____ in such matters.

20. The thieves have been _____ on elderly people living alone.

21. The government is working on tackling _____ inequalities in employment.

[보기] ① preying ② gender ③ eligible ④ meddle

[정답] 1.⑤ 2.⑥ 3.⑫ 4.⑦ 5.③ 6.⑧ 7.① 8.⑩ 9.⑪ 10.④ 11.⑨ 12.②
13.③ 14.① 15.④ 16.② 17.⑤ 18.③ 19.④ 20.① 21.②

432

Further Study

mail 우편물

airmail 항공 우편

foreign mail 국제 우편

electronic mail 전자 우편

surface mail 육로, 해상 우편

overnight mail (하루 걸리는) 빠른우편

registered mail 등기 우편

express 빠른우편

zip code 우편 번호(postal code)

postage 우편요금

addressee 수신인

sender 발송인

return mail 회답 편지

package 소포, 짐 (=parcel)

enclose 동봉하다

attach 첨부하다

freight 보통 우편물

p.o.box 우편 사서함

delivery (우편물) 배달

correspond 편지 왕래하다

self-addressed envelope 회신용 봉투

dispatch (급보를) 발송하다

handling charge 수수료

return address 회신 주소

R.S.V.P. 답장요망 (please reply)

scanty
[skǽnti]

ⓐ 부족한, 모자라는, 빈약한　ⓑ abundant 풍부한

연상 사진을 스캔할 때 스캔(한) 티(=흔적)(→스캔티)가 나면 기술이 부족한 증거다.

예문 Unfortunately, her decision was based rather scanty information.
불행하게도 그녀의 결정은 다소 부족한 정보에 근거하였다.

---

sphere
[sfiə:r]

ⓝ 구체(球體), 구(球)(globe); 범위

연상 숲(sp) + here(여기)(→스피어) = 숲 여기가 지구 모양이다.

예문 a heavenly sphere 천체

예문 The Earth is a sphere.
지구는 구(球)이다.

파생 spherical a. 구형의

---

dimension
[diménʃən]

ⓝ (길이·너비 등의) 치수　ⓟ 크기

연상 D급 맨션(mansion 저택)(→디맨션)은 치수도 작을까?

예문 What are the dimensions of this classroom?
이 교실의 치수는 얼마나 됩니까?

---

symmetry
[símətri]

ⓝ 대칭; 균형　ⓑ asymmetry 비대칭, 불균형

연상 가로수 심을 때는 "심어, 트리(→시머트리). 좌우 대칭이 되게!"라고 조언한다.

예문 The design of the house has a pleasing symmetry.
그 집의 설계는 대칭이 잘 이루어져 있다.

파생 symmetrical a. 대칭적인, 균형이 잡힌

---

parallel
[pǽrəlè]

ⓐ 평행의　ⓝ 평행선; 유사(물)　ⓥ 필적하다

연상 카드의 패를 낼(→패럴렐) 때는 상대방과 평행인 유사 패를 내야 유리하다며?

예문 The road is parallel to the railroad.
그 도로는 선로와 평행 한다.

square
[skwεəːr]

a. 사각의 **n.** 정사각형; 평방, 제곱; 광장 **v.** 사각형으로 하다 **ad.** 사각으로

연상 뉴욕의 메디슨 스퀘어(→스퀘어)광장은 정사각형이다.

예문 The **square** of 7 is 49.
7의 제곱은 49이다.

예문 the Red **Square** (러시아의) 붉은 광장

예문 Draw a **square** with sides of 10 centimeters.
한 변이 10센티미터인 정사각형을 그려라.

---

diameter
[daiǽmitər]

n. 지름, 직경

연상 다이애나 왕세자비가 사용했던 미터(→다이애미터)법은 지름을 재는 것이었지?

예문 The pipe is three inches in **diameter**.
그 파이프는 직경이 3인치다.

---

triangle
[tráiǽŋgə]

n. 삼각형; <타악기> 트라이앵글

연상 타악기 트라이앵글(→트라이앵글)은 삼각형이다.

예문 She cut the sandwiches into **triangles**.
그녀는 샌드위치를 삼각형 모양으로 잘랐다.

파생 triangular a. 삼각형의

---

fold
[fould]

v. 접다; 싸다; (팔짱을)끼다; 접히다 **반** unfold 펴다

연상 폴더(→포올드)형 휴대폰을 접는 전화기.

예문 with one's arms **folded** 팔짱을 끼고

예문 The woman **folded** the tickets in two and tore them in half.
그 여자는 입장권들을 반으로 접어서 둘로 찢었다.

---

tube
[tjuːb]

n. (금속·고무 등의) 관(pipe); (타이어 등의) 튜브; (런던의) 지하철; 텔레비전

연상 ① 타이어의 튜브(→튜브)는 동그랗게 말린 일종의 관이다.
② 지하철의 내부는 튜브(→튜브)의 형태다.

예문 a **tube** of toothpaste 튜브에 든 치약 한 개

예문 a **tube** station (런던의)지하철 역

예문 What's on the **tube** this weekend?
이번 주말 텔레비전에서 무얼 방송하니?

---

slot
[slɑt]

n. 가느다란 구멍; (자판기 등의) 동전 넣는 구멍
v. 가늘고 긴 홈[틈]을 내다.

연상 슬롯트(→슬랏)머신이란 코인을 넣는 가느다란 구멍이 있는 도박기계.

예문 Insert coins into the **slot** and press for a ticket.
표를 사려면 구멍에 동전을 넣고 누르시오.

tiny
[táini]

ⓐ 아주 작은, 조그마한

연상 중국에 비하여 작은 나라가 타이니(Thailand, 태국)(→타이니)?

예문 The old man lived in a **tiny** cottage.
그 노인은 작은 오두막에 살았다.

---

huge
[hjuːʤ]

ⓐ (양·부피 등이)거대한, 막대한(immense)

연상 미국 억만장자 하워드 휴즈(→휴즈.)는 물려받은 석유 공구회사로 막대한 돈을 벌었다.

예문 China is a **huge** country.
중국은 거대한 나라다.

---

lump
[lʌmp]

ⓝ 덩어리; 혹, 부스럼; 다수 ⓥ 한 덩어리로 만들다

연상 부동산 재벌 트럼프(Trump)(→럼프)는 금 덩어리를 많이 가졌데.

예문 Put a few more **lumps** of coal on the fire.
불에 석탄 몇 덩이를 더 넣어라.

---

mold
[mould]

ⓥ 틀에 넣어 만들다; 곰팡이가 생기다. ⓝ 주형, 거푸집, 틀; 곰팡이

연상 밥 모울드(Bob mould)(→모울드)는 전설적인 인디 그룹 Sugar의 리더로 활약하며 팝을 틀에 넣어서 만들어, 거푸집과 같은 역할을 했던 가수다.

예문 A sculpturer **molds** clay into busts.
조각가가 점토로 흉상을 만들다.

---

entire
[intáiər]

ⓐ 전체의(whole); 완전한(complete) ⓝ 전부, 전체

연상 in(안) 타이어(→인타이어)(타이어의 내부)는 전체가 완전한 튜브임.

예문 We heard the **entire** story.
우리는 이야기의 자초지종을 들었다.

파생 entirely ad. 아주, 완전히

---

bunch
[bʌntʃ]

ⓥ 다발로 묶다
ⓝ (과일 따위의) 송이(cluster); (열쇠 따위의) 다발, 묶음

연상 ① 가수 킨다의 노래 'A bunch of red roses)(→번취)는 '빨간 장미 다발'이란 뜻.
② 포도처럼 다발로 되어 있는 과일은 먹을 때 반만 취(→번취)하라. (다 먹기엔 양이 많으니까)

예문 She bought two **bunches** of grapes.
그녀는 포도 두 송이를 샀다.

436

net
[net]

a. 에누리 없는, 순(純)의; 순이익의 **n.** 그물

연상 net(그물)(→네트)에 걸리는 물고기는 어부의 순이익의 소득이다.

예문 After taxes, his **net** salary comes to $3,500 a month..
세금을 제한 그의 순수 월 급여는 3,500달러이다.

---

proportion
[prəpɔ́ːrʃən]

n. 비율(ratio); 부분(part); 정도

연상 프로 선수들이 포션 거피(액상 커피)(→프로포션)를 마실 때는 체중과의 비율을 생각해서 마셔야 합니다.

예문 A man will succeed in **proportion** to his perseverance.
사람은 인내심에 비례해 성공한다.

파생 proportional a. 비례의; 균형이 잡힌

---

squash
[skwɑʃ]

v. 짓누르다; 억압하다; (사람·물건을) 밀어넣다; 납작하게 만들다
n. 짓이김; 찌그러진 것; 스쿼시 테니스

연상 스쿼시(→스콰쉬)는 과일을 짓눌러 만든 음료.

예문 He **squashed** my cap flat.
그는 내 모자를 납작하게 찌그러뜨렸다.

---

slope
[sloup]

n. 경사, 비탈 **v.** 비탈지다, 경사지다

연상 스키는 슬로프,(→슬로우프), 즉 비탈을 따라서 타야 한다.

예문 The road rises in a gentle **slope**.
도로는 완만한 경사를 이루고 있다.

파생 sloping a. 비탈진

---

pile
[pail]

n. 쌓아 올린 것, 더미 **v.** 쌓아 올리다; 축적하다(accumulate)

연상 사무실엔 보통 파일(file 서류철)(→파일)을 더미로 쌓아올린다.

예문 The bookshelves were full and there are **piles** of books all over the floor.
서가가 가득차서 방바닥에 온통 책 더미가 쌓여 있다.

---

melt
[melt]

v. (고체가)녹다; (감정이) 수그러지다; 차차 없어지다.

연상 소를 맬 터에(→멜트)에 눈이 빨리 녹는다.(소의 입김 때문에)

예문 It was so hot the butter started to **melt**.
날이 너무 더워서 버터가 녹기 시작했다.

abundant
[əbʌ́ndənt]

ⓐ 풍부한, 풍족한, 많은

연상 ① 어번던트 호프(abundant hope)(→어번던트) 사이트는 '풍부한 희망'이란 단체로 예수가 재림하면 희망이 풍부해진다고 전합니다.
② 등에 업은 던던한(→어번던트) 재산이 바로 풍부한 재산이다.

예문 The country has **abundant** natural resources.
그 나라는 천연 자원이 풍부하다.

파생 abundance n. 풍부; 다수

---

gross
[grous]

ⓐ. 총계의; 엄청난 ⓝ. 총계, 총액

연상 비싼 그 로스(→그로우스) 구이 때문에 밥값의 총액이 얼마나 나왔는지 알아?

예문 His **gross** income was over seventy thousand dollars last year.
지난해 그의 총수입은 7만 달러 이상이었다.

---

bubble
[bʌ́bəl]

ⓝ. 거품 ⓥ. 거품이 나다

연상 밥을(→바블) 지을 때 거품이 난다.

예문 Clear water **bubbles** up from among the rocks.
맑은 물이 바위틈에서 보글보글 솟아나고 있다.

---

widespread
[wáidspred]

ⓐ. (널리) 보급된, 퍼진

연상 나무와 풀은 wide(넓은) 수풀에 더(→와이드스프레드) 퍼져 있다.

예문 The campaign has received **widespread** support.
그 운동은 폭넓은 지지를 받았다.

---

famine
[fǽmin]

ⓝ. 기근; 흉작.

연상 기근에 시달리면 패민(敗民)(패배한 국민)(→패민)이 된다.

예문 North Koreans suffer from **famine**.
북한 사람들이 기근에 시달리고 있다.

---

copper
[kápər/ kɔ́pər]

ⓝ. 동, 구리; 동전 ⓥ. 구리를 입히다

연상 구리를 갖고 놀면 코가 퍼(→코퍼)렇게 된다면서?

예문 Chile is the world's largest producer of **copper**.
칠레는 세계에서 제일 큰 구리 생산국이다.

pebble
[pébəl]

n. 자갈, 조약

연상 해변의 자갈 하나가 나의 페불(페부를)(→페벌)찌르는 구나.(시인의 감동)

예문 This part of the coast has **pebble** beaches.
해안의 이쪽에 조약돌 해변이 있다.

worm
[wə:rm]

n. 벌레; 지렁이　**v.** 천천히 움직이다

연상 워엄(warm 따뜻한)(→워엄) 곳에 벌레가 많다.

예문 Even a **worm** will turn.
지렁이도 밟으면 꿈틀한다.

reap
[ri:p]

v. 수확하다. (작물을) 베다

연상 녹차를 만들기 위해서 시골 마을인 리(里)에서 잎(→리잎)을 수확한다.

예문 **reap** crops　농작물을 거둬들이다

예문 They will **reap** great rewards from their efforts
그들은 노력에 대한 엄청난 보상을 거둬들일 것이다.

trap
[træp]

n. 덫 (snare), 올가미; 함정

v. 덫을 놓다; 함정에 빠지다

연상 범인을 잡기 위해 비행기 트랩(→트랩)을 덫으로 이용했다.

예문 He was caught in a **trap**.
그는 함정에 빠졌다.

plow
[plau]

n. 쟁기; 경작　**v.** 경작하다(till), 밭을 갈다

연상 쟁기로 밭을 간 곳에도 풀 나우(풀이납니까)(→플라우)?

예문 They **plowed** manure in the land.
그들은 땅을 갈아 비료를 묻었다.

hawk
[hɔ:k]

n. 매; (정치적) 매파, 강경파

v. 매 사냥을 하다; 소리치며 장사하다

연상 매의 등엔 혹(→호옥)이 있다.

예문 The **hawk** are pressing for a vigorous response to the challenge.
강경파들은 그 문제에 대해 강력하게 대처하도록 압박하고 있다.

awful
[ɔ́:fəl]

a. 무서운(dreadful); 아주 싫은: 심한　**n.** 두려움, 경의

연상 오! 펄!(→오펄) 빠지면 나오기 어려운 무섭고, 아주 싫은 펄이여.

예문 The weather last winter was **awful**.
지난 겨울 날씨는 끔찍했다.

proper
[prápər/ próp-]

a. 적적한, 적당한: 고유의　**cf.** improper (부적절한)

연상 ① 미공군 전투복 바지인 '프로퍼 바지'(→프로퍼)가 가격도 적절하고 입기에 적당해서 요즘 인기 상품이다.
② 프로선수의 얼굴이 퍼런(→프로퍼) 것이 적당한 색이다. (흰색이나 검은 색보다는 경기장에 어울리기 때문에)

예문 It is not **proper** that you should do it
네가 그 일을 하는 것은 적적치 않다.

refuse
[réfjuːz]
[rifjúːz]

v. 거절하다, 거부하다
n. 폐기물, 나머지, 허섭스레기　**때** accept 받아들이다

연상 시골마을 리(里) 퓨즈(→리퓨:즈)가 자주 고장 나서 전기를 받아들이기를 거부한다.

예문 She **refused** his proposal.
그녀는 그의 청혼을 거절했다.

context
[kántekst / kón-]

n. 문맥, (문장의)전후 관계

연상 큰 텍스트(→칸텍스트)(교재)일수록 문맥이나 전후 관계를 고려해 읽어야 한다.

예문 We have to see the problem in a wider **context**.
우리는 보다 넓은 맥락에서 문제를 보아야 한다.

bet
[bet]

v. (돈을)걸다; 내기하다; 장담하다　**n.** 내기

연상 추신수의 배트(bat)(→벳)에 내기를 거는 경기 도박사들이 많다.

예문 I'll **bet** you anything on it.
나는 당신에게 그것에 관해 무엇이라도 걸겠다.

rid
[rid]

v. 제거하다: 자유롭게 하다

연상 경기를 이기려면 그 팀의 리더(leader)(→리드)를 제거하는 것이 좋겠어.

예문 The poison **ridded** the house of rats
그 독약으로 집의 쥐들을 제거했다.

예문 get **rid** of ～을 제거하다

task
[tæsk]

n. 일, 과업, 직무

연상 데스크(desk)(→테스크)는 직무(태스크) 행하는 곳이다.

예문 I have a difficult **task** to perform
나는 해내야 할 어려운 과업이 있다.

---

complete
[kəmplíːt]

v. 완성하다 a. 완전한; 전부의 반 incomplete 불완전한

연상 수학문제를 com(컴퓨터)가 풀이(→컴플리잇)하면 완전한 방식으로 완성해 준다.

예문 The task will be **completed** in a work
그 일은 일주일이 지나야 끝날 것이다.

UNIT 03 TEST

[1~12] 보기에서 영어에 해당되는 우리말을 찾아 쓰시오.

1. dimension _____   2. lump _____

3. huge _____   4. symmetry _____

5. parallel _____   6. diameter _____

7. fold _____   8. triangle _____

9. slot _____   10. bubble _____

11. famine _____   12. awful _____

[보기] ① 평행의 ② 지름 ③ 덩어리 ④ 접다 ⑤ 치수 ⑥ 삼각형 ⑦ 거대한
      ⑧ 대칭 ⑨ 무서운 ⑩ 기근 ⑪ 가느다란 구멍 ⑫ 거품

[13~17] 다음 빈칸에 들어갈 적절한 어휘를 고르시오.

13. Workers should be entitled to _____ work under these conditions.

14. These actions only have meaning within certain specific _____ .

15. The project has now been successfully _____ .

16. There is an _____ supply of cheap labour in the country.

17. You should try to avoid making assumptions on _____ data.

[보기] ① completed ② abundant ③ contexts ④ scanty ⑤ refuse

[18~21] 다음 빈칸에 들어갈 적절한 어휘를 고르시오.

18. There is _____ support for the new proposals.

19. The unskilled section of the working class was diminishing as a _____ of the workforce.

20. The proposals are an attempt to _____ the country of political corruption.

21. I _____ you were good at games when you were at school.

[보기] ① rid ② widespread ③ bet ④ proportion

[정답] 1.⑤ 2.③ 3.⑦ 4.⑧ 5.① 6.② 7.④ 8.⑥ 9.⑪ 10.⑫ 11.⑩ 12.⑨
       13.⑤ 14.③ 15.① 16.② 17.④ 18.② 19.④ 20.① 21.③

Further Study

call 전화하다

dial 전화를 걸다

area code 지역 번호

country code 국가 번호

extension 내선 번호

local call 시내 전화

international call 국제 전화

collect call 수신자 부담 전화

toll-free number 무료 전화

long-distance call 장거리 전화, 시외 전화

connect 연결하다, 연결시키다

put through 전화를 연결하다

pay phone 공중전화

disconnect 전화를 끊다

person-to-person call 지명 통화

station-to-station call 번호 통화

directory 전화번호부

answering machine 자동 응답기

operator 교환원

public phone 공중전화

phone bill 전화요금 통지서

yellow page 업종별 전화번호부

mobile phone 이동전화

be disconnected (전화 연락이) 끊어지다

in a nutshell 용건만 간단히

prank call 장난 전화

lines are messed[crossed] 혼선이 되다

prominent
[prámənənt]

ⓐ 저명한; 탁월한; 현저한

(연상) 프로(pro)선수들의 근육의 미(아름다움)는, 즉 프로 미는(→프라미넌(트)) 저명하고, 탁월하군.

(예문) He is a **prominent** politician in the country.
그는 그 나라에서 저명한 정치인이다.

(파생) prominence n. 저명; 현저; 탁월

---

stupid
[stu:pid]

ⓐ 우둔한, 어리석은(foolish) ⓝ 바보

(연상) 그 student(학생)의 피가 더(→스튜피드) 어리석다고? 아니야. 피가 어리석은 것은 없어.

(예문) How **stupid** you are!
너는 정말 어리석구나!

---

board
[əbɔ́:rd]

ⓝ 판자; 위원회 ⓥ 승선[승차]하다; 하숙하다

(연상) 스케이트보드(→보드)는 판자 같이 생겼는데 승차하는 기분으로 타면 돼.

(예문) She jumped off the diving **board**.
그녀는 다이빙대에서 뛰어내렸다

(예문) a **boarding** pass 탑승권 go on **board** 승선하다

---

entry
[éntri]

ⓝ (경기 등의)참가(자); 기재; (안으로)들어감; 표제어

(연상) 엔트리(→엔트리)선수 명단이란 경기에 뛸 수 있는 참가자를 기재한 것.

(예문) The signs on the doors say "No **Entry**"
문들에 '출입 금지'라고 씌어 있다.

(파생) enter v. 들어가다 entrance n. 입학; 입구

---

peak
[pi:k]

ⓝ 산꼭대기; (뾰족한) 끝; 최고점, 절정

(연상) ① 화산이 산꼭대기에서 피-익(→피:크)하고 터졌다.
② 전력 사용의 피크(→피:크) 타임이란 전력 사용이 절정에 이른 시간을 말한다.

(예문) the highest **peak** of the mountain
그 산의 최고봉

overall
[óuvərɔ̀:l]

a. 종합(전면)적인; 전부의

연상 over(위에) + all(모든 것)(→오우버로울)= 모든 것의 위 있는 것이 종합적인 것이고 전부의 것이다.

예문 The **overall** situation is good, despite a few minor problems.
몇 가지 사소한 문제점은 있지만 전반적인 상황은 좋다.

cope
[koup]

v. 대처하다; 극복하다 (overcome)

연상 영국 여류시인 웬디 코우프의 시는 콧물이 날 때 코푸(→코우프)는 것이 대처하는 방법이듯이 어려운 일에 대처하는 것을 말해준다.

예문 We cannot **cope** with the present difficulties.
현재의 난국에 대처할 길이 없다.

tool
[tu:l]

n. 도구, 연장; 수단(means)

연상 투우사가 투울(=투우를)(→투울)할 때 도구가 붉은 보자기이다.

예문 We have a few carpenter's **tools**.
우리에게 목수의 연장이 약간 있다.

rely
[riláí]

v. 의지(신뢰)하다; ~에 달려 있다 (~on)

연상 닐(너를) 나이(→릴라이)로 보아 신뢰한다.

예문 **Rely** on me to keep my promise.
약속을 지킬 테니 믿어라.

파생 reliable a. 믿음직한   reliance n. 믿음, 신뢰

gap
[gæp]

n. (의견 등의) 차이, 간격; (벽 등의) 금, 틈새

연상 문을 개폐(=열고 닫음)(→갭)할 때 시간이나 공간의 간격과 차이가 생긴다.

예문 There was a great **gap** between the views of the two.
두 가지의 시각에는 커다란 차이가 있었다.

stir
[stə:r]

v. 휘젓다, 뒤섞다(blend); 자극(선동)하다 **n.** 휘젓기; 소동; 법석

연상 스타(→스터:)가 되었다하면 방송국을 휘젓고 다니며 법석을 떨었다.

예문 He **stirs** his milk with spoon.
그는 숟가락으로 우유를 휘젓고 있다.

explore
[iksplɔ́ːr]

v. 탐험하다; (문제 등을) 조사하다

연상 익서는 정글의 풀로(=풀 있는 곳으로)(→익스플로) 다니며 탐험하고 생태를 조사했다.

예문 He **explored** the source of the river.
그는 강의 수원지를 답사했다.

파생 exploration **n.** 탐험; 탐구

vision
[víʒən]

n. 시력(sight); 통찰력; 환영

연상 텔레비전(→비전)은 시력은 나쁘게 하지만 세상을 보는 통찰력을 키워준다.

예문 The rain prevented her having clear **vision** of the road ahead.
비 때문에 도로 전방의 분명한 시야를 확보할 수 없었다.

파생 visible **a.** (눈에)보이는   visual **a.** 시각의

passage
[pǽsidʒ]

n. 통행, 통로, 통과; (시간의) 경과; (문장의) 한 절

연상 ①시험에 통과하는 것이 패스지(→패시지), 다른 게 패스인가?
② pass(통과하다)+age(명사어미)=통과, 통행

예문 Go straight down this **passage**.
이 통로를 쭉 따라 가세요.

예문 What is the main topic of this **passage**?
이 단락의 중심 화제가 무엇인가?

entitle
[intáitl]

v. ~에게 권리를 (자격을) 주다; 제목(명칭)을 붙이다.

연상 ① en(=make) + title(자격) = 자격을 만드는 것이 자격을 주는 것이다.
② 인(人;인간)에게 타이틀(→인타이틀)을 붙여주는 것이 권리나 자격을 주는 것이다.

예문 Every Korean is **entitled** to an education.
모든 한국인은 교육을 받을 권리가 있다.

grasp
[græsp]

v. 꽉 쥐다, 움켜잡다; 이해하다   **n.** 꽉 쥐기; 이해

연상 grass(풀)은 푸른(→그래스프) 색을 꽉 쥐고 있어.

예문 I cannot **grasp** your meaning
나는 네가 무슨 말을 하는지 이해할 수 없다.

consequence
[kánsikwèns/ kɔ́nsikwəns]

n. 결과(result); 중요성 (importance)

연상 영화에서 어떤 상황의 시작부터 끝까지를 묘사하는 영상의 단락인 시퀀스, 즉 신(장면)보다 큰 단위인 시퀀스(→콘시퀀스)에 따라서 결과가 달라진다. 그래서 큰 시퀀스가 중요하다.

예문 What are the **consequence** of his actions?
그가 한 행동들의 결과는 어떠했나요?

파생 consequent **a.** 필연적인; ~ 결과로 생기는

enormous
[inɔ́ːrməs]

ⓐ 거대한, 커다란 (huge, immense)

연상 이놈! 어서(→이노머스) 거대한 몸뚱이를 들어내어라!(영화에서 거대한 괴물에게 하는 대사)

예문 The problems facing the country are **enormous**.
그 나라가 직면한 문제들은 엄청나다.

fulfill
[fulfíl]

ⓥ 이행하다, 실행하다(accomplish)

연상 full(충분히)+fill(채우다)(→ 풀필) = 약속한 것을 충분히 채우는 것이 약속을 이행하는 것이다.

예문 He did his best to **fulfill** his duties.
그는 의무를 이행하기 위해 최선을 다했다.

monitor
[mánitə/ mɔ́n-]

ⓥ 감시하다; 주의 깊게 살펴보다
ⓝ 충고자; 감시 장치; (TV 등의) 모니터

연상 교통 상황은 폐쇄 회로의 모니터(→모니터)를 통해 감시한다.

예문 He checks the machine by using a **monitor**.
그는 모니터를 사용해 기계를 점검한다.

chip
[tʃip]

ⓝ 얇은 조각; 반도체 칩 ⓥ 깎다, 자르다

연상 포테이토 칩(→칩) 과자는 감자를 얇은 조각으로 자른 것이다.

예문 The ground was covered with wood **chip** where they'd been chopping logs.
통나무를 잘랐던 땅 위에 나무 조각들이 널려 있다.

disaster
[dizǽstər]

ⓝ 재해, 재난

연상 ① D급 재수(=운수) 터(장소)(→디재스터)에서 재난이 생긴다.
② 디(매우) 재수 터진(→디재스터) 터에서 재난이 일어났다.(반어적 표현)

예문 It was the worst natural **disaster** in 50 years.
50년 만의 최악의 자연 재해였다.

파생 disastrous a. 재난의; 비참한

accurate
[ǽkjərit]

ⓐ 정확한, 정밀한 (exact) 반 inaccurate 부정확한

연상 매사에 정확한 사람만이 애를 잘 키우리!(→애큐릿)

예문 He is **accurate** in his work.
그는 일하는 데 빈틈이 없다

파생 accuracy n. 정확, 정밀

launch
[lɔːntʃ/ laːntʃ]

v. (배를)진수하다; (로켓을)발사하다; (일을)착수하다

연상 ① 그 회사는 런치(lunch;점심)(→로온취)시간에 배를 진수한다.
② 그 회사는 은행에서 로온(대출)을 취(→로온취)해서 배를 진수했다.

예문 A new ship was **launched** last week.
지난주에 새 배 한 척이 진수되었다.

disgust
[disgʌ́st]

n. 혐오; 구역질 **v.** 불쾌하게[구역질나게] 하다

연상 디스(this;이) 가스(gas) 터(→디스거스트)(=이 가스를 보관하는 터)는 인근 사람들에게
혐오감을 준다.(폭발 위험이 있기 때문에)

예문 They both looked with **disgust** at the man.
그들 두 사람은 불쾌하게 그 사람을 바라보았다.

secondary
[sékəndəri]

a. 제 2의, 제 2위의; 부차적인 **반** primary 주요한; 첫째의

연상 제 2의 순서가 바로 second리(→세컨더리)!

예문 **secondary** education 중등교육

예문 The cost is a matter of **secondary** importance.
비용은 둘째 문제다.

acquire
[əkwáiər]

v. 획득하다 (obtain); 습득하다 **반** lose 잃다

연상 ① 어쿠! 와이어(wire; 전선)(→어콰이어)를 획득했군!
② 대표 주식게임인 어콰이어(→어콰이어)은 주식을 획득하는 게임.

예문 He hae **acquired** a reputation for being dishonest.
그는 부정직하다는 평판을 얻고 말았다.

complicated
[kámplikèitid/ kɔ́m-]

a. 복잡한 (complex)

연상 수학 문제 풀이에서, Com(컴퓨터)의 풀이 방식이 케이트(Kate)(의 방식)보다
더(→캄프리케이티드) 복잡하군.

예문 The world of finance is extremely **complicated**.
금융계는 매우 복잡하다.

shame
[ʃeim]

n. 치욕, 수치, 부끄럼 **v.** 부끄러워하게 하다; 창피를 주다

연상 늘그막에 새 임(→셰임)을 얻으니 어쩐지 부끄럼이 생기는 구나.

예문 She blushed with **shame**.
그녀는 부끄러워 얼굴을 붉혔다.

예문 She has no **shame**.
그녀는 창피를 모른다.

448

wire

ⓝ 철사; 전선; 전보(telegram) ⓥ 전보를 치다; 철사로 감다

연상 철사, 전선인 와이어(→와이어)를 통해 전보를 쳤다.

예문 He **wired** me to start at once.
그는 나에게 당장 출발하라는 전보를 쳤다.

---

swing
[swiŋ]

ⓥ 흔들리다; 매달리다; 그네를 타다 ⓝ 흔들림; 그네

연상 야구의 스윙(→스윙)은 공을 못치고 마치 그네처럼 배트만 흔들리는 것이다.

예문 The hammock is **swinging** gently.
그물 침대가 조용히 흔들리고 있다.

---

simultaneous
[sàiməltéiniəs]

ⓐ 동시의, 동시에 일어나는

연상 친구와 다투어서 사이가 멀(어졌을) 테니 어서(→사이멀테이니어스) 동시의 사과와
함께 화해를 시도해라.

예문 The theatre will provide **simultaneous** translation in both English
and Chinese.
그 극장에선 영어와 중국어 동시 번역을 제공한다.

파생 simultaneously ad. 동시에

---

nasty
[næst]

ⓐ 더러운(dirty), 불결한; (날씨가) 매우 나쁜; 심술궂은

연상 내수용 티(→네스티)셔츠는 수출용 티보다 불결한 것이 많을까?

예문 She has a **nasty** mind.
그녀는 생각이 추잡하다.

예문 a **nasty** accident 끔찍한 사고   **nasty** weather 험악한 날씨

---

delight
[diláit]

ⓝ 기쁨 ⓥ 매우 기뻐하다[기쁘게 하다]

연상 밝기가 D급인 light(빛)(→딜라이트)도 우리에겐 기쁨이다.(모든 빛은 인간에게
기쁨이다)

예문 To my great **delight**, they offered me the job.
너무나 기쁘게도 그들은 나에게 일자리를 제공해 주었다.

---

acknowledge
[əknálid]

ⓥ 인정하다 (admit); 자백하다 (confess) 반 deny 부정하다

연상 아이들은 "어크! 저 가수 요즘 이름을 날리지(→어크날리지)!" 하면 스타로 인정했다.

예문 She is **acknowledged** as the best singer.
그녀는 최고의 가수로 인정받고 있다.

restrict
[ristríkt]

ⓥ 제한하다, 한정하다

연상 시골 마을 **리**(里) **strict**(지역)이나 **스트리트**(street 거리)(→리스트릭트)에선 때론 자동차 통행을 제한하고 있다.(구제역 가축병 전염을 막기 위해)

예문 Our membership is **restricted** to twenty.
우리 회원은 20명으로 제한되어 있다.

---

false
[fɔːls]

ⓐ 거짓의, 가짜의; 틀린

연상 그가 레슬링 경기에서 **폴승**(fall)(→포올스)한 것은 거짓의 결과였다. (경기가 거짓으로 조작되었다)

예문 She was charged with giving **false** evidence in court.
그녀는 법정에서 허위 증거를 제시한 죄로 기소되었다.

---

mature
[mətjúə:r]

ⓐ 익은; 성숙한 ⓥ 원숙하게 하다 ⑪ immature 미숙한

연상 뭐, **튜어**(여행)(→머튜어)는 성숙한 사람만 할 수 있다고? 그래 그곳은 청소년이 가기에 위험한 곳이니까.

예문 She had **matured** into a beautiful young woman.
그녀는 아름다운 젊은 여인으로 성숙했다.

파생 maturity n. 성숙, 숙성

---

outcome
[áutkʌm]

ⓝ 결과, 성과(result)

연상 out(밖으로)+come(나오다)(→아웃컴) = 밖으로 나오는 것이 결과다.

예문 This book is the **outcome** of some 10 years of observation.
이 책은 약 10년간의 관찰의 결과이다.

---

resist
[rizíst]

ⓥ 저항하다, 물리치다;(병 등에) 견디다(endure)
ⓝ 저항, 저항력; (전기의) 저항

연상 3.1 운동 때 마을 사람들은 시골 마을 **리**(里) 지서(경찰 지서) **터**(→리지스트)에서 일본 경찰에 저항했다.

예문 I cannot **resist** laughing.
웃지 않고는 못 배기겠다.

파생 resístant a. 저항하는 n. 저항자

UNIT 04 TEST

[1~12] 보기에서 영어에 해당되는 우리말을 찾아 쓰시오.

1. arrange _____
2. explore _____
3. confirm _____
4. firm _____
5. contain _____
6. burden _____
7. shame _____
8. enormous _____
9. remark _____
10. cope _____
11. nasty _____
12. fulfill _____

보기 ① 탐험하다 ② 부끄럼 ③ 무거운 짐 ④ 이행하다 ⑤ 정돈하다 ⑥ 말하다 ⑦ 포함하다
⑧ 대처하다 ⑨확인하다 ⑩견고한 ⑪ 거대한 ⑫ 더러운

[13~17] 다음 빈칸에 들어갈 적절한 어휘를 고르시오.

13. They successfully _____ pressure from their competitors to increase prices.

14. The authorities will continue to _____ the situation.

15. His country desperately needs Western aid to _____ its ailing economy.

16. This morning's _____ of the space shuttle Columbia has been delayed.

17. He _____ publicly that he might have made a mistake.

보기 ① launch ② acknowledged ③ resisted ④ monitor ⑤ restore

[18~21] 다음 빈칸에 들어갈 적절한 어휘를 고르시오.

18. We use a computer model to predict the _____ of different scenarios.

19. The French, I believe, _____ Japanese imports to a maximum of 3 per cent of their market.

20. Physical activity can help reduce _____ and depression.

21. Europe's worst environmental _____ is unfolding at this very moment.

보기 ① restrict ② outcome ③ disaster ④ anxiety

정답 1.⑤ 2.① 3.⑨ 4.⑩ 5.⑦ 6.③ 7.② 8.⑪ 9.⑥ 10.⑧ 11.⑫ 12.④
13.③ 14.④ 15.⑤ 16.① 17.② 18.② 19.① 20.④ 21.③

Further Study

updated manual 최신 안내 책자

notify ~ that … ~에게 …을 알리다.

upon request 요청하는 대로

notify ~ of(about) … ~에게 …을 알리다.

amount to (총액이) ~에 이르다, ~에 달하다

have nothing to do with

~과 아무런 관련이 없다

adjust to ~에 적응하다

admire a painting 그림을 감상하다

in a row 연속하여

in a timely manner

시간을 엄수하는, 시간을 지키는

in conjunction with ~과 공동으로

advertising copy 광고 문구

have the best rates 수수료가 가장 저렴하다

aging property 노후한 건물

exclusive benefits

(타사에는 없는) 특별한 혜택

exemplary diet 균형 잡힌 식사

air quality 공기 청정도

falsify 위조하다, 속이다

environmentally friendly 환경 친화적인

notification must be made immediately

즉시 통보해 주시오.

give arise ~에게 봉급을 올려주다

taste food 음식을 맛보다

to one's taste 기호에 맞도록 ,기호에 맞추어서

written notification 서면통보

cover the news

뉴스를 보도하다, 뉴스를 취재하다

affix your signature to the contract

이 계약서에 서명해 주시오

the attached documents

첨부된 서류, 문서

spend time (in) ~ing ~ 하는데 시간을 보내다

be occupied 사용 중에 있는

faux 모조의, 인공의 (=artificial)

be charged with perjury

위증혐의를 받고 있다

labor over ~에 애쓰다

fall in value 가치가 하락하다

levy a tax 세금을 부과하다

junction
[dʒʌ́ŋkʃən]

n. 접합, 연결; 갈아타는 역

연상 예부터 5일장이 선(→정션) 곳은 주로 도로의 접합 지점이었다.

예문 He changed trains at the junction.
그는 접속 역에서 기차를 갈아탔다.

defeat
[difí:t]

v. 쳐부수다; 패배시키다; 좌절시키다   **n.** 패배; 좌절

연상 ① 디피티(DPT: 디프테리아,백일해, 파상풍의 예방 혼합 백신)(→디피트)백신은 전염병을 무찌른다.
② 디(매우) 피터(→디피:트)지게 싸워서 적을 패배시켰다.

예문 He was defeated in the election.
그는 그 선거에서 패배했다.

install
[instɔ́:l]

v. 설치[설비]하다; 취임시키다

연상 ① 인수는 키가 tall(커서)(→인스토올) 높은 곳에 어떤 것을 설치하는 일을 맡고 있다.
② 회사구역 in(안에) stall(가게)(→인스토올)을 설치하였다.

예문 He installed a heating apparatus.
그는 난방장치를 설치했다.

파생 installation n. 설치: 취임: (pl.) 장비

horror
[hɔ́:rər/ hár-]

n. 공포(terror); 혐오; 잔혹 행위

연상 호러 게임이나 호러 영화(→허: 러)는 공포 게임이나 영화다.

예문 I'm trying to overcome my horror of snacks.
나는 뱀에 대한 공포를 극복하려고 노력하고 있다.

파생 hórrible a. 무서운, 싫은 hórrify v. 소름끼치게 하다

reputation
[rèpjətéiʃən]

n. 평판; 명성 (fame)

연상 '레퓨테이션 인스티튜트(Reputation Institute)'(→레퓨테이션)는 세계적 기업평가기관으로 기업을 평가해서 해나다 순위를 발표한다.

예문 He has a reputation for idleness.
그는 게으르다는 평판이 있다.

tissue
[tíʃuː]

n. (세포) 조직; 얇은 직물; 얇은 화장지

연상 얇은 화장지인 티슈(→티슈ː)는 조직이 엉성하다.

예문 She treats skin and soft **tissue** injuries in hospital.
그녀는 병원에서 피부와 연조직의 상처를 치료했다.

symbol
[símbəl]

n. 상징(emblem), 표상; 기호

연상 심벌즈(→심벌)는 타악기의 상징.

예문 Eggs are seen as the **symbol** of new life.
알은 새 생명의 상징으로 간주되어진다.

파생 symbólic a. 상징하는 sýmbolize v. ~을 상징하다

intense
[inténs]

a. (빛·온도 따위가)격렬한, 심한; 강렬한

연상 기업이든 학교성적이든 in(안에) ten(10)에서(=10위 안에서)(→인텐스) 서열 경쟁이 격렬하다.

예문 He suddenly felt an **intense** pain in the low part of his back.
그는 갑자기 등 아래 부분에 심한 통증을 느꼈다.

파생 inténsify v. 강렬하게 하다 inténsive a. 강렬한

perceive
[pərsíːv]

v. 지각하다, 이해하다

연상 ① 풀이 퍼런 시(市) 입(入:입구)(→ 퍼시입)에서 그 도시가 전원도시임을 지각했다.
② 퍼런 시브 파파(seev papa)(→퍼시브) 간판을 보고 그곳이 전동바이크, 전동 삼륜차를 판매점이란 것을 지각했다.

예문 Did you **perceive** anyone come in?
누가 들어오는 것을 알아챘니?

outstanding
[àutstǽndiŋ]

a. 눈에 띄는, 현저한(conspicuous, eminent)

연상 out(밖에) standing(서 있으니)(→아웃스탠딩) 눈에 띌 수밖에!

예문 The prize is awarded for an **outstanding** contribution to broadcasting.
이 상은 방송에 현저하게 기여한 사람에게 수여된다.

vary
[vέəri]

v. 변경하다, 수정하다(alter), 바꾸다(change)

연상 여행할 때 배 위에서 정신이 어리(→베어리)하면 비행기로 바꾸어 타야 한다.

예문 The temperature **varies** during a day.
기온은 하루 동안에도 달라진다.

파생 various a. 다양한 variety n. 다양성, 변화

strip
[strip]

ⓥ (껍질·옷 등을) 벗기다; 벗겨지다

ⓝ (헝겊·널빤지 등의) 길고 가는 조각

연상 영화에는 옷을 벗기는 스트립(→스트립)쇼 장면이 간혹 있다.

예문 The highwayman **stripped** him of his clothes.
노상강도가 그의 옷을 벗겼다.

---

undertake
[ʌ̀ndərtéik]

ⓥ (책임 등을) 떠맡다, 책임지다.

연상 under(밑에서) + take(가지다)(→언더테이크)= 어떤 것을 밑에서 가진다면 그것을 떠맡는 것이다.

예문 A local business **undertook** the work, but went bankrupt before they finished.
한 지역 업체가 그 일을 떠맡았으나 일을 끝내기 전에 파산했다.

---

artificial
[ɑ̀ːrtəfíʃəl]

ⓐ 인공적인, 모조의 반 natural 천연의

연상 art(예술이) 핏을(→아:터피셜) 때는 다 인공적인 것이다.(예술은 인간이 하는 것이니까)

예문 I don't like wearing clothes made of **artificial** fibers.
나는 인공 섬유로 만든 옷을 입는 것을 좋아하지 않는다.

---

evil
[íːvəl]

ⓐ 나쁜, 사악한(wicked) ⓝ 악, 악행

연상 이 벌(→이블)은 너의 사악한 죄에 대한 대가야.

예문 She sees money as the root of all **evil**.
그녀는 돈을 모든 악의 근원으로 간주한다.

---

addict
[ədíkt]

ⓥ 몰두[탐닉]시키다. ⓝ (마약)중독자

연상 어, 딕(사람이름)은 트(→어딕트)집 잡는 일에 자신을 몰두시키고 있는 중독자야.

예문 Many young boys become computer **addicts**.
많은 어린 소년들이 컴퓨터 중독자가 된다.

파생 addictive a. (약이)중독성인; 습관적인
addicted a. 중독된 addiction n. 중독

---

penetrate
[pénitrèit]

ⓥ 관통하다. 꿰뚫다; 간파하다

연상 내가 던진 pen이 트레이(tray:쟁반)(→페니트레잇)를 관통했다.

예문 The bullet **penetrated** the driver's side window of the car.
총알이 그 차의 운전석 옆 창문을 관통했다.

awaken
[əwéikən]

v. (잠에서) 깨우다, 깨다; 깨닫게 하다, 깨닫다

연상 갑자기 잠을 깨우면 사람들은 놀라서, "어, 왜 이커니(=왜 이렇게 하니)(→어웨이큰)?" 라고 한다.

예문 He was **awakened** from sleep.
그는 잠에서 깼다.

core
[kɔːr]

n. 핵심; 중심부; (과일의) 핵

연상 코(→코ː)는 얼굴의 중심부에 있으며 핵심 요소이다.

예문 These ideas formed the **core** of his philosophy.
이러한 생각들이 그의 철학에 핵심을 이루었다.

ruin
[rúːin]

n. 파멸, 몰락 **n.** 폐허 **v.** 파멸하다[시키다]; 망치다

연상 남편에게 버림받은 나의 누인(→루ː인)(누이는) 파멸했다.

예문 The castle has fallen into **ruin**.
그 성은 완전히 파괴되어 버렸다.

crack
[kræk]

n. 갈라진 금; 흠, 결함; 갑작스런 날카로운 소리
v. 금이 가다; 날카로운 소리를 내며 부서지다[깨지다]

연상 크래커(cracker)(→크래크)는 갈라진 금이 있는 비스켓이다.

예문 There's a **crack** in the fence big enough to look through.
담에 안을 들여다 볼 수 있을 정도의 금이 나 있다.

aggression
[əgréʃən]

n. 공격; 침략

연상 ① '어그레션 스케일(The Aggression Scale)'(→어그레션) 남을 공격하는 정도에서 위험 등급을 받은 영화다.
② a(어떤) 글에선 (→어그레션) 남을 공격하는 내용이 있다.

예문 Some types of dog are bred for **aggression**.
어떤 종류의 개들은 공격용으로 길러진다.

disorder
[disɔ́ːrdər]

n. 무질서, 혼란(confusion); 장애, 질환

연상 dis(=not) + order(질서)(→디스오더) = 무질서, 혼란

예문 The country was thrown into **disorder** by the strikes.
그 나라는 파업으로 인해 혼란 상태에 빠졌다.

award
[əwɔ́ːrd]

n. 상(prize) **v.** 수여하다, 주다

연상 A(한) 마디의 워드(word;말)(→어워:드)를 잘해도 상을 수여한다.(스피치 상)

예문 The prize is **awarded** annually for the best new building.
그 상은 최고의 건축물을 대상으로 매년 수여된다.

---

belong
[bilɔ́(ː)ŋ]

v. ~에 속하다, ~의 소유이다

연상 ① 비룡(→비룡) 폭포는 설악산에 속한다.
② 비가 long(길게)(→비롱) 이러지는 계절은 장마철에 속한다.

예문 Whom does this book **belong** to?
이 책의 임자가 누구냐?

파생 belongings n. 소유물, 재산

---

convenient
[kənvíːnjənt]

a. 편리한 **반** inconvenient 불편한

연상 오스트리아 큰 도시. 즉 큰 빈과 도로로 이은 터(지역)(→컨비:니언트) 생활이 편리하다.

예문 The new store, because of its location, is very **convenient**.
새 가게는 위치 때문에 아주 편리하다.

파생 convenience n. 편리함

---

crash
[kræʃ]

n. 충돌; 쨍그랑하는 소리 **v.** 충돌하다; 와르르 깨지다

연상 클 애들은 쉬(쉽게)(→크래쉬) 충돌한다.(혈기 왕성한 아이들이 싸움을 잘 함)

예문 He was killed in a plane **crash**.
그는 비행기 추락 사고로 죽었다.

---

seal
[siːl]

n. 도장; 봉인; 바다표범 **v.** 날인하다; 밀봉하다

연상 ① 그는 크리스마스 씰(→시일)을 봉투에 붙이고 봉인했다.
② 이 서류는 시일(→시일)을 넘기지 말고 도장으로 날인하라.

예문 He **sealed** up the envelope and wrote the address on it
그는 편지를 봉해서 주소를 썼다.

예문 break the seal 개봉하다

---

abandon
[əbǽndən]

v. 버리다; (계획 등을) 그만두다

연상 상처에 a(한번) 쓴 밴든(=하나의 밴드는)(→어밴던) 버려라.

예문 The crew **abandoned** the ship.
승무원들은 그 배를 포기했다.

tin
[tin]

n. 주석, 양철　**a.** 주석의　**v.** 주석을 입히다

연상 양철 깡통은 두드리면 틴(→틴)틴(팅팅) 소리가 나더라.

예문 If you go to Cornwall, you can visit the old **tin** mines.
만약에 당신이 Cornwall에 간다면 오래된 주석 광산을 찾아가 볼 수 있다.

breed
[bri:d]

v. (동물이) 새끼를 낳다; 기르다(raise)　**n.** 품종; 혈통

연상 다산의 동물들은 자주 새끼를 낳아 수를 불리더(→브리ː드)라.

예문 The blackbird, like most birds, **breeds** in the spring.
대부분의 새들과 마찬가지로 찌르레기도 봄에 새끼를 친다.

예문 commercially **bred** animals
상업용으로 기른 동물들

rubbish
[rʌbiʃ]

n. 쓰레기, 폐물(waste, refuse); 하찮은 것

연상 늪이 쉬(쉽게)(→러비쉬) 오염되는 것은 쓰레기 때문이다.

예문 The **rubbish** is collected on Tuesdays.
쓰레기는 화요일에 수거한다.

tap
[tæp]

v. 가볍게 치다　**n.** 가볍게 두드림

연상 탭(→탭)댄스는 밑바닥에 쇠붙이를 단 구두를 신고 바닥을 가볍게 치면서 추는 춤이죠?

예문 He **tapped** me on the shoulder.
그는 내 어깨를 가볍게 두드렸다.

suck
[sʌk]

v. (액체 등을) 빨다; (지식·정보 등을) 흡수하다 (absorb)

연상 ① 스펀지가 물을 싹(→삭) 빨아들였네.
② 아이가 스트로로 음료수를 썩썩(→석) 빨았다.

예문 The child **sucked** the bottle dry.
그 아이는 병이 바닥날 때까지 빨아먹었다.

spray
[sprei]

n. 물보라; 분무　**v.** (액체 등을) 뿜다

연상 스프레이(→스프레이) 페인트는 페인트를 내뿜다.

예문 They **spray** plants with insecticide.
그들이 식물에 살충제를 뿌린다.

flash
[flæʃ]

v. 번쩍이다; 빛나다   **n.** 섬광, 번득임

연상 그때 카메라의 프래쉬(→플래쉬)가 터지면서 빛이 번쩍였다.

예문 The scene **flashed** in my mind.
그 장면이 마음에 퍼뜩 떠올랐다.

---

trick
[trik]

n. 묘기; 책략, 속임수   **v.** 속이다

연상 마술사가 트릭(→트릭)을 쓴다고 할 때 그가 관객에게 속임수를 쓴다는 뜻이다.

예문 He played a **trick** on me.
그는 나를 속였다.

---

incline
[inkláin]

v. 마음이 내키게 하다; 기울이다; ~하는 경향이 있다;

연상 자를 대고 잉크로 line(선)(→인클라인)을 그으면 번지는 경향이 있다.

예문 You are **inclined** to tell lies.
너는 거짓말을 하는 경향이 있다.

---

disable
[diséibəl]

v. 쓸모없게 만들다, 무능하게 하다

연상 dis(=not) + able(할 수 있는)(→디세이블)= 무능력하게 하다

예문 His illness **disabled** him from working.
그는 병으로 일을 할 수 없게 되었다.

---

spin
[spin]

v. (실을) 잣다; 회전시키다, 돌리다   **n.** 스핀; 회전

연상 탁구를 칠 때 스핀(→스핀) 볼은 공을 회전시킨다.

예문 **spin** cotton into yarn
솜으로 실을 잣다

예문 The boy **spun** a top.
소년은 팽이를 돌렸다.

---

fascinating
[fǽsinèitiŋ]

a. 매력적인(attractive), 매혹적인

연상 패리스(Paris) 시내(→패시네이팅)에서 이 팅(=이 미팅)은 매혹적인 거야.

예문 Paris is the most **fascinating** place I have ever been to.
파리는 내가 가보았던 곳 중에서 제일 매혹적인 곳이다.

blade
[bleid]

n. (칼 따위의) 날; (납작하고 길쭉한) 잎; (선풍기 따위의) 날개

연상 요즘 아이들은 칼날처럼 생긴 롤러 브레이드(→블레이드)를 많이 탄다.

예문 He swung the **blade** with all his strength.
그는 힘껏 칼날을 휘둘렀다.

예문 a **blade** of grass 풀잎

soak
[souk]

v. (물·액체 등에) 잠기다, 젖다; 적시다, 담그다

연상 물에 온 몸이 쏙(→쏘욱) 잠겼다.

예문 She was **soaked** to the skin.
그녀는 흠뻑 젖었다.

rub
[rʌb]

v. 비비다, 문지르다 **n.** 마찰; 닦기

연상 러브(love;사랑하는)(→러브) 사람 볼에 볼을 비비다.

예문 **Rub** your hands with the soap.
손에 비누칠을 해라.

hook
[huk]

n. 갈고리; 후크 **v.** 갈고리로 걸다; 갈고리 모양으로 구부리다

연상 속옷 후크, 안전 벨트 후크(→후크)는 갈고리로 되어 있다.

예문 Hang your hat on the **hook**.
모자를 모자걸이에 걸어라.

예문 a **hook** and line
낚싯바늘이 달린 낚싯줄

spill
[spil]

v. 엎지르다, 엎질러지다

연상 '쥐라기 공원'의 감독 스필(→스필)버그 감독은 물을 잘 엎지를까?

예문 It is no use crying over **spilt** milk.
엎질러진 우유를 보고 울어 봐야 소용없다.

leak
[liːk]

v. (액체·비밀 등이) 새다; (액체·비밀 등을) 새게 하다, 누설하다

연상 그 시골 마을, 리(里)는 마을이 너무 커(서)(→리이크) 물이 고이지않고 잘 새어 나간다.

예문 Water is **leaking** from a pipe.
물이 파이프에서 새고 있다.

twist

[twist]

v. 꼬다, 비틀다; 왜곡하다 **n.** 꼬임, 꼬기

연상 트위스트(→트위스트)는 몸을 비틀고 꼬는 춤의 일종.

예문 He **twisted** up a strip of paper.
그는 종이 조각을 말아 꼬았다.

handy

[hǽndi]

a. 알맞은, 편리한; 솜씨 좋은

연상 여름 철 손에 들고 다니는 핸디 선풍기(→핸디)는 들고 다니기에 알맞고 편리하다.

예문 This is a **handy** tool, to be sure.
이것은 확실히 편리한 도구다.

glory

[glɔ́ːri]

n. 영광, 영예; 찬미 **반** disgrace 불명예, 수치

연상 글 놀이(글쓰기 놀이)(→글로리)는 영광을 가져다 준다. 노벨문학상과 같은 영광.

예문 Victory brought them **glory**, fame and riches.
승리는 그들에게 영광과 명성, 그리고 부(富)를 가져다주었다.

UNIT 05 TEST

[1~12] 보기에서 영어에 해당되는 우리말을 찾아 쓰시오.

1. intense _____
2. perceive _____
3. soak _____
4. abandon _____
5. install _____
6. rubbish _____
7. tissue _____
8. reputation _____
9. breed _____
10. blade _____
11. soak _____
12. hesitate _____

보기 ① 조직 ② 새끼를 낳다 ③ 설치하다 ④ 지각하다 ⑤ 평판 ⑥ 잠기다
⑦ (칼 따위의) 날 ⑧ 주저하다 ⑨ 잠기다 ⑩ 격렬한 ⑪ 쓰레기 ⑫ 버리다

[13~17] 다음 빈칸에 들어갈 적절한 어휘를 고르시오.

13. He opened the curtains, letting the morning light _____ into the room.

14. She _____ her fingers gently on the table.

15. Credit cards can be _____ - they mean you do not have to carry large sums of cash.

16. What was _____ to me was the way the creatures moved.

17. The pollution-control team is at the scene and is due to start _____ up oil any time now.

보기 ① fascinating ② sucking ③ spill ④ tapped ⑤ handy

[18~21] 다음 빈칸에 들어갈 적절한 어휘를 고르시오.

18. I _____ to the view that we should take no action.

19. Her hands began to _____ the handles of the bag she carried.

20. A large diesel tank mysteriously _____ its contents into the river.

21. The moon was casting a rainbow through the _____ from the waterfall.

보기 ① twist ② spray ③ incline ④ leaked

정답 1.⑩ 2.④ 3.⑥ 4.⑫ 5.③ 6.⑪ 7.① 8.⑤ 9.② 10.⑦ 11.⑨ 12.⑧
13.③ 14.④ 15.⑤ 16.① 17.② 18.③ 19.① 20.④ 21.②

Further Study

extend a welcome to ～에 환영을 베풀다

thank ~ for ⋯ ～에게 ⋯에 대해 감사하다

assorted size 다양한 규격

express concern about(over)

～에 대한 우려를 표현하다

be in charge of ～을 담당해서, 맡아서

free of change 무료로 (=for free)

in collaboration with ～과 협력해서

expansive view 탁 트인 전망

comply with regulations

규정을 따르다, 지키다

in appliance with ～에 따라

contract out to ～에 하청을 주다

cite ~ as ⋯ ～을 ⋯로 언급하다

meet one's needs 필요를 충족시키다

be on guard 당번이다

have a grip on ～을 통제하다

gear ~ to ⋯ ～을 ⋯에 맞추다

be under observation 감시받고 있다

deliver a speech 연설하다

occupancy 거주 점유

remittance 송금

activate 활성화하다, 촉진하다

close down 폐쇄하다

back out of the deal

협정을 어기다, 계약을 파기하다

act on stage 무대에서 연기를 하다

back out of the garage

차고에서 차를 후진시켜 나오다

confidential document 기밀문서

contend that ～라고 강력히 주장하다

gauge the temperature 기온을 측정하다

meet a requirement 요건을 충족시키다

contribute ~ to ⋯ ～을 ⋯에게 기부하다

be accessible to vehicle

차량이 통행할 수 있다

culminate 절정에 이르다

be all book up 모두 예약되어 있다

currency exchange 외화 환전

recognizable 인식할 수 있는, 분간이 되는

stringently 엄격하게

endure
[endʒúər]

v. 견디다(bear, tolerate), 참다; 지속하다.
연상 성현들은 한자에 참을 인(忍)자를 두어(→인듀어) 후손들이 참고, 견디게 했다.
예문 His work will **endure** forever.
그의 작품은 영원히 남을 것이다.

---

flame
[fleim]

n. 불꽃, 화염; 정열 **v.** 활활 타오르다
연상 산불이 났을 때 불꽃이 타오르는 것은 큰 나무보다는 풀에(서) 입(→플레임)니다.
예문 The building is in **flames**.
건물이 불타고 있다.

---

plot
[plɑt]

n. 음모(conspi); 구성, (소설의)줄거리 **v.** 구성하다
연상 소설의 구성, 줄거리를 플롯(→플랏)이라 한다.
예문 They hatched a **plot** against the government.
그들은 반정부 음모를 꾸몄다.

---

shelter
[ʃéltəːr]

n. 은신처, 피난처 (refuge); 엄호물 **v.** 보호하다; 파난하다
연상 ① 돈을 셀 터(=세는 곳)(→셀터)는 은신처나 피난처가 좋겠지? 도둑으로부터 보호해 주니까.
② shell(조개) 모양의 터(→셀터)가 은신처, 피난처로 이용되었다.
예문 They took **shelter** from the rain in barn.
그들은 헛간에서 비를 피했다.

---

coward
[káuərd]

n. 겁쟁이, 비겁한 자
연상 카우(cow)를 얻어(→카우어드) 가면서 소를 무서워하면 겁쟁이야.
예문 He called me a **coward** because I would not fight.
내가 싸우지 않으려 하자 그는 비겁자라고 불렀다.
파생 cowardly **a.** 겁 많은 cowardice **n.** 겁, 소심

breakdown
[bréikdàun]

ⓝ (기계 등의)고장, 파손; (건강 등의)쇠약; (교섭 등의)결렬

연상 break(깨뜨리어) down(아래로)(→브레익다운) 내려갔으니 고장난 것이다.

예문 My car had a **breakdown**.
내 차가 고장 났다.

---

despair
[dispέər]

ⓥ 절망하다; 단념하다 　ⓝ 절망; 단념

연상 ① 길이 디스(this;이렇게) 패어(파여)(→디스페어) 갈 수 없으니 절망할 수밖에.
② 전쟁 뒤의 디스(this, 이) 폐허(→디스페어)는 절망적이다.

예문 She abandoned herself to **despair**.
그녀는 절망에 빠졌다.

---

miserable
[mízərəbəl]

ⓐ 불행한, 비참한(pitiable)

연상 빅토르 위고의 「레 미제라블」(→미저러블)은 장발장의 비참한 이야기다.

예문 She was quite **miserable** when her mother died.
그녀의 어머니가 돌아가시자 그녀는 매우 비참했다.

---

quarrel
[kwɔ́:rəl]

ⓝ 싸움, 말다툼 　ⓥ 싸우다, 말다툼하다 　⊕ amity 친목

연상 말다툼을 할 때 서로 코를(→쿼럴) 맞대고 싸운다.

예문 I had a **quarrel** with him.
나는 그와 말다툼을 했다.

---

merit
[mérit]

ⓝ 장점, 가치 　ⓥ (상, 벌 등을)받아 마땅하다

연상 marry(결혼하는) it(그것)(→메릿)은 장점이 있다.

예문 I began to examine the **merits** of these new technologies.
나는 이들 새 기술의 장점을 조사하기 시작했다.

---

solitary
[sálitèri/ sɔ́litə-]

ⓐ 고독한, 쓸쓸한(isolated) 　⊕ bustling 부산한

연상 고독한 곳은 솔(소나무)이 있는 시골마을, 리(里)의 터리(장소리)(→솔리터리)!

예문 He took a **solitary** walk.
그는 혼자서 산책했다.

465

precious
[préʃəs]

a. 귀중한(valuable), 소중한; 비싼 **맨** worthless 무가치한

연상 ① pre(앞에, 전에) + 썼어(cious)(→프레셔스) = 그것은 어떤 일이든 시작하기 전에
썼어(서야 하기 때문에) 중요한 것이다.
② 제초제는 풀에 써서(→프레셔스) 풀을 없애는 농민에게 소중한 농약이다.

예문 Nothing is so precious as time.
시간보다 귀중한 것은 없다

roar
[rɔːr]

v. 으르렁거리다, 고함치다 **n.** 울부짖음, 고함

연상 짐승은 노(怒 분노)(→로)하면 으르렁거린다.

예문 We heard a lion roar.
우리는 사자가 포효하는 소리를 들었다.

예문 The crowd roared their approval.
군중은 큰 소리로 찬성을 나타냈다.

boast
[boust]

v. 자랑하다, 자랑으로 여기다 **n.** 자랑; 자랑거리

연상 갱단의 보스들은 자기들의 터(→보우스트)(구역)를 즐겨 자랑한다지?

예문 He never boasted of his success.
그는 자신의 성공을 결코 자랑하지 않았다.

farewell
[fɛ̀ərwél]

n. 작별, 송별; 작별 인사 **a.** 작별의, 송별의

연상 비온 뒤 길이 패어 있으니 well(잘)(→페어웰) 가라고 하는 말이 작별인사다.

예문 She said a final farewell to her friends with a heavy heart.
그녀는 비통한 마음으로 친구들에게 마지막 작별 인사를 했다

mercy
[mə́ːrsi]

n. 자비, 인정; 연민 **맨** cruelty 잔인

연상 자비가 제일로 멋이(→머시) 있는 행동이다.

예문 They showed no mercy to their captives.
그들은 포로들에게 자비를 보이지 않았다.

예문 without mercy 무자비하게 have mercy on ~을 측은히 여기다

fierce
[fiərs]

a. 사나운; (추위 등이) 심한; (경쟁 등이) 치열한

연상 ① 상대방에게서 피 어서(빨리)(→피어스) 흘리게 하려는 사나운 투사들.
② 사나운 추위 속에서도 매화는 피어서(→피어스)!

예문 The cats lived wild and had become very fierce.
그 고양이들은 야생상태로 자라서 매우 사나워졌다.

466

saint
[seint]

n. 성인; 성(聖); 고결한 사람

연상 세인(世人)들이 사는 터(→세인트)에서 세인을 돕기 위해 성인이 있다.

예문 He is patient as a **saint**.
그는 성인처럼 참을성이 강하다.

recollect
[rèkəlékt]

v. 회상하다, 생각해 내다(recall)

연상 기억을 re(다시) + collect(모으다)(→리컬렉트) → 회상하다

예문 I **recollect** his telling me the story.
그가 그 이야기를 나에게 했던 것이 생각난다.

second-hand
[sékəndhǽnd]

a. 중고의(used); 간접적인(indirect)

연상 첫 번째 손은 처음 물건을 싼 사람이고 세컨드 핸드(두 번째의 손)(→세컨드핸드)에 들어온 물건은 중고의 물건이다.

예문 He bought a **second-hand** car.
그는 중고차를 한 대 샀다.

heap
[hi:p]

n. 쌓아올린 것, 퇴적(물), **v.** 쌓아 올리다(accumulate)

연상 사람의 히프(hip; 엉덩이)(→히입)는 지방질을 쌓아올린 것.

예문 She threw the potato peelings on the compost **heap**.
그녀는 퇴비 더미에 감자 껍질을 버렸다.

foul
[faul]

a. 불결한; 부정한; (경기에서) 반칙의 **n.** 반칙 **v.** 더럽히다, 반칙하다

연상 경기 중에 하는 파울(→파울)은 규칙을 벗어난 부정한 행동이잖아?

예문 Those toilets smells **foul**!
저 화장실은 매우 불결한 냄새가 난다.

예문 **foul** weather 사나운 날씨

glow
[glou]

n. 백열; (뺨의) 홍조 **v.** 빨갛게 달아오르다; 열과 빛을 내다

연상 작가는 글로(써)(→글로우) 백열같이 열과 빛을 내는 삶을 산다.

예문 The woods are **glowing** with autumn tints.
숲이 붉은 단풍으로 불타고 있다.

enclose
[inklóuz]

v. 둘러싸다; (편지에) 동봉하다

연상 ① en(~하게 하다) + close(닫다)(→인클로우즈)=둘러싸다; 동봉하다.
② 어떤 것을 안에(in=en) 두고 close(닫는다)(→인클로우즈)는 것은 둘러싼다는 뜻이 될 수 있다.

예문 I will **enclose** your letter along with mine.
네 편지를 내 편지 안에 동봉하겠다.

scatter
[skǽtəːr]

a. 흩뿌리다, 분산시키다; 흩어지다 **n.** 살포

연상 스케이트장에 스케이트(skate)(→스케터)가 여기저기 흩어져 있다.

예문 **scatter** seeds 씨를 뿌리다
예문 The crowd **scattered**.
군중이 뿔뿔이 흩어졌다.

deprive
[dipráiv]

v. ~에게서 …를 빼앗다(~of) **u.** endow 주다

연상 뒤뜰, 집 뒤(의) 풀이 우리의 라이브(live)(→디프라이브) 공연을 빼앗아 버렸다. (풀 때문에 라이브 공연을 못했다)

예문 The angry people **deprived** the king of all his powers.
성난 국민들은 왕에게서 모든 권력을 빼앗았다.

random
[rǽndəm]

a. (계획 없이) 닥치는 대로의; 임의의; 무작위의

연상 ran(달렸다)+덤덤하게(→랜덤)= 계획 없이 닥치는 대로의 아무 길이나 임의의 길을 택해 달렸다.

예문 He opened the novel at **random** and started reading.
그는 소설책을 닥치는 대로 펴서 읽기 시작했다.

casual
[kǽʒuəl]

a. 일시적인; 격식을 차리지 않은; 평상시의

연상 캐주얼(→캐주얼)한 옷차림은 격식을 차리지 않은, 평상시의 옷차림을 말한다.

예문 Are you employed permanently or a **casual** basis?
당신은 영구직, 아니면 임시직으로 고용되었는가?
예문 He usually wears **casual** clothes.
그는 보통 평상복을 입는다.

gaze
[geiz]

v. 응시하다, 지켜보다 **n.** 응시, 주시

연상 가스계량기와 같은 게이지(gauge)(→게이즈)를 보는 것이 바로 응시하는 것이다.

예문 She was **gazing** at the setting sun.
그녀는 지는 해를 응시하고 있었다.

burst
[bə:rst]

ⓥ 파열하다(break); 폭발하다; 갑자기~하다 ⓝ 파열, 폭발

연상 버스를 세워두는 버스 터(→버스트)에서 타이어가 파열하는 소리가 자주 난다.

예문 She **burst** into tears.
그녀는 갑자기 울음을 터뜨렸다.

grain
[grein]

ⓝ (곡식 등의) 낱알, 곡물; 적은 분량

연상 그 레인(rain)(→그레인)으로 곡식 낱알이 더 크게 자랄 것이다

예문 The journal reports that eating whole **grains** protects against diabetes.
곡물을 통째로 먹는 것이 당뇨병을 예방한다고 그 신문은 보도했다.

absurd
[əbsə́:rd / æb-]

ⓐ 불합리한; 어리석은; 터무니없는 ⓐ rational 합리적인

연상 가진 것이 없어(서) 더(→업서: 드) 불합리하고, 어리석은 사람이 될 수 있다.

예문 This idea is truly **absurd**.
이 생각은 정말 불합리하다.

vain
[vein]

ⓐ 헛된; 공허한; 허영심이 강한

연상 그녀의 몸에 배인(→베인) 공허한 생각들.

예문 All our efforts were in **vain**.
우리의 모든 노력은 헛되이 끝났다.

envy
[énvi]

ⓝ 질투, 부러움 ⓥ 부러워하다; 질투하다

연상 그 나라 사람들은 앤비(Ann 왕비)(→엔비)를 부러워한다.

예문 I **envy** your good looks.
너의 잘생긴 용모가 부럽다.

overflow
[òuvərflóu]

ⓥ 넘치다, 범람하다 (flood); (사람들이) 쏟아져 나오다

연상 over(위로) + flow(흐르다)(→오우버플로우)= 넘치다, 범람하다

예문 The river **overflowed** its banks.
그 강은 범람했다.

homely
[hóumli]

ⓐ 못생긴(ugly); 편안한, 수수한(plain); 가정적인

연상 나의 home(집)이 있는 리(里 시골마을)(→호옴리)는 편안한 곳이고 못생긴 사람들이 가정적인 모습으로 사는 곳이다.

예문 The hotel is the most homely place imaginable.
그 호텔은 상상할 수 없을 정도로 편안한 곳이다.

예문 The dog is fierce and homely.
그 개는 사납고 못생겼다.

vibrate
[váibreit]

ⓥ 진동하다. 떨리다 (shiver, tremble)

연상 노래할 때 그의 목소리는 바이브레이션(→바이브레잇), 즉 떨리는 현상이 강하더군.

예문 Strings vibrate when struck.
현은 치면 진동한다.

refresh
[rifréʃ]

ⓥ (심신을)상쾌하게 하다; 새롭게 하다

연상 시골마을 리(里)의 fresh(신선한)(→리프레쉬) 공기가 우리를 상쾌하게 한다

예문 I was quite refreshed.
나는 기분이 아주 상쾌해졌다.

spectacular
[spektǽkjələːr]

ⓐ 구경거리의, 장관인

연상 스펙터클(spectacle;구경거리)영화 + -ar(형용사 어미)(→스펙태큘러:) =구경거리의, 장관인

예문 The waterfall is truly spectacular.
그 폭포는 참으로 장관이다.

outlook
[áutlùk]

ⓝ 조망, 전망(prospect); 예측

연상 out(밖으로) 멀리 look(보는)(→아웃룩)것이 경치이고 미래에 대한 전망이죠.

예문 The country's economic outlook is bleak.
국가의 경제 전망이 암울하다.

premature
[prìːmətjúər̀]

ⓐ 조숙한; 시기상조의

연상 ① pre(전에, 앞에) + mature(성숙한) = 성숙하기 전이 조숙한 상태다.
② 어린 풀이(아이들 의인화) 멋(있는) 투어(tour;여행)(→프리머추어) 한다면 조숙한 짓이다.

예문 I think it is premature to talk about success at this stage.
이 단계에서 성공을 말하는 것은 시기상조라고 생각한다.

hardship
[háːrdʃip]

n. 고난 (difficulty), 어려움; 곤궁; 결핍

연상 ① hard(어려운 ,힘드는) + ship(명사어미)=고난, 어려움

② hard(힘든, 어려운) + ship(배)(→하ː 드쉽) = 힘든 배, 어려운 배가 고난, 어려움에 처한 배다.

예문 They have put up with all sorts of **hardship** for three years.
그들은 삼년 동안 온갖 고생을 견뎌왔다.

dreadful
[drédfəl]

a. 무서운: 끔찍한, 지독한

연상 홍수가 져서 물이 들에 더 ful(가득)(→드레드펄)하다면 무서운 일이다.

예문 He soon realized he had made a **dreadful** mistake.
그는 자신이 얼마나 끔찍한 실수를 범했는지 곧 알게 되었다.

vivid
[vívid]

a. 선명한; 밝은; 활기에 넘치는 (lively)

연상 침침한 눈을 비비더(→비비드)니 선명해졌어?

예문 I have a **vivid** memory of her face.
나는 그녀의 얼굴을 생생히 기억하고 있다.

thorough
[θə́ːrou]

a. 철저한, 완전한 (complete)

연상 부부는 서로 서로(→써'ː 로우) 철저한 사랑을 가져야 한다.

예문 They made a **thorough** investigation into the matter.
그들은 그 문제를 철저히 조사했다.

transparent
[trænspέərənt]

a. (물체가) 투명한; 명백한 (obvious) **반** opaque 불투명한

연상 trans(트랜스;변압기)와 parent(부모)(→트랜스페어런트)는 둘 다 투명하다.(변압기는 전기 용량을 투명하게 나타내야 하고 자식에 대한 부모의 마음은 맑고 맑으니까)

예문 They are so thin that they are quite **transparent**.
그것은 너무 얇아서 매우 투명하다.

invade
[invéid]

v. 침입하다; 침략하다

연상 적이 침입하면 국토가 in(안으로) 베이더(→인베이드)라.

예문 The enemy **invaded** the city.
적군이 그 도시에 쳐들어 왔다.

disgrace
[disgréis]

n. 불명예, 치욕 (humiliation, shame)　**v.** 명예를 더럽히다

연상 dis(=not) + grace(우아함, 품위) = 불명예

예문 His crime had brought **disgrace** upon his whole family.
그의 범죄는 그의 전 가족에게 불명예를 안겨주었다.

optimist
[àptəmíst]

n. 낙천주의자, 낙관론자

연상 달려가는 앞 길, 앞 터의 mist(옅은 안개)(→압터미스트)도 좋게만 보는 사람이
낙천주의자다.

예문 He is a born **optimist**.
그는 타고난 낙천주의자다.

UNIT 06 TEST

[1~12] 보기에서 영어에 해당되는 우리말을 찾아 쓰시오.

1. flame _____
2. despair _____
3. shelter _____
4. endure _____
5. miserable _____
6. merit _____
7. solitary _____
8. envy _____
9. absurd _____
10. breakdown _____
11. homely _____
12. roar _____

보기 ① 비참한 ② 장점 ③ 불꽃 ④ 절망하다 ⑤ 은신처 ⑥ 견디다 ⑦ 으르렁거리다
⑧ 불합리한 ⑨ 고독한 ⑩ 못생긴 ⑪ 고장 ⑫ 질투

[13~17] 다음 빈칸에 들어갈 적절한 어휘를 고르시오.

13. There was a _____ sunrise yesterday.

14. I had a terrible _____ with my other brothers.

15. She felt increasingly uncomfortable under the woman's steady _____

16. The survey used a _____ sample of two thousand people across England and Wales.

17. Water is becoming an increasingly _____ resource.

보기 ① gaze ② precious ③ quarrel ④ spectacular ⑤ random

[18~21] 다음 빈칸에 들어갈 적절한 어휘를 고르시오.

18. Rivers and streams have _____ their banks in countless places.

19. When the earths crust _____ , shock waves ripple out to the earth's surface.

20. Drain and _____ them under cold water; drain again and chill.

21. The _____ for the weekend is dry and sunny.

보기 ① vibrates ② outlook ③ overflowed ④ refresh

정답 1.③ 2.④ 3.⑤ 4.⑥ 5.① 6.② 7.⑨ 8.⑫ 9.⑧ 10.⑪ 11.⑩ 12.⑦
13.④ 14.③ 15.① 16.⑤ 17.② 18.③ 19.① 20.④ 21.②

Further Study

flowing 풍성하게 늘어진

refurbish 새로 설치하다, 다시 갈다

three dimensional 3차원의

sarcastic 비꼬는, 풍자하는

disparaging 깔보는, 비난하는

substantial 많은, 풍부한

be all identical 모두 모양이 비슷하다

affix ～첨부하다

abide 머무르다

unclaimed (물건 등을) 주인이 찾지 않는

disinclined 마음에 내키지 않는(=reluctant)

escalation 단계적 확대

redemption 상환, 회수

streamline

～을 능률적으로 정비하다, 합리화하다

adjacent 가까운, 인접한

complimentary 무료의, 공짜의

dignity 고관, 고위인사

mandatory 강제적인 의무적인

famished 굶주린, 배고픈

importation 수입(품)

contingent 우발적인, ～을 조건으로 하는

checklist 점검표

meagerly 부족하게, 빈약하게

categorize 종류별로 분류하다(=classify)

malign ～을 헐뜯다, 중상하다

ordinance 법령; (시. 읍 ,면의) 조례, 규정

mutually 상호 간의, 합의하여

cognizant 인식하고 있는

predictably 예측대로

presiding 주재하는, 통솔하는

mindful 염두에 두는, 주의하는

modestly 겸손하게, 얌전히

post ～을 배치하다, 발령하다

reimbursement 변환, 상환

reimburse ～을 변상하다, ～을 상환하다.

prospective 미래의, 기대되는

perfume
[pə́:rfju:m]

n. 향수: 향기(fragrance) **v.** 향수를 바르다 **반** stench 악취

연상 향수는 공기 중에 향기를 퍼뜨리고 피움(→피: 퓨움)(피운다).

예문 The letter had been sprayed with **perfume**.
그 편지엔 향수가 뿌려졌었다.

utmost
[ʌ́tmòust]

a. 최대의, 최고의 **n.** 최대한도; 최고

연상 엇(ut)! most(최고의, 최대의)(→엇모우스트)가 바로 최대의, 최고의 뜻이지.

예문 This is a matter of the **utmost** importance.
이것은 극도로 중요한 문제이다

terminal
[tə́:rminəl/ -mənəl]

a. 최종적인; 말단의; 종점의 **n.** 종착역

연상 버스 터미널(→터미널)은 버스의 최종적인 종점을 가리킨다

예문 We met up at the bus **terminal**.
우리는 버스 터미널에서 만났다.

refined
[rifáind]

a. 정제한; 세련된; 정밀한

연상 ① re(다시)+fined(좋게된)(→리파인드)= 다시
② 시골 마을 리(里)가 (좋게된)(→리파인드) 것이 바로 세련된, 정제한 것이다.

예문 He may be rich but he is not **refined**.
그는 부자인지는 몰라도 세련되지는 못했다.

mess
[mes]

n. 혼란(disorder), 뒤죽박죽한 상태 **v.** 어지럽히다

연상 뒤죽박죽한 상태로 어지럽힌 곳을 보니 혼란이 오고 메스(→메스)껍네요.

예문 She felt she was making a terrible **mess** of her life.
그녀는 스스로 자신의 삶을 엉망진창으로 만들어 놓고 있다고 느꼈다.

motive
[móutiv]

n. 동기; 모티브   **v.** 동기가 되다

(연상) 모(母어머니)가 준 팁(tip 충고, 사례금)(→모우티브)이 열심히 공부하는 동기가 되었어.

(예문) Hunger was her **motive** for stealing.
굶주림이 그녀가 도둑질을 하게 된 동기였다.

compassion
[kəmpǽʃən]

n. 불쌍히 여김(sympathy), 동정

(연상) com(컴퓨터)에 대한 passion(열정)(→컴패션)이 불쌍히 여겨진다.(사람보다 컴퓨터에 열정을 더 쏟고 있으니까)

*passion- 그녀는 패션(fashion)에 대한 열정이 대단하다

(예문) She had **compassion** for the old man and gave him some money.
그녀는 그 노인을 측은히 여기고 약간의 돈을 주었다.

(파생) compassionate a. 동정심이 있는

strain
[strein]

v. 긴장시키다; 잡아당기다   **n.** 긴장; 과로

(연상) 수학시간에 수를 계산하는 수(數) train(트레인; 훈련)(→스트레인)은 학생을 긴장시킨다.

(예문) There is nothing else to take the **strain**.
긴장을 풀어주는 것은 달리 아무 것도 없다.

(파생) strained a. 긴장한; 팽팽히 당긴

temper
[témpər]

n. (일시적인)기분(mood);기질, 성미   **v.** 진정시키다

(연상) 음악의 템포(tempo; 빠르기)(→템퍼)는 사람의 기분을 좌우한다.

(예문) He has a hot **temper**.
그는 성미가 급하다.

(예문) She lost her temper.
그녀는 울화통을 터뜨렸다.

elaborate
[ilǽbərit]

a. 정성들여 만든, 공들인: 복잡한   **v.** [ilǽbərèit] 정성들여 만들다

(연상) 컴퓨터로 일하는 e(이) labor(노동)의 rate(비율)(→이레버릿)은 노사가 정성들여 만든 것이다.

(예문) He made an **elaborate** plan.
그는 공들여 계획을 하나 세웠다.

(파생) elaboration n. 공들여 만들기; 정교함

Dutch
[dʌtʃ]

n. 네덜란드 사람; 네덜란드 말   **a.** 네덜란드(사람,말)의

(연상) 네덜란드의 술은 마시면 더 취(→더취)할까?

(예문) The office outing is always a **Dutch** treat.
그 회사의 야유회는 언제나 각자 부담이다.

sting
[stiŋ]

v. 찌르다, 쏘다　**n.** 찌르기, 쏘기

연상 소개팅할 때 풀밭에서 서서 팅(→스팅)하면 벌이 쏜다.

예문 A bee **stung** her cheek.
벌이 그녀의 뺨을 쏘았다.

wither
[wíðəːr]

v. 시들다, 쇠퇴하다; 시들게 하다

연상 식물은 위(윗부분)가 더 (→위더) 빨리 시든다.

예문 The grass **withered** in the hot sun.
풀이 뜨거운 햇볕에 시들었다.

ditch
[ditʃ]

n. 도랑; 배수구　**v.** 도랑을 파다

연상 물을 뒤치다꺼리(→디취) 하는 것이 바로 도랑이다.

예문 His car got **ditched**.
그의 차는 도랑에 빠졌다.

inherit
[inhérit]

v. (재산 등을) 상속하다; (성질 등을) 물려 받다.

연상 in(안에) + 해리 + 터 = 1 해리 안에 있는 터(→인헤리트)는 상속한 것이다.

예문 He will **inherit** a small fortune when his father dies
그는 아버지가 돌아가시면 약간의 재산을 물려받게 된다.

파생 inheritance n. 상속; 유산

startle
[stáːrtl]

v. 깜짝 놀라게 하다; 놀라다　**n.** 놀람

연상 스타의 틀(체격)(→스타틀)은 실제로 보면 우리를 깜짝 놀라게 한다.(실물을 보면 다 별 것 아니므로)

예문 I didn't mean to **startle** you.
너를 놀라게 하려고 한 것은 아니었어.

파생 startling a. 깜짝 놀라게 하는

roam
[roum]

v. 이리저리 돌아다니다, 방랑하다 (wander)

연상 로움(Rome:로마)(→로움)은 이리저리 돌아다니며 구경해야 제멋이다.

예문 His eyes **roamed** over the bookshelves.
그는 책장을 훑어보고 있었다.

splash
[splæʃ]

v. (물, 흙탕 등을) 튀기다, 끼얹다.　**n.** 튀기기; 얼룩

연상 애들이 수풀에 쉬(→스플래쉬)하면 오줌이 튀긴다.

예문 Oh, my! That automobile has splashed mud over me.
저런! 저놈의 자동차가 내게 흙탕물을 튀겼어.

파생 splashy　a. 튀기 쉬운, 질퍽질퍽한

---

sane
[sein]

a. 제 정신의, 온전한　**반** insane 제 정신이 아닌

연상 세인(世人;세상사람)(→세인)들은 다 제 정신을 가지고 산다.

예문 In the doctor's opinion, he was sane at the time of the murder
의사의 소견에 의하면 그는 살인을 저지를 때 제정신이었다고 한다.

---

quit
[kwit]

v. 그만두다; (직장 등을) 떠나다

연상 그는 퀴퀴한 냄새가 나는 터(=장소)(→퀴트)라며 그 직장을 그만두었다.

예문 He decided to quit smoking
그는 담배를 끊기로 결심했다.

---

instinct
[ínstiŋkt]

n. 본능(natural impulse); 직관

연상 in서(집안에서) 팅팅거리며 트집(→인스팅트) 잡는 것은 아내들의 본능이다.

예문 A Bird learn to fly by instinct.
새는 본능적으로 나는 것을 배운다.

파생 instinctive　a. 본능적인

---

erect
[irékt]

a. 똑바로 선(upright)　**v.** 똑바로 세우다

연상 이 넥타(→이렉트) 깡통을 똑바로 세워라.

예문 A large monument was erected on the battlefield.
그 격전지에 대형 기념비가 세워졌다.

파생 erection　n. 직립; 구조물

---

obscure
[əbskjúər]

a. 불명확한, 애매모호한, 희미한(vague); 눈에 띄지 않는

연상 ① 그는 아이가 없어 입양해 키웠(→업스큐어)는데 출생이 불명확하다.
② 없어+ cure(치료)(→업스큐어)=사고 당한 그가 치료가 없어서 생존이 불명확하다.

예문 His motives are obscure.
그의 동기는 모호하다.

파생 obscurity　n. 애매함; 이름이 알려져 있지 사람

---

charm
[tʃɑːrm]

n. 매력(attractiveness), 마력; 주문, 부적 **v.** 매혹시키다

연상 생김새 따위가 나무랄 데 없이 말쑥한, 즉 참한(→차ː 암) 여성은 매력이 있다.

예문 Her beautiful voice **charmed** the large audience.
그녀의 아름다운 목소리는 많은 청중을 매혹시켰다.

파생 charming a. 매력적인

fade
[feid]

v. (꽃이) 시들다; (기력 등이) 쇠퇴하다; (색이) 바래다

연상 꽃이 시들면 꽃잎들이 페이더(→패이드)라.

예문 This color **fades** fast.
이 색깔은 빨리 바랜다.

blaze
[bleiz]

n. 불꽃, 화염; 밝은 빛 **v.** 불타다; 빛나다

연상 ① 물론 불꽃은 불에 있지(→블레이즈)!
② 그 패션모델의 블래지어(brassiere)(→블레이즈)가 불꽃 무늬로 되어 있다.

예문 All the houses have been destroyed in a **blaze**.
모든 집들이 다 온통 불길에 싸여 타버렸다.

파생 blazing a. 불타는 (듯한); 강렬한

stem
[stem]

n. (나무 등의)줄기 **v.** 유래하다(~ from)

연상 예전에 스탬프(stamp: 인장)는 나무의 줄기를 잘라 만드는 경우가 많았다지?

예문 His failure **stems** from his carelessness.
그의 실패의 원인은 부주의이다.

transplant
[trænsplænt]

v. 옮겨 심다; (기관, 조직 등을) 이식(移植)하다 **n.** 이식(移植)

연상 ① trans(옮기다)+ plant(심다)= 옮겨 심다
② trans(변압기) 밑에 plant(식물)(→트랜스플랜트)는 다른 곳으로 옮겨 심어라.

예문 They **transplanted** flowers to a garden.
그들은 뜰에 꽃을 옮겨 심었다.

curse
[kəːrs]

n. 저주; 저앙; 욕설 **v.** 저주하다; 욕하다 **반** bless 축복하다

연상 ① "커서(자라서)(→커ː 스) 저주를 받아라!"(동화에 나오는 대사)
② 컴퓨터 커서(cursor)(→커ː스)가 저주했나? 게임마다 지다니!

예문 He **cursed** his servant for his stupidity.
그는 자기 하인을 얼빠진 놈이라고 욕했다.

ripe
[raip]

ⓐ (곡식 등이)익은; 원숙한 ⓟ raw 날것의: 미숙한

ⓔ 나이가 들면서 라이프(life;삶)(›리이프)은 곡식처럼 익은 것이 된다.

ⓔ Soon ripe, soon rotten.
빨리 익으면 빨리 썩는다.

ⓟ ripen v. 익다: 원숙해지다

sheer
[ʃiə:r]

ⓐ 완전한, 전적인; 가파른

ⓔ 음식이 쉬어(→쉬어) 완전한 곰팡이 투성이가 되어 버렸군!

ⓔ It is a sheer waste of labor.
그것은 전적인 노력의 낭비다.

ⓔ The cliff is sheer.
절벽이 가파르다.

mobile
[móubi:l/ -bail]

ⓐ 움직이기 쉬운(movable); 변덕스러운

ⓔ ① 모빌(→모우빌) 공작물은 움직이기 쉬운 특성이 있다.
② 휴대폰 mobile(→모우바일)은 이동할 수 있는 전화다.

ⓔ a mobile phone 휴대용 전화

ⓔ A mobile library is a large road vehicle which travels around.
이동도서관은 (책을 싣고) 순회하는 도로용 큰 차량이다.

ⓟ mobility n. 이동성, 유동성, 가동성: 변덕

suppress
[səprés]

ⓥ 억압하다; 진압하다; (감정 등을) 억누르다

ⓔ 수풀에서(→서프레스) 풀을 억압하지 않도록 조심해라.

ⓔ The army suppressed the revolt.
군대는 반란을 진압했다.

ⓟ suppression n. 억압, 진압, 억제
suppressor n. 억압자   suppressive a. 억압[탄압]하는

stroll
[stroul]

ⓥ 산책하다; 어슬렁거리다 ⓝ 산책; 어슬렁거리기

ⓔ street(거리) + roll (구르다)(→스트로울)=거리를 굴러다니는 것이 산책하는 것이다.

ⓔ They took a leisurely stroll along the river bank.
그들은 강둑을 따라 여유롭게 산책했다.

upgrade
[ʌ́pgrèid]

ⓥ 향상시키다, (등급을) 올리다, (가치를) 높이다 ⓝ 향상: 증가

ⓔ up(위로) + grade(등급)(→업그레이드)= 등급을 위로 하는 것이 등급을 올리는 것이고, 향상시키는 것이다.

ⓔ His position has been upgraded.
그의 지위가 향상되었다.

trace
[treis]

n. 자국(track), 자취, 흔적　**v.** 자국을 밟아가다

연상 ① 도둑의 자취와 흔적은 주로 창문 틀에 있어(→트레이스)요.(수사관의 말)
② T자 형태의 race(경주)(→트레이스)는 T자 형태의 자국, 흔적이 남는다.

예문 There was no **trace** on the ship.
그 배는 흔적도 없었다.

console
[kənsóul]

v. 위로하다(soothe); 위문하다　**cf.** afflict (괴롭히다)

연상 흑인 노예들은 소리가 큰 소울(=소울 음악)(→컨소울)으로 마음을 위로했다. 그리고 시골
사람들은 산에 큰 솔(소나무)(→컨소울)을 보고 자신들을 위로했다.

예문 Nothing could **console** her grief.
아무것도 그녀의 슬픔을 달랠 수 없었다.

파생 consolation n. 위로, 위안: 위문　consolatory a. 위안을 주는

sentiment
[séntimənt]

n. 정서, 감정; 감상(感傷); 소감, 의견

연상 사람의 감정을 센티미터 단위까지 나타내는 ment(멘트;말)(→센터먼트)가 바로 감상,
정서를 나타내는 말이다.

예문 He has friendly **sentiments** towards me.
그는 나에게 호감을 가지고 있다.

파생 sentimental a. 감정적인: 감상적인

harsh
[hɑːrʃ]

a. (벌 등이) 가혹한; (장소 등이) 황량한; (물건 등이) 거친

연상 하인에 대한 주인의 하시(→하: 쉬)(下視: 남을 무시함)가 좀 가혹하군요.

예문 She was **harsh** to her servants.
그녀는 하인들에게 가혹했다.

파생 harshly ad. 거칠게, 엄하게

endeavor
[endévər]

n. 노력　**v.** 노력하다

연상 end(끝)까지, 그리고 ever(언제나)(→앤데버) 해야 하는 것이 노력이다.

예문 The soldier made a desperate **endeavor** to do his duty.
그 병사는 의무를 다하려고 필사적인 노력을 했다.

bulletin
[búlətin]

n. 게시, 공시　**v.** 게시[공시]하다

연상 그곳 게시판의 게시물은 영어보다 불어가 더 튄(→부러틴)다.

예문 The government will issue an official **bulletin** later this week.
정부는 이번 주 후반에 공보를 발행할 것이다.

예문 a **bulletin** board 게시판

overhear
[òuvərhíər]

v. 엿듣다; 우연히 듣다

연상 남의 어깨 over(위로) + hear(듣는) 것이 엿듣는 것이다.

예문 I **overheard** his talking with his secretary.
나는 그가 여비서와 나누는 이야기를 우연히 듣게 되었다.

counsel
[káunsəl]

n. 상담; 조언 **v.** 상의하다

연상 학교 카운셀링(→카운슬) 선생님이 상담 선생님이다.

예문 The doctor has **counseled** me against smoking.
의사는 나에게 담배를 피우지 말도록 충고했다.

파생 counselor n. 상담역, 고문

shatter
[ʃætəːr]

v. 부수다(smash); (희망 따위를) 좌절시키다; 부서지다

연상 ① 아이들이 새들이 사는 새 터(→섀터ː)를 부수어 버렸구나!
② 새터민(탈북자)의 새 터전, 새 터(→섀터ː)를 부수면 안돼요.

예문 The bottle **shattered** into little shards of glass.
그 병은 깨어져 산산조각이 났다.

UNIT 07 TEST

[1~12] 보기에서 영어에 해당되는 우리말을 찾아 쓰시오.

1. utmost _____
2. refined _____
3. shatter _____
3. mess _____
5. bulletin _____
6. overhear _____
7. terminal _____
8. harsh _____
9. console _____
10. sentiment _____
11. intimate _____
12. trace _____

보기 ① 친밀한 ② 최종적인 ③ 최대의 ④ 부수다 ⑤ 자국 ⑥ 세련된 ⑦ 게시
⑧ 위로하다 ⑨ 정서 ⑩ 혼란 ⑪ 가혹한 ⑫ 엿듣다

[13~17] 다음 빈칸에 들어갈 적절한 어휘를 고르시오.

13. We are constantly _____ our software to meet customers' needs.

14. They often use violence to _____ opposition.

15. He hummed to himself as he _____ leisurely through the streets.

16. Farmers were encouraged to keep their livestock in pens rather than letting them _____ freely.

17. He was recovering from a heart _____ operation.

보기 ① transplant ② suppress ③ roam ④ strolled ⑤ upgrading

[18~21] 다음 빈칸에 들어갈 적절한 어휘를 고르시오.

18. A lot of people were in the water, swimming or simply _____ about.

19. Two firemen were hurt in a _____ which swept through a tower block last night.

20. Many of her problems _____ from the fact that her parents are famous.

21. The motives behind this decision remain somewhat _____ .

보기 ① blaze ② splashing ③ obscure ④ stem

Further Study

quarterly 분기의, 분기별

recipient 수령인, 받는 사람

digit 십진수

fondness 사랑, 애정

attendee 참석자, 출석자

replica 복사, 모조품

commensurate ~에 비례하는

ineptitude 부적격, 미숙함

ask for a raise 봉급 인상을 요구하다

meagerly 근소하게, 빈약하게

assist ~ with ··· ~가 ···하는 것을 도와주다

incomparable 비교할 수 없는

assuredly 틀림없이, 확실히

allowable 허용되는

numerously 아주 많이

consecutively 연이어, 연속적으로

assign penalties 벌금을 부과하다

sparsely 희박하게, 드문드문

lastingly 영구적으로, 영원히

overprice ~의 값을 비싸게 매기다

fleetingly 순식간에, 휙 지나가는

stringently 엄밀하게, 엄중하게

grudgingly 억지로

undeservedly 과분하게

contingency 우연, 우발성

encased 용기에 넣어진

fleetingly 쏜살 같이, 덧없이

consultant 의논상대, 고문

consultation 상담, 자문

reinstate 목적시키다

A be preceded by B B 다음에 A가 오다

a day ahead of time 예정보다 하루 일찍

charity event 자선행사

allow for 고려하다, 참작하다

check the manual 사용 설명서를 참조하다

amount due 지불할 요금

hazard
[hǽzərd]

n. 위험 (danger, risk); 우연　**v.** 위험을 무릅쓰다

연상 산속에서 해가 저도 위험하지만 바다밑, 즉 해저도(→해저드) 위험이 많아.

예문 Companies should have systems for dealing with work **hazards**.
회사는 작업상 위험을 다루기 위한 체계를 갖추어야 한다.

파생 hazardous　a. 위험한

compel
[kəmpél]

v. 강요하다(force); 복종시키다

연상 컴퓨터로 카드놀이를 할 때 com(컴퓨터)는 펠(→패를) 강요한다.

예문 **compel** silence
침묵을 강요하다

예문 I was **compelled** to retire.
나는 퇴직을 강요당했다.

vigor
[víɡər]

n. 활력(strength), 원기; 박력

연상 비가(→비거) 내린 대지는 항상 활력과 원기가 넘친다.

예문 The swimmer was in full **vigor**.
그 수영선수는 원기가 넘쳤다.

파생 vigorous　a. 원기 왕성한, 힘찬, 정력적인

halt
[hɔ:lt]

v. 서다; 멈추게 하다　**n.** 정지; 휴지

연상 파티 참석자들을 홀(hall)이 있는 터(장소)(→호올트)에 멈추게 했다.

예문 Suddenly they came to a **halt**.
그들은 갑자기 멈춰 섰다.

accustom
[əkʌ́stəm]

v. 익숙하게 하다

연상 사람은 누구나 스스로를 a(하나) custom(관습)(→어커스텀)에 익숙하게 한다.

예문 She get **accustomed** to a new environment.
그녀는 새로운 환경에 익숙하게 되었다.

majesty
[mǽdʒisti]

n. 위엄(dignity), 장엄

연상 예전에 선생님의 **위엄**의 상징은 매지(회초리)! 스틱(막대기) (→매지ㅅ티)이지!

예문 They were awed by the **majesty** of the mountain.
그들은 그 산의 장엄함에 두려운 느낌마저 들었다.

예문 Her **majesty** the Queen 여왕 폐하   Your **majesty** 폐하

파생 majestic a. 위엄 있는, 장엄한

---

outbreak
[áutbrèik]

n. (전쟁 등의)발발; 폭동, 소요

연상 out(밖으로) +break(터지다)(→아웃브레이크)=밖으로 터지는 것이 바로 전쟁 등이 발발하거나 폭동 등이 일어나는 것이다

예문 They announced the **outbreak** of war.
그들은 전쟁이 발발했음을 알렸다.

---

propel
[prəpél]

v. 추진[촉진]시키다; 몰아대다

연상 비행기의 프로펠러(→프러펠)는 비행을 **추진**시킨다.

예문 He was **propelled** by the desire of fame.
그는 명예욕에 이끌렸다.

파생 propeller n. 프로펠러; 추진기

---

conceal
[kənsíːl]

v. 숨기다(hide), 감추다   **반** reveal 드러내다

연상 거사를 도모하는 큰 시일(時日;시간과 날짜)(→컨시일)은 감추는 법이다.

예문 She **concealed** herself behind the door.
그녀는 문 뒤에 몸을 숨겼다.

파생 concealment n. 숨김, 은폐

---

peer
[piər]

n. 동료   **v.** 자세히 보다, 응시하다; ~에 필적하다

연상 정원에 꽃이 피어(→피어) 있고 동료들이 자세히 들여다 보고 있다.

예문 I **peered** into the darkness.
나는 어둠 속을 가만히 들여다 보았다.

---

weave
[wiːv]

v. 짜다, 엮다   **n.** 엮기

연상 거미는 위 입(몸 위쪽에 있는 입)(→위입)으로 거미집을 짠다.

예문 The villagers **weaved** a rug.
마을 사람들은 융단을 짰다.

booth
[buːθ]

n. 작은 (칸막이) 방; 노점; 전화박스; 투표소

연상 전화 부스(→부:쓰)가 바로 작은 (칸막이) 방이다.

예문 She waited in the phone **booth**.
그녀는 전화박스 안에서 기다렸다.

disclose
[disklóuz]

v. 드러내다; 폭로하다(reveal)

연상 dis(=not) + close(닫다)(→디스클로우즈) = 닫혀 있지 않게 하는 것이 드러내는 것이고 폭로하다는 것이다.

예문 He **disclosed** the secret to me.
그는 그 비밀을 나에게 털어놓았다.

파생 disclosure n. 발각; 폭로

discharge
[distʃáːrdʒ]

v. (짐 등을) 내리다; (총 등을) 발사하다; 석방하다; 해고하다
n. 짐을 부림; 발사; 방출; 석방

연상 dis(=not) + charge(짐을 싣다; 책임을 지우다)(→디스챠:지)=짐을 내리다; 발사하다; 해고하다

예문 He was conditionally **discharged** after admitting the theft.
그는 절도죄를 인정한 뒤 조건부로 석방되었다.

예문 **discharge** a rifle 총을 발사하다 **discharge** a servant 하인을 해고하다

costume
[kástjuːm/ kós-]

n. (국민, 시대, 지방에 따른) 복장, 의상 **v.** 옷을 입히다

연상 요즘 일부 의상이 너무 비싸 서민들은 코스트(cost; 가격)에 웁(→코스튜움)니다.

예문 They were dressed up in brightly colored national **costume**.
그들은 밝은 색깔의 민속의상으로 차려 입었다.

prone
[proun]

a. ~하기 쉬운(liable), ~경향이 있는; 엎드려 있는

연상 pro(프로) 선수들은 운(→프로운)이 있어야 우승하기 쉬운 것이야!

예문 I am **prone** to losing my key.
나는 곧잘 열쇠를 잃어버린다.

bother
[báðər / bɔ́ð-]

v. 괴롭히다, 귀찮게 굴다

연상 그가 머리로 내 턱을 받아(→바더) 나를 괴롭혔다.

예문 I am sorry to **bother** you.
귀찮게 해서 죄송합니다.

파생 bothersome a. 성가신, 귀찮은

conscience
[kɑ́nʃəns / kɔ́n-]

n. 양심

연상 취임 선서와 같은 큰 선서(→칸션스)는 양심에 따르겠다는 선언이다.

예문 How could people of **conscience** allow this to happen?
양심 있는 사람이 어떻게 그런 일이 일어나게 할 수 있겠는가?

파생 conscientious a. 양심적인

---

misgiving
[misgívin]

n. m. 의심, 걱정, 불안

연상 miss(실수) + giving(주는 것)(→미스기빙)= 주는 것을 실수했으니 걱정되고, 불안하다.(돈을 다른 사람에게 주었다면)

예문 He has **misgivings** about the result.
결과에 대해 그는 불안을 갖고 있다.

파생 misgive v. 걱정하게 하다, 불안감을 주다

---

chaos
[kéiɑs / -ɔs]

n. 혼돈; 무질서 반 cosmos 질서

연상 그 권투 선수는 강펀치를 맞고 케이오(K.O) 되어서(→케이오스) 정신적 혼돈에 빠졌다.

예문 The country is sliding into economic **chaos**.
그 나라는 경제적 혼돈 상태에 빠져들고 있다.

파생 chaotic a. 혼돈된; 무질서한

---

outgoing
[ɑutgòuin]

a. 외향적인; 나가는(↔incoming), 떠나는

연상 out(밖으로) going(나가는)(→아웃고윙) 것을 좋아하면 외향적인 성격이지!

예문 She has an engaging, **outgoing** personality.
그녀는 애교가 있고 외향적인 성격을 가졌다.

예문 the **outgoing** Vice-President 퇴임하는 부통령

예문 an **outgoing** class 졸업반

---

hatch
[hætʃ]

v. 부화하다, 알에서 까다; 고안하다 n. (비행기의) 출입구

연상 부화할 때 병아리는 껍질을 헤치고(→해치) 나온다.

예문 A hen **hatches** chickens.
암탉은 병아리를 깐다.

---

dilemma
[dilémə]

n. 딜레마, 진퇴양난

연상 불이 있는 곳을 통과해야 할 때, 통과하면서 불에 딜래(=델래)? 뭐(→딜레머) 어쩔래? (뒤로 후퇴할래?) 라고 묻는다면 진퇴양난의 상황이 된다.

예문 I could see no way of resolving this moral **dilemma**.
나는 이 도덕적 곤경을 해결할 수 있는 방법을 찾을 수 없었다.

render
[réndər]

v. ~로 만들다; 주다(give)

연상 ① 헌 랜드로버(→랜더) 신발을 새 것으로 만들어 동생에게 주었다.
② 사랑하는 랜(Ren)에게 더(→랜더) 많은 것을 만들어서 주고 싶어.

예문 The heat **renders** me helpless
더위가 나를 무기력하게 만든다.

예문 They **rendered** assistance to the disaster victims.
그들은 그 재난 희생자들에게 도움을 주었다.

patch
[pætʃ]

n. 헝겊 조각; 작은 땅 **v.** 헝겊을 대(고 깁)다

연상 헝겊 조각을 그 자리에 새로 배치(→패취)하고 깁다.

예문 **Patch** up this coat
이 저고리에 헝겊을 대어서 기워라

파생 patchy a. 누덕누덕 기운; (지식 등을) 주워 모은

rage
[reidʒ]

n. 격노; 격정; 대유행 **v.** 격노하다

연상 레이저(→레이지)로 사람얼굴에 쏘니 격노하는 것은 당연하지.

예문 The boss flew into a **rage**.
사장이 버럭 화를 냈다.

undo
[ʌndú:]

v. (매듭을) 풀다, (단추를) 끄르다; 원래대로 하다

연상 un(=not) + do(하다) = 하지 않은 상태로 하는 것이 원래대로 하는 것이다.

예문 **undo** a button 단추를 풀다

예문 What's done cannot be **undone**.
저지른 일을 되돌릴 수 없다.

doom
[du:m]

n. 운명(보통 악운), 숙명 **v.** ~의 운명을 정하다

연상 신이 인간에게 줄 불행을 모아 둠(→두움), 그것이 운명이지.

예문 They were **doomed** to poverty.
그들은 가난하게 살도록 운명 지어졌다.

astonish
[əstániʃ]

v. 깜짝 놀라게 하다

연상 산불이 어서(빨리) 타니 쉬(→어스타니쉬) 사람들을 깜짝 놀라게 했다.

예문 I was **astonished** at the news.
나는 그 소식에 깜짝 놀랐다.

파생 astonishing a. 깜짝 놀라게 하는; 놀라운

vow
[vau]

n. 서약, 맹세   **v.** 서약하다, 맹세하다

연상 옛날 사람들은 바우(=바위)(→바우) 앞에서 바위처럼 변하지 않겠다는 맹세를 했다.

예문 He **vowed** revenge
그는 복수하겠다고 맹세했다.

prime
[praim]

a. 가장 중요한, 첫째의   **n.** 전성기

연상 ① 프라임 타임(→프라임)이란 시청률이 높아 가장 중요한 방송 시간대이다.
② 풀밭에서 가장 중요한 것이 어린 풀, 풀 아이입(→프라임)니다.

예문 His **prime** concern is to make money.
그의 주된 관심사는 돈을 버는 것이다.

예문 the **Prime** Minister 수상, 총리

heed
[hi:d]

n. 주의, 조심(attention)   **v.** 주의하다

연상 ① She(그녀)보다는 He(그)가 더(→히:드) 주의한다.
② 낯선 사람이 옆에서 히득거리면(→히:드) 주의해라.

예문 The paid no **heed** to the warning.
그들은 그 경고에 전혀 유의하지 않았다.

파생 heedless a. 부주의한, 무관심한

shovel
[ʃʌvəl]

n. 삽   **v.** 삽으로 뜨다

연상 삽을(→샤블) 사용하는 것이 삽으로 뜨는 것이다.

예문 They **shoveled** up coal.
그들은 석탄을 삽으로 떠냈다.

lure
[luər]

n. 요혹(물), 매력; 미끼   **v.** 유혹하다, 꾀어내다

연상 여자가 누워(→루어)서 사람의 눈길을 유혹하는 그 그림이 고야의 <마야>가 맞니?

예문 The sea has a **lure** for young people
바다는 젊은이들에게 매력이 있다.

preoccupy
[pri:ákjəpài]

v. 마음을 빼앗다; 먼저 차지하다   **n.** 몰두, 열중; 성취

연상 pre(앞서) + occupy(점령하다)(→프리:아켜파이) = 앞서서 마음을 점령하는 것이 마음을 빼앗는 것이다.

예문 That thought **preoccupied** my mind.
그 생각이 내 마음을 빼앗아 버렸다.

파생 preoccupied a. 열중한, 몰두한; 선취당한

inherent
[inhíərənt]

ⓐ (속성 등을)타고난, 고유의, 본래의(inborn)

연상 in(안에) + here(여기)+ 언터(얼어있는 땅)(→인히어런트)=여기 안에 언 터는 이 땅이 타고난, 고유의 속성이다.(밀양 얼음골 같은 곳)

예문 The desire for freedom is **inherent** in us all
자유에 대한 욕구는 우리 모두에게 본래 있는 것이다.

파생 inherence n. 타고남   inherently ad. 본질적으로

feat
[fi:t]

ⓝ 위업, 공적; 묘기

연상 그 선수는 **피터**지게 노력해서 수십 피트(feet)(→피:트) 높이의 공적을 남겼다.

예문 She has performed remarkable **feats** of organization for office.
그녀는 사무를 위한 조직이라는 놀라운 공적을 이루었다.

lame
[leim]

ⓐ 다리를 저는; 불완전한   ⓥ 불구로 만들다

연상 ① 레임 덕(lame duck)(→레임) 다리를 저는 오리란 뜻으로 권력 누수현상을 말한다.
② 사랑하는 내 임(→레임)은 다리를 전다.

예문 His right leg is **lame**.
그는 오른쪽 다리를 전다.

rip
[rip]

ⓥ 쪼개다, 찢다; (틈, 구멍 등을) 내다   ⓝ 찢어진 틈

연상 리:프(leaf 나뭇잎)(→리프)을 찢어, 쪼개기 쉽다.

예문 Impatiently, she **ripped** the letter open.
다급하게 그녀는 편지를 찢어 개봉했다.

mute
[mju:t]

ⓐ 무언의, 침묵하는(silent), 말이 없는; 벙어리의(dumb)

연상 ① '뮤트 뮤즈'(→뮤:트)란 가방 브랜드는 '말없는 요정'이라는 뜻이다.
② 미우(微雨 보슬비)오는 터(곳)(→뮤:트)엔 말이 없는 비가 온다.

예문 He was **mute** since birth
그는 태어날 때부터 벙어리였다.

paste
[peist]

ⓝ 풀; 연고; 밀가루 반죽   ⓥ 풀로 붙이다

연상 못쓰게 된 페 이스트(yeast; 효모)(→페이스트)로 풀을 만들어 포스터를 그 풀로 붙었다.

예문 They **pasted** up playbills on a wall.
그들은 벽에 풀로 연극 포스터를 붙였다.

precaution
[prikɔ́ːʃən]

n. 예방 조치; 조심, 경계

연상 ① pre(앞서) caution(주의)(→프리코ː션)하는 것이 예방 조치다.
② 야영할 곳에 풀이 어떤지 냄새를 맡기 위해 코 쓴(=코를 쓴)(→프리코ː션) 것은 전염병을 막기 위한 예방조치였다.

예문 You should take precautions against fire.
화재 예방 조치를 취해야 한다.

파생 precautionary a. 예방의; 경고의

---

bulb
[bʌlb]

n. (양파 등의)구근(球根), 구경(球莖); 전구

연상 양파의 구근이나 전구는 밟으면(→발브) 안된다.

예문 Plant the bulbs in soil 15 centimeters apart.
구근들은 15센티미터 떨어지게 해서 흙 속에 심어라.

---

adhere
[ədhíər / ædhíər]

v. 집착(고수)하다; 들러붙다

연상 고향에 집을 얻어 here(여기)(→어드히어)를 고수하며, 들러붙어 살겠다.

예문 He adhered to his decision.
그는 자신의 결정을 고수했다.

파생 adherent a. 들러붙는

UNIT 08 TEST

[1~12] 보기에서 영어에 해당되는 우리말을 찾아 쓰시오.

1. hazard _____   2. vigor _____

3. outbreak _____   4. peer _____

5. weave _____   6. compel _____

7. disclose _____   8. halt _____

9. inherent _____   10. majesty _____

11. conceal _____   12. adhere _____

보기 ① 강요하다 ② 서다 ③ 위험한 ④ 활력 ⑤ 위엄 ⑥ 발발 ⑦ 짜다 ⑧ 집착하다
     ⑨ 숨기다 ⑩ 드러내다 ⑪ 타고난 ⑫ 동료

[13~17] 다음 빈칸에 들어갈 적절한 어휘를 고르시오.

13. I felt the banner _____ as we were pushed in opposite directions.

14. The tunnel was one of the greatest engineering _____ of the 19th century.

15. He _____ her to his home and shot her with his father's gun.

16. Crime and the fear of crime _____ the community.

17. But few at the conference in London last week _____ his warning.

보기 ① preoccupy ② feats ③ rip ④ lured ⑤ heeded

[18~21] 다음 빈칸에 들어갈 적절한 어휘를 고르시오.

18. I solemnly _____ that someday I would return to live in Europe.

19. He was found guilty and dishonorably _____ from the army.

20. She _____ us by saying she was leaving.

21. They have decided to _____ production at the country's biggest plant.

보기 ① astonished ② suspend ③ vowed ④ discharged

정답 1.③ 2.④ 3.⑥ 4.⑫ 5.⑦ 6.① 7.⑩ 8.② 9.⑪ 10.⑤ 11.⑨ 12.⑧
     13.③ 14.② 15.④ 16.① 17.⑤ 18.③ 19.④ 20.① 21.②

Further Study

long face 우울한 얼굴

social skill 사회성

rip off 바가지 씌우다

underprivileged kids 불우아동

around corner 다가오는, 가까이 있는

submerge 잠기다, 침몰하다

ill-treat 학대하다

ongoing 진행 중인

hang out 어울려 놀다

stinking 악취가 나는

late charge 연체료

be tied up 매우 바쁘다

coverage 적용 범위

counterproductive 비생산적인

flawless 결점 없는

office hour 집무시간, 영업시간

bottleneck 진행이 방해되는 상태

flip 펄럭거리다

let down 실망시키다

break a bill 지폐를 잔돈으로 바꾸다

outlet mall 할인 매장

strike back 되받아치다, 반격하다

leave much to be desired
미진한 점이 많다

skid (주식 등이)떨어지다

two-faced 이중적인

boarding house 하숙집

transmission 변속 장치

come over 건너오다

be dying to ～하고 싶어 죽겠다

made-up 가짜의, 조작된

put up for auction 경매에 부치다

be hard on ～에게 모질게 굴다

go after 쫓다, 추구하다

must-have 필수품, 필수품의

drive ~ crazy ～을 미치게(화나게) 하다

영단어
자동
연상암기법

VOL 1.
필수 단어 편
(Essential Vocabulary)

초판 1쇄 발행 2019년 1월 8일
초판 3쇄 발행 2023년 11월 17일

지은이 이충호
펴낸이 김선식

경영총괄이사 김은영
콘텐츠사업2본부장 박현미
책임마케터 문서희
콘텐츠사업5팀장 차혜린 **콘텐츠사업5팀** 마가림, 김현아, 남궁은, 최현지
편집관리팀 조세현, 백설희 **저작권팀** 한승빈, 이슬, 윤제희
마케팅본부장 권장규 **마케팅4팀** 박태준, 문서희
미디어홍보본부장 정명찬 **영상디자인파트** 송현석, 박장미, 김은지, 이소영
브랜드관리팀 안지혜, 오수미, 문윤정, 이예주 **지식교양팀** 이수인, 염아라, 석찬미, 김혜원, 백지은
크리에이티브팀 임유나, 박지수, 변승주, 김화정, 장세진 **뉴미디어팀** 김민정, 이지은, 홍수경, 서가을
재무관리팀 하미선, 윤이경, 김재경, 이보람, 임혜정
인사총무팀 강미숙, 김혜진, 지석배, 황종원
제작관리팀 이소현, 최완규, 이지우, 김소영, 김진경, 박예찬
물류관리팀 김형기, 김선진, 한유현, 전태환, 전태연, 양문현, 최창우, 이민운

펴낸곳 다산북스 **출판등록** 2005년 12월 23일 제313-2005-00277호
주소 경기도 파주시 회동길 490 다산북스 파주사옥
전화 02-704-1724 **팩스** 02-703-2219 **이메일** dasanbooks@dasanbooks.com
홈페이지 www.dasan.group **블로그** blog.naver.com/dasan_books
종이 (주)한솔피앤에스 **출력·인쇄** 민언프린텍

ISBN 979-11-306-2032-9 (14740) 세트 979-11-306-2034-3 (14740)